KB216498

The Democracy Makers
Human Rights and International Order

인권과 국제 질서

민주주의를
만드는 사람들

니콜라 기요 지음 | 김성현 옮김

한울
아카데미

이 도서의 국립중앙도서관 출판예정도서목록(CIP)은 서지정보유통지원시스템 홈페이지(http://seoji.nl.go.kr)와 국가
자료공동목록시스템(http://www.nl.go.kr/kolisnet)에서 이용하실 수 있습니다. (CIP제어번호 : CIP2014023864)

The Democracy Makers

Human Rights and International Order

Nicolas Guilhot

COLUMBIA UNIVERSITY PRESS   NEW YORK

THE DEMOCRACY MAKERS: HUMAN RIGHTS AND INTERNATIONAL ORDER
by Nicolas Guilhot

　이슬람 세계의 적극적인 개혁, 이라크의 '새로운' 민주주의, 옛 사회주의
국가들의 민주주의 혁명과 더불어 불명확한 세계 시민사회 운동의 장이 정치
적인 영향력과 전략적인 중요성을 가지게 되었다. 미국 행정부는 외교정책
의 우선순위로 민주주의 촉진을 강조하고 있으며, 유럽연합 역시 지난 10년
간 민주주의의 수출에서 가장 뚜렷한 성공을 자랑하며 민주주의 촉진에 앞
장서고 있다.

　이러한 변화는 물론 9·11 테러에서 촉발되었다. 이 사건은 중동 지역의
민주주의 결핍과 그에 따른 정치적인 문제들을 강조하는 계기가 되었을 뿐
만 아니라 — 우리는 이라크에 대한 공격의 정당성이 대량살상무기 제거에서 민주
정부의 수립으로 바뀌는 과정을 목격했다 — 보수 세력이 이데올로기적이고 문
화적인 차원을 망각한 정치적 자유화의 한계를 공격하는 계기가 되기도 했
다. 예를 들어 정파를 초월해 구성된 미국의 9·11 위원회(9/11 Commission)는
'아이디어의 투쟁'이 지하드의 이데올로기를 패배시키는 데 중요한 요소라는
것을 도덕적으로 정당화하려고 했다. 이 위원회는 『9·11 위원회 보고서(9/11
Commission Report)』에서 다음과 같이 주장했다.

냉전의 교훈 중 하나는 가장 야만적이고 억압적인 정부들이 장기간에 걸친 미국의 지위와 이익의 침체로 큰 힘을 얻었다는 것이다.

이 보고서는 급진 이슬람주의자를 설득할 수 없지만, 이슬람 세계에서 개혁과 자유와 민주적 기회가 계속해서 촉진되어야 한다고 결론지었다. 이런 주장은 각양각색의 논평을 통해 지지되었는데, ≪뉴욕타임스(The New York Times)≫의 칼럼니스트 데이비드 브룩스(David Brooks)는 이렇게 주장했다.

현대화된 이슬람교도들을 국제적으로 지지하고 서구 지식인들에게 그들을 소개하기 위해 '문화적 자유를 위한 협회(Congress for Cultural Freedom: CCF)'[1]와 같은 기구를 통해 냉전 시기에 수행했던 지식인의 동원을 다시 한 번 준비해야 한다.[2]

또 프랑스 국립과학연구원(Centre National de la Recherche Scientifique: CNRS)의 올리비에 루아(Olivier Roy)는 급진 이슬람주의에 대한 투쟁은 세속적인 급진주의(마르크스주의)와 민주주의 간의 투쟁에 비견할 만하다고 주장하기도 했다. 이슬람 근본주의자들과 서구의 세속적 혁명가들은 모두 신비하고 메시아적이며, 미국 제국주의라는 공동의 적에 대해 범세계적인 운동을 모색하는 것으로 간주되었다.

이런 상황에서 출판된 이 책은 많은 연구자의 관심을 끌었다. 저자 니콜라 기요(Nicolas Guilhot)는 문화적 냉전에서 현재에 이르는 민주주의의 촉진과

---

1 이 조직에 대해서는 이 책의 제1장 참조. _ 옮긴이
2 David Brooks, "War of Ideology", *New York Times*, July 24, 2004.

선전의 기원 및 변천을 추적하고, 체제 변동의 견인차인 '현대 민주주의 산업' 의 양상을 폭로한다. 특히 진보적인 운동들이 범세계적인 민주화 운동의 신념을 보수주의자들에게 넘겨준 것처럼 보이는 현시점에서, 기요는 신보수주의로 향한 진보 인사들의 개종 및 정치권력과 사회운동의 관계에 대해 의미심장한 실마리를 제공한다. 그렇지만 그는 누가 인권운동의 정통성을 가져야 하는가에 대한 주장은 직접적으로 제기하지 않는다. 기요는 그보다 민주주의 운동 기구들, 주도적인 국제 인권운동 NGO, 심지어 오랫동안 불평등한 발전과 제국주의적 지배 도구로 간주되었던 세계은행까지도 진보 진영의 이상주의와 '해방운동'을 활용할 뿐만 아니라, 이 기관들이 풀뿌리(grass-roots) 조직들과 이데올로기적 실천을 기술적으로 전문화하여 민주주의의 장을 재구성해왔음을 보여준다.

기요는 민주주의와 인권이 운동가, 실무자, 기관, 관료, 문헌, 모니터 기술, 규범적 실천, 법률 이론, 운동 방식과 전문 지식 등이 뒤얽혀 복잡하게 구성되는 네트워크를 통해 만들어진다고 보았다. 즉, 사회적 구성물로 인식한 것이다. 범세계적인 시민운동의 지형이 국가기관과 국제기구, 그리고 전문 네트워크에 의해 점령당하고 체제에 순응하게 되는 것은 바로 이러한 네트워크를 통해서였다. 이러한 유착 관계는 진보적이고 개혁적인 세대를 포섭했고, 미국 헤게모니의 정당화를 위한 새로운 근원을 제공하며 자본의 지배를 효과적으로 구축했다. 친국가·친자본·친미 세력들은 독립적인 NGO와 노동조합, 기타 시민사회의 세력들을 통제해왔다. 이러한 과정에 대해 그다지 많지는 않지만 산발적인 경고나 폭로 또는 비판의 메시지를 담은 보고들이 있었다. 이 책의 가치는 이러한 비판적인 폭로의 되풀이가 아니라, 정치권력과 경제권력에 의해 진보 문화의 담론과 언어 및 학문적 이론들이 어떻게 변천을 겪어왔는가에 주목했다는 점이다. 그리고 이 같은 권력과 학문의 유착

관계가 행정부와 재계의 일방적인 식민화 과정에서 나타나는 것이라기보다는 학계의 권위자들과 상대적으로 열세에 놓인 지식인들 간의 경쟁 구도와 밀접한 관계가 있다는 새로운 관점을 제시했다.

이 책은 공공정책 분석, 비교정치학, 국제관계 연구 등 최근 사회과학에서 진행되는 전문성(영미 학자들은 좀 더 광범위한 아이디어라는 용어를 선호한다)의 순환에 대해 몇 가지 방법론적 비판을 담고 있다. '특정한 정책을 입안하는 데 길잡이가 되고, 나아가 어떤 정책이 옳고 그른지를 판단하는 기준을 제공하며, 사회변동을 인식하고 전략적인 방향을 제공하는 전문적인 지식은 누가 제시하는가, 이 지식은 어떤 경로를 통해 보편적인 것이 되어 국제적으로 순환되는가, 이러한 순환의 결과는 무엇인가'에 대한 성찰을 중심으로 지식의 순환에 관한 연구가 진행되어야 한다는 것이 저자의 주장이라 할 수 있다. 이러한 주장은 비슷한 주제의 연구를 수행하는 사람들에게 다음과 같은 시사점을 제공한다.

첫째, 문화적 제국주의 담론이 주목하지 못하는 부분에 대한 지적이다. 문화적 제국주의론자들은 지식의 전파를 강대국이나 이들 국가의 통제에 놓인 국제기구들에 의해 강요되는 과정으로 설명한다. 개발도상국의 신자유주의적 경제정책 전파를 국제통화기금(International Monetary Fund: IMF)이 구제금융을 대가로 피원조국에 강요하는 정책 개혁의 결과로만 해석하거나, NGO로 위장한 몇몇 기관이 인권이나 민주화라는 명목으로 다른 나라의 정부를 압박하는 것으로만 간주하는 연구들이 여기에 해당한다. 그러나 이러한 외인론은 국내에서 신자유주의나 인권에 관한 전문성을 앞장서서 수용하거나 반대하는 사람들을 주목하지 않는 경향이 있다. 이런 사람들은 왜 특정한 지식을 수입하는가? 이들은 어떤 경로를 통해 이 지식을 정당한 것으로 만들고 표준화시키는가? 이에 대해 문화적 제국주의론은 이 같은 지식의 수입자들을 중심부 국가들의 앞잡이로 간주하는 단순화의 오류에 빠질 수 있다. 이 책에 등장하는 미국민주주의재단(National Endowment for Democracy: NED), 사회적 구성주의를 표방하는 신세대 국제정치 이론가들, 세계은행의 새로운 정치경제학자들은 단순히 권력의 방향을 좇아 표류하지 않고, 자신이 속한 전문 영역에서 주류와 경쟁하여 새로운 가치와 전문 지식을 생산하고 그것을 정책 공동체나 사회운동의 세계에 부여하기도 한다.

둘째, 전문가들이 공유하는(그보다는 공유한다고 간주되는) 전문 지식의 형성 과정에 대한 면밀한 검토를 요구한다. 인식 공동체(epistemic community)나 이슈 네트워크(issue network) 또는 주창 네트워크(advocacy network) 등의 학문적 개념을 활용하는 최근 연구는 특정한 지식과 규범을 공유하는 국제적인 네트워크의 형성과 발전에 관심을 기울이고 있으며, 흥미로운 결과를 산출하기도 했다. 이 연구들은 문화적 제국주의론자들과 달리 특정한 분야에서 전문 지식을 주고받는 국내외 행위자 집단에 초점을 맞춘다. 그러나 이 연구들은 종종 지식을 '주어진 것'으로 간주하고, 지식이 전파되어 일어나는 효과를 설명하는 것에 만족하고는 한다. 그에 비해 이 책은 그러한 지식이 전문 담론으로 사회적인 주목을 받고 영향력을 획득하는 과정과 그 과정을 둘러싼 권력관계에 주목한다. 이러한 과정은 정치권력이나 경제권력에서 독립한 학자들의 책임감이나 소명 의식 또는 NGO의 박애주의 등으로 설명하기보다 전문 그룹의 직업 세계 내부의 권력 구조와 관련해 설명되어야 한다는 것이 기요의 견해이다. 바로 이 때문에 기요는 수직적 권력관계에 비해 수평적 공유를 강조하는 네트워크 개념보다 피에르 부르디외(Pierre Bourdieu)의 장(場, champ, field) 개념을 선호한다. '장'이란 특정한 행위와 사유의 규칙이 존재하는 사회적 실천의 영역이다. 장의 행위자들은 이 규칙에 따라 가치가 평가되는 행위의 수단(자본)을 보유하고 이것을 상징적으로 표현하는 문화적 취향(아비투스)을 통해 투쟁과 갈등을 벌인다. 이렇게 정의된 장 내부에서는 상대적으로 우위를 점한 집단과 열세에 놓인 집단이 장의 규칙을 자신들에게 유리하도록 재정의하고, 자신이 보유한 자본의 가치를 높이기 위해 전략적인 경쟁을 벌인다. 그뿐만 아니라 이들은 자신들과 비슷한 상황에 놓인 다른 장의 행위자들과 전략적인 동맹을 맺고 다른 장의 전략적 자본들을 자신의 장에 도입하거나 반대로 자신의 전략적 자본들을 다른 장에 빌려줌으로써 비주류를 계속 열세로 내몰거나 주류를 전복하기 위한 투쟁을 벌인다. '장' 개념을 통해 경제 전문성과 법률의 사회적 구성을 연구한 이브 드잘레이(Yves Dezalay)와 브라이언트 가스(Bryant Garth)는 기요의 연구에 중요한 방향을 제시해주었다. 이들의 연구는 학문이나 전문 지식의 변화를 정치적·경제적 이익에 의한 종속이나 식민화의 결과로만 간주하지 않고(물론 이 점을 완전히 부인하는 것은 아니다. 다른 장과의 전략적 상호 작용이 이러한 식민화를 설명해줄 수 있다) 전문가들의 세계 내부에 존재하는 사회적 갈등의 결과로 파악한다는 점에서 기존 연구의 한계를 벗어나고 있다. 냉전 시대의 문화적 반공 전사들에 대한 분석과 라틴아메리카 연구에서 민주화 이행론자의 분석은 바로 이러한 분석적 도구에 입각해 수행되고 있다.

셋째, 지식의 새로운 보편성을 주장하는 그룹의 형성을 조명할 수 있게 해준다. 여기에서 지적하고 싶은 것은 현재 새로운 전문가 그룹이나 사회운동 그룹의 등장에 대한 설명 대부분이 기능주의적 관점에 입각하고 있다는 것이다. 왜 이러저러한 NGO가 등장하게 되었는가 하는 질문에 대해 많은 연구는 테크놀로지의 변화, 냉전의 종식, 신자유주의의 확산, 국가의 후퇴 등으로 새로운 환경이 조성되었기 때문에 이런 환경에 적응하기 위해 새로운 조직이 필요해졌다는 식의 대답을 한다. 왜 사법 개혁이 필요하게 되었는가에 대해서도 내용은 다소 다르지만 똑같은 식의 대답을 한다. 민영화나 FTA가 왜 필요한가에 대해서도 비슷한 대답을 한다. 이런 식의 접근을 옮긴이는 기능주의적 설명으로 부른다. 기능주의적 설명은 규범과 기술의 변화, 조직의 생성과 도태를 자연스럽고 당연한 과정으로 파악한다. 인식 공동체나 주창 네트워크 등의 개념을 활용하는 연구자들은 기능주의적 설명에서 과연 얼마나 자유로운가? 우리는 외부 환경의 변화로 새로운 네트워크가 필요해졌다는 식의 설명에 얼마나 익숙해져 있는가? 이 책에도 등장하는 구성주의 국제정치 이론은 이런 기능주의적 접근에서 탈피할 수 있는 이론을 약속했지만, 경험적 연구에서 기능주의와 단절한 연구를 찾아보기는 어렵다(이 책의 제5장은 그 이유에 대한 실마리를 제공한다). 기요는 이러한 기능주의적 설명에서 어떻게 벗어날 수 있는지에 대해 구체적인 연구를 통해 보여주는데, 그 답은 매우 간단하다. 새로운 조직과 규범은 반드시 새로운 환경에 적응하기 위해 요구되지 않고, 오히려 특정한 조직에 의해 새로운 환경을 정의하고 해석하는 규칙이 만들어질 수도 있다는 것이다. 그러나 이 특정 조직과 이것을 주도하는 행위자들은 사회적 맥락에서 독립된 도덕적 신념이나 전문성으로 새로운 규범들을 만들어가는 것이 아니다. 그들이 활용하는 신념과 전문성은 정치적·경제적 구조에서 비롯된다. 기요는 이러한 주장을 상징권력 개념을 활용하여 민주주의와 인권의 사회적 구성을 통해 입증한다. 예를 들어 미국 민주당과 카터 행정부가 활용한 인권 개념이 자연법적인 것이었다면, 진 커크패트릭(Jeane Kirkpatrick)과 반이스태블리시먼트(Establishment)[3] 운동을 거쳐 공화당의 네오콘으로 변신한 인권운동가들은 인권 개념을 실증법적인 것으로 재구성하는 데 성공했다. 즉, 인권의 장 내부에서 상대적으로 우위를 점한 집단

---

3 '이스태블리시먼트'란 가문, 학문, 재력을 바탕으로 한 미국의 주류 상층계급을 말한다. _ 옮긴이

들과 열세에 놓인 집단들의 투쟁이 인권 개념을 재정의하고, 이 장에 통용되는 규칙을 바꾸어놓았다는 말이다. 이러한 분석은 구성주의를 표방하는 학자들에게도 적용되었다. 국제관계에서 NGO와 거버넌스(governance)를 주장하는 담론의 구성자, '민주주의를 만드는' 사람들은 자연적인 세계 질서의 변화에 부응하기보다는 자신들이 속한 실천 영역의 논리, 즉 장의 논리에 따라 이 새로운 담론들을 만들고 정당화한다.

넷째, 여러 세계에 동시에 속한 행위자를 분석할 수 있게 한다. 명성이 높은 정치학 교수이거나 법학 교수이면서 국가 인권 자문위원 또는 NGO 전문가로 활동하는 민주주의를 만드는 사람들을 가정해보자. 이들은 현실 세계에서 특정한 실무 범주에만 속하지 않고 여러 범주에 속한다. 과학적 분석 방법이 연구자들에게 종종 요구하는 범주화(categorization) ― 우리는 각양각색의 유형 분류(typology)를 통해 이것에 익숙해져 있다 ― 는 이러한 '이중행위자(double agent)'의 은둔에 기여하지는 않는가? 실제로 인식 공동체나 주창 네트워크를 분석하는 연구들은 이 네트워크에 참여하는 행위자들을 각각 NGO 행위자, 행정부 행위자, 전문 그룹 등의 범주에 배치한다. 그러나 현실은 그렇게 단순하지 않다. 어떤 사람은 학문의 장에서 얻은 명성을 그대로 유지하면서 기업에서 막대한 자문료를 받는다. 어떤 NGO(예를 들어 이 책에서 분석된 미국민주주의재단)는 정부의 재정적·외교적 지원을 등에 업고 민주주의 확산이라는 명목을 내세워 모국 정부와 불편한 관계에 있는 다른 나라의 정부를 전복하기까지 한다. 어떤 로펌의 변호사는 환경을 파괴하는 다국적 기업의 뒤를 봐주면서 국제적인 환경운동 단체에 전문가로 참여하기도 한다. 이러한 행위자들은 자신이 속한 장의 지위와 권력을 유지하면서 다른 장으로 활동 영역을 넓힌다. 민주주의와 인권의 장은 기요가 지적했듯이 뚜렷하게 범주를 정할 수 없는 행위자들의 상호 작용으로 만들어지는 모호한 영역이라는 점이 특징이다. 수많은 NGO가 전문화되고 헤게모니 기관들이 진보적인 문화를 흡수하면서 범주의 해체는 갈수록 가속화되고 있다. 기요는 이러한 해체 과정을 변절이나 개종으로 매도할 것이 아니라, 그들이 속한 장의 규칙과 자본을 통한 거래 과정으로 간주하고 체계적으로 분석해야 한다고 말한다.

끝으로, 이 책은 연구자들에게 매우 중요한 질문을 던진다. 우리가 세상을 설명하기 위해 활용하는 '과학적' 도구들은 얼마나 객관적이고 진실한가? 이 질문은 객관성을 부정하고 해체하자는 주장과 거리가 멀다. 우리가 '과학적'이라고 믿는 것들은 분명히 존재하며, 사람들은 그것을 '객관적'이고 '보편적'인 것으로 만들어낸다. 인권과 민주주의를 둘러싼 보편적 담론들이 특정 집단에 의해 정치권력이나 경제권력과의 유착을 통해 만들어진다고 해서 우리는 그것을 '허구'로 간주하고 부정할 수 있을 것인가? 사회의 대다수 사람들이 그러한 담론을 올바른 것으로 여기고, 그것이 주장하는 논리에 따라 행동한다면 그것은 이미 현실이 된다. 여기에서는 장 개념을 활용한 구성주의적 분석에서 학문적 운동의 방향을 엿볼 수 있다. 그것은 우선 우리가 어떤 대상을 지각하고 판단하게 하는 지식의 사회적 구성 과정에 대한 냉철한 성찰을 통해 그 대상을 특정한 방식으로 보게 만드는 논리들과 일정한 거리를 둠으로써 학문과 권력의 관계를 파악할 것을 요구한다. 진보적 외피를 입고 있지만 사실 지배자들의 논리를 강요하는 힘으로부터 해방되기 위해서는 이러한 성찰이 선행되어야 한다. 그러기 위해서 연구자들은 익숙한 대상에 대한 익숙한 논리를 무비판적으로 수용하는 것에서 벗어나, 그것을 당연한 것으로 보이게 만드는 힘을 찾아야 한다. 그다음 단계는 대상을 특정한 방식으로 조명하는 각 담론의 상대성을 인정하지 않고 연구자가 옳다고 생각하는 새로운 보편성을 모색하는 것이다. 이 책에서 분석된 민주주의와 인권 개념은 그것이 민주당의 것이든 네오콘의 것이든 자유민주주의의 범위를 벗어나지 못하고 있다. 그러나 갈수록 기억에서 지워지지만, 제도적 평등과 법 앞의 평등뿐만 아니라 그것을 가능하게 해주는 삶의 조건들의 평등에 초점을 맞춘 실질적 민주주의를 모색하는 사람들이 여전히 존재한다. 진보학계의 과제는 낡은 것으로, 또는 세계화 시대에 역행하는 것으로 간주되는 대안적 민주주의 개념을 우리의 기억에서 지워버리려는 시도들과 맞서 싸우는 것이다. 기요는 이 책을 통해 갈수록 관념화되고 사회의 물질적 구조를 제거하는 '과학'의 구성에 진보 학계가 어떻게 관여하게 되었는지 분석하고 있다. 따라서 이 책의 또 다른 가치는 우리가 경계하고 싸워야 할 대상이 누구인지 가르쳐주는 전략적 지도를 제공하고 학자들의 성찰과 분발을 요구한다는 점이다.

이 책의 초고를 처음 읽은 것은 2001년 가을이다. 내가 파리사회과학고등연구원(École des Hautes Études en Sciences Sociales: EHESS)에서 학위논문을 준비할 때였다. 지도 교수인 드잘레이를 만났는데, 기요가 논문을 완성했다면서 이 책의 초고를 나에게 건네주었다. 부르디외는 세상을 뜨기 전 신자유주의적 세계화에 대항한 지식인의 실천을 모색했지만, 암 투병 생활로 자신의 성찰사회학을 국제관계 분야에 적용한 연구를 수행할 수 없었다. 이 분야의 연구는 드잘레이를 통해 수행되었다. 부르디외의 세미나와 드잘레이의 지도를 통해 국제적인 전문성의 순환이라는 새로운 주제에 큰 매력을 느낀 때라 '민주주의를 만드는 사람들'은 정말 충격적인 연구로 받아들여졌다. 이 논문은 결국 '내가 언젠가 꼭 번역해야 할 책'의 목록에서 상당히 높은 순위를 차지했다. 그러나 해외의 박사 학위논문을 번역해 출판하는 경우가 드물었기 때문에 이 논문이 단행본으로 출판될 때까지 번역을 미루었고, 다행히 이 논문은 2005년 컬럼비아 대학(Columbia University)에서 출판되었다.

도서출판 한울에서 관심을 가져주어 번역이 결정되었지만 작업이 무척 더

디게 진행되었다. 번역 자체도 쉽지 않았지만, 몇 가지 우려의 목소리가 이 책의 번역을 내 작업의 우선순위에서 밀려나게 했던 것 같다. 번역할 시간에 개인적인 연구 업적을 축적하는 것이 낫다는 충고도 있었고, '번역보다 그러한 문제의식으로 우리의 상황을 분석해야 한다'는 준엄한 비판의 목소리도 있었다. 왠지 모르게 늘 바쁜 생활 때문에 (그보다는 나의 게으름을 탓하는 것이 맞겠지만) 방학을 제외하고는 좀처럼 번역하기가 어려웠다. 그사이 시간이 훌쩍 지나버렸다. 방학 때마다 내가 운영하는 스터디에서 '신자유주의적 박애주의'를 주제로 이 책의 일부를 읽기도 했는데, 그때 참석한 학생들이 어느새 졸업하고 사회인이 되어버렸다. 강의를 할 때마다 학생들이 "선생님, 한국어 교재가 있으면 좋겠습니다"라고 말하기도 했는데, 교재로 삼을 이 책의 번역이 이제야 끝나게 되었다.

그동안 나를 몇 번이나 질책하고 괴롭혔어야 마땅한 도서출판 한울의 인내에 다시 한 번 감사드린다. 이 책에서 다룬 비교정치학, 특히 종속이론과 제3세계 정치에 관해서는 학부 시절 한울에서 펴낸 책들을 끼고 살았던 기억이 있다. 청년 시절 사상의 양분을 제공해준 출판사를 통해 이 책을 소개하는 것이 매우 기쁘다.

최근 모로코, 이집트, 리비아 등에서 민주화 운동이 있었다. 국내외 언론은 이 운동을 시민의 힘이 권위주의 정부를 전복한 사건으로 보도했다. 그렇다. 이 운동은 민주화 운동이었다. 그러나 몇 가지 중요한 시각이 빠져 있었는데, 바로 저항하는 시민의 정체에 관한 것이었다. 방학을 이용해 학생들과 여기에 관련된 자료들을 읽어가다가 현지의 '민주적' 시민 중에는 우리 언론과 다른 시각으로 자신들의 민주화를 바라보는 사람들이 있다는 것을 발견했다. 그들은 권위주의 정부를 오랫동안 지지했던 서구의 권고와 압력에 의해 정부가 도입한 신자유주의 정책이 민중의 삶을 고단하게 만들었으며, 그것이 저항의 원인이 되었다고 주장했다. 그보다 더욱 경악하게 만든 것은 바로 이 책에 등장하는 미국민주주의재단이 이 국가들의 시민운동에 재정적·정치적 지원을 보냈다는 사실이었다. 이 조직은 현재 북한의 민주화와 인권 촉진을 목표로 활동하는 국내 단체와 연구 기관에도 재정을 지원하고 있다(www.ned.org에서 전 세계에 대한 이 조직의 지원 상황을 쉽게 발견할 수 있다). 국내의 독재를 타파하기 위해 외국 '시민단체'의 지원을 활용하는 것이 과연 바람직한가 하는 질문이 남는다. 특히 외국의 시민단체가 특수한 이념과 정치노선을 추구하고 자국 정부의 지원을 등에 업은 경우, 민주화 세력은 이들이 내미는 손을 받아들여야 하는가 하는 의문이 제기되지 않을 수 없다. 이 경우 민주주의의 내용과 형식이 이들의 기준에 따라 결정될 위험을 어떻게 막을 것인가? 책 말미에 이러한 주제로 보론을 추가하려 했으나 책의 가치를 훼손할 것 같아 여기에 간단히 적는 것으로 만족하려고 한다.

아무쪼록 이 책이 이 땅의 연구자뿐만 아니라 민주화 운동에 헌신하는 모든 분에게 작은 격려와 힘이 되기를 희망한다.

이 책은 피렌체에 있는 유럽대학연구소(European University Institute)에서 작성한 학위논문을 발전시킨 것이다. 누구보다도 그 자신이 잘 알고 있는 분야에 대해 나만의 접근을 발전시킬 수 있도록 크나큰 자유를 부여한 지도 교수 필리프 슈미터(Philippe Schmitter)에게 감사를 표하고 싶다. 그의 도움이 없었다면 이 연구는 불가능했을 것이다. 많은 사람들이 이 책의 내용을 읽고 논평해주었다. 특히 나와 토론할 시간을 내준 피터 와그너(Peter Wagner), 잔프랑코 포지(Gianfranco Poggi), 클라우스 오페(Claus Offe)에게 감사하고 싶다. 또한 드잘레이에게 빚을 졌다. 그의 연구는 영감의 원천이었고, 그는 여러 단계에서 유용하고 비판적인 논평을 많이 해주었다. 런던정경대학(London School of Economics and Political Science)에 머무르는 동안에는 레슬리 스클레어(Leslie Sklair)의 도전적이고 통찰력 있는 논평의 덕을 보았다. 많은 사람들이 유용한 자료를 찾는 데 도움을 주었다. 미국민주주의재단, 세계은행 자료실, 후버 연구소(Hoover Institution), 유럽대학연구소와 런던정경대학 도서관 관계자 여러분에게 감사의 인사를 전한다. 미국국제개발처(United States Agency for International Development: USAID), 미국민주주의재단, 여러 대학과 재단에서는 이 책에 언급된 몇몇 사람들과 내가 대화할 시간을 마련해주었다. 그들의 정보는 매우 중요했다. 컬럼비아 대학의 피터 디목(Peter Dimock)과 앤 루턴(Anne Routon)에게도 그들의 믿음과 지원에 깊이 감사드린다. 레슬리 비알러(Leslie Bialler)는 이 책의 편집이라는 어려운 일을 맡아주었고, 이름을 알 수 없는 두 명의 서평가도 이 책을 제작하는 초기에 매우 유용한 논평을 제공했다.

여러 단계에서 이 작업을 즐거운 것으로 만들어준 많은 동료들, 발레리 아미로(Valérie Amiraux), 프레드리크 베리스트룀(Fredrik Bergström), 임코 브라우어(Imco Brouwer), 제프 콕스(Geoff Cox), 베르나르 빅피(Bernard Gbikpi), 위르겐 그로테(Jürgen Grote), 말릭 마즈부리(Malik Mazbouri), 판델리스 나스토스(Pandelis Nastos), 실뱅 리베(Sylvain Rivet)에게 빚을 졌다. 그리고 파트리치아 난츠(Patrizia Nanz)와 앨래나 렌틴(Alana Lentin)에게도 학위논문을 작성하는 동안 나를 잘 견뎌준 것에 감사한다. 극도로 제한적이기는 했지만, 그들의 인내는 대단한 것이었다.

끝으로 조르지아(Giorgia)와 마르고(Margot)에게 고마움을 전한다.

서장	민주화의 세계 정치

이중행위자(double agent)는 카멜레온이다. 뛰어난 이중행위자는 자신의 편을 위해 행동하지 않으며, 자신의 역할에 몰입되어 연기한다. …… 사람들은 이중 행위자가 됨으로써 충성심을 상실한다. 반대파는 언제나 자신의 편보다는 이 중행위자에게 더 매력을 느낀다. 이것이 바로 이중행위자들의 본질이다. 그들 은 항구적인 반란자이다. _ 존 르 카레[1]

여러분은 이중행위자 또는 삼중행위자에 대해 들어본 적이 있을 것이다. 이들 이 정말로 누구를 위해 일하는지, 그리고 이러한 이중·삼중의 역할을 수행하 면서 추구하는 것이 무엇인지 결국에는 이들 자신도 정확히 알 수 없게 된다. …… 우리는 어느 편에 충성을 바쳐야 하는가? 우리는 국가와 기관의 요원인 가? 아니면 계몽의 행위자인가? 아니면 독점자본의 대리인인가? 아니면 지속 적으로 변화하는 국가·제도·계몽·반계몽·독점자본·사회주의 등의 이중 속 박 안에서 은밀하게 협력함으로써 이 모든 업무에서 우리 '자신'이 추구한 바를

---

1   John le Carré, *Our Game*(New York: Ballantine Books, 1995), p.62.

점점 더 잊어가는, 자신의 이익을 추구하는 행위자인가? _ 페터 슬로터다이크[2]

냉전이 종식되면서 민주주의와 인권은 아직 형성되지 못한 새로운 국제
질서의 조직 원리가 된 것처럼 보인다.[3] 국내적·국제적 사법권은 이러한 상
위 원칙들에서 정당성을 이끌어내도록 요청받는다. 국가 형성을 둘러싼 갈
등의 세기에서 상속된 주권 자체가 변화하고 있으며, 주권은 민주주의와 인
권이라는 강력한 규범적 토대 위에 구축되지 않는다면 더는 존재할 수 없다.
민주주의와 인권은 20세기 초반에 한스 켈젠(Hans Kelsen)이 예견한 범세계
적 질서를 연상하게 하면서 법률 자체에 대한 관념을 떠받치는 일종의 근본
규범(Grundnorm)처럼 되어가고 있다.

켈젠은 국가 주권 개념에 반대해 형식적 관점에서 법률상의 국가 간 평등
개념은 국제법이 국내법보다 상위의 규범 질서임을 내포한다고 주장했다.
국내 사법권에 의해 구성된 이차적 질서에 유효성을 부여하는 이런 상위 법
질서는 윤리적 규범성(normativity) 관념에 기반을 둔다. 그뿐만 아니라 법률
의 고결성은 민주적인 성격을 내포하기도 한다(Kelsen, 1960). 오늘날 저명한
법률가들은 민주주의를 "모든 사람에게 적용되고 글로벌 스탠더드를 통해

2   Peter Sloterdijk, *Critique of Cynical Reason*(London: Verso, 1988), pp.113~114.
3   이 글의 대부분은 9·11 테러와 그 뒤를 이은 아프가니스탄과 이라크 전쟁 이전에 작성되었
    다. 여기에 소개한 대부분의 분석이 역사적이기 때문에 그것들을 수정할 필요를 느끼지 못
    했다. 물론 이 위기들과 그 후 부시 행정부의 세계 경영은 민주적 세계 질서의 전반적인 구
    성 논리에서 일종의 후퇴를 보여준다. 군사적 수단이 새로운 세계 질서 구성의 중요한 축으
    로서 이슈 네트워크들을 대체했다. 그러나 최근의 이러한 상황이 정치적으로 장기간 지속
    될 수는 없을 것이라고 믿는다. 군사적 개입의 경향은 완화되고 있으며, 이 경향을 돌이킬
    수 없다고 생각한다. 이라크 전쟁을 해방전쟁으로 각색하려는 시도와 민주주의 옹호 운동
    이 군사적 개입의 후퇴를 증명하고 있다. 이 사건들은 이 책에서 분석한 제도들과 프로젝트
    들이 일시적으로 후퇴하게 했을 수도 있지만 그것들을 낡은 것으로 만들지는 않았다.

수행되는 **국제법의 필수 요소**"(Franck, 1992: 47), 즉 국가의 자격을 정당한 것으로 만드는 유일한 기준으로 찬양함으로써 켈젠과 그의 범세계적인 전망의 정통한 계승자가 되고 있다. 민주주의는 온갖 유형의 통치를 정당화할 것으로 기대되는 원칙이 됨으로써 "점차 집단적인 국제 과정(collective international process)에 따라 촉진되고 옹호될 …… 범세계적 권리 부여(global entitlement)"라는 보편적 권리가 된다(Franck, 1992: 46). 이 책은 이러한 민주주의 촉진과 옹호의 '집단적인 국제 과정'을 주제로 한다. 이 책은 이 과정이 제도화되는 역사적 조건들과 실천적 행위자들의 네트워크, 그리고 여기에서 성장한 운동가들의 사회사(social history)뿐만 아니라 이들이 의존하는 전문성의 과학사를 탐구한다.

이러한 과정들은 법의 지배(rule of law)의 호전적인 복원이라는 매우 극적이고 가시적인 사례들을 뛰어넘어 더 멀리까지 팽창하는 성장 산업이 되었다. 전통적으로 정치적·이데올로기적 연대에 토대를 둔 인권운동가들, 다양한 저항 인사들, 비정부기구들(NGOs), 네트워크들, 그리고 때로는 교회들이 민주적 개혁운동을 위한 채널이었다. 그러나 싱크탱크, 박애주의 재단, 행정 기관, 유엔이나 세계은행과 같은 국제기구, 민간 컨설팅 회사, 직능단체, 법률 운동가, 학자 등과 같이 다양한 제도적·개인적 행위자들이 그들의 자원과 전문성을 팽창하는 이 장(field)에 점점 더 투자하고 있다. 민주주의를 향한 '이행'의 연구에 관여하는 이러한 학자들은 잠재적인 세계 민주주의 정체(global democratic polity, 政體)를 유지하는 것에 적극적으로 개입한다. 그들의 기여는 헌법 모델 수출, 법안 작성, 의회 도서관 구축에서부터 여론조사원 훈련, 선거 감시, 독립 뉴스 보도의 촉진, 정당 간부에 대한 선거운동 관리 교육, 비정부기구 운동가들의 전문성 고양에까지 이른다.

미국은 이러한 전문성의 주요 공급자이다. 몇몇 추정에 따르면, 매년 7억 달러가 이 분야에 투자된다(Carothers, 2000). 대외 원조의 확대와 관리를 담당하는 국무부 산하기관과 미국국제개발처는 1994년에 설립된 민주주의와 거버넌스를 위한 센터(Center for Democracy and Governance)를 통해 이 기금의 대부분을 제공한다. 매우 협소하고 전문화된 틈새시장을 대표하는 더욱 경쟁적인 시장은 민주주의와 법의 지배를 수출하는 수지맞는 사업을 중심으로 발전해왔다. 과거에 개발원조 분야에서 작업했던 워싱턴의 민간 컨설팅 회사들[체모닉스(Chemonics), 농촌개발협회(Associates in Rural Development), 국제경영시스템(Management Systems International) 등]은 현재 원조 기관들이나 세계은행이 조직한 주요 입찰을 따내며, 특수한 프로젝트들을 관리하기 위한 자금을 수령할 수 있는 분야인 민주주의, 인권, 굿 거버넌스(good governance) 영역으로 성공적으로 팽창하고 있다. 이와 별개로, 전통적으로 국제 업무에 관심을 둔 몇몇 조직이나 강력한 국제 네트워크에 의존할 수 있는 전문 협회들도 그들의 전문성이나 사회적 영향력을 이 새로운 분야에 투자했다. 미국민주주의재단이나 선거제도를 위한 국제재단(International Foundation for Electoral Systems) 같은 기관들은 특히 민주화의 기술을 다루기 위해 설립되었다. 시간이 지나면서 다른 나라들도 유사한 기관을 설립하여 이 새로운 국제적 실천의 장을 공고화하는 데 기여했다.

이러한 기관들과 여기에 속한 행위자들은 자원과 지식을 국제적 실천에 투자하여 해방적 운동(emancipatory activism)의 성격과 유형, 기능의 변화에 크게 공헌했다. 그러나 이 운동은 여전히 개인적이고 집합적인 해방과 권리를 위한 투쟁, 그리고 사회 진보의 이상에 토대를 두고 있지만, 민주주의 운동이나 풀뿌리 정치의 전통적인 형태와 그 특징으로부터 멀어졌다. 이 운동을 실천하는 사람들은 갈수록 전문가가 되어간다. 그들은 시민적인 책무보다는 기술적인 전문화의 토대 위에서 활동한다. 또 멀리 떨어진 장소로 날아가 전문성을 전수하고, 국제적인 접촉 네트워크를 구축하고 발전시키며, 보기 좋은 연례 보고서를 작성한다. 국가기관과 국제적인 관료기구, 그리고 전문 네트워크들이 사회운동의 고유 영역을 정복했다. 그리고 모든 식민화 과정과 마찬가지로 그들은 언어·개념·전략·전망과 같은 현지의 자원을 그들을 위해 사용해왔다.

이제 그들은 과거 저항가, 운동가, 반대자 또는 시민운동가들에게만 속해 있던 언어를 말한다. 그럼으로써 이와 같은 운동의 전문화는 반제국주의 운동, 권리를 위한 투쟁, 해방적인 운동의 유형을 물려받은 사회적으로 진보적인 집단운동(collective action)의 레퍼토리를 국가기관에 반대하는 사회운동에서 가장 지배적인 국가기관으로 이동시키고 있다. 이와 마찬가지로 냉전에 관여하여 인권이나 민주주의의 이름으로 가장 빈번하게 공격을 받았던 기관들이 오늘날 새로운 세계 민주주의 운동의 선두에 서 있다. 과거 인권운동의 적이었던 미국 국무부는 이제 인권의 장에서 초국가적 이슈 네트워크를 지원하라고 요구한다. 그리고 간접적으로 개발도상국에서 권위주의적 근대화를 지원했다고 공격받은 세계은행은 이제 '상향식(bottom-up)' 방법론과 '풀뿌리' 접근만을 주장하며 정치적 참여, 법의 지배, 그리고 '굿 거버넌스'를 촉진한다. 시장의 힘도 이에 결코 뒤지지 않는다. 증가하는 비판에 직면해 다국적 기업들은 도전에 대응하기 위해 도덕적 전략을 개발했다. 그들은 상품뿐만 아니라 가치·책무·환경에 대한 인식이나 사회적 책임도 점차 판매한다. 다소 역설적이지만 새로운 윤리적 경향에 투자를 가장 많이 하는 자가 도전을 가장 많이 받는 자인 경우가 빈번하다. 예를 들어 지속가능한 발전을 위한 세계 기업 위원회(World Business Council for Sustainable Development)는 프록터 앤드 갬블(Procter & Gamble)에서 가스프롬(Gazprom)에 이르는 150개 다국적 기업으로 구성되며, 이 중 다수가 환경 및 사회복지가 취약한 것으로 알려져 있다.

한편 NGO들은 세계화의 중요한 행위자가 되었다. NGO들은 세계의 권력 네트워크에서 열등하고 적대적인 입장에서 지배적인 입장으로 이동했다. 사실 NGO들은 지구 곳곳의 모든 공식 회의에서 자리를 차지하고 광범위한 이슈에 전문성을 제공하면서, 자신들과 국제기구 간 새로운 보완성을 완벽하게 보여주는 경력을 갖춘 전문가들에 의해 다국적 기업처럼 운영된다. 과거에는 서로 소원했던 두 세계는 그 경계가 불명확해지고 상호 인적 순환이나 양쪽 장의 지위를 동시에 점유함으로써 이제 긴밀한 사이가 되었다. NGO들은 부패 활동, 인권침해, 부정선거, 환경 파괴, 개인의 자유 제한 등에 대해 경고함으로써 글로벌 스탠더드 구축과 강화에 기여한다. 정치적·시민적 자유 또는 경제 부패의 영역에는 이런 기준들이 이미 존재하며, 이 기준들은 이 영역에서 자신들의 기록을 통해 국가의 서열을 정하고 국제적 신뢰를 확보한 프리덤하우스(Freedom House)나 국제투명성기구(Transparency International)의 '등급 평가(rating)' 활동을 통해 부분적으로 관리된다. 매년 이들이 발표하는 서열은 주요 신문들의 헤드라인을 장식한다.[4]

1. 시민적 미덕과 '세계 시민사회'의 귀족적인 프로젝트

이러한 국제운동과 도덕적 기획의 새로운 형태들은 글로벌 권력 네트워크에 견고하게 자리 잡고 있다. 이것들은 스스로 주장하거나 다른 사람들이 기

---

[4] 국제투명성기구에 대해서는 Coeurdray(2003) 참조. 엘리너 루스벨트(Eleanor Roosevelt)가 설립한 프리덤하우스에 대한 이야기는 여전히 부족하다. Korey(1999: 443~467) 참조.

대하는 것처럼 헤게모니에 대항하는 역할을 수행하기는커녕, 특수한 방식의 글로벌 권력 수행을 대표한다. 범세계적인 민주주의를 겨냥하며 이니셔티브(initiative) 중심에 있는 대부분의 '글로벌 시민사회' 기획(예: Held and Archibugi, 1995; Kaldor, 2003; Keane, 2003)도 그것을 지지하는 사람들이 희망하는 것과 같이 모든 것을 포함하는 포럼을 전혀 구현하지 못하고 있다. NGO의 설립과 운영이 나라마다 균등하지 못하고, 상위 계층에 집중되는 경향이 있는 물질적 자원과 사회자본, 언어와 기타 국제적인 기술이 요구되기 때문이다.[5] 사실 국제 포럼이나 기구에 대한 NGO의 참여 증가와 그 결과로 나타나는 운동원들의 전문화는 이러한 경향을 계속 강화해준다.

그러나 '글로벌 거버넌스(global governance)' 체제의 연결에서 이러한 계획이 모호한 역할을 수행할 수밖에 없는 또 다른 이유가 있다. 그것은 그들이 주장하는 것의 성격과 좀 더 일반적으로 그들의 행위를 만들어내는 개념적 언어와 관계가 있다. 주창 그룹(advocacy group), NGO, 이슈 네트워크 등은 가장 엄격한 의미로 시민적 미덕(civic virtue) 안에서 작동한다. 고전적인 정치 전통에서 미덕이었던 공화주의적 언어는 자유주의적이고 제국주의적인 권리 개념과 대립된다(Pocock, 1985). 후자가 자유(liberty)를 구속에서의 자유(freedom)로 파악한다면[통치권(imperium)에 반대되는 자유(libertas)], 전자는 권력에 대한 참여를 자유(liberty)가 실행되는 조건으로 만든다[통치권(imperium)에 참여하는 자유(libertas)]. 시민적 미덕은 정확하게는 공동선(common good)의 생산에 대한 적극적인 참여이다. 이와 같은 헌신적 시민성의 유형은 NGO들

---

5   개발도상국에서 국제적으로 인정받는 NGO들의 몇몇 민속학적·사회학적 연구들은 사회적 유사성 또는 권력의 장에서 영향력을 행사하는 지배 가문들과의 중첩을 강조하는 경향이 있다(Pouligny, 2003 참조). 인권운동가들의 사회적 배경에 대해서는 Dauvin and Siméant (2002) 참조.

에 의해 특히 기아, 원주민의 권리, 인권 남용, 여성 억압, 아동노동 등과 같이 가장 긴박한 세계 문제들을 통해 포괄적인 의미로 정의된다. 제도화된 참여의 장소로 정의되는 글로벌 '포럼'의 표상도 이러한 전통과 관련이 있다. 몇몇 법률적 권리 부여에 의해 고정되지 않는 한, 로비, 정보운동, 정책 과정에 대한 개입, 또는 기타 유형의 활동으로 구체적 형태를 갖출 수 있는 이러한 참여는 도덕적인 본질로 정당화된다. 즉, 참여는 보편적 가치나 공공재를 위해 일어난다는 것이다. 이러한 유형의 정치적 미덕은 정치를 통한 사적 이익의 추구와 정확하게 반대된다. 뒤에서 살펴보겠지만, 사실 NGO에 대한 대부분의 학문적 서술은 이런 도덕적 차원을 강조하고 궁극적으로 물질적 이익이 아닌 가치에 의해 동기가 부여되는, 그들의 무욕(無慾, disinterestedness)을 강조한다.

그러나 이 같은 시민적 미덕의 개념은 언제나 귀족적 유형의 정치 이데올로기였다. 자신들의 이익보다 공동선을 앞세움으로써 신뢰를 받고, 부패에 반대하는 최선의 보장을 대표하는 것도 바로 이들이다. 시민적 미덕은 동기가 순수하고 무욕적인 것이 될 수 있도록 보장해주는 지배적 사회 신분을 이미 가지고 있는 사람들이 가장 잘 사용한다. 막스 베버(Max Weber)가 "정치로 사는 것이 아니라 정치를 위해 사는"(Weber, 1978: 290) 높은 신분을 가진 사람들이야말로 정치적 미덕을 가장 잘 옹호할 것으로 보인다고 우리에게 가르쳐준 바와 같이, 도덕적 정부는 존경받는 사람들(honoratiores)이 통치한다.6 이와 똑같은 이유로 18세기 공화주의 사상가들은 소유권(property)이 시민적 덕목을 물질적으로 보장해준다고 여겼다. 역사가 존 포콕(John G. A. Pocock)이 상기해주는 바와 같이, 도덕의 언어는 귀족 지배의 언어이기도 하다.

6 존경받는 사람들의 통치에 대한 베버의 주장에 관해서는 Weber(1978: 950~951) 참조.

이 같은 개념의 역사에 대한 설명은 우리의 주제에서 다소 벗어나지만 경험적 분석을 위해 유용한 척도를 제공한다. 그것은 NGO와 도덕 행위자들의 사회적 실존, 글로벌 시민권(global citizenship)이라는 이데올로기의 기능과 정당화 효과, 그리고 이것들과 관련한 시민적 미덕에 더욱 관심을 기울일 것을 요구한다. 미덕은 신분(status)과 부(wealth)와 인정(recognition)으로 보장된다. 즉, 미덕은 경제적 자본과 사회적 자본을 전제로 한다. NGO는 현대의 귀족 계급이다. 휴먼라이트워치(Human Rights Watch)의 아리예 나이어(Aryeh Neier) 지지자들(Neiers), 열린 사회 네트워크(Open Society Network)의 조지 소로스(George Soros) 지지자들(Soroses), 국제투명성기구의 피터 아이겐(Peter Eigen) 지지자들(Eigens)은 제국 내부의 지배자인 공화주의 귀족들과 유사하다.

국제투명성기구는 NGO와 시민적 미덕 간의 모호한 관계를 가장 잘 보여준다. 이 기구는 부패에 대한 전쟁을 통해 명성을 구축해왔는데, 매년 공공 시장, 국가행정, 국제무역의 주요 부문에서 발견된 부패 수준에 따라 국가들의 서열 목록을 작성한다.[7] 국제투명성기구에 대한 이야기는 부패에 대한 경고와 폭로가 신뢰를 얻기 위해선 NGO 채널을 활용해야 한다는 것을 보여준다. 이런 생각은 처음에 세계은행이 직접 부패 이슈를 다룰 수 없음을 깨달은 세계은행 아프리카국에 근무하는 관료들에게서 비롯되었다(Coeurdray, 2003). 결국 그중 몇몇이 세계은행을 떠나 1989년에 이 작업을 수행할 수 있는 단체로 국제투명성기구를 창설했다. 국제투명성기구는 공식적으로는 NGO이지만, 부패에 대한 전쟁을 국제금융기구의 궤도에 올려놓았다. 이 기구가 성공

---

7 이 부패 지수 척도는 현재 선별된 경제 행위자들(자문가, 해외 거주민, 사업가 등)의 부패에 대한 인식을 측정하는 것이다. 이 척도의 구성에서 활용된 방법론에 대해서는 http://www. transparency.org/cpi/2003/dnld/framework.pdf 참조.

할 수 있었던 것은 세계은행, 다국적 자문 회사들, 비즈니스 집단과 가까운, 강력한 네트워크를 동원할 수 있었던 설립자들의 능력 덕분이었다. 또 국제투명성기구는 이들 집단의 정당성을 도덕적 사업가로서 구축하고 그들의 시민적 미덕을 보여주는 데 공헌했다. 이러한 사회계층과 금융 전문 엘리트, 그리고 부패 이슈 간의 밀착성은 국제투명성기구의 전략에서 명확하게 드러난다. 경제·정치 부패에 대항한 성전(聖戰, crusade)에서 이 기구는 자신의 후원자들과 설립자들에게 가장 익숙한 수단을 동원했는데, 그것은 바로 글로벌 금융 규제라는 수단이었다. 국제투명성기구는 개별 국가들에 압력을 행사하기 위해 국가들을 평가하고 서열을 매겼다. 즉, 무디스(Moody's)나 스탠더드 앤드 푸어스(Standard & Poor's) 같은 신용평가 기관들이 주식이나 채권의 재정 상태를 평가할 때 활용하는 도구를 시민적 미덕에 도입한 것이다.

이는 NGO들이 선진국의 필요나 이익에 복종한다는 것을 의미하는 것도 아니고, 그들이 신자유주의적 세계화의 트로이 목마라고 주장하는 것도 아니다. 이런 전략은 재단들이 깊이 고려해 추진하기는 하지만, NGO가 단순히 부정하게 충원됨을 의미하지는 않는다(Roelofs, 2003). 수많은 NGO가 세계화의 부정적인 면에 비판적으로 개입하며, 가끔씩 강력하게 조직된 이익에 성공적으로 저항하기도 한다. 그러나 전반적으로 이와 같은 NGO들은 금융기구나 국제기구와 동등한 지위에서 세계화를 규제하는 핵심 행위자가 되었다. 이 같은 성공의 결과로 그들의 정체성은 균열 없는 '글로벌 거버넌스'의 망 속에 용해된다. 그들은 이 속에서 상호 작용하고 가끔씩 정부 기관과 국제기구, 그리고 기업들과 만난다. NGO라는 '형식(format)'은 권력 행사의 특수한 방식이 되었다. '비정부기구(NGO)'라는 상표 자체가 의미를 상실했으며, 정치학자들은 국가의 후원을 받는 조직들과 국제 전문가 네트워크에서부터 자신들에게 친숙한 협회들에 이르기까지 이 상표를 달고 공존하는 수많은 제도적 유형을 분류하느라 고심한다.

2. 이상주의와 전문성

이러한 것들을 분류하는 어려움은 국제 무대가 극심하게 변동하고 있고 근대성(modernity)이 생산해온 상징적 경계들(도덕성과 정치, 국내적 행위자와 국제적 행위자 등)이 지속적으로 변하거나 사라지고 있다는 것을 알면서도 여전히 낡은 국민국가의 세계 질서와 그것에 대한 정치 '과학'의 범주들로 이 새로운 현실을 분석하고 있다는 사실에서 비롯된다. 냉전 시기 현실주의 정치(Realpolitik)의 시대에는 모든 것이 평범하고 단순했다. 인권, 인도주의적 서약, 또는 정치적 책무성에 대한 요구 같은 윤리적 원칙들은 전형적으로 국가의 강제력에 저항한 사람들이 사용한 반면에, 국제정치는 그 어떤 도덕적·윤리적 가치의 고려에서도 배제된, 국가들의 도구적·전략적 계산의 영역으로만 간주되고 이론화되었다. 국제관계 이론가들은 이러한 행위들을 '현실주의'로 코드화함으로써 서양과 동양의 통치자들의 냉소주의를 편리하게 과학으로 전환했다. 그러나 1990년대 환희의 분위기 속에서 이상주의가 국제문제의 주요 이데올로기적 틀로 현실주의를 대체하게 되면서 모든 것이 동요하고 불분명해졌다. 한때 권력 비판의 무기였던 인권과 민주주의는 이제 권력 자체의 무기가 되었다. 역사적으로 정치의 절대적 한계로서 발전한 인권 독트린은 인권 정치가 탄생하게 만들었다(우리에게 익숙한 인권 정치라는 말은 모순적이지는 않아도 역설적이다).[8] 자율성과 참여의 지속적인 증가로 민

---

8   미셸 푸코(Michel Foucault)는 인권이 가능한 모든 형태의 지배와 권력에 대항하는 무기로

주주의는 수출을 할 수 있는 상품이 되었다. 민주주의를 촉진하거나 인권을 옹호하는 것은 정치 기술과 경제적 처방 또는 사법 모델의 수출을 위해 중요한 경로이다. 더 이상 권력 비판의 토대를 제공하지 않는 민주주의 촉진과 인권 옹호는 (지난 세기말의 격앙된 분위기 속에서 알아차리지 못했던 변화인) 세계 권력의 핵심 언어가 되었다. 민주주의와 인권은 17세기 정치 이론가 조반니 보테로(Giovanni Botero)가 '국가이성(Ragion di Stato, Reason of State)'이라고 부른 것, 즉 권력의 공고화를 지향하는 도구적 합리성의 새로운 형태를 대표하게 되었다. 또는 민주주의와 인권 개념을 통해 세계화를 바라보고 새로운 실천 방법을 모색하는 두 연구자의 말을 빌리면, 더 이상 제국의 구성에 '외부(outside)'는 없게 되었다(Hardt and Negri, 2000).

이 책에서는 이러한 역설적인 변화의 사회적·역사적 측면을 몇 가지 강조할 것이다. 이런 도덕 자원과 운동의 구조적 변동을 관찰하기 위한 한 가지 방법은 실천운동 자체의 역사와 사회학에 초점을 맞추는 것이다. 하워드 베커(Howard Becker)가 일탈에 대한 고전적 연구에서 도덕 사업가(moral entrepreneur)에 관해 기술한 것처럼, 도덕을 전파하는 사람(moral crusader)은 몇몇 경력의 지점에서 전문가의 봉사가 필요하다(Becker, 1963: 152). 전문성을 구축하고, 과학적이거나 법률적인 복잡한 주장들을 다루며, 대중과 관계를 맺거나 미디어 전략을 수립해야 할 필요성은 운동 조직들에게는 사실 강력한 변화의 요인이다. 물론 그들은 더 효과적으로 목표를 추구하지만, 이런 변화는 그들의 충원 방식과 전망, 그리고 다른 기관들과의 관계에도 영향을 미친다.

전문성(professionalism)은 특화(specialization)를 증가시키고 일련의 이슈들

출현했지만 "인권 정치 이론이나 정치를 소개한다는 구실하에 지배적인 독트린을 다시 도입할" 위험에 대해 지적했다(Foucault, 1994: 349).

에 초점을 맞추기 때문에, 폭넓고 포괄적인 사회변동의 계획에서 운동을 분리하는 경향이 있다. 또한 더 많은 전문성을 추구하는 이런 경향은 더 광범위한 전략에 기여하고, 법률가, 경영자, 관료, 경제 전문가 등의 다른 전문가의 입장과 더 잘 일치하는 입장을 채택하려는 경향과 만나게 된다. 다시 말해 그것은 주류에 대한 순응(mainstreaming)이며, 심지어 정설(orthodoxy)의 구성과도 나란히 진행된다. 미국 환경운동의 사례를 보면, 포드 재단(Ford Foundation)의 '교주들(미국변호사협회의 법률가위원회)'의 비호를 받는 이 운동의 전문화는 재계·산업계와 친밀해지기 전에 이미 발생했다는 것을 알 수 있다(Gottlieb, 1993: 139). 마찬가지로 인권운동의 전문화는 법률 엘리트에 대한 호소를 촉진하고, 이 운동이 처음에 비판의 대상으로 삼은 국가기관들에 밀착되는 쪽으로 이동시켰다(Dezalay and Garth, 2002: 164).

전문화를 향한 경향은 민주주의와 인권 조직들을 결정적으로 바꾸었다. 그러나 이것은 민주화 산업(democratization industry)의 이데올로기적 기원을 은폐할 수 없었다. 이러한 이니셔티브의 이상주의가 권력정치의 현실주의에서 매우 멀리 있는 것처럼 보이지만, 그것들은 냉전의 반명제(antithese)가 아니라 여전히 냉전의 산물이었다. 처음부터 민주화 프로그램들은 매우 모호했다. 제2차 세계대전 이후 인권을 위한 투쟁은 대부분 공산주의에 대한 투쟁이기도 했다. 마찬가지로 민주주의를 위한 투쟁은 양극체제 간 대립의 시대에 선별적으로 사용된 무기였다. 다시 한 번 이러한 과거가 민주주의의 촉진을 반드시 일종의 음모론적 활동으로 간주하게 하지는 않는다는 점을 강조해야 할 것이다. 이것은 오히려 이러한 국제정치의 장이 미국 정치의 진보적이고 국제적인 분야와 일군의 냉전 전략가들 사이의 가교 또는 공통의 토대로 발전해왔음을 의미한다. 이 의제의 성공은 그것의 모호성, 즉 자신을 각양각색의 해석에 내맡기고, 실제로 운동가들이나 저항 인사들과 관련된 전략이든 국무부 계획 입안자들의 전략이든 간에 서로 다른 전략들을 조정할 수 있는 능력에 달려 있다.

1950년 CIA(Central Intelligence Agency)의 비호로 설립되었고 대부분 좌파 지식인으로 구성된 '문화적 자유를 위한 협회'는 이처럼 모호한 민주주의 성전의 초창기 사례였다. 프랜시스 스토너 손더스(Frances Stonor Saunders)는 이 조직에 대한 최근 연구에서 민주주의 성전의 배후에 있는 정치 기획자들이 "과거의 급진주의자들과 좌파 지식인들로 이루어진 다채로운 집단"이지만, 그들이 대표한 "급진적 저항가의 전통은 '미국의 계획(American proposition)' 을 뒷받침하기 위해 중단되었음"을 관찰했다(Saunders, 1999: 2). 이와 같은 사례는 이 책에서 상세하게 논의할 좀 더 최근에 탄생한 미국민주주의재단의 사례에서도 관찰된다. 레이건 행정부와 가까운 일군의 신보수주의자들(neo-conservatives)이 1983년에 설립한 미국민주주의재단은 자신들의 냉전 계획에서 학계의 인권운동 분파들과 사회민주주의적 좌파들을 포섭함으로써 정당성을 이끌어냈다.

이처럼 상이한 정치 전통들의 통합 지점은 민주주의 촉진과 관련된 조직들이 광범위한 동맹들을 만들어내어 헤게모니적 어젠다를 구축할 수 있게 해준다. 그러나 필자는 손더스가 주장한 옛 믿음의 단순한 '중지(suspension)' 보다 이러한 이니셔티브에 관여한 사람들이 어느 정도는 그들의 원칙에 여전히 충실했을 뿐만 아니라, 이러한 헤게모니적 계획을 진보적 목표로 해석해냈다고 주장하고자 한다. 민주주의의 국제적인 촉진은 혼동되고 은폐된 방식으로 어떤 이들에게는 혁명적 국제주의의 연장선으로 간주되고, 어떤 이들에게는 그들이 과거에 관여한 시민권 운동이나 반제국주의 운동의 당연한 결과로 간주되기도 한다. 또 다른 이들에게 그것은 외국에 영향력을 행사하기 위한 바람직하고 실용적인 전략이기도 했다. 따라서 이 조직들의 힘은 무엇보다 이러한 상징적이고 정치적인 유산을 포착하고 재활용할 수 있는 능력에 달려 있다. 또 그것은 손더스가 '미국의 계획'이라고 부른 것에 상징적이고 정치적인 유산들을 투입하는 진보적이고 국제주의적인 전통의 다양한 작동 방법과 조직의 구조에 의존하기도 한다. 이러한 이유 때문에 인맥에 입각한 충원(co-optation)에 대해서만 언급하거나, 이 행위자들의 여정을 변절 또는 개종의 과정으로 치부하는 것은 너무 단순하다. 따라서 또 다른 분석 모델이 요구된다.

3. 이중행위자

이 책은 현실주의 권력정치에서 이상주의적 국제주의로의 전환을 추적하기 위해 개인 행위자에 집중하는 관점을 채택한다. 국제정치의 새로운 레퍼토리(기술정치에 대립하는 것으로서 운동, 국가의 비판, '시민사회'의 중심성 등)와 이 레퍼토리가 반대와 저항의 언어를 제공하는 것에서 헤게모니의 언어가 되기까지의 변화를 고려할 때, 이 행동 레퍼토리(repertoires of action)를 개인이 만들어낸 기술이나 성향으로 이해하는 것이 유용할 것이다. 다양한 식물이 꽃가루를 통해 먼 지역으로 확산되는 것처럼, 이 레퍼토리는 자신의 직업 활동에 그것(레퍼토리)을 동원하는 사람들에 의해 상이한 제도적 맥락으로 이동된다. 또 이런 관점에서 세계은행이 왜 거버넌스를 촉진하는지, 레이건 시대에 재단이 어떻게 인권에 관여하는지를 이해하는 것은 이 기관들에 그런 관심을 전달하는 행위자들을 식별해내고 그들의 자취를 추적하는 것이 된다.

민주주의 촉진에 관한 이야기는 무엇보다 자신들의 국제적 기술을 제도화하고 성공적으로 전문성을 판매한 '민주주의를 만드는 사람들'의 이야기이다. 그들은 그렇게 함으로써 보통 사회적으로 진보적이거나 개혁주의적인 정치를 통해 다른 지역에서 획득한 노하우를 주요 국가기관들이나 국제기관들에 전달했다. 그들은 이 비판적인 지식을 지배적인 국제 전문성으로 전환했다. 다시 말해 새로운 국제적 정설의 현대적 지지자들은 과거에 이단자인 경우가 많다. 이러한 개종의 과정과 역설이 이 책의 중심 주제이다. 이 책에서는 레이건 행정부에 가담하고 최초의 국제 민주화 프로그램을 개척한 옛 트로츠키주의자들을 검토할 것이다. 또 라틴아메리카 연구를 통해 훈련된 학자들을 검토할 것이다. 이들은 자신의 측근들이 설립한 조직을 후원한 진 커크패트릭을 강하게 비판했다. 끝으로 종속이론 학파의 학문적 여행자들을 검토할 것인데, 이들은 1990년대에 세계은행의 정치경제학자로 귀결되었다.

민주주의 촉진의 장을 구성하고 민주주의가 팽창하는 데 가장 기여한 행위자들은 다양한 수준에서 활동하고, 국내적·국제적 기관들, 학문과 사회운동이 교차하는 지점에서 주축이 되는 지위를 점유하며, 지식, 조직에 대한 소속, 네트워크, 재정적 자원 등을 모두 동원할 수 있었던 사람들이다. 그들은 개혁주의자인 동시에 현실주의자로 보이고, 다양한 어젠다를 조정함으로써 강력한 지위를 구축할 수 있었다.

이 행위자들의 특징을 설명하기 위해, 이들을 어떤 의미에서 '이중행위자'로 생각하는 것이 유용할 것이다. 첩보 소설 속의 인물들에게서 빌려온 이 풍자적 표현은 이 행위자들의 태생적 특징인 모호성을 잘 드러내준다. 필자의 의도는 이들을 비난하고 폭로하려는 것이 아니라 분석을 수행하려는 것이다. '이중행위자'라는 용어의 사용은, 사회적 행위자들이 단일한 역할만을 수행한다고 생각하여 그들을 제한된 사회관계나 단일한 제도적 맥락에 한정하는 것이 아니라, 그들의 다양한 관계를 고려하려는 방법이다. 사실 대부분의 행위자, 특히 지배적인 행위자는 여러 사회 영역에 걸쳐 많은 지위를 점유하고 있다(Boltanski, 1973). 이런 의미에서 이 행위자들에게 단일한 속성이나 필연성에 부합하는 일련의 특징들을 부여하는 것은 매우 환원론적이다(사실 이것은 인식론적으로 그릇된 것이다). 예를 들어 어떤 사람은 정치학 교수인 동시에 가끔 국가안보회의의 자문 역할을 하기도 하며, 비중 있는 국제 인권 NGO의 중요한 구성원일 수도 있다. 국제관계와 초국가적 네트워크에 관한 학문 연구에서 주가를 올리는 두 가지 용어, 즉 '정부 행위자'나 '비정부 행위자'라는 용어를 사용할 수 있을까? 예를 들어 1988년 세계은행은 NGO와 관계를 증진하기 위해 옥스팜(Oxfam)의 정책부장이었던 제임스 클라크(James Clark)를 고용했다. 이 경우 그는 국제금융기관의 이익을 대표하는 사람으로 간주되어야 할까? NGO 부문의 이익을 대표하는 사람으로 간주되어야 할까? 현실적으로 이렇게 명확한 구분은 국제적 과정들을 사회학적으로 분석할 때 더는 사용할 수 없다. '시민사회 행위자'나 '인권 행위자'와 같이 상호 관련된 개념들에 대해서도 똑같은 문제를 지적할 수 있다. 이러한 개념들은 특정한 맥락에서 협상된, 특정한 역할만을 파악할 뿐이기 때문에 사회적 행위자에 대한 적절한 묘사라고 할 수 없다. 따라서 '이중행위자' 개념을 사용하는 것은, 또는 행위자들이 소속된 영역들을 다원적으로 설명하고 앞에서 페터 슬로터다이크가 비꼬아 제안한 것처럼 '삼중행위자'나 심지어 다중행위자에 대해 이야기하는 것은 사회적 행위자들이 관여하는 영역에 따라 상이한 능력으로 행위를 한다는 사실을 상기시키려는 의도이기도 하다. 소속과 지위를 다양하게 만드는 능력이야말로 네트워크를 구성하는 원료이다. 이 개념은 비판적인 의도를 담고 있기도 하다. 그것은 국내적인 것과 국제적인 것, 정부적인 것과 비정부적인 것, 영리적인 것과 비영리적인 것, 과학적인 것과 운동 차원의 것 사이의 상징적인 경계가 사실상 현실이라기보다는 구성된 것임을 보여준다. 인위적인 구분들은 이러한 '능력' 사이에서 지속적으로 이동하며,

이러한 경계의 유지에 관심을 기울이는 행위자의 행동으로 불명확해진다는 것을 보여줄 것이다.

사회적 행위자들은 다양한 가면이나 능력으로 여러 경기장에 개입하고 상이한 네트워크에 참여할 수 있다. 이런 분할과 경계는 실천을 행하는 사람들에 의해 유지될 뿐만 아니라 '비정부 행위자', 'NGO 대표', '현지 집단', '풀뿌리 운동' 등과 같은 범주들을 계속해서 생산·재생산하는 정치학자들이나 국제 관계 학자들에 의해서도 유지된다. 그들이 촉진하는 지속적인 구분과 등급 결정 작업에도 불구하고 글로벌 거버넌스와 시장민주주의(market democracy)라는 모호한 세계는 이중행위자들의 온상이다.

이 책의 목표는 이중행위자 개념을 활용해 행위의 범주를 해체하거나 사회적 정체성을 일종의 포스트모던 방법으로 용해하려는 것이 아니다. 이와 반대로 행위자들이 유일한 사회적 삶의 영역에 갇혀 있지 않음을 염두에 두는 것은 환원론적 설명을 피하고 연구자들을 경험적 복잡성에 더 민감하게 만드는 건전한 방법론적 예방책이다. 특히 이것은 새로운 국제 행위자들을 주창 네트워크(Keck and Sikkink, 1998) 또는 인식 공동체(Haas, 1992) 안에 위치한 것으로 한정하는 경향이 있는 매우 피상적인 '구성주의(constructivism)'와 일정한 거리를 둔다. 이것은 다른 사회적 속성들 — 직업 경력, 계급, 전문적·제도적 위계 안에서의 지위, 사용되는 자원(경제적·문화적·과학적 자원 등) — 을 고려할 것과 이 행위자들의 보편적이고 도덕적인 의제들을 명확하게 정의된 사회적 맥락 안에 재배치할 것을 요구한다.

끝으로 이중행위자는 서로 충돌하는 의제들과 갈등이 존재하는 곳에만 있을 수 있다. 이 점은 분석하는 데 매우 중요하다. 민주화나 인권을 위한 보편적 처방의 시발점과 다양한 규제 영역에서 국제적 규범의 생산은 갈등의 과정이다. 목표, 수단, 전략, 모델, 대화 파트너, 전문가, 자금 수령인은 지속적인 도전을 받는다. 이 개념들의 의미 자체가 이러한 투쟁의 대상이 된다. 예를 들어 1980년대 인권에 대한 논쟁은 인권이 자유주의자들이 주장하는 것처럼 모든 정부 형태에 대립될 수 있는 보편적 규범인지, 아니면 신보수주의자들이 말하는 것처럼 국내 정치 전통과 법률 시스템의 외부에 존재할 수 없는 것인지를 — 이 경우 미국의 국익 옹호는 인권에 반대될 수 없으며, 법의 지배와 민주주의를 수출하고 강요하는 것이 유일하게 가능한 인권 정책이다 — 결정하는 것이었다. 서로 다른 정치적·사회적 어젠다 간의 대립은 중개자·매개자·중재자, 대립하는 집단, 지배 기관과 NGO, 국내적인 것과 국제적인 것, 학자의 독립된 지위와 실천가의 개입 사이에서 이리저리 옮겨 다니는 사람들의 두터운 층이 출현할 완벽한 조건을 제공했다. 이 이중행위자들은 중위층을 점유하고 헤게모니적 기관들을 해방적인 주장에 더 잘 반응하도록 만드는 경향이 있으며, 이와 동시에 NGO들과 운동가들을 길들이거나 온건하게 만든다. 그리하여 그들은 동시에 모든 어젠다를 촉진하는 것처럼 보인다. 예를 들어 1980년대에 가장 성공적인 민주화 프로그램의 옹호자들은 바로 민주주의를 촉진할 뿐만 아니라 민주주의를 정치적인 영역으로만 제한하기도 했던 미국과 라틴아메리카의 저명한 정치학자들이었다.

이 모든 것으로 행위자들의 심리적 동기에 대해 옳고 그름을 판단할 수 있는 것은 아니다. 이중행위자라는 표현은 개인들이 냉소적인 이익 계산만을 추구한다는 것을 의미하지는 않는다. 오히려 인류학적으로 모호하고 인식론적으로 옹호될 수 없는 개인적 합리성의 모델이야말로 냉소주의이다. 이와 반대로 이 책에 등장하는 개인들은 그들이 옹호하는 주의에 헌신하는 이상주의자이기도 하다. 세계적 맥락에서 이러한 이상주의의 장소와 역할이 변화를 겪는 것이다. 그들을 '이중'행위자로 만드는 것은 그들이 참여하는 구조적 맥락이며, 행위자의 성격 문제는 아니다. 좀 더 윤리적인 외교정책과 다양한 형태의 국제 민주화 운동에 대한 요구가 한때 매우 비판적 요소였던 적이 있었지만, 이것들은 오늘날 새로운 국제 질서의 대들보가 되었다. 전 세계에 걸친 '시장민주주의'의 구축은 미국 안보 독트린의 핵심 요소이자 경제 자유화의 도구로 채택되었다. 이와 함께 민주주의의 수출은 새로운 형태의 정치적·법률적·학문적 제국주의가 탄생하게 만들었다. 이 새로운 맥락에서 민주주의 운동은 외형은 변하지 않았을지라도 의미의 변화를 겪었다.

역설적으로 운동가들을 이중행위자로 바꾼 것은 개종이나 변절이 아니라 '민주주의 인터내셔널에 대한 그들의 충성'과 '이상에 대한 그들의 변함없는 헌신'이었다. 국제관계에서 '이상주의적 전환(idealist turn)'과 국제 무대에서 도덕성의 도입은 여러 세대에 걸쳐 운동가들이 명예를 걸고 이룩해낸 발전이다. 그러나 이러한 변화는 그들에게서 과거의 비판적 무기들을 박탈하고, 민주화의 언어로 자신의 정책을 재정립하며 자신의 헤게모니를 은폐한 세계 기관들 앞에 비무장 상태로 서게 했다. 민주주의와 인권 개념 위에 구축된 헤게모니는 적어도 필자가 보기에 오로지 국익과 지정학적 계산의 지배를 받는 헤게모니 시스템보다 바람직할 수 있다. 그러나 이것을 인정할지라도 지배, 권력 불균형, 강제의 효과가 전혀 멈추지 않았음을 관찰해야 한다.

이 책은 이 딜레마에 대한 답을 제시하지 않는다. 단지 현상에 대한 올바른 인식이 새로운 운동의 발명을 향한 첫걸음이 되기를 바라면서 이러한 것들을 조명하려고 할 뿐이다.

4. 헤게모니의 이해

이러한 연구 방법이 세계체제론의 영향을 받았든(Wallerstein, 1995), 국제적 과정들을 공식화하고 이해하기 위해 그람시(Antonio Gramsci)의 개념을 사용하든(Cox, 1987; Gill, 1993) 대개 국제관계의 비판 이론과 미국 외교정책의 이론적 배경을 형성한 구조주의에서 일탈한 것임을 잘 알고 있다. 이러한 연구의 가치는 그것이 동등한 것 간의 협상 공간으로서 국제적인 경기장을 표상하는 자유주의적 다원주의에 대항해 자원의 불평등한 배분과 권력관계의 불균형을 포착하고 있을 뿐만 아니라, 이 비대칭적인 관계를 정당화하고 정착시키는 이데올로기와 문화의 역할도 간파하고 있다는 점에서 인정되어야 한다. 이 접근법은 미국의 '민주화' 정책에 관한 몇몇 학자의 작업에 영감을 주었다(Robinson, 1996; Gills, Rocamora and Wilson, 1993). 이 주제가 그람시 이론가들에게 호소력을 띠는 것은 어쩌면 당연하다. 이 책에서 주장하는 바와 같이, 최근 미국의 역사에서 해외 민주주의의 촉진은 대부분 이데올로기 정책이라기보다는 문화적인 것으로 생각되고 기획되었다. 이러한 문화적 차원은 곧바로 '헤게모니'라는 측면에서 이 정책을 분석하고 그람시의 개념 중 몇 가지를 국제관계까지 확장하도록 이끈다. 안토니오 그람시가 지적한 바와 같이, 헤게모니는 형식상으로 보편적인 것이 되어야 하며, 특정한 이익의 표현으로 보여서는 안 된다(Gramsci, 1991). 따라서 민주주의와 인권에 대한 도덕적 호소는 민주주의와 인권을 정책과 기존의 세계 질서에 대한 국내적이고 국제적인 폭넓은 합의를 조직하기 위해 완벽한 도구로 만든다. 분명 이 연구들은 귀중한 통찰을 제공한다. 특히 정치발전을 경제 변동과 연계하려고 한다는 점에서 그러하다. 그러나 이 작업들은 궁극적으로 시민사회·문화·교육기관 등에 골고루 퍼져 있고, 저항에 부딪히지 않는 원심적(centrifugal) 또는 하향식(top-down) 권력 확산으로서 헤게모니 개념에 의존하고 있다. 이 연구들은 정치 구조의 최상층부로부터 '유기적(organic)' 지식인들과 일반 대중에까지 내려가는 균열 없는 지배의 기획이라는 가정, 즉 역사적인 상황의 복잡성과 이 기획에 지속적으로 결합·재결합되는 상이한 전략들을 제대로 설명하지 못하는 가정에 입각하여 수행된다. 예를 들어 윌리엄 로빈슨(William Robinson)은 미국 민주화 정책에 대한 연구에서 "세계 체제의 중심부에 토대를 둔"(Robinson, 1996: 33) 금융자본 분파의 헤게모니하에 조직된 계급의식을 가진 초국적 엘리트를 가정하고, 이것에서 헤게모니의 도구로서 민주주의 촉진의 전반적인 논리가 유통되는 것으로 간주하는 듯하다. 과거에 용인되거나 심지어 후원을 받기도 한 비민주적 체제는 세계화 시대에 "새롭게 출현하는 국제 자본 축적 방식에 족쇄"(Robinson, 1996: 37)가 되었다. 따라서 이 체제들은 이 초국적 계급의 현지 동맹자들에 의해 시장민주주의로 변화했다는 것이다. 이러한 관점에서 '민주화'는 기계적으로 글로벌 경제의 본질에서 유래하고 국제 시스템에 완전히 통합된 열린 사회와 국가를 요구하는 자본의 새로운 필요성에 적응하는 과정이 된다. 세계화된 금융자본이 기업에서부터 국민국가에 이르기까지 다양한 수준의 거버넌스 유형을 재형성하고 있다는 것은 의심할 나위 없지만, 이 주장이 제시하는 설명 방식에는 매우 강한 기능주의 경향이 있다. 즉, 정치적이고 사회적인 변화가 자본의 현대적 구성에 포함되고 미국 국가기구에 의해 가장 효과적으로 실행되는 계획을 기계적으로 표현하는 것으로 환원되는 경향이 있다. 그 결과, 스스로 재생산할 수 있는 시스템의 능력과 그것의 전반적인 일관성이 이론적으로 중요하게 다루어진다. 비판 이론가들이 그들이 변화시키려 하는 것이 변하지 않는다고 가정하는 것은 패러독스이다.9 또한 그들은 그들이 설명하는 '헤게모니' 비밀을 풀

---

9 비판 이론가들이 사용하는 '헤게모니' 개념은 철학적 관점에서 문제가 제기될 수 있다. 그람시가 노동계급의 승리라는 전반적인 전망에서 이 개념을 발전시켰다면, 비판 이론가들은 헤게모니를 통해 하위 집단에 대한 지배계급의 가치·세계관·신념의 확산만을 의미하지는 않는지 의문을 제기할 수 있을 것이다.

어줄 뿐만 아니라 헤게모니를 지속적으로 형성·재형성하는 현실적인 갈등을 무시하는 경향이 있다. '민주주의의 촉진'이 새로운 합의의 목표일 수 있지만, 이 새로운 패러다임이 무엇을 포함해야 하는가는 전혀 합의되지 않았다. 그것은 수많은 행위자가 자신의 지위와 역할과 중요성을 재정의하려고 시도하는 투쟁의 대상이다. 이런 갈등의 존재는 그것 자체가 헤게모니 과정의 벡터(vector)이기 때문에 분석에서 고려되어야 한다. 이브 드잘레이와 브라이언트 가스가 법률적이고 경제적인 처방과 아메리카 대륙을 가로지르는 이 처방의 국제적 순환에 관한 연구에서 주장한 바와 같이, 미국을 비롯한 "세계 강대국은 특수한 접근 방법이나 상품을 수출할 뿐만 아니라 그들 내부의 투쟁과 이런 투쟁에 사용된 전략까지 수출하는 경향이 있다"(Dezalay and Garth, 2002). 국제관계에서 이른바 '신그람시적(neo-Gramscian)' 연구들은 심지어 헤게모니 '블록'들을 괴롭히기도 하고, 이 블록의 구성을 지속적으로 바꾸는 깊은 균열을 무시하는 경향이 있다. 이 접근 방법은 지배 관계의 일관성과 안정성을 과장함으로써 권력의 영속화가 그것의 변화와 적응을 유발하기도 한다는 것을 명확하게 보여주는 수많은 반전, 변화, 전략적 재배치를 설명하지 못한다.

이 연구들은 민주주의, 발전 또는 인권에 대한 학문적 담론으로 전환되면서, 과학적이고 문화적인 영역을 중심 권력의 추동력을 보여주거나 그것의 정책을 정당화하는 수동적인 부수물로 환원하는 경향이 있다. 제2차 세계대전 이후 학자들이 "미국 외교정책과 주류 학문 공동체의 밀접한 '접합(fit)'을 이룬 시기에"(Robinson, 1996: 42) 바로 이러한 기능주의가 작용했다. 어떤 학문적 산물(윌리엄 로빈슨이 언급했고, 이 책의 3~4장에서 논의되는 근대화 이론과 그 후의 민주화 이론)들이 외교정책의 특정한 면을 정당화하기 위해 사용되어 온 것이 명백한데도, 이러한 '접합'의 존재는 여전히 설명되어야 할 사회적 구성의 전 과정의 결과로 받아들여지기보다는 하나의 전제로 주어진다. 즉, 이 연구들에서 발견되는 국제적 과정에 대한 대부분의 묘사는 경험적인 작업과 입증의 결과라기보다는 종종 이런 유형의 연구를 특징짓는 매우 강력한 이론적 전제들에서 연역된다. 전 세계에 걸친 시장경제의 창조가 글로벌 자본의 기능적인 필수 조건(functional requisite)으로 간주되지만, 이러한 기획이 접합되는 경험적인 양상들은 그다지 이론적인 중요성을 인정받지 못한다. 따라서 이러한 이론들에는 새로운 국제 정부 패러다임의 형성을 사회학적으로 좀 더 미세하게 분석하는 작업이 결여되어 있다.

여기에서는 이와 반대로 행위자들과 그들의 제도적 상황, 외교정책이 만들어지는 상이한 경기장에서 그들이 동원하는 사회적이고 과학적인 자원들에 밀접하게 초점을 맞춤으로써, 이 새로운 지배 과정들의 역사적이고 사회적인 구성을 탐구하는 것이 필수라고 생각한다. 정치경제학자들이 새로운 세계 통치의 패러다임으로 '민주주의 촉진'과 글로벌 자본주의의 본질 간에 존재하는 관계를 상기하게 하더라도, 카를 마르크스(Karl Marx)처럼 자본이 행위자의 등 뒤에서 작용하는 외적이고 신비스러운 실체가 아니라 사회적인 관계임을 기억하는 것이 유용하다. 구조적 경제 상황에 대한 고려가 이 새로운 국제적 실천의 장의 역사사회학을 쓰려는 시도를 가로막아서는 안 된다. 이 책의 한 장이 세계은행의 최근 변화에 대한 분석을 담고 있는데, 그것은 새로운 정치·경제 연구와 마찬가지로 민주화가 이제 '자본의 정책'의 새로운 일부일 뿐만 아니라 이 정책의 제도화가 그것의 다양한 차원들(경제학의 변동, 지식과 전문성의 국제적인 중개, '시민사회 조직' 같은 새로운 발전 행위자들에 대한 정의, '굿 거버넌스'와 법의 지배 촉진 등)을 고려하지 않고서는 이해될 수 없는 복잡하고 갈등을 야기하는 과정이기도 하다는 것을 보여주기 위함이다. 또한 이 새로운 패러다임이 성공할 수 있었던 또 다른 이유는 그것(새 패러다임)이 다른 장에서 일어났던 변화들에 수렴될 수 있었기 때문이다. 특히 새로운 민주주의 운동을 수행하는 데 완벽한 조건을 제공한 냉전과, 냉전의 이데올로기적이고 문화적인 투쟁을 통해 유증된 국제적 노하우를 실천하는 행위자들이 세계 곳곳에 퍼져 있기 때문이다.

또 다른 연구들은 새로운 형태의 제국주의인 민주주의 촉진의 도덕적 보편주의에 대해 경고하는 쪽으로 나아가고 있다. '민주주의'와 '인권'이 노골적인 권력의 사용과 이익을 위장하고 은폐하는 허구일 뿐이라는 주장은 언제나 가능하다. 이것은 최근 미국의 이라크 점령이 보여주는 바와 같이 언제나 배제될 수 없다. 그러나 이러한 가정은 민주주의와 인권 개념이 왜, 그리고 어떻게 세계 정부 또는 적어도 국제정치의 중심 패러다임이 되었는가라는 질문을 남겨둠으로써 핵심을 벗어난다. 또 그것은 민주화 프로그램들과 인권 정책들이 단지 속이 빈 슬로건인 것만은 아니며 실제로 내용을 담고 있다는 사실을 간과한다. 이것들은 대개 다양한 정치 기술, 법률 모델, 시민사회의 조직이나 경제에 관한 규범적 담론을 수출하는 견인차이다. 이 책의 목표 중 하나는 지식·기교·네트워크·아이디어·이데올로기가 거래되고 순환되는 이 새로운 정치 공간의 구성을 추적하려는 것이다.

이 새로운 정치·경제 연구에 대한 비판적 검토가 거칠어 보일 수도 있는 것은 일반적인 전망과 주제를 선택하는 데 있어서 기존의 유사한 연구들과 본 연구를 강력하게 구분하려 하기 때문이다. 사실 이 책은 국제 민주화 운동에 대한 수많은 연구를 형성하는 초국적 '주창 네트워크'나 '이슈 네트워크'의 연구(예: Keck and Sikkink, 1998)보다 방금 언급한 연구들과 더 많은 공통점이 있다. 주창 네트워크나 이슈 네트워크에 대한 연구들이 특히 규범 기획자들과 그들의 네트워크에 초점을 맞추기 때문에 글로벌 규칙과 규범의 생산에 대한 경험적 분석에 더 가깝기는 하지만 그들은 이 행위자들의 관점에 전적으로 사로잡혀 있는 경향이 있다. 이 연구들은 외교정책의 원칙으로서 민주주의와 인권의 점진적인 채택을 국가와 국제기구에 대항하는 의식 있는 운동가들과 NGO들이 거둔 성공적인 운동의 결과로 간주한다. 이 전환점은 처음에는 주저하던 레이건 행정부가 우익 운동가들의 압력으로 인권을 외교정책의 원칙으로 채택한 1980년대인 것으로 간주된다. 비록 공화당 행정부가 활용한 인권이 순전히 도구적이고 전적으로 소련을 물리치기 위한 것이었다는 점을 인정하더라도, 정부가 스스로 선언한 원칙에 어느 정도 충실함을 보여주어야 했고 특히 점차 전문적인 인권 조직들이 수집한 사실들을 견뎌내야 했으므로 그것은 실제적인 구속력을 가지게 되었다는 것이다. 휴먼라이트워치의 설립자 아리예 나이어는 "로널드 레이건(Ronald Reagan)은 정말로 자신의 담화에 이끌렸다"라고 말했다(Neier, 2003: 188).

미국 외교정책에 인권 원칙이 채택되도록 압력을 행사한, 이 투쟁의 선구자이자 책임 있는 참여자인 나이어는 정당하게 이러한 시각을 유지할 자격을 부여받는다. 그러나 이런 참여자의 시각은 최소한의 방법론적 고려도 없이 정치학에 수입되어 인권 이론으로 변형되었다. 법률적 담화(legal rhetoric)가 구속력을 가지고 정책을 진행할 수 있는 능력, 구속력 있는 '인권의 힘'과 그보다 일반적인 '아이디어의 힘'은 실제로 정치의 법제화와 민주화에 대한 최근 저작들의 초점이 되었다(예: Risse, Ropp and Sikkink, 1999). 몇 가지 인과적인 힘이 주창 네트워크들이 촉진하는 인권 아이디어에 기인하는 것으로 보이기 때문에, 이 분석들은 인식론적 이상주의(epistemological idealism)에 토대를 두고 있다. 이 이상주의는 지극히 헤겔주의적인 관점에서 인권 아이디어가 역사를 통해 스스로를 실현하는 도구로서 사회 행위자를 간주한다.

이 연구들은 사회구조와 자신의 내적 위계질서 내에서 그들의 지위·자원·동력을 묘사하는 이 주창 네트워크들을 경험적으로 분석하기보다, 궁극적으로 이러한 사회 현실을 가치의 구현으로 간주하고 사회적 행위자들의 역할을 아이디어에 구체성을 부여하는 역할로 환원한다. 이런 경향은 이 초국적 네트워크 이론들을 확산하는 '영웅적 환상(heroic illusion)'이라고 부를 수 있는 것에 의해 강화된다. 즉, 초국적 비정부 행위자들은 민주주의와 인권을 국제적 어젠다에 성공적으로 전달하거나, 주저하는 행정부에 강요하는 '아이디어'로 환원함으로써, 도덕과 정치 간의 어중간한 구분을 비정부 행위자와 정부 행위자 간의 그릇된 구분으로 재정식화한다. 그뿐만 아니라 '인권'이나 '민주주의'가 아이디어가 아니라, 그것을 통해 갈등이 벌어지는 매개물(medium) 또는 그 안에서 상이한 행위자들이 정당성과 전문성을 구축하고 강요하기 위해 투쟁하는 장임을 이해하지 못한다.

이보다 중요한 것은 이 갈등의 목표 중 하나가 '인권'이나 '민주주의'와 관련된 정의를 부여할 수 있는 능력에 관한 것이라는 점이다. 이러한 개념들을 정의하는 것은 은밀하지만 효과적으로 누가 이 장에서 정당한 행위자인지, 누가 이러한 신념들을 촉진하기 위해 적절한 지식을 보유하고 있는지, 그리고 무엇이 이슈로 간주되어야 하는지를 정의하는 방법이기도 하다. 엄밀히 말해 인권은 권리인가? 즉, 강요할 수 있는 법률적 규정(legal provision)인가? 또는 반대로 몇몇 법률가들이 주장한 것처럼 법적 지위에 좀처럼 도달할 수 없는 "긍정적인 국제 도덕성(positive international morality)"(Zolo, 1995)인가? 그것은 국익보다 위에 있는가? 민주주의 촉진은 단지 자유롭고 공정한 선거를 촉진하는 문제일 뿐인가? 민주적인 시스템은 정치적 갈등의 평화적 해결을 위한 절차일 따름인가? 또는 몇몇 형태의 적극적인 시민 참여를 포함하는가? 이 질문들은 학문적일 뿐만 아니라, '인권 주창 네트워크'의 정당한 참여자는 누가 되어야 하는지, 그리고 '민주주의 운동가'는 누구여야 하는지를 결정하기도 한다. 이와 동시에 이 질문들은 인권과 민주주의가 간단한 개념이 아니며, 코널리(William E. Connolly)의 진부한 표현을 빌리면 "논란이 많은 개념 (contested concept)"(Connolly, 1983)임을 지적한다.

이 개념들의 약점과 강점이 동시에 의문시되고 있다. 이는 한편으로 의미가 합의되는 중심을 넘어 범위가 제대로 정의되지 않고 경계가 명확하지 않다는 것을 의미한다. '인권'이라는 이름으로 권리를 확장 또는 제한하려는 투쟁이 발생하거나, 해외에서 어떠한 '민주주의 촉진'이 포함되어야 하는가를 둘러싼 갈등이 발생하는 것은 바로 이 불투명한 영역에서이다. 바로 이 점이 인권과 민주주의의 보편성에 대한 주장, 즉 그것의 적용 가능성이 환경적·사회적·정치적 요인에 의해 부분적으로 결정된다는 주장을 깨는 것이다. 그러나 다른 한편으로 인권과 민주주의가 새로운 글로벌 정치의 언어가 됨으로써 '실용적인' 보편성을 달성하려는 것은 바로 이 개념들이 도전을 받고 있기 때문이다. 인권과 민주주의는 모든 사람에게는 아니더라도 대다수 사람에게 수용될 수 있다. 그것들은 다양한 해석(diverging interpretation)은 아닐지라도 서로 다른(different) 해석을 조율할 수 있는 개념이기 때문에 쉽게 채택될 수 있다. 그것들은 상이한 목적을 위해 사용될 수 있다. 민주주의와 인권은 사실 이상주의자들과 현실주의자들에게 공통의 관용어, 즉 신보수주의자들과 자유주의자들이 공유할 수 있는 언어를 제공한다. 그것들은 앞에서 논의한 의미에서 '헤게모니적' 개념이다. 그것들은 보편성의 형태를 취하지만, 이와 동시에 특정한 이익과 국가 안보 목표에 의해 기꺼이 도구화된다.

따라서 전문적인 표준과 주도적인 조직들, 그리고 학문적인 논쟁을 갖춘 구조화된 인권의 장의 출현은 최근 학술적 논의들이 주장하는 것보다 더욱 복잡한 현상이다. 인권의 장의 출현은 자유주의 운동 네트워크뿐만 아니라 도전적인 인권 독트린을 만들어내는 반대자들에게도 빚을 지고 있다.[10] 레이건 지지자들과 가까운 몇몇 정치 집단이 소련이 수출을 위한 공산주의 이데올로기를 가지고 있었던 것과 마찬가지로 미국도 민주주의 이데올로기가 필요하다고 생각한 사실은 이 장의 제도화에서 중요한 요인이었다. 이와 동시에 사회적·경제적 권리를 배제하고 시민적·정치적 자유로 한정된 인권의 정의에 대한 합의의 출현도 외교정책 기획자들이 이 언어를 활용할 수 있도록 만들어주는 역할을 했다.

그러므로 인권 어젠다의 제도화를 오로지 용기 있는 운동가들과 그들의 자유 네트워크에 의한 것으로만 설명하는 것에는 일종의 '승자독식(winner-takes-all)'의 편향이 있다. 정치학과 국제관계 이론에서 이처럼 공통된 방법론적 편향이 나타나는 데는 내재적인 이유가 있다. 학자들이 스스로 실천가와 운동가로 인식하고 이들의 관점을 수용하기를 열망해온 것은 바로 이들이 같은 사람들이거나 적어도 같은 네트워크에 참여함으로써 서로 매우 가깝기 때문이다. 미국 외교정책의 원칙으로서 인권을 강요하기 위한 투쟁은 사실 국제정치 이론 내부에 특수한 시장을 마련하려는 투쟁과 관련이 있다. 또한 그것은 낡은 형태의 안보 연구와 신현실주의 학파에 대항해 정당한 연구 분야로서 초국적 네트워크와 규범적 실천을 부여하기 위한 투쟁과도 밀접하게 관련되어 있다. 사실상 학계는 중립적이고 연구 대상과 거리를 둔 관찰보다는 ― 법학부에서는 물론이고 정치학이나 국제관계 학부에서도 ― 이론, 독트린, 전문 교과 과정, 민주화 전문가, 인권 전문가의 생산을 통해 인권의 제도화를

---

10 인권운동의 역사적 구성에 대해 많은 통찰을 제공해주는 최근의 자서전에서 나이어는 레이건 행정부가 인권을 도구적으로 활용한 것이 인권운동을 강화했다고 주장했다. 나이어는 1982년 인권 담당 국무차관보로 임명된 엘리엇 에이브럼스(Elliot Abrams)의 팀이 "레이건과 함께 일해야 한다"라고 생각했다고 지적했다. "인권의 본질적인 중요성에 대한 우리의 관심과 그것의 도구적 가치에 대한 레이건의 관심은 우리가 실천하는 데 공동의 토대를 발견하도록 이끌 수 있었다"(Neier, 2003: 186).

발생시킨 영역 중 하나였다. 따라서 국가와 국제정치의 개혁을 위한 새로운 원칙으로서 민주주의와 인권의 출현에 대한 그 어떤 설명도 이 책이 다루려는 패러다임적 이동을 이끄는 학자들과 학문적 담론의 역할과 장소에 대한 성찰적 분석을 포함하지 않고서는 완성될 수 없을 것이다. 처음부터 학문적 생산물들은 전략적인 목적을 위해 지속적으로 국제적인 회로를 순환해왔고, 식민 또는 탈식민(postcolonial) 제국들의 형성에 활용되어왔다(Simpson, 1998). 현재 인권이나 민주주의에 대한 학문적 담론들도 똑같은 일을 벌이고 있다. 인권과 민주주의의 학문적 담론들은 그 자체로서 설명을 제공하는 요소가 아니라 설명되어야 하는 맥락의 한 부분이다.

5. 초국가적 상징권력의 사회학

이 주제에 대한 주류 접근법들을 좀 더 자세하게 설명하려고 한다. 왜냐하면 각각의 접근이 노정하는 단견들에서 교훈을 얻을 수 있으며, 이 교훈이 이 책에서 추구하는 접근 방법을 형성하는 데 기여할 수 있기 때문이다. 첫 번째 사례(국제 정치경제학과 신그람시주의적 접근)에서 민주주의와 인권의 장은 세계 체제에서의 글로벌 자본주의의 구조적 논리로 요약된다. 이 장의 특수성, 행위자, 내적 발전, 역사는 거시 이론(overall theory)의 관심을 거의 받지 못한다. 두 번째 사례(이슈 네트워크와 주창 그룹)에서 경험적인 초점은 내부 행위자의 관점과 참여적인 접근(hands-on approach)으로 편향되어 있다. 그러나 고려가 되는 영역의 구조 내부의 관점과 입장은 정확하게 분석되지 않고 있다. 이상주의의 윤리적 책임감이 이 네트워크들과 그것을 중심으로 조직되는 투쟁들의 출현에 대한 사회과학적 설명을 대신한다. 즉, 우리는 경험적 토대가 부족한 추상적인 구조주의, 또는 경험적 분석을 위장한 이상주의를 앞에 두고 있다.

따라서 각각의 맹점을 중화하기 위해 양자를 통합해야 하는 도전에 놓여 있다. 이 연구들은 둘 다 민주주의와 인권의 장의 상이한 차원들을 가리킨다. 즉, 하나는 지배 과정과 도구적 합리성을 강조하고, 다른 하나는 이상주의와 의사소통 행위의 힘이나 아이디어의 힘을 강조한다. 그러나 이 방법 중 어느 하나를 선택해 민주주의와 인권의 장을 이론화하거나 이해할 수는 없다. 그것들은 사실 장 안에 천착한 요소들이고 자신들의 행위를 위한 정당화나 전략의 형태로 상이한 행위자들에 의해 동원된다. 당면한 과제는 어떻게 이 상반된 논리들이 서로 배척하지 않으면서 이 장에 공존하는지 보여주는 것이다. 현실주의와 이상주의, 이익과 무욕, 전문성과 도덕적 책임은 관련된 행위자들이 실용적으로 동원하는 레퍼토리이다. 이것들은 민주주의와 인권의 장의 전체 구조 안에 있는 특수한 지위와 특수한 제도적 맥락에 연관되어야 하며, 이와 동시에 특수한 역사의 산물로 분석되어야 한다.

이 같은 사회학적 접근은 민주주의와 인권의 장에 대한 이해에 귀중한 공헌을 할 수 있으리라 기대된다. 그것은 한편으로 사회학이 정치학이나 국제관계학과 달리 이 장에서 먼 곳에 위치하기 때문이며, 다른 한편으로 인권, 민주주의, 외교정책과 이것들을 위한 투쟁에서 상징적 자원으로 동원되지 않은 학문이기 때문이기도 하다. 이런 의미에서 사회학은 민주주의에 대한 이러저러한 관점들과 인권에 대한 이러저러한 이론들을 지지하는 것을 피하고 각각의 관점들이 오로지 다른 것들과의 관련 속에서만, 그리고 그것들이 빈번하게 강력한 상징 자원으로 사용되는 장의 구조와 관련해서만 이해될 수 있음을 잘 알게 해준다. 다음에서 논할 몇 가지 예외를 제외하고 이 주제에 대한 사회학적 접근의 부족은 대부분 자신이 촉진하는 가치에 대한 도덕적 호소에서 이득을 얻는 이 장의 본질에 기인한다. 이것은 민주주의와 인권의 이름으로 행위를 하는 사람들의 동기에 의문을 제기하고 그들의 실천을 사회학적 용어로 분석하는 것을 더욱 어렵게 만든다. 지적 기획으로서의 사회학에는 우선적으로 이익(interest) 개념이 관계된다(Coleman, 1990; Bourdieu, 1997). 무욕으로 정당화되고 보편적인 것이나 도덕적 이상에 의해 추동되는 행위 형태들에 대한 사회학적 분석은 이러한 무욕과 이상을 비판이라도 하는 것처럼 의심을 받는다. 왜냐하면 행위자들의 동기를 폄하하고 명확한 해석을 제거하는 듯이 보이기 때문이다. 물론 이것이 이 책에서 주장하려는 바는 아니다. 핵심은 윤리적인 구성물을 막대한 물질적 이익을 은폐하는 것으로 환원하기보다는 베버처럼 무욕을 이익의 한 형태로, 정확하게는 가치나 아이디어에 대한 이익으로 이해하고 그것이 출현하는 사회적 조건들을 고찰하는 것이다. 이 작업은 이 특수한 형태의 이상주의적 담론과 도덕적 책임성이 세계 정치와 새로운 형태의 통치에 중요한 관용어가 되었다는 점에서 매우 시급하다.

이 책을 쓰면서 발견한 가장 유용한 접근 방법은 인권과 민주주의를 사회학자 피에르 부르디외가 언급한 의미의 '장'[11]을 구성하는 것으로 간주하는 것이었다. 이것은 민주주의와 인권이 운동가, 실무자, 기관, 관료, 문헌, 모니터링 기술, 규범적 실천, 법률 독트린, 운동 양식, 학문적 인증서 등과 같은 조밀한 네트워크의 외부에 있지 않으며, 이처럼 다양한 요소를 서술하는 것뿐만 아니라 이것들이 서로 구별되고 응집적이며 상대적으로 자율적인 사회 활동의 영역, 즉 실천의 장을 형성하는 상호 관계를 분석하려는 것이 연구의

---

11 간략하지만 체계적인 '장' 개념의 소개와 유용한 설명에 대해서는 Bourdieu and Wacquant (1992) 참조.

목표임을 의미한다. 특히 이 접근 방법은 이 주제에 대한 연구들에서 너무나 자주 은폐되는 이 장의 내부의 차이점과 위계질서를 강조하고, 이것들을 장 내부에서 통용되는 사회적·경제적·학문적으로 다양한 유형의 자본과, 행위자와 기관 간의 자본 배분 방식에 연결한다. 따라서 이 방법은 오늘날 글로벌 규범의 생산을 이끄는 민주주의와 인권에 대한 국제 전문성의 사회적 생산을 분석하는 데 특히 더 적절하다.

이러한 사회학적 전통과 관련되어 있지만 민주주의·해방·인권과 관련한 국제 과정들에 초점을 맞추는 또 다른 출발점은 라틴아메리카에서의 '법의 지배'의 촉진과 미국과 라틴아메리카 간의 법률적·경제적 모델의 헤게모니적 수출·수입에 관한 드잘레이와 가스의 저작(Dezalay and Garth, 2002)이다. 드잘레이와 가스는 세계화에 대한 기능주의적 시각들이나 국제적 규범에 대한 탈구조적(disembedded) 이론들에 대항해, 미국의 법률 모델과 경제적 처방의 국제화가 어떤 위대한 기획의 결과라기보다 국가의 역할과 국가의 변형을 둘러싼 특정한 유형의 갈등의 국제화임을 보여주었다. 이러한 갈등에 참여하는 사람들은 현지의 상황에서 국제적인 도구와 지식, 전문성, 인맥, 정책의 틀과 같은 자원 등을 동원함으로써 정책 모델의 국제적 순환을 촉진하는 사람들로 행동한다. 이 접근법은 현지의 이해관계와 제도적 정책뿐만 아니라 그것들을 추구하기 위해 사용되는 전략이 보편적 담론과 이상주의적 처방으로 재가공되는 과정을 쉽게 이해할 수 있게 해준다. 따라서 국제적인 변방에서 확산되고 그 어떤 특수한 맥락에서도 분리된 것처럼 보이는 이러한 글로벌 구성물들이 국가 개혁, 경제성장 방식, 개인의 권리, 환경 또는 민주주의에 어떻게 관여하는지 그것의 계보를 추적하는 것이 가능해진다.

최근 다양한 학문적 연구가들이 현지의 변화를 이해하기 위한 가장 중요한 맥락으로서 국제 상호 작용과 교환에 대한 관심을 부활시키는 데 기여했다(예: Rogers, 1998). 이렇게 상이한 시각들을 고찰하면서 미국에서 만들어진 글로벌 민주주의 처방의 구성에 대해 몇 가지 국제 영향력의 중요성을 강조하려고 한다. 전후 독일의 '민주화' 경험, 미국으로 이민을 간 유럽 지식인들의 지적·이데올로기적 중요성, 미국의 대(對)라틴아메리카 정책에 대한 비판, 또는 미국에서의 자유주의 학문 네트워크의 역할 등은 오늘날 '아메리카니즘'의 단면 중 하나인 민주화의 글로벌 이데올로기를 구축하는 국제적인 블록처럼 보인다.

기존 연구와 이 책의 차이는 어떠한 초점을 강조할 것인가이다. 다른 연구들이 경제, 환경, 인권 등과 같은 보편적 담론의 생산을 맥락화하는(contextualizing) 데 성공을 거두긴 했지만, 이 연구들은 이러한 담론에 투자되는 지식과 바탕을 이루는 학문 분과의 변화에 상대적으로 적은 관심만을 기울이며 지식의 중요성을 부차적으로 다룬다. 앞에서 언급한 바와 같이, 학문적 생산물과 학자들은 민주주의에 대한 새로운 글로벌 담론을 형성하는 데 핵심이다. 민주화를 위한 도구들의 구성과 이 새로운 형태의 국제운동은 정치적·학문적 지형에서 동시에 수행되며, 그것이 어떻게 본질적으로 지적인 활동으로 발생하는지 주의 깊게 고려하지 않고서는 민주주의와 인권의 창세기를 이해하는 것은 불가능하다. 법률이나 경제학과 더불어 정치학은 정부의 다양한 방식과 권력의 행사가 이루어지고 코드화되며 정당화되는 영역을 정의할 뿐만 아니라 전통적으로 국내적·국제적 엘리트들을 훈련하는 장이기 때문에 중요한 '권력의 학문(disciplines of power)' 중 하나이다.[12] 이러한 학문 영역의 변화들은 국내적·국제적 규칙의 주요 변화들에 반향을 일으킨다. 민

---

12 드잘레이와 가스는 권력의 학문으로서의 법학과 경제학의 기능과 국제관계에서의 이 학문들의 제국주의적 활용을 분석했다(Dezalay and Garth, 2002).

주주의와 인권에 토대를 둔 글로벌 패러다임의 출현도 예외가 아니다.[13] 이런 가치들을 촉진하는 새로운 유형의 국제운동 발전은 민주화, 법의 지배, 또는 초국적 네트워크에 대한 광범위한 담론의 발전과 궤를 같이해왔다. 학자들은 지역연구, 비교정치학, 국제관계 이론 등의 시각에서 민주화로의 '이행' 과정, 경제적 자유화와 정치적 자유화의 관계, 선거, 새로운 시민사회뿐만 아니라 이 과정에서 초국적 행위자들의 역할을 연구하기 시작했다(Whitehead, 1996; Diamond, 1996; Crawford, 1996 참조). 이러한 학문적 발달이 민주주의와 인권의 장의 제도화에 기여해온 것은 앞에서 언급한 학문들이 이 장을 과학적 담론의 주제로 전환했을 뿐만 아니라 학자들 자신이 이 장의 한 부분을 이루고 있기 때문이기도 하다. 학문 공동체와 학자들의 지식 동원은 초창기부터 이 새로운 초국적 활동의 핵심 요소였다. 심지어 몇몇 사례에서는 학문적인 면과 정치적인 면을 구분하는 것이 불가능하다. 여기에 해당되는 사례로는 1970~1980년대의 라틴아메리카 연구를 들 수 있는데, 이 연구들은 신뢰할 수 있는 정책 대안과 이 지역에 대한 미국의 현실적 개입을 접합한 학자들과 자유주의 정책 기획자 간의 주창 동맹(advocacy coalition)이 출현할 수 있게 했다. 따라서 이처럼 중요한 정치 변동들을 이해하기 위해서는 전체적인 학문의 분업 활동에서 이러한 전공들이 점유하고 있는 열등한 지위와 라틴아메리카에 대한 미국의 정책과 이 전공들의 관계, 즉 권력의 장과 이 전공의 관계를 고려해야 한다.

기교와 능력이 중요한 요소가 되는, 민주주의와 인권의 장에서 전문성의 역할은 학계와의 접속을 강화하는 데 기여했다. 어떤 정치 변동의 기술이 가

---

13 이 점에서 미국정치학회가 2000년 가을 비교민주화 분과와 인권 분과를 신설하기로 승인한 결정은 이러한 제도화 과정에서 학문 분과들의 역할을 보여주는 좋은 사례이다.

장 적합한지에 대한 토론, 기존 프로그램들과 프로젝트들에 대한 평가, 해외
원조에 딸린 정치적 조건(political conditionality)의 영향에 대한 측정은 수많은
학자들이 그들의 지식을 갑자기 팽창하는 국제시장에서 팔 수 있는 전문성
으로 전환할 수 있게 해줌으로써, 이 학자들에게 간헐적이거나 항구적인 전
문성의 배출구를 열어주었다. 이와 동시에 민주화와 관련된 의제들은 특히
경제 자유화에 대해 다른 성공한 글로벌 처방보다 기술적인 국가 개혁을 위
한 공식(formula)을 더욱 호소력 있고 광범위하게 제시했다. 다시 말해 민주
주의와 인권의 장은 많은 정치학자들이 다른 전문성의 생산자들, 특히 경제
학자들과 경쟁할 수 있게 해주었다. 특히 민주화와 신자유주의 경제 개혁 간
의 관계에 대한 논의들도 이러한 시각에서 이해되어야 한다. 그것은 곧 전문
영역의 대리전이다. 이는 이처럼 광범위한 질문들을 둘러싼 투쟁들이 학문
적 정치와 학문 분과들 내부의 더 작은 투쟁들을 은폐한다는 것을 의미한다.

  반대로 이러한 이론적 산물은 외교정책 기획자들에 의해 그들의 정치적
싸움의 무기로 동원되기도 했다. '현실주의자'이자 보수적인 한 외교정책 분
석가는 이에 대해 다음과 같이 설명한다.

> 무엇이 작동하고 무엇이 작동하지 않는지에 대한 실용적인 판단도, 경쟁하는
> 목표들을 저울질하기 위한 최선의 방법도 진짜로 토의되지는 않는다. …… 민
> 주주의 촉진에 대한 논쟁은 해외와 국내에서 미국 정책의 전반적인 방향에 대
> 한 더 큰 전쟁을 대신하고 있을 뿐이다(Kagan, 1998: 2~3).

  이와 같이 특히 레이건 행정부가 라틴아메리카에 대해 추진한 정책을 자
유주의자들이 공격하는 상황에서 1980년대 하위 학문 분과로서 민주화 연구
가 출현한 것은 우연이 아니다. 이처럼 수많은 학문적 산물들이 외교정책 이

스태블리시먼트의 내부 투쟁의 무기로 활용된다. 왜냐하면 사실상 이 학문적 산물들은 외교정책 수행에 필요한 것으로 보이는 지식과 전문성을 박애주의 재단과 학문 네트워크를 통해 산출하려 한 외교정책 이스태블리시먼트의 노력과 역사의 산물이기 때문이다(Cumings, 1998; Seybold, 1980). 탈식민화 과정과 사회주의의 위협으로 인식되는 것에 대한 대응을 의미한 근대화 이론(modernization theory)이 일종의 "혁명을 억제하기 위한 독트린(antirevolutionary doctrine)"(Smith, 2000: 147)으로 고안된 것과 마찬가지로, 민주화 연구들은 국내 경제가 급격하게 변하고 자유화되는 상황에서 어느 정도의 안정성을 보장하는 부드러운 체제 이행의 기술을 고안하려는 특수한 국제 전략에 따라 형성되었다. 이러한 의미에서 민주화와 인권, 새롭게 출현하는 세계 질서에 대한 새로운 학문 담론은 사실상 헤게모니적 기획의 연장으로 보이며(Cammack, 1997), 이는 새로운 학문 담론이 근대화 이론이 점유한 지배적 지위를 포드 재단이나 다른 박애주의 재단 및 정책연구소 등과 같은 스폰서들의 도움으로 다시 취했다는 사실로 뒷받침되는 것처럼 보인다. 그러나 이 새로운 정책의 지혜를 제공하는 학문적 토대가 종종 비판적이고 이단적인 지적 자원들로 근대화 이론을 비판하면서 구성되었다는 사실이 은폐되어서는 안 될 것이다. 민주주의와 인권운동이 외교정책에 비판적·해방적 레퍼토리를 도입한 것처럼, 민주화 연구는 비판적 지식이 성공적으로 새로운 지배 전문성으로 전환되었음을 보여준다. 즉, 민주주의와 인권의 장의 계보는 학문적 토대에 대한 사회학적 분석을 포함해야 한다. 어떤 상황과 어떤 관점에서 이 새로운 질문들이 제기되었는지를 이해하는 것이 중요하다. 이 주제를 다룰 때 "우리는 그것이 누구의 문제인지 알 때까지 어떤 문제에 대해 그다지 잘 진술할 수 없다"(Mills, 1959: 76)라는 찰스 라이트 밀스(Charles Wright Mills)의 주장은 믿을 만한 방법론적 지침으로 받아들여질 수 있을 것이다.

6. 책의 구성

이 책은 민주주의와 인권의 장을 형성하고 그것의 출현에 기여한 개인들의 여정, 제도, 담론을 분석한다. 이 책은 서로 밀접한 관련이 있지만 때때로 독립적으로 이 과정에 기여해온 변화들을 분석하는 간략한 연구들로 구성되어 있다.

제1장은 냉전 시대 성전의 전사들과 특히 코민테른(Comintern)을 모델로 삼고 공산주의의 이데올로기적인 면과 경쟁할 수 있는 '자유세계의 인터내셔널'을 구축하려 한 과거의 시도로 거슬러 올라가 현대 '민주주의 촉진'의 기원을 추적한다. '문화적 자유를 위한 협회' 같은 초창기의 계획들은 반스탈린 좌파들에서 최고의 프로모터를 발견했다. 제1장은 이러한 '이중행위자' 집단의 초창기 급진정치에 대한 개입에서부터 그들이 레이건 행정부에 가담해 '미국민주주의재단'을 설립하기까지의 변화를 추적한다.

제2장은 미국민주주의재단을 좀 더 세밀하게 분석한다. 미국민주주의재단은 자유주의적 인권운동가들과 신보수주의 이데올로그들이 인권 개념과 인권 개념에 기초한 외교정책 유형을 정의하려고 한 투쟁의 결과였다. 또한 인권을 둘러싼 옛 전투를 '민주주의 촉진'의 범세계적 프로그램으로 전환하는 것에 기여했고 정당화하기도 한 정책 주창자들(advocates)과 학자들의 네트워크를 분석한다.

제3장과 제4장은 결국에는 똑같은 네트워크들과 기관들로 귀결되지만 좀 더 자유적이고 학문적인 배경 출신인 또 다른 운동가들의 이질적인 프로필을 다룬다.

제3장은 현재의 민주화에 대한 정치학 계보를 다룬다. 이 장에서는 1950~1960년대에 주류였던 근대화와 정치발전 패러다임에 대한 다양한 학문적·

정치적 비판으로 거슬러 올라간다. 여기에서는 근대화 이론에 대한 지식인들의 비판이 – 특히 자본주의적 관계들과 소유권의 중요성을 당연한 것으로 간주할 뿐만 아니라 그것을 강조하기도 하는 점진적 변화에 대한 처방적 이론을 도출함으로써 – 역설적으로 근대화 이론의 정치적 목표들(요약하자면 변화와 안정)을 수행했음을 보여준다.

제4장은 1970년대에 유행한 비판적이고 구조주의적인 정치 변동 이론이 1980년대의 '민주화 이행론'과 세계은행을 중심으로 번성한 '정치경제학'으로 변화하는 과정을 세밀히 검토한다. 이 장에서는 이러한 이론적 산물들을 제도적이고 학문적인 맥락에 다시 놓는다. 그리고 자유주의 정책 기획자들이 신보수주의자들과 대립하는 데 동원한 무기였던 정치경제학의 역할을 강조한다.

제5장은 국제관계 이론을 조명하는데, 특히 이른바 '사회적 구성주의' 접근법들이 범세계적 인권과 초국가적 운동 네트워크들에 대한 해방적 이야기의 산출에서 수행한 역할에 초점을 맞춘다. 또한 NGO들과 다른 도덕 기획자들이 추구하는 더 넓은 정당화 전략 속에서 이 담론들의 전략과 목적을 강조할 것이다.

제6장은 새로운 민주주의 패러다임의 국제화와 이것이 세계 경제와 맺고 있는 관계를 다룬다. 이 장은 세계은행에 초점을 맞춤으로써 과거의 개발 독트린들이 어떻게 해서 이 새로운 처방의 담론으로 무너졌는지 분석하려고 한다. 그것은 사회 진보를 위한 과거의 공식을 대체하는 '굿 거버넌스' 개념과 법의 지배를 중심으로 맞물린 새로운 국제 어젠다의 채택으로 이어지는, 기복이 많은 경로를 거쳤다. 세계은행은 새로운 어젠다의 국제화와 이것과 경제적 처방을 짝지어주는 강력한 메커니즘으로 활동했다. 1980년대부터 세계은행은 NGO에 대한 상징적 개방과 과거의 발전 전략에 대한 공격을 병행

했다. 이 은행은 민주주의·인권·자본주의의 동맹을 범세계적인 "권능 강화 사업(business of empowerment)"(Wade, 2001: 131)의 틀 안에 밀봉하고 그것을 정당화하는 데 기여했다. 전통적으로 경제적이고 기술관료적인 것으로만 인식되던 세계은행이 매우 운동가적인 친민주주의(pro-democracy)와 참여친화적인(pro-participation) 어젠다를 채택한 것 또한 잘 드러나지 않은 상이한 유형의 국제 전문성 간의 투쟁 결과이기도 하다.

제1장

냉전의 전사에서 인권운동가로

어떤 이는 '인권'보다 '자유'나 '민주주의'라는 용어를 더 선호할 수 있다. 그러
나 이름이야 어떻든 간에 미국은 이데올로기적 수준에서 공산주의에 대응해야
한다. _ 조슈아 무라브칙[1]

신보수주의는 구좌파의 마지막 단계이며, 공산주의적 시각에서 자신의 정체성
을 이끌어낸 미국 정치의 유일한 요소이다. _ 시드니 블루멘털[2]

캄보디아의 한 인권단체는 NGO 요원을 교육하기 위해 미국민주주의재단
에서 5만 달러를 지원받았고, 미국상공회의소(American Chamber of Commerce)
의 한 지부는 아프리카 싱크탱크들의 워크숍을 조직하기 위해 12만 4,612달
러를 받았다. 또 페루 아마존 지역의 원주민 여성 조직은 지역 공동체와 지

---

1 Joshua Muravchik, *The Uncertain Crusade: Jimmy Carter and the Dilemmas of Human Rights
   Policy* (Washington, DC: American Enterprise Institute, 1986), p.223.
2 Sidney Blumenthal, *The Rise of the Counter-Establishment: From Conservative Ideology to
   Political Power* (New York: Times Books, 1986), p.130.

방선거에 여성의 참여를 고양하기 위해 3만 3,200달러를 수령했다.[3] 이외에도 더 많은 사례가 있다. 오늘날 각양각색의 NGO, 현지 집단, 정치운동, 온갖 종류의 로비를 지원하는 글로벌 하부구조 네트워크들(global infrastructure networks)이 존재한다. 이들의 존재는 권위주의 국가들의 주권과 권력에 대한 지속적이고 끈질긴 도전을 보여주며, 이러한 도전은 정치적 해방이나 참여를 위한 수많은 현지의 투쟁을 포함한다. 이는 그 영향력이 제한적일지라도 중요한 성취이다. 이렇게 새롭게 출현하는 글로벌 네트워크는 운동 집단들을 멀리 떨어진 워싱턴이나 그 외의 장소에 있는 재단들과 연결해줌으로써, 재정적으로 지원하거나 정치적 자문가 또는 조직자를 파견함으로써, (가장 대표적인 정치 세력이 아닐 수도 있지만) 자신의 스폰서들의 광범위한 전략이나 세계관을 따르는 저항 세력들을 촉진함으로써 정치를 국지적이고 역사적이며 사회적인 발전의 표현이라기보다 글로벌 경향과 실천을 반영하는 장으로 전환하는 데 기여한다. 새롭게 출현하는 글로벌 네트워크는 온갖 유형의 간섭을 가능하게 하고 영향력을 은폐할 뿐만 아니라, 이 간섭을 진보적인 투쟁과 연대의 멋진 외형으로 위장한다.

이와 같은 새로운 형태의 국제주의는 매우 역설적이며, 여전히 그것의 모호성을 포착하는 연구를 기다리고 있다. 이 모호성은 이러한 국제주의의 기능 및 계보와 관련되어 있다. 어떤 학자들은 범세계적인 민주주의에 대한 진실하고 헌신적인 공헌이 냉전의 종식 이후에 가능해졌으며, 그것은 운동가 네트워크, NGO, 다양한 행위자에 의해 이룩되었다고 주장한다.[4] 과거에 두 초강대국 간의 적대 관계는 '현실주의'가 외교정책의 중심 독트린으로 성공

---

3   이 사례들은 모두 미국민주주의재단의 1998년 보고서에서 확인한 것이다.
4   이러한 해석은 제5장에서 상세하게 논의할 것이다.

할 수 있게 해주었다. 현실주의는 '자유세계'의 편에 서기를 선택한 온갖 유형의 권위주의 체제들을 인정하고 정당화했다. 이러한 관점에서 볼 때는 오직 분쟁의 종식만이 시민사회와 NGO, 그리고 시민운동가들의 국제정치 참여와 민주주의를 향한 압력 행사에 길을 열어줄 수 있었다.

그런가 하면 민주주의 촉진이 본질적으로 미국의 특징임을 강조하는 또 다른 시각이 있다. 즉, 민주주의 촉진은 미국이 탄생된 이후 미국 외교정책의 지침이 되어왔다는 것이다(Smith, 1994). 이 관점에서는 식민지에 반대하는 혁명에서 탄생하여 보편적인 인권 개념 위에 구축된 미합중국이 1898년 스페인 전쟁에서 현재에 이르기까지 지속적으로 다른 나라의 자유를 추구하고 옹호해온 역사가 있는 국가로 간주된다. 그러한 관점에서 냉전은 이상과 보편성의 이름으로 수행되었다. 이러한 해석은 이상주의적 역사관과 연결되는데, 이상주의적 역사관은 미국의 역사를 본질적인 것으로 환원하여 진보적인 아이디어의 전개로 바꾸어놓았을 뿐만 아니라, 앞으로 살펴볼 것과 같이 국익과 보편적 가치의 혼동 위에 세워진 보수주의적 기획으로도 바꾸어놓았다. 여기서 보편적 가치는 국익을 촉진하는 데 지속적으로 활용되어왔다.[5]

비록 여러 가지 면에서 차이가 있지만, 민주주의와 인권의 장의 이러한 두 가지 계보는 겉으로 보이는 것보다 더 밀접하다. 전자가 미국 외교정책이 운동가 네트워크의 압력으로 윤리적인 것이 되었음을 주장한다면, 후자는 미

---

5 미국기업연구소(American Enterprise Institute), 미국민주주의재단과 관련된 신보수주의 지식인 조슈아 무라브칙(Joshua Muravchik)은 인권이 아메리카니즘의 본질이고 "자유를 위한 승리는 곧 미국을 위한 승리"라고 주장했다(Muravchik, 1986: 68). ≪코멘터리(Commentary)≫에 실린 한 논문에서 새뮤얼 헌팅턴(Samuel Huntington)은 이러한 옛 정식(proposition)을 누구도 흉내 낼 수 없는 사이비 과학적(pseudo-scientific) 방식으로 재공식화했다. "세계에서 미국 권력의 증가와 쇠락, 자유와 민주주의의 증가와 쇠락 사이에는 중요한 상관관계가 있다"(Huntington, 1981: 38).

국 권력의 본질적인 자비심을 강조한다. 이와 같은 아이디어의 역사는 '체제 변화', '민주주의로의 이행', '국가 형성', '갈등 해결', '민영화' 등 전문성을 가진 민주주의와 인권의 장의 출현을 이해하는 데 그다지 유용하지 않다. 따라서 이 책에서는 정치 변동을 위해 수많은 기술과 기교가 연마된, 초국가적 활동의 장과 냉전 사이의 단절보다는 연속성에 주목한다. 1980년대에 '민주주의 촉진'으로 이동한 네트워크 중 많은 것은 냉전이라는 역사적 상황에 은밀히 연결된 복잡한 이데올로기적 재배치의 결과이며, 이러한 연속성은 개념적인 수준에서 더욱 두드러진다. 예를 들어 민주화 프로그램의 초창기 구성과 정당화에 관여한 한 자문가이자 정치학자가 이 작업들을 군사적 개념과 관련되어 있고 적을 암시하는 용어인 민주적 '캠페인(campaign)'의 구성 요소로 이론화할 수 있었다는 점은 매우 주목할 만하다(Gastil, 1988).

그러나 '민주주의 촉진'과 '인권' 같은 이름표는 과거에는 은밀했던 정치 작전이 공개적인 형태로 지속되고 있음을 의미하지만은 않는다.[6] 이것은 배후에 정부의 후원을 숨기고 있는 민주주의 촉진을 주장하는 제도들과 프로그램들을 설명해주는 근거 중 하나이다.[7] 그러나 1990년대의 '민주주의 산업'은

---

6   홀리 스클러(Holly Sklar)와 칩 벌릿(Chip Berlet) 같은 탐사 저널리스트들이 수행한 작업처럼 ─ 그들의 저술이 종종 매우 유용하고 소중한 정보를 제공하기는 하지만 ─ 일반적인 방향을 서술할 뿐이다. 스클러와 벌릿은 미국민주주의재단과 CIA 또는 냉전에 개입한 다른 정부 기관 간의 연계를 추적했다(Sklar and Berlet, 1991).

7   예를 들어 미국민주주의재단은 정보기관과 관계를 맺은 수많은 사람들의 감독하에 설립되었다. CIA 작전지휘국(Operations Directorate) 출신의 월터 레이먼드(Walter Raymond)는 미국 내에서 친콘트라(콘트라는 니카라과의 산디니스타 민중 정부를 전복하기 위해 결성된 반혁명 단체를 말한다. _ 옮긴이) 대중선전을 담당했으며, 1982년 CIA에서 국가안보위원회(National Security Council)로 옮겨 정보 프로그램 부국장으로 재직했다. 또 그는 미국민주주의재단의 설립을 감독하기도 했다. 자유유럽방송(Radio Free Europe) 대표와 프리덤하우스 이사를 역임한 존 리처드슨(John Richardson)은 미국민주주의재단의 이사장이 되었다.

냉전의 제도적 구조와 경험들이 단순히 확장된 것이 아니다. 그것은 정치적 기술, 집단행동 모델, 경제적 처방 등의 수출을 위해 세계적인 시장을 조직했다. 냉전은 안정과 세력 균형을 유지해주는 것처럼 보이기 때문에, 민주주의를 촉진하는 것은 전적으로 변화를 촉진하는 것이기도 했다. 그것(민주주의를 촉진하는 것)은 시민사회의 풀뿌리 수준에서 공식적인 권력 구조에 이르기까지 여러 사회를 재구성하고, 나아가 이 과정에서 경제를 변화시키려고 했다. 따라서 여기에는 본질적으로 혁명적인 것이 있다.

그러므로 좌익 반스탈린주의에서 냉전적 반공주의로 이동하고 그 후 자신들의 혁명적 국제주의에 개입했던 과거를 신보수주의 진영에서 지배적 정치 질서에 순응하게 하는 방법으로 바꾸어놓은 정치운동가들을 위해 민주주의와 인권의 장이 중요한 전문성의 배출구가 되어왔으며 이들 정치운동가 범주의 형성에도 기여했다는 것은 그리 놀랍지 않다. 이 정치운동가들 중 많은 이에게 미국 외교정책은 1988년 조지 부시(George H. W. Bush)의 대통령 선거 운동을 위해 작성된 몇몇 문건에서 제안된 바와 같이 '해방의 독트린'이 되어야 했다(Fairbanks, 1989: 623).[8] 처음부터 그들은 소련에 이데올로기와 진보적인 가치를 넘겨주기를 원치 않았으며, 따라서 이데올로기적·문화적 전선에서 냉전을 수행하려고 했다. 민주주의와 인권은 공산주의에 대립하는 대응 이데올로기가 되어야 했다. 그들은 반공주의적 좌익에 속한 과거의 트로츠키주의자, 사회주의자, 사회민주주의자로서 공산주의자들과 정치적인 투쟁

미국민주주의재단과 CIA의 관계에 대해서는 Muravchik(1992: 206), Wiarda(1990: 145~146), Sklar and Berlet(1992), Ciment and Ness(1999) 참조.

[8] 이 운동가들은 제3세계의 진정한 해방운동을 비판한 바 있는데, 초창기 신보수주의 운동의 가장 영향력 있는 대변자였던 민주당 상원의원 대니얼 모이니핸(Daniel Moynihan)은 제3세계 해방운동을 '전체주의의 무장 세력'으로 정의했다.

을 벌이는 데도 익숙했으며, 냉전을 이 초창기 전투의 확장으로, 나아가 그들의 텃밭으로 간주했다. 이와 동시에 그들은 여전히 마르크스·레닌주의적 방식으로 정치투쟁을 벌였지만 이 이념의 목표에는 동조하지 않는 사람들이었다. 이러한 집단적인 개종과 헤게모니 정책에서 좌익 언어와 기술의 재활용은 인권의 장의 사회사에서 중요한 면을 이룬다. 그러나 냉전의 유산은 훨씬 복잡한데, 거기에 참여한 많은 사람들이 이런 이데올로기적 대립의 다른 측면, 특히 라틴아메리카에 대한 미국의 정책에 반대하는 반제국주의 운동 출신이자 일반적으로는 자유주의 지식인 출신이었기 때문이다. 이 이질적인 그룹들은 1980년대에 똑같은 제도적 네트워크로 수렴되었다.

　민주주의 촉진을 위한 국제적 네트워크를 구축하려는 계획의 첫 번째 단계는 냉전 초창기에 시작되었다. 이 단계는 베트남 전쟁과 자유주의적 국제주의의 위기, 즉 민주주의 국제 네트워크 계획을 지지했던 이데올로기의 위기가 전개되자 끝이 났다. 이런 위기는 외교정책 이스태블리시먼트와 그들의 사회적 재생산 메커니즘에도 영향을 미쳤다. 특히 당시는 '아이디어 시장'의 출현과 재단, 정책 연구 기관, 이데올로기적 기획자들의 부상으로 특징지을 수 있는 미국 정치의 사회적·제도적 틀이 변화하는 상황이었다. 우리는 이 상황에서 민주주의와 인권에 초점을 맞추는 국제적 이데올로기의 공세를 지지한 사람들의 사회적·정치적 여정을 추적할 수 있다. 이 기획은 1980년대 미국민주주의재단의 설립과 함께 결실을 맺었다. 이와 유사한 기관을 설립하려는 시도가 1960년대 후반에 몇 차례 있었지만 성공하지 못했다.

　미국민주주의재단이 '민주주의 촉진'에 개입한 유일하거나 가장 중요한 기관도 아니고, 이와 유사한 수많은 기관이 미국과 해외에서 출현하기도 했지만, 미국민주주의재단은 선구적인 기관으로 부각된다. 오로지 민주주의의 정치적 문제에만 초점을 맞춘다는 사명감에 입각해, 이 기관은 정치적 행위자들과 학문적 행위자들의 광범위한 네트워크를 결합하고, 이 문제에 집중된 모든 학문적 기획과 민주주의 '정치학'의 발전을 촉진함으로써 민주주의와 인권이라는 특수한 장을 구조화하는 데 결정적으로 공헌했다. 이 기관이 설립된 상황도 중요하다. 미국민주주의재단은 민주주의와 인권을 위한 투쟁이 소비에트 블록과 대립각을 세우고 냉전을 부활시키려는 레이건 행정부의 노력과 관계를 맺은 1983년에 설립되었다. 따라서 미국민주주의재단은 냉전 전사들이 어떻게 인권과 민주주의 운동가로 개종하게 되었는지를 관찰하는 데 유용한 사례를 제공한다.

1. 냉전, 전체주의와 투쟁, 그리고 문화적 자유를 위한 협회

'체제 변동'이나 '민주주의로의 이행'을 경험한 나라들에서 민주주의를 단순히 특수한 역사적 발전 단계의 산물이라기보다 커뮤니케이션과 선전의 현대적 수단, 정치 기술, 문화적 생산을 통해 옹호·촉진되어야 하는 아이디어로 간주하려는 생각은 현대적 민주주의 공학(democratic engineering)의 실행과 함께 출현한 것이 아니다. 현대적 민주주의 공학은 현재 자유민주주의와 전체주의 간의 투쟁으로, 그리고 대부분 문화적이고 이데올로기적인 투쟁이기도 한 냉전의 형성으로 거슬러 올라간다. 적극적으로 민주주의를 촉진하는 것이 가능하고, 바람직하며, 심지어 필요하기도 하다는 생각은 국제적으로나 국내적으로 광범위한 위협의 상징이었던 전체주의 개념이 지적이고 공식적인 정치 담론이 됨으로써 형성되었다.[9] 냉전의 시작과 1947년 '트루먼

---

9   전체주의 개념은 1920년대에 이탈리아에서 형성되었으며, 1930년대에 반스탈린주의 좌파에

독트린'으로 알려진 봉쇄 정책의 채택으로, 미국은 다양한 이익의 측면에서 가 아니라 (서로 다른 이익들은 도덕적인 관점에서는 똑같이 정당하다) 두 가지 문명과 가치 체계의 모델, 그리고 민주주의와 전체주의 간의 격렬한 대립이라는 측면에서 소련의 정책에 반대했다.

서구와 전체주의 소련의 대립은 진실한 것과 그릇된 것의 도덕적 대립인 동시에 인식론적 대립인 것으로 소개된다. 민주적이고 사회적이며 경제적이라는 소련의 신뢰성은 '거짓'이자 계획적이고 다양한 형태의 선전으로 간주되었다. 이런 의미에서 냉전은 문화의 영역에서 치러진 사상전이기도 했으며, 예술적이고 학문적인 생산을 널리 확산했다. 이러한 맥락에서 전체주의 개념은 전쟁 전의 반파시즘을 전후의 반공주의로 전환할 수 있게 해줌으로써 여전히 가치를 가지고 있었다.

전체주의 개념의 계보는 그것을 만들어낸 사람들과 중개하는 사람들의 사회사와 분리될 수 없다. '전체주의 국가' 소련에 대한 첫 번째 분석은 냉전 정치학자들에 의해서가 아니라 훨씬 전에 스탈린에 반대하는 마르크스주의자들에 의해 이루어졌다(Salvadori, 1981). 냉전 시기 '전체주의'라는 용어의 계속된 성공은 1930년대 이후 소비에트 권력을 전체주의 권력이라 비판해온 이 작은 지식인 그룹의 성공을 보장해주었는데, 이는 가장 강력한 동맹과 통일성을 유지하기를 열망한 미국 정부 내부 집단들이 전쟁을 수행함으로써 이러한 비판이 경시되었을 때조차 그러했다. 소련에 대해 다소 우호적이었던 반파시스트 서클들은 전체주의 개념을 널리 사용한 반면, (대개 미국에 전체주

의해 미국에 수입되어 1947년 이후 미국 외교정책의 축이 되었다. 이와 함께 전체주의 개념은 중요한 학문적 주제가 되기도 했다. 이 개념의 계보에 대해서는 Gleason(1995), Traverso (2002) 참조.

의 개념을 수입한 유럽 이민자들과 매우 가까웠던) 비정통 마르크스주의자들이나 옛 공산주의자들은 처음에는 볼셰비키 혁명을 통해 탄생한 국가를 비롯해 일반적인 현대 국가의 타락을 경고하기 위해 이 개념을 활용했다. 멘셰비키 망명자 솔 레비타스(Sol Levitas)가 1920년에 창간한 ≪뉴리더(New Leader)≫나 1937년 공산당과 함께 파산한 후 현대문학 인텔리겐치아[필립 라브(Philip Rahv), 시드니 훅(Sydney Hook), 메리 매카시(Mary McCarthy), 드와이트 맥도널드(Dwight Macdonald) 등과 같이 미국으로 망명한 수많은 유럽 지식인]가 관여한 ≪파르티잔 리뷰(The Partisan Review)≫ 같은 진보 잡지는 전체주의 개념을 공산주의와 단절한 반스탈린주의 좌파의 영향력 있는 옹호자들이 지배한 새로운 환경에 맞추어 사용했다.10 예를 들어 ≪뉴리더≫ 진영의 멘셰비키 저자들[특히 보리스 니콜라옙스키(Boris J. Nicolaevski)와 데이비드 댈린(David Dallin)]은 정기적으로 소련과 중국을 비롯한 공산주의 국가들의 전체주의적 본질에 대해 경고했다. 1947년 저명한 노동계 지도자 조지 미니(George Meany)와 제이 러브스톤(Jay Lovestone)의 도움으로 댈린은 단 한 번도 출판된 적이 없었던 소련 강제수용소들의 지도(map)를 ≪뉴리더≫의 부록으로 출판할 수 있었다.11

이 지식인 서클에서 전체주의 개념은 자신을 자본주의 비판자이자 스탈린주의 비판자로 생각하는 대다수 비공산주의 좌파 멤버의 정치적 딜레마를 해결해줄 수 있었다는 점에서 성공을 거둘 수 있었다. 전체주의 개념은 이 비판자들을 연결해주었고 그들을 합리화했다. 원래 파시스트 정당·국가의

---

10 ≪파르티잔 리뷰≫에 대해서는 Cooney(1986), Bloom(1986) 참조.

11 David J. Dallin(ed.), *Concentration Camps in Russia*, "World Events" supplement, *The New Reader*, Vol.30, No.13(March 29, 1947). 무라프칙은 미국 노동사회주의를 분석하면서 "미니와 러브스톤이 소련 강제수용소 지도의 출판을 담당했다"라고 기술했는데(Muravchik, 2002: 252), 이 출판은 ≪뉴리더≫의 부록을 가리키는 것으로 생각된다.

사회동원을 지칭한 전체주의 개념은 이러한 방식으로 저명한 반스탈린주의 지식인들에 의해 현대 국가의 발전에 대한 비판적 진단으로 활용되었다. 사회학자 대니얼 벨(Daniel Bell)이 1944년 ≪소셜리스트 리뷰(Socialist Review)≫에서 기고한 글을 예로 들 수 있다. 그는 전시 생산을 위한 국가와 거대 자본 그룹의 전시 동맹에서 '독점 국가(monopoly state)', 즉 미국에서 전체주의 발전의 징후가 된 자본에 의한 국가기구의 자의적 활용을 발견했다고 주장했다(Brick, 1986: 94~95).

드와이트 맥도널드는 ≪파르티잔 리뷰≫의 지식인들이 처음에 주장한 미국의 제2차 세계대전 참전 반대를 정당화하면서 "외국의 파시즘에 대항한 전쟁의 첫 번째 결과는 국내에 독재를 도입하는 것이 될 것이다"라고 기술했다(Cooney, 1986: 169). 이와 유사한 시각은 전쟁의 주요 위험 중 하나가 민주국가를 포함해 모든 국가에서 전체주의 경향을 촉진하는 것이라고 주장한 철학자 존 듀이(John Dewey)에 의해서도 유지되었다(Dewey, 1939). 보수주의적 입장을 채택한 최초의 비공산주의 좌파 지식인 중 하나인 제임스 버넘(James Burnham)[12]은 그의 저서 『경영자 혁명(Managerial Revolution)』(1941)에서 기획 및 관리직 기술 엘리트의 역할에 의존한 관료주의 국가의 강화로 이어지는

---

12 제임스 버넘(1905~1987)은 트로츠키주의자들의 초창기 동지였지만, 뉴욕 사회주의의 주류에 속하지 않았다. 1930년대 대다수 뉴욕 지식인이 가난한 이민 가정 출신인 데 비해 버넘은 상류층 출신이었다. 유대인 문화와 정치 환경의 압도적 영향을 받은 가톨릭교도였던 버넘은 레온 트로츠키(Leon Trotskii)와 단절하고 보수주의를 향한 오디세이를 완성한 최초의 인물 중 하나이기도 하다. 버넘은 사회주의 지도부에 합류하기 전에 조합주의적(corporatist)이고 정신적인 형태의 반자본주의를 발전시켰는데, 이는 그의 교육적인 배경[엄격한 신(新)토마스·아퀴나스(Thomas Aquinas) 철학]의 영향을 반영할 뿐만 아니라 훗날 정치 행보의 바탕이 되기도 했다. 버넘에 관해서는 그에 대한 몇 편의 전기가 수록된 다음 문헌을 참조하기 바란다. *National Review*, Vol.39, No.17(September 11, 1987).

경향, 즉 파시즘과 스탈린주의를 통해 가장 극단적인 형태로 대표되며 루스벨트의 뉴딜 정책에서도 그런 징후가 다소 발견되는 경향에 대해 경고했다.

다시 말해 전체주의 개념은 비공산주의 좌파들이 소비에트 국가의 타락한 본질과 자본주의 국가를 같은 맥락에서 동시에 비판할 수 있게 해주었다. 레온 트로츠키의 명성과 미국 사회주의의 방대한 영역에 대한 그의 영향력도 '전체주의'라는 렌즈를 통한 소련 발전의 해석을 이 서클 내부에서 정당한 것으로 만드는 데 기여했다. 트로츠키의 영향력은 특히 '구좌파(old man)'와 뉴욕 지식인 간에 존재하는 밀접한 관계와 반스탈린주의 내부에서 트로츠키를 유행시킨 막스 샤흐트만(Max Shachtman)의 카리스마적 리더십에 기인했다. 1937년 멕시코로 망명한 트로츠키는 존 듀이, 시드니 훅, 허버트 솔로(Herbert Solow) 같은 반스탈린주의 좌파 진영의 주요 인물들과 관계를 발전시켰으며, 그들은 트로츠키에 대한 모스크바의 재판을 광대놀음으로 비판하고 트로츠키의 무죄를 입증하기 위한 위원회를 구성했다(Wald, 1987).

트로츠키는 소비에트 국가를 타락하고 억압적인 관료주의 체제로 설명했는데, 1930년대 이후부터 스탈린 체제를 가리키기 위해 점차 '전체주의' 개념을 활용했다. 트로츠키의 이러한 분석도 ≪파르티잔 리뷰≫와 가까운 서클들에 대한 그의 사상적 지도에서 나타나는 바와 같이 매우 영향력이 있었다. 전체주의 개념은 명백하게 그것이 훗날 확보할 이론적 깊이나 엄격성을 가지지 못한 채 학문적으로 발전하고 있었다. 당시까지 그것은 파시즘과 스탈린주의 간의 엄격한 동질성을 의미하지는 않았다.[13] 이런 동질성은 훗날 비교적 방법을 통해 주장된다. 샤흐트만은 스탈린주의를 공격하기 위해 전체

---

13 ≪파르티잔 리뷰≫에 가끔씩 기고한 한나 아렌트(Hannah Arendt)는 훗날 비교적 관점에서 전체주의를 이론화했다. Arendt(1961) 참조.

주의 개념을 논쟁적으로 사용하면서 자본주의(파시스트적이건 민주주의적이건)와 스탈린주의 간의 차이는 근본적이고 양립이 불가능하다는 주장을 견지했다(Shachtman, 1962: 2).14 그럼에도 이 개념은 비공산주의 좌파의 지적인 무기로 확고하게 자리 잡았고, 소련과 전 세계 공산당 내부에 있는 스탈린주의의 억압적인 본질을 비판하기 위해 활용되었다. 사실 샤흐트만은 "스탈린주의적 사회질서는······ **관료적이거나 전체주의적인 집산주의이다**"(Shachtman, 1962: 29, 고딕체는 저자의 강조)라고 기술하면서, 전체주의가 스탈린 체제에 대한 자신의 분석과 유사하다고 주장했다.

공산주의에 대한 이 같은 강경한 태도는 비공산주의 좌파의 다양한 파벌과 분열된 경향을 통합하는 효과를 발휘했다. 특히 '인민전선(Popular Front)' 전략에 대한 그들의 반대는 공통된 정치적 정체성을 형성하는 데 기여했다. 수년 동안 사회민주주의 세력들을 '사회적 파시스트' 또는 '사회의 악당(social felons)'이라고 비판한 코민테른은 1935년에 방향을 전환해 반파시스트 투쟁의 이름으로 공산주의자들과 모든 진보 세력의 동맹 정책을 선언했는데, 이것이 이른바 '인민전선' 전략이었다. 인민전선 전략은 자유주의자들 사이에서 공산주의자들과 소련의 인기를 증가시키는 데 기여했는데, 이러한 변화를 비공산주의 좌파들은 스탈린주의의 승리로 간주하고 비판했다.

전후 세계에서 인민전선 지지자들이 널리 토의한 소련과의 국제 협력 전

---

14 샤흐트만의 구분은 소련이 일종의 '국가자본주의'를 대표한다는, 교조적인 트로츠키주의적 해석과의 논쟁에서 시작되었다. 파시스트적인 제국주의가 사회주의가 도래하기 직전 자본주의의 마지막 단계이고 러시아가 아직 사회주의 국가가 아니었기 때문에, 소련은 여전히 자본주의 단계에 있다는 가정에서 트로츠키주의가 나온 것이었다. 샤흐트만은 소련 정부가 사실상 자본주의적 생산 잔재들을 모두 파괴했으며, 그가 '관료적 집산주의(bureaucratic collectivism)'라고 이름 붙인 새로운 역사 발전 단계가 자본주의적이지도 사회주의적이지도 않은 특별한 형식을 이룬다고 주장했다.

망도 비공산주의 좌파를 동요하게 만들었다. 주류 좌파에서 이탈한 반스탈린주의자들은 특히 독일과 소련의 동맹[15]과 소련의 핀란드 침공 이후 더욱 더 소련 체제에 대한 그들의 반대를 강화했다. 새로 설립된 사회주의노동당(Socialist Workers Party)의 트로츠키주의 지도자였던 샤흐트만은 동료들이 전쟁을 지지해야 하는가 반대해야 하는가 하는 문제를 두고 1940년에 트로츠키와 결별했다. 트로츠키는 제2차 세계대전이 단순히 제국주의 국가들 간의 전통적인 전쟁이 아니며 노동자 국가인 소련이 비록 타락했을지라도 어떻게 해서든지 방어되어야 한다고 생각한 반면에, 샤흐트만 추종자들은 이 전쟁을 자본주의와 스탈린주의 간의, 즉 미국 제국주의와 소련 제국주의 간의 분쟁으로 간주하고 무모한 파업을 자제했으며 '일상적인 업무(business as usual)'를 유지했다. 대부분의 좌익과 노동계의 좌익 지지자는 협상된 원칙과 군사적 승리를 위한 희생을 받아들였다. 하지만 (좌익 계열 내부에서) 이러한 정치적 주류와의 소원한 관계는 오래 지속되지 않았다.

전체주의 개념은 복잡한 정치적 재정렬[16]을 촉진했다. 전체주의 개념은 나치 또는 파시스트 국가의 핵심적인 특징들을 추상화할 뿐만 아니라, 소련과 서구 민주주의 국가들을 포함한 일반적인 현대 국가를 바꾸는 역사적 경향을 포괄하는 개념이 됨으로써 정치적 재정렬을 가져왔다. 엔조 트라베르소(Enzo Traverso)가 전체주의 개념에 대한 역사적 연구를 통해 관찰한 바와 같이, 전체주의 개념은 전후 국제관계의 중심 개념으로 발전함으로써 급격한 의미의 변화를 겪었다.

---

15 1939년 독소불가침조약을 말한다. _ 옮긴이
16 여기서 '정치적 재정렬(political realignment)'은 정파들 간의 입장 변화, 동맹 관계의 변화 등을 의미한다. _ 옮긴이

전체주의 개념은 1930년대처럼 기존 체제에 대한 비판적 기능을 수행하기보다 이제 서구의 질서를 변호하는 기능을 갖추기 시작했다. 즉, 그것은 이데올로기로 변화한 것이다(Traverso, 2002: 87).

이와 같은 개념의 변화는 반스탈린주의 좌파들이 1950년대 자유주의적 컨센서스(liberal consensus)의 효과적인 지지자이자 공산주의 조직들에 대한 공격적인 비판자로 바뀐 것과 무관하지 않다. 즉, 냉전에 대한 반스탈린주의 좌파들의 적극적인 개입과 무관하지 않았다.

과거의 적이었던 독일이 과거의 동지였던 소련의 적이 되자 한때 열세에 놓인 반스탈린주의 좌파들은 갑자기 전략적 지위에 올라서게 되었다. 소련을 '전체주의적'인 것으로 간주했던 과거의 인물들은 냉전을 향한 미국 외교정책을 지휘하는 인사들과 노선을 같이했다. 이런 새로운 상황에서 1930년대에 비공산주의 좌파들이 쌓아둔 공산주의 비판의 경험과 특히 좌익 진영에서, 나아가 좌익 지식인 사이에서 공산주의 영향력과 투쟁했던 그들의 능력은 중요한 전략적 자산이 되었다. 그들의 이데올로기적 기교는 공산주의에 대한 반대가 문화적이고 상징적인 차원을 갖추면서 더욱 높게 평가되었다. 페터 슈타인펠스(Peter Steinfels)는 여기에 대해 다음과 같이 관찰했다.

공산주의자들, 민주적 사회주의자들, 그리고 57개 트로츠키 분파들 간의 싸움의 피로 물든 마르크스주의 저작들과 사회주의 역사를 파고들었던 비공산주의 좌파들은 냉전이 그들의 기교를 장려하고 그들을 전선에 배치한 순간에 이미 훈련되어 있었고 활동하고 있었다(Steinfels, 1979: 29).

역사학자 앨런 월드(Alan Wald)도 "그들이 급진적이었던 시기에 논쟁가와 이데올로그로서 획득한 기교와 경험은……급속하게 문화 권력의 자리로 이동할 수 있게 해주었다"라고 서술했다(Wald, 1987: 8). 사실 비공산주의 좌파들의 역설적인 정치 여정 중에서도 가장 놀라운 것은 냉전의 논리에 따르고 우익을 향한 현실적인 이동에도 불구하고 그들이 구좌파의 특징이었던 전투적이고 이데올로기적인 정치 문화를 유지했다는 사실이다. 사회주의적 반스탈린주의에서 자유주의적 반공주의(그리고 그 후에는 신보수주의)로 개종하는 과정에서도 유지되었던 마르크스·레닌주의 정치 개념과 이 운동가들의 이데올로기적 기본 틀은 비록 새로운 방식을 통해 사용되기는 했지만, 여전히 똑같은 것으로 남아 있었다.17 반스탈린주의 좌파를 냉전의 주요 선수로 만든 것은 이처럼 특수한 정치 문화였다. 마르크스주의 전통에 확고하게 속해 있었지만, 1950년대 무렵에는 대부분 이미 계급투쟁의 전망을 포기하고 개량주의를 수용함으로써 자유주의적 컨센서스에 가담한 이 '민주적 사회주의자들(democratic socialists)'보다 공산주의와 투쟁하기 위한 무기를 더 잘 갖춘 사람은 없었다.

비공산주의 좌파는 여전히 자신들을 혁명 전통의 한 부분으로 간주한 소외된 정치 세력을 대표했지만, 1940년대 후반에는 역설적으로 CIA와 국무부가 마련한 주요 반공주의 전략의 사회적 토대가 되었다. CIA 내부의 역사가인 마이클 워너(Michael Warner)에 따르면, 이 그룹의 후원은 "향후 20년간 공

---

17 모든 관찰자들이 이러한 지속성을 인정한다. 시드니 블루멘털(Sidney Blumenthal)은 "여러 가지 중요한 점에서 신보수주의는 구좌파가 오랫동안 보존한 정치 문화"이고, "보수주의자들이 스스로 분리한 개념적 사고방식, 즉 마르크스주의에서 적지 않은 자산을 얻었다"라고 기술했다(Blumenthal, 1986: 123). 이러한 지속성은 신보수주의의 주요 지지자들도 인정했는데, 비록 목표가 상당히 변했지만 이들 중 대부분은 (이데올로기적이고 전투적이며 '정치적인 투쟁'에 심취한) 이 접근 방법의 지속성을 강조한다.

산주의에 대항한 CIA의 정치 활동의 이론적 토대"(Saunders, 1999: 63)를 대표했다. 미국의 후원을 받은 반공 조직인 '문화적 자유를 위한 국제 협회(International Association for Cultural Freedom)'의 오스트레일리아 지부의 옛 멤버 피터 콜먼(Peter Coleman)도 문화적 자유를 위한 협회에 대해 설명하면서 "비공산주의 좌파가 전체주의에 대한 가장 효과적인 대답일 수 있다는 믿음"이 "지식인 집단에서 고위 관료에 이르기까지" 퍼져 있었다고 말했다(Coleman, 1989: 8). 이 협회는 특정한 이데올로기적 영향력을 제공한 수많은 지식인을 포함하고 있었고, 주류 기관과 정치운동, 특히 노동운동에 침투할 수 있었다.

이 점에서 냉전 시기에 반스탈린주의자들과 노동조합 간부의 친분 관계는 국내에서뿐만 아니라 국제적으로도 노동 분야에 대한 공산주의의 영향을 봉쇄하는 것을 전후 갈등의 핵심 과제로 설정하는 데 중요한 역할을 수행했다. 몇몇 산업에서 노조 간부들은 고립주의적이었고 파업 자제 선언에 반대했으며 '금전적인 이익(bread-and-butter)'을 추구했고, 트로츠키주의자들이나 반스탈린주의자들은 전쟁에 반대하고 미국과 소련의 제국주의를 비판했는데, 전쟁은 이 두 집단의 수렴을 가능하게 해주었다. 제이 러브스톤처럼 공산주의에서 이탈한 몇몇 사람들은 국제 문제와 외교정책에 직접적인 영향을 행사할 수 있는 지위를 획득했다. 크렘린(Kremlin, 소련 정부)의 총애를 잃은 니콜라이 부하린(Nikolai Bukharin)의 비호를 받은 러브스톤은 모스크바의 압력으로 1930년에 공산당에서 축출되었다. 그 후에 그는 1944년 미국노동총동맹(American Federation of Labor: AFL)으로 옮기기 전까지 ≪뉴리더≫에 가까웠던 산업별 노동조합 회의(Congress of Industrial Organizations: CIO) 산하의 국제 여성복 노동조합(International Ladies' Garment Workers' Union: ILGWU)에 가담했다. 이곳에서 그는 같은 해에 유럽과 기타 지역에서 노동조합에 영향을 미친 공산주의에 대항하기 위해 설립된 미국노동총동맹의 국제 지부인 자유노조

위원회(Free Trade Union Committee: FTUC)를 담당했다.[18]

미국노동총동맹의 확고한 반공주의 지도자였던 조지 미니와 제이 러브스톤은 국무부 직원들이 국제공산주의와의 투쟁에서 노동계의 중요성을 이해하게 만들었고 수많은 '러브스톤의 추종자들(Lovestoneites)'을 미국 대사관의 노동공사관으로 임명하게 했다. 또한 자유노조위원회는 CIA로부터 활동 자금을 수령했다(Muravchik, 2002: 252~253). 이와 동시에 국제적인 경험을 보유한 주요 국무부 관료들[딘 애치슨(Dean Acheson), 조지 마셜(George Marshall), 제임스 번스(James Byrnes), 조지 케넌(George Kennan)]의 유럽 정세 평가는 행정부가 이러한 주장[19]에 반응하게 만들었다. 아서 슐레진저(Arthur Schlesinger)의 냉전 자유주의의 정치적 선언인 『생명의 중심(The Vital Center)』은 이러한 시각의 수렴에 대해 적절한 설명을 제공한다. 이 증언에 따르면, 국무부는 "유럽에서 공산주의를 저지하기 위한 유일한 현실적 희망은 민주적 사회주의자들을 강화하는 데 있다"(Schlesinger, 1970: 166)라고 판단하면서 비공산주의 좌파를 적극적으로 지원했다. 사회주의 이데올로기의 촉진은 사회 개혁을 수행할 수 있는 서구의 능력을 보여줌으로써 중요한 지식인 파벌들을 비롯해 공산주의에서 이탈한 집단들을 유인할 것으로 생각되었다.[20]

민주적 사회주의의 중요성은 국무부의 냉전 독트린의 전략 요소로 지속되었고 1980년대에도 '우호적 비판(proximate criticism)'이라는 이름으로 여전히 작동했는데, 이는 부분적으로 소련 공산주의에 대한 사회주의자나 마르크스

---

18 러브스톤에 대해서는 Morgan(1999) 참조.

19 국제공산주의와의 투쟁에서 노동계가 중요하다는 주장을 말한다. _옮긴이

20 사실 이데올로기적 냉전을 이와 같이 형성하는 것은 노동계급과 노동조직들을 정치체제 안으로 통합하는 것이었다. 이는 유럽과 미국의 복지국가에 노동계급이 통합되는 것과 크게 다르지 않았다.

주의자의 비판을 지지하는 것이었다(Gastil, 1988). 1949년 산업별 노동조합 회의(CIO)에서 공산주의자들이 축출되면서 국무부, 보수화된 노동조직의 상층부, 반스탈린주의 좌파 간의 정치적 접합이 완성되었고, 이에 따라 '국무부 사회주의(State Department socialism)'[21]로 알려진 그룹이 출현하게 되었다. 이는 반스탈린주의 좌파가 혁명의 전망을 포기하고 '민주적 사회주의'의 지지를 향해 이동하면서 사회적·정치적 상황에 대한 분석을 수정하고 있었기 때문에 가능했다. 시드니 혹은 1947년 ≪파르티산 리뷰≫에서 수많은 반스탈린주의 좌파의 입장을 정리하면서 "사회주의의 미래는 정치적 민주주의라는 최후의 보루에 달려 있다"라고 했다(Hook, 1947: 33).[22]

1950년경 다른 좌파들처럼 미국의 제2차 세계대전 참전을 반대했던 막스 샤흐트만도 트로츠키 운동의 정치적 우선순위를 크게 수정했고, "민주주의를 위한, 모든 민주적 권리와 제도를 위한 투쟁"(Shachtman, 1962: 27)을 노동계급의 우선 목표로 만들었다. 전후의 분위기는 보수적인 입장을 향한 지식인들의 후퇴와 미국식 사회·경제 모델의 점진적인 수용을 가속화했다. 특히 ≪파르티잔 리뷰≫의 지식인들에게 소련과 거리 두기는 비록 차선의 방법이지만 선택할 수밖에 없는 절박한 상황으로 이해되었다. 특히 이 저널이 수입

---

21 '국무부 사회주의' 개념은 반스탈린 좌파의 역사에서 가끔씩 출현했다. 예를 들어 1950년대에는 사회당과 통합하려고 한 샤흐트만의 계획에 반대한 트로츠키 운동의 좌익 분파가 "국무부 사회주의라 불리는 것의 정치적 입장을 향해 가는 것"을 두려워했다(Wohlforth, 1994: 38~39). 1980년대에도 '국무부 사회주의자'라는 별명이 신보수주의로 개종한 몇몇 사회민주주의자들에게 붙어 다녔다(Massing, 1987).

22 시드니 혹은 뉴욕 시립대학(City College of New York: CCNY) 출신으로 존 듀이의 제자였다. 혹의 야망은 이론적으로 마르크스주의와 실용주의를 통합하는 것이었다. 혹은 최초로 우경화된 '뉴욕 지식인' 중 하나였으며, 1950년 문화적 자유를 위한 협회가 설립되는 데 중요한 역할을 했다.

한 실존주의의 유행은 이 같은 절박성과 책임감을 더욱 강화했다.[23]

이렇게 해서 국가 엘리트의 가장 계몽되고 자유적인 분파와 반스탈린주의 좌파 사이에서 분업이 출현했다. 국제공산주의에 대한 투쟁에서 국가 엘리트가 일반적인 전략을 다루었다면, 반스탈린주의 좌파는 정치적이고 문화적인 특수한 전술의 실행을 담당했다. 또 그것은 모든 업무의 분화처럼 계급 또는 신분 질서의 사회적 분화이기도 했다. 즉, 귀족적인 WASP[24]와 자유주의 이스태블리시먼트, 유대인으로 대표되는 동유럽 출신 1세대 또는 2세대를 포함하는 좌익 서클 간의 기능 분화였다.[25] 이러한 기능 분화가 순전히 도구적이었기 때문에, 즉 계급이나 다른 유형의 공유된 이익에 기초한 것이 아니었기 때문에, 이 동맹은 반공산주의 좌파의 이데올로기적 외형이 유용성을 입증하고 외교정책 이스태블리시먼트의 계획에 적합할 경우에만 지속될 수 있었다. 이렇게 해서 냉전은 이러한 하위 집단들의, 즉 역설적으로 좌

---

23 사회주의와 민주주의 이슈들에 관해 명확한 입장을 채택할 필요성은 ≪뉴리더≫ 내부의 논쟁으로 이어졌다. ≪파르티잔 리뷰≫의 협력자이기도 했던 트로츠키주의자 맥스 이스트먼(Max Eastman)은 혹과 몇 가지 이슈에 대해 연이어 의견을 교환하면서 경제학자 프리드리히 하이에크(Friedrich Hayek)가 『노예의 길(Road to Serfdom)』(1945)에서 주장한 바를 논거로 삼았다. 그것은 바로 전체적인 경제계획과 시장의 비인격적 힘을 따름으로써 보장(유지)되는 자유 사이에는 그 어떤 타협점도 없고, 최소한의 경제계획 조치도 필연적으로 전체주의로 이어질 수밖에 없다는 것이었다. 이스트먼은 이 주장을 '민주적 사회주의'에 대한 혹의 호소를 비판하는 데 사용했다. Eastman(1945: 5) 참조.

24 백인(White), 앵글로·색슨(Anglo-Saxon), 프로테스탄트(Protestant)의 약자로, 미국의 지배계급의 특징을 지칭하는 말이다. _ 옮긴이

25 사실 1930년대 뉴욕에서 급진정치의 힘은 이러한 사회적 배경과 직접 관련되어 있었다. 가난한 동유럽 출신의 이주민 계층에게 직접 영향을 미친 대공황의 상황에서, 마르크스주의는 문화적이고 종교적인 전통에 대한 현대적 비판과 이민자들을 받아들인 자본주의 사회에 대한 정치적 비판을 결합하기 위한 강력한 도구를 제공했다. 다시 말해 마르크스주의는 대부분의 이민 집단이 직면한 유대주의와 현지에 대한 동화(assimilation) 사이의 딜레마에 대한 대안이기도 했다.

익 정치 세력 내부에서조차 열세였던 집단들의 **정치적** 성공(그것이 사회적 상승을 의미하지는 않지만)을 보장했다. 범세계적이고, 국제주의자이며, 반공주의자였던 그들의 가장 명확하고도 의식 있는 지지자들은 국제 문제에서 은밀하지만 영향력 있는 역할을 완벽하게 수행할 준비가 되어 있었다.

민주주의를 위한 국제적 성전은 바로 이처럼 특수한 맥락에서 노동조직과 다양한 사회주의 또는 트로츠키주의 운동에 양다리를 걸친 이데올로기 영역 내부에서 점차 출현하게 되었다. 봉쇄 정책 아이디어는 트루먼 독트린이 발표되기 전에 이미 지위를 점유하고 있었거나 재건 중에 있던 유럽 노동조합 내부에서 공산주의자들의 영향력을 우려하던 몇몇 노조 간부의 어젠다에 명확하게 존재했다. 따라서 종전의 임박은 고립주의적 태도를 포기하고 중요한 국제 행위자가 되려는 몇몇 노조 간부들의 시도를 촉진했다. 자유노조위원회의 설립은 이러한 변화의 직접적인 파생물이었고, 국제 여성복 노동조합의 몇몇 러브스톤 추종자는 새로운 외교정책 구상에 노동계를 참여시키기 위해 노력한 지식인들이었다. 처음에 ≪뉴리더≫를 통해 널리 출판된 노동계의 국제적 역할에 대한 새로운 생각은 정치에서 '전체주의적' 전환에 대한 두려움의 표현이자 강력한 노동운동이 발전할 수 있는 자연적인 환경으로서의 민주적 가치와 제도를 옹호하려는 호소였다.

뉴딜 정책을 옹호하고, 민주적 자유에 대한 공격에 맞서며, '군사화되고 억압적이며 예속시키는 전체주의 세계'의 침략에 저항할 필요성은 진보주의자들과 자유주의자들의 동맹을 요구하기도 했다. 국제 여성복 노동조합의 어느 간부는 1945년 6월 한 기고문에서 "이처럼 중요한 상황에서 자유주의와 노동계의 구성원들이 국내외에서 민주주의를 보존하고 확산할 위대한 필요성 때문에 단결하고 결속한다"라고 말했다(Shore, 1945: 14). 약 1년 후에 전쟁부(War Department) 내부에서 미국노동총동맹을 대표하는, 국제 여성복 노동조합의 또 다른 옹호자가 ≪뉴리더≫에 「조직된 노동자를 위한 외교정책(A Foreign Policy for Organized Labor)」이라는 글을 발표했다. 여기에서 그는 현대 국제 정세를 분석하고 노동자들이 해외에서 민주주의를 촉진하고 옹호하기 위한 선봉이 되어야 한다고 강력히 주장했다. 또한 "모든 국가의 민주 세력이 과거에 패배한 전체주의자들(나치와 파시스트)이 제공한 기반보다 더욱 매력적이고 (팽창 일로인) 오늘날의 전체주의(공산주의)에 대해 승리를 거두기 위해 더욱 역동적인 정치·사회·경제 프로그램을 실행해야 한다"라고 강조했다(Kreindler, 1946: 9).

과거에 전체주의 비판에 담긴 반공의 모티브는 명확하고 절박한 것이었으며, 노동계의 국제정치 개입을 위한 강력한 논리적 근거로 활용되었다. 이러한 주장의 진의는 정치적이기만 한 민주주의 옹호가 공산주의의 영향력에 맞서기에는 부족하므로 다른 영역에 대한 개입만이 전체주의의 약진을 좌절시키고 소련과의 직접적인 대립을 피할 수 있게 해준다는 것이었다.

> 정치적인 것에서 사회적이고 경제적인 영역으로의 민주주의 확대는 전후 세계의 생사가 달린 문제이다(Kreindler, 1946: 9).

좌익 진영의 수많은 사회주의자들도 공유하는 사회 개혁과 '산업 민주화'에 대한 노동계의 전통적인 제안들이 글로벌 냉전 전략에서 가장 전략적인 자산으로 개조된 것이다. 따라서 이러한 주장은 국무부 사회주의 독트린의 예비적인 공식화였을 뿐이다.

노동계 안팎의 비공산주의 좌파가 고안한 민주주의 성전은 몇 가지 점에서, 적어도 그것이 작성된 방식에서 1947년 행정부가 채택한 정책보다 전투적이고 논쟁적이었으며, 트루먼 독트린은 이러한 노력에 승리를 안겨주었다. 사실 그것(비공산주의 좌파가 고안한 민주주의 성전)은 '반제국주의의 모든 이데올로기적 유산'과 '혁명으로 인한 충격을 보여주는 사건들'을 갓 출현한 냉전반공주의를 통해 재활용한 것이다. 해리 트루먼(Harry Truman)이 봉쇄 정책을 발표하자마자 ≪뉴리더≫는 뉴욕에 기반을 둔 자유당(Liberal Party)과 가까운 인사인 한 해외 특파원의 글을 실었다.

나는 미국 제국주의를 비난해왔고 앞으로도 그럴 것이다. 만일 내가 소련의 제국주의도 비난하지 않는다면 나는 위선자가 될 것이다. …… '진보주의자'나 '자유주의자'를 자처하는 미국인들이 소련 제국주의나 다른 어떠한 제국주의를 지지한다면 그러한 이름을 쓸 권리가 없다. 진정한 자유주의자는 제국주의를 지지하지 않는다. …… 러시아의 민족주의적 팽창과 볼셰비키의 전체주의에 맞서는 유일한 방법은 국제주의와 진정한 민주주의를 통해서이다. 우리는 부정적이고 방어적인 트루먼 독트린을 자유인 동지들을 위한 확고한 성전으로 전환함으로써 독재자들의 그릇된 약속에 유혹되지 않을 것이다(Fischer, 1947: 8, 고딕체는 저자의 강조).

이처럼 충분히 예상되었던 개종이 곧 일어났다. 같은 해 10월, 당시 ≪뉴리더≫의 독일 주재 젊은 해외 특파원이었던 멜빈 래스키(Melvin Lasky)는 베를린에서 소련 당국이 조직한 문인협회의 해체에 대한 글을 발표했다. 1920년 브롱크스에서 태어난 래스키는 수많은 반스탈린 좌파의 청년 급진주의자들처럼 뉴욕 시립대학을 졸업했고, 1939년에는 드와이트 맥도널드가 설립한 반인민전선 단체인 문화적 자유와 사회주의를 위한 동맹(League for Cultural Freedom and Socialism)에 가입했다. 이 조직은 전체주의에 대항해 예술적 자유를 옹호했지만 여전히 사회주의 좌파에 확고히 자리 잡고 있었다. 그는 군대에 징집되어 프랑스와 독일에 파견되었으며 그곳에서 제대했다. 징집되기 얼마 전에 그는 ≪뉴리더≫의 직원이었다.

공산주의자들이 지배한 문인회의가 1947년 10월에 개최되었을 때 래스키는 이 회의에서 소련의 검열에 복종했던 예술가들의 권리와 표현의 자유를 옹호하는 열정적 연설을 함으로써 어느 정도 명성을 쌓았다. 이 사건을 ≪뉴리더≫에 보도한 그는 공산주의 전술에 대한 서방 강대국들의 이해 부족으로 간주되는 것들에 대해 자세히 설명했다. 그는 "소련의 팽창에 대항하는 봉쇄 정책은 불행히도 19세기의 외교적·군사적 용어로만 이해될 뿐"(Lasky, 1947)이라고 기술한 후, 노동조직과 반스탈린주의 저널과 비공산주의 좌파 내부에서 돌아다니던 수많은 생각을 반영하는 대응 전략을 제안했다.

서방은 유럽 정치와 노동운동과 사상적인 갈등에 '냉전'을 전달하는, 정치적 투쟁과 심리적 투쟁이라는 측면에서의 국제적인 캠페인을 마련해야 한다. 그렇지 못하면 서서히, 그러나 확실하게 유럽을 상실할 것이다(Lasky, 1947: 8).

이와 동시에 샤흐트만이 "동유럽에서 스탈린주의의 지배에 대항한 자유화 운동"(Drucker, 1994: 208)의 설립을 계획하기도 했던 트로츠키 지도부 내에서도 민주주의의 적극적 옹호라는 주제가 발전하고 있었다. 미국 제국주의뿐만 아니라 소련의 제국주의도 반대하는 '제3의 진영(third camp)'에 대한 탐구가 사실상 자본주의적 민주주의의 제한적인 수용과 혁명 전략의 포기로 가는 길을 열어주었다. 사회주의의 수립은 강력하고 자연적인 노동운동의 환경이 되는 민주주의의 옹호를 포함해야 했다. 샤흐트만은 1950년에 발표한 저술에서 "…… 지금이야말로 민주주의를 위한 투쟁의 전면적이고 공격적인 승리는 점점 증가하고 있는 사회적 퇴폐에 대항하는 유일한 방편이며, 사회주의를 향한 유일한 길임을 깨달아야 한다. 그래야만 사회주의 운동은 결정적인 정치 세력으로 복원될 수 있다"라고 설명했다(Shachtman, 1962, 고딕체는 저자의 강조). 그의 저술과 연설에서 반복되는 반자본주의적 수사에도 불구하고, 그의 주장은 공산주의에 확고하게 반대하고 있었다.

> 사회주의 권력이 아니라 단지 사회주의적 노동계급 운동의 복원을 향한 길에 장애가 되는 것은 프롤레타리아의 의회주의적 환상이 아니다. 그것은 바로 스탈린주의의 환상이다(Shachtman, 1962 : 27).

이처럼 유럽과 그 외 지역에서 공산주의에 적극적으로 대응해야 한다는 생각은 다양한 비공산 좌익 분파 사이에서 순환되었다. 그러한 생각은 자유주의적 반공주의의 신세대가 전후 행정부에 자신들의 국제적인 경험을 도입함으로써 반향을 일으켰으며, '문화적 자유를 위한 협회'의 설립을 통해 최초로 제도적인 형태를 갖추었다. 래스키가 '외교와 군사력'으로 묘사한 것을 미국 정부가 담당하고 있었다면, 이와 유사한 민간의 계획은 공산주의에 대항한 이데올로기 성전에서 가장 운동적인 부분을 담당하고 있었다. 그중 첫 번째는 이 전쟁을 사실상 민주주의를 위한 운동으로 소개하는 것이었다. 또한 문화적 자유를 위한 협회는 비공산주의 좌파의 지적 어젠다뿐만 아니라 공산주의와의 대항에서 그들이 소중하게 간직한 전략들도 국제화할 수 있게 해주었다.[26] 노동조합들이 국제적인 활동 단위들을 통해 노동정치와 노사관

---

26 문화적 자유를 위한 협회는 수많은 연구의 대상이 되었다. 크리스토퍼 래시(Christopher Lasch, 1969)는 '문화적 냉전'에서 문화적 자유를 위한 협회가 수행한 역할에 대해 연구했고, 콜먼 (Coleman, 1989)은 자신이 속한 이 기구를 옹호했으며, 피에르 그레미옹(Pierre Grémion, 1995) 과 손더스(Saunders, 1999)는 상반된 시각을 가지고 있지만 이 기구에 대해 확장된 연구를

계의 장에서 유럽의 파트너들과 정치적인 작업을 수행했다면, 문화적 자유를 위한 협회는 똑같은 선전과 조직의 수단들을 활용하여 문화의 장에서 공산주의 영향력에 대항하려고 했다. 즉, 유럽 지식인들의 마음을 얻기 위해 경쟁한 것이었다. 문화적 자유를 위한 협회는 수년간 학술대회·콘서트·전시회를 조직하고 각종 세미나에 재정을 지원했으며, 오대륙에 걸쳐 잡지를 출판했다. 언론이 문화적 자유를 위한 협회의 설립과 재정에 대한 CIA의 역할을 폭로함으로써 위기를 맞았고, 파국으로 접어든 1966년까지 문화적 자유를 위한 협회는 미국의 반스탈린 좌파의 네트워크를 해외에 널리 확장했다.

대부분 자신이 마르크스주의의 전통을 따르고 있다고 생각하지만, 공산주의에 단호하게 반대한 이 진보운동들의 정치 문화는 주요 인물들을 통해 일반적으로는 냉전 프로젝트에, 특수하게는 문화적 자유를 위한 협회에 재활용되었다. 심지어 마르크스·레닌주의적 정치 개념에 전형적인 조직 형태도 이러한 국제 프로젝트에 활기를 불어넣었다. 베를린에서 문화적 자유를 위한 협회의 첫 모임이 열린 후 얼마 지나지 않은 1950년에 멜빈 래스키는 아서 슐레진저에게 보낸 의기양양한 편지에 "이제 남은 것은 실제로 민주주의 인터내셔널을 구축하는 것입니다"(Ninkovich, 1981: 66)라고 썼는데, 이것은 국제 공산주의 조직과 유사한 자유주의 동맹을 의미한다. '민주주의 코민테른' 모델은 민주주의 촉진을 둘러싼 구조화된 국제적인 장의 출현에서 처음부터 핵심적이었다. 1950년대 미국이 주도한 민주주의 성전이 취한 조직의 형태는 이 성전이 패배시켜야 할 적[27]의 형태를 모방한 것이었다. 이 성전의 조

수행했다. 문화적 자유를 위한 협회의 발전뿐만 아니라 1950년대 유럽의 반공 민주주의를 위한 투쟁의 문화적 차원에 대한 매우 유용한 관찰은 셰퍼드 스톤(Shepard Stone)의 전기를 쓴 폴커 베르크한(Volker Berghahn)의 저작에서 발견된다(Berghahn, 2001).

27 코민테른을 말한다. _옮긴이

직 형태는 똑같은 역사의 상이한 결과물이었으며, 간접적으로는 공산주의 문화의 깊은 영향력에 의해 형성되었다. 따라서 이러한 모든 노력에서 프로파간다(propaganda) 개념이 중심을 차지하고 있음은 결코 우연이 아니었다. 전 세계에 걸친 민주주의의 수호와 촉진은, 당시 민주적 사회주의자들과 반스탈린주의 진영의 다른 좌파들이 확고하게 믿은 것처럼 서구가 민주주의의 진정한 형식을 대표하고 공산주의 체제보다 노동계급의 권리를 더 잘 보장할 수 있다면, 이러한 장점들이 더 고차원적인 민주주의 형태와 더 나은 노동계급 이익을 옹호한다는 소련의 주장과 뚜렷하게 대조되고 더 강한 지지를 얻어야 한다는 가정에 기반을 두었다.

당시에 일반적으로 주장된 것처럼 진실은 선전을 필요로 했다.[28] 미국이 민주적이거나 진보적이라는 것만으로는, 즉 평등하거나 친노동적이라는 것만으로는 충분하지 않았고, 이것이 사실이라는 것을 다른 사람에게 설득해야 했다. 이 점에서 민주주의와 그보다 후에 나온 인권의 촉진을 목표로 하는 실천은 처음부터 실천의 장을 이데올로기적으로 정의했으며, 이 특징은 매우 깊게 뿌리를 내려서 공산주의가 몰락한 후에도 계속해서 민주주의적 실천들을 이끌었다. 그것은 옹호되고, 수출되며, 토의되고, 순환될 수 있는 이데올로기를 다시 만들어내야 할 필요성(1940년대 후반의 자유주의 전통의 회복은 사실 이 과정의 한 부분이었다)과 소련의 이런저런 주장들과 공산주의 이데올로기를 해체해야 할 필요성을 포함했다. 사실 1950년대 민주주의 성전의 주요 결과는 아이디어·과학·문화, 게다가 예술의 수준에서 두 지배적 강대

---

28 프랜시스 손더스는 '과학적'이고 '문화적'인 토대에서 미국 시스템에 적대적인 독트린들과
    투쟁할 목적을 담은 특수한 프로그램의 제도화에 대해 서술했다(Saunders, 1999: 146~156
    참조).

국 간의 갈등이 절정에 달하게 한 것이었다. 이 갈등은 이른바 위대한 게임 (Great Game)이라는 고결한 당위성에 광범위한 문화적 층위들을 종속시킴으로써 결국 문화를 오염되게 만들었다.

2. 사회과학과 민주주의의 수호

이런 상황에서 사회과학은 다양한 사회 모델이 토론되고 비판되며, 정당화되거나 정당성을 상실하는 전략적 실천의 장이 되었다. 사회과학은 대개 공산주의를 지향하는 사회계층, 즉 지식인 계층에 대해 최대의 효과를 거두기를 바라는 희망이 작용한 영역이었다. 또 소련에 대한 비판과 소련의 사회적이고 경제적인 선전을 간접적이지만 매우 효과적으로 해체하는 장이기도 했다. 공산주의에 대항한 투쟁에서 과학의 중요성을 설명해주는 또 다른 이유가 있다. 대부분 냉전은 진실과 허위의 대립으로 인식되었다. 지정학적 분쟁은 도덕적이거나 인식론적인 차원에서 전개되었다. 사실 볼셰비키 정당의 다양한 분파가 스탈린에 의해 음모와 반역의 혐의를 받은 1930년대 후반 모스크바 재판의 경험은 진실과 허위의 대립의 첫 번째 사건이었고, 수많은 지식인들 사이에서 공산주의를 실망스러운 체제로 간주하는 시각을 형성하는 데 기여했다. 예를 들어 트로츠키주의 지도자 막스 샤흐트만은 "그토록 많은 미국 급진 지식인들이 현대 공산주의 국가와 운동을 이해할 수 있게 된 것은 바로 1930년대 후반을 장식한 모스크바 재판에 대한 투쟁에서였다"라고 회고했다(Simon, 1967: 42).

따라서 수많은 비공산주의 좌파에게 소련의 이미지가 이 기간에 고착되었고, 공산주의 담론과 현실의 불일치에 대해 체계적으로 경고하는 것이 정치

투쟁의 중요한 측면이 되었다.[29] 이러한 상황에서 과학 영역에서 진위를 가리는 것은 정치 영역에서 진위를 주장하는 전략의 자연스러운 확대였다. 공산주의 조직들보다 도시적이고 엘리트적인 지식인들[예를 들어 제임스 버넘, 시드니 혹, 존 듀이, 시모어 마틴 립셋(Seymour Martin Lipset), 대니얼 벨은 모두 대학 교수였다]이 더 많은 비공산주의 좌파의 사회적 구성도 그러한 전략이 채택되고 냉전이 과학과 학문의 장으로 확대되는 데 기여했다.

사실 냉전을 통해서 사회과학은 전략적 목표에 기여했고, 마르크스주의에 대한 반격이 무엇보다 중요한 목표였다. 1950년대의 계량적이고 행태론적인 (behavioral) 전환에 따라, 경험적이고 응용적인 사회과학의 모델로 과학적 방법을 정의하려는 초창기 상황은 사실 학문의 장에서 역사주의와 전투를 치름으로써 마르크스주의에 대항하려는 노력에서 비롯되었다. 이 전략은 사회 발전에 대한 마르크스주의의 대안으로 고안되었고, 수출하기에 적절한 근대화의 과학 이데올로기 생산에 기여했다. 록펠러 재단, 카네기 재단, 포드 재단 같은 주요 박애주의 재단들은 이러한 학문적 반공 전략을 국제화하는 데 기여했다. 유럽과 개발도상국 등 해외 연구 프로그램에 재정을 지원한 그들의 목표는 "마르크스주의가 사회변동을 옹호하는 모든 사람의 이론적인 참고가 되지 못하도록" 막고, 이데올로기적인 지적 전통에 반대하거나 반대로 이데올로기적인 지적 전통을 세계화함으로써 "(유럽 국가들이) 공산주의적 시도에 면역되는 데 필요한 제도적 변화와 정책을 …… 만들어내는 것"이었다 (Pollak, 1979: 56).[30]

---

29 사실 전후 시대에 이루어진 소련 연구의 급속한 제도적 발달은 이런 정치적 배경을 고려하지 않고서 이해될 수 없다. 소련에 대한 사실적 지식들은 곧 정치적 가치가 있었다. 정부와 박애주의 재단들에서 막대한 자금을 지원받은 소련 연구는 비공산주의 좌파의 세계관과 가까운 수많은 이주자와 학자의 기술에 크게 의존했다. Markwick(1996), Simpson(1998) 참조.

게다가 미국이 점령한 독일의 과학과 문화의 장에서 발전된 프로그램들은 워싱턴의 정책 기획자들이 학문적이고 과학적인 정책들이 민주화라는 광범위한 전략에서 핵심 요소임을 이해하게 만들었다.[31] 이러한 과학적 프로그램들은 '국무부 사회주의자들'의 넓은 정치 어젠다와 분리될 수 없었다. 사회과학에서 경험적 실용주의의 촉진은 사회 갈등과 계급투쟁의 발전에 대해 사회적 타협을 장려하기 위한 정치 이데올로기의 인식론적 외피였다. 이것은 '민주적 사회주의'라는 이데올로기의 선전과 관련된 것인데, 대부분의 이단적 마르크스주의 좌파는 1950년대에 그들의 조직 기술과 이데올로기적 재능을 민주적 사회주의 이데올로기의 국제화에 바치고 자유주의적 컨센서스에 참여하고 있었다. 폴 라자스펠드(Paul Lazarsfeld) 같은 사회주의자 또는 사회민주주의자가 이러한 박애주의 전략에서 중요한 역할을 수행한 것은 우연이 아니었다.

이러한 사고의 노선은 혁명 정치의 포기, 자유민주주의 환경 안에서 노동계급의 조건을 개선하기 위한 개혁적 전략, 경제의 자본주의적 성격 수용, 복지국가 건설에 대한 참여, 스탈린주의 고발, 민주적이고 진보적인 사회 개혁을 위한 도구로서의 경험적 사회과학 촉진, 자본주의 이후에 초점을 맞추고 공동 경영의 복지사회를 지향하는 운동의 비전을 담고 있었다. 이 노선은 1950년대의 정치적 시대정신(zeitgeist)을 통해 가장 잘 표현되었으며 '이데올

---

30 박애주의 재단들이 사회과학 지식을 전략적으로 운영하는 것에 대해서는 수많은 연구가 있다. 고전적인 연구로는 Fischer(1993), Arnove(1980) 참조. 일반적인 조사로는 Geiger(1988) 참조. 전후 미국 외교정책 형성에서 박애주의 재단들의 역할에 대한 평가로는 Parmar(1999, 2002) 참조.

31 과학적인 전략과 민주화 정책 간의 몇 가지 관계는 베르크한이 쓴 셰퍼드 스톤의 전기에서 논의되었다(Berghahn, 2001).

로기 종말론'에서 절정에 달했다. 이데올로기 종말론의 형성에서는 좌익 냉전 전사들의 영향력이 두드러졌다.

이데올로기 종말의 주제는 1950년 문화적 자유를 위한 협회가 설립될 당시 채택된 최초의 논의에서 이미 출현하기는 했지만, 문화적 자유를 위한 협회가 '자유의 미래'라는 제목으로 밀라노에서 주최한 1955년 회의에서 공식적으로 천명되었다. 참가자들은 대부분 지적 경향이 다양한 비공산주의 좌파(예를 들어 대니얼 벨, 시모어 마틴 립셋, 시드니 훅, 아서 슐레진저) 출신인 반면, 이들의 유럽 파트너들은 옛 공산주의자[아서 케스틀러(Arthur Koestler)]에서 자유주의자[레몽 아롱(Raymond Aron)]와 보수주의자(프리드리히 하이에크)에 이르기까지 정치적 지평이 다양했다.[32]

이데올로기의 종말은 일종의 컨센서스로서 출현했다. 그것의 핵심 주장처럼 미국과 유럽의 현대화 과정은 이데올로기적 갈등의 약화로 귀결되었다. 계급투쟁은 점증하는 사회생활의 합리화와 (집단적 이해들을 완화하고 중재하는) 복지국가의 출현과 더불어 침체되었다고 생각되었고, 적대적인 세계관의 충돌은 구시대의 유물로 보는 경향이 있었다.[33] 립셋은 밀라노 회의에서 '산업혁명의 근본적인 정치문제는 해결되었다'고 주장했다.

노동자들은 산업적·정치적 시민권을 달성했고, 보수주의자들은 복지국가를

---

32 1955년 회의에 대해서는 몇몇 참가자가 작성한 보고서(Bell, 1960; Shils, 1955; Lipset, 1960) 와 Grémion(1995) 참조.

33 미국에서 이데올로기 종말론은 막스 베버 저작의 수용[베버의 저작은 1930년 탤컷 파슨스 (Talcott Parsons)에 의해 처음 번역되었다], 그리고 이 저작이 시모어 마틴 립셋, 대니얼 벨 같은 사회학자들에게 미친 영향과 관련이 있었다. 립셋과 벨은 베버의 합리화 과정과 궁극적인 목표의 실종을 전후 '풍요로운 사회'로 해석했고 동시에 자신들의 이데올로기적 책임을 포기했다.

수용했으며, 민주적 좌파는 전반적인 국가권력의 증가가 경제문제에 대한 해결보다 자유에 대한 위협을 가져온다고 인정했다(Lipset, 1960: 406).

이런 상황에서 계급투쟁과 이데올로기적 담론들은 일종의 정치 형식으로 전환되어야 했다. 이 정치 형식을 통해 사회적 목표에 대한 기본적인 동의는 그 목적을 달성하기 위해 가장 좋은 수단들을 합리적으로 분석할 수 있게 했다. '이데올로기 종말론'에서 가치중립성에 입각한 실용적 사회·경제 개혁의 가능성을 믿도록 하기 위해 응용사회과학이 사용되었다. 응용사회과학은 '좋은 사회'의 탄생을 위한 사회과학자들의 자발적 직업 이데올로기를 반영하기도 했다. 사회과학자들은 자신들을 복지국가를 수용하며, 평등한 사회에서 소득 재분배 정책을 수행하는 데 필요한 지식을 생산하는 핵심 행위자로 인식했다. 그 이데올로기는 케네디(John F. Kennedy)와 존슨(Lyndon B. Johnson)의 개혁적인 행정부에서 절정에 달했던 '사회과학과 정부의 동맹'을 반영했다. 그러나 사회과학과 정부의 동맹은 훗날 베트남 전쟁의 여파로 근본적인 도전을 받는다. 현대적이고 책임 있는 사회과학자의 상은 자신의 정치 활동을 분명히 밝히기 위해 '이데올로기'나 '유토피아'가 필요했던 급진적이거나 혁명적인 옛 지식인의 상과 직접적으로 대비되었다.

이와 같은 '사회과학의 기술관료적 이데올로기'와 '사회 개혁의 전문화를 향한 경향'은 20세기 초반 이후 사회주의 및 공산주의 영향력을 억제하기 위해 이러한 노력들을 뒷받침한 박애주의 재단의 어젠다와 완벽하게 맞아떨어졌다(Fischer and Forrester, 1993; Dobkin Hall, 1992). 따라서 이데올로기 종말론은 아메리카니즘의 이데올로기를 탈색하려는 계획된 시도였다. 이데올로기 종말론은 아메리카니즘을 이데올로기적 공산주의와 달리 민주적이고, 실용적이며, 합리적인 사회적 근대화의 형태로 소개했다. 이데올로기 종말론은 자유주의적 컨센서스의 이론(그리고 이데올로기)과 다르지 않았다.

이데올로기 종말론은 공산주의에 대한 방파제로서의 사회과학에 부여된 임무를 반영할 뿐만 아니라 문화적 자유를 위한 협회가 조직한 1955년 학술 회의에 참석한 사람들 대부분의 정치적 입장 변화를 반영하기도 했다. 이러한 정치적 입장 변화는 1950년대 비공산 좌파의 상황과 직접 관련되어 있었는데, 이들의 정치적이고 지적인 지도자들은 그들이 트로츠키주의자건, 옛 공산주의자건, 사회주의자 또는 그 외의 인물이건 상관없이 미국 노동운동을 위해 유일하게 가능한 전략으로서 사회민주주의적 노동운동의 형식을 수용했고, 민주적 기구에 대한 참여와 이 기구의 옹호를 정치적인 최우선 과제로 간주했다. 이데올로기 종말론은 이러한 정치 영역과 관련된 지식인들이 정치적 입장의 변화를 합리화할 수 있게 해주었다. 물론 이데올로기 종말론의 주된 성취는 대다수 사람들에게 사회주의적 의미들을 전후 미국 정부의 변화를 통해 해석하게 해주었다는 것이다. 시모어 마틴 립셋 같은 사람들에게 미국 정부의 변화는 "서구에서 민주적 사회혁명의 승리"(Lipset, 1960: 406)와 다르지 않았다. 립셋은 『정치적 인간(Political Man)』제2판에서 주장한 바와 같이 여전히 자신을 "좌익의 인물로 여기면서" 미국을 "좌익의 가치가 지배하고 있는 나라"라고 생각한다고 덧붙였다(Lipset, 1963: xxi).[34] 즉, 아메리카니즘은 사회주의를 필요 없는 것으로 만들었으며, 따라서 좌익들은 아메

---

34 이러한 정치적 변화는 이제 도구적인 것에 머물지 않고 규범적인 것이 된 자유민주주의 옹호로 이어졌다. 립셋은 이데올로기 종말론에 관한 자신의 책 서두에서 "이 책의 기본 가정은 민주주의가 다양한 집단이 좋은 사회의 모색이라는 목표를 달성하기 위한 유일하거나 가장 중요한 수단은 아니라는 것이다. 목표는 바로 현재 작동하고 있는 좋은 사회이다"라고 말했다(Lipset, 1960: 403). 즉, 전후 자유주의적 컨센서스에 대한 규범적인 책임이 선행했고, 그것은 사회과학자들이 활동하는 토대가 된 것이다.

리카니즘을 어떠한 주저나 후회도 없이 수용할 수 있었다.

대니얼 벨과 같은 사람들에게 이데올로기의 종말은 더욱 모호하고 회의적인 시각을 의미했다. 하워드 브릭(Howard Brick)이 벨의 사회사상에 대한 탁월한 연구를 통해 보여준 바와 같이, 이데올로기 종말론은 정치적 주류를 향한 지식인들의 후퇴였을 뿐만 아니라 1930년대 이후 지속된 자유주의와 사회주의의 공통된 위기가 만족할 만한 정치적 대답을 발견하지 못했다는 인식을 반영하기도 했다(Brick, 1986: 194ff). 열광적으로 지지를 받았거나 의혹과 모순으로 뒤덮인, 반스탈린 좌익이 자유민주주의의를 보장한 사실은 민주주의와 인권을 위한 투쟁의 진정한 사회적·정치적 토대를 보여준다.[35]

멜빈 래스키의 말대로 미국의 국가기구가 한국과 그 외의 지역에서 '외교적이고 군사적인' 분업을 수행하느라 분주했다면, 국무부 사회주의자들과 그

---

35 이데올로기 종말론이 발표된 지 40년이 지나 민주주의와 인권에 토대를 둔 미국 헤게모니의 재구축은 국무부의 이데올로그가 작성한 이데올로기적 대립의 종말을 주장하는 유사한 이론과 짝을 이룬다. 프랜시스 후쿠야마(Francis Fukuyama)의 '역사의 종말'은 여러 가지 면에서 미국식 모델을 '당연한 것으로 만들고(naturalizing)' 대안적인 세계관의 죽음을 선언한 과거의 시도와 유사하다. 특히 후쿠야마의 저작은 정치적 합의를 추상적이고 형이상학에 가까운 논증으로 바꾸려는 시도이기도 하다. '이데올로기의 종말'이 1950년대 자유주의적 컨센서스를 반영한다면, '역사의 종말'은 1990년대의 워싱턴 컨센서스와 '시장민주의'의 출현을 세계화 시대에 보편적인 현대 정치의 형식으로 설명했다. Fukuyama(1992) 참조. 또한 '이데올로기의 종말'은 1950년대의 '풍요로운 사회'가 사회 갈등의 토대를 제거할 것이라는 믿음을 포함하고 있었다. 사실 당시 경제성장 개념은 갈등 흡수의 도구로 이해되었다(Paggi, 1989: 32~43). '풍요로움'은 사회적 다원주의(진화론)와 맬서스 이론에서 시작해 사회 개혁의 가능성에 대한 모든 보수주의적 반대가 의존한 '결핍'의 패러다임에 직접 반대된다. 정치 안정과 사회적 대화의 긍정적인 재평가를 위해 좌파 진영의 적대적 전략들을 지원한 것은 전후 미국 경제 인식의 정치적 결과였다. '역사의 종말' 같은 현대의 세계화 이데올로기는 범세계적인 사회적 저항에 대해 유사한 주장을 활용한다. 예를 들어 유전자 변형 농산물에 대한 논쟁은 굶주림과 빈곤을 사라지게 할 농업의 풍요와 그로 인한 범세계적 사회 갈등의 억제라는 전제를 휘두르는 시장 자유화의 선동가들을 발견하게 한다.

들의 비공산 좌파 진영의 동지들은 소비에트 전체주의에 대항하고 민주주의를 위한 세계적 선전·선동전의 조직을 담당했다. 비록 그들의 지지는 제한적이었지만, 그들은 자유주의 컨센서스에 가담함으로써 이러한 국제 영역을 구축하는 데 탁월한 능력을 바쳤다. 강력한 국제주의, 개혁을 통한 사회 진보에 대한 믿음, 경제 영역(또는 현재 말하는 시민사회)으로의 민주주의 확장이라는 수사, 자본주의와의 불명확한 관계, 전체주의에 대한 지속적인 비판, 정치적 반대파들과 저항의 숭배, 민주주의 이데올로기의 필요성, 강력한 지적 어젠다를 통해 지탱되는 정치 전략, 정치투쟁에서 사회과학에 맡겨진 중요한 역할 등 민주주의와 인권의 장의 특징에 대한 모든 정의는 이러한 창세기에서 유래한다.

3. 일시적인 퇴각

그러나 이러한 민주주의 성전은 실패로 끝났다. 코민테른에 맞설 수 있는 무엇인가를 건설하려던 계획은 상대적으로 단기간 지속되었을 뿐이며, '문화적 자유를 위한 협회'를 승계한 '문화적 자유를 위한 국제 협회'가 1977년에 해체되기 훨씬 전에 종식되었다. 사실 문화적 자유를 위한 협회의 위기는 이 실패의 가장 명백한 징후를 보여주었다. 문화적 자유를 위한 협회는 1967년에 CIA가 설립하고 CIA로부터 은밀히 자금을 받았다는 ≪람파츠(Ramparts)≫와 ≪뉴욕타임스≫의 폭로로 정당성을 상실했으며, 특히 해외에 있는 수많은 저명한 구성원을 잃기도 했다. '문화적 자유를 위한 국제 협회'로 이름이 바뀐 이 조직은 CIA를 대체한 포드 재단과 작은 재단들의 재정 지원으로 10년을 더 존속하기는 했지만, 더는 충격에서 벗어나지 못했다. 그러나 비공산주의 좌파와 국무부의 냉전적 '민주주의' 캠페인을 촉진하는 데 활용된 국제적인 수단들의 위기는 전체 프로젝트에서 더욱 심층적이고 구조적인 모순들을 반영하고 있었다. 이러한 국제 프로젝트는 반스탈린 좌파와 자유주의적 반공주의를 대표하는 외교정책 이스태블리시먼트의 엘리트적이고 당파적인 정부 서클들이 포함된 정치 파벌과 사회적으로 열세인 집단 간의 전술적인 동맹에 의존했다. 이 동맹은 공산주의에 대한 공통 시각과 이 두 그룹이 활용한 전략적 자원들의 상호 보완적인 특징으로 유지되었다. 한편은 국가권력을, 다른 한편은 지적이고 이데올로기적이며 문화적인 헤게모니를 가지고 있었던 것이다. 즉, 구좌파가 정치적 노하우와 이데올로기적 재능을 바친 국제 민주주의 운동은 그것이 미국 행정부가 추구한 세계 전략과의 협력에서 이끌어낸 제도적인 이점에 의존했을 뿐만 아니라, (트루먼 독트린 때에 그러했던 것처럼) 미국 외교정책 이데올로기의 작성에서 어느 정도 내부 영향력을 이끌어낼 수 있었던 능력에 전적으로 의존하기도 했다. 이런 의미에서, 그리고 정치학과 국제관계 이론에서 발견되는 대부분의 가정과 반대로, 민주주의와 인권의 장은 국가권력의 장의 이질적 요소로서 권력의 장 외부에서 발전했다.

그러나 임시적이고 매우 전략적인 성격 때문에 이와 같은 관점의 수렴은 단명할 수밖에 없었다. 관점의 수렴은 전적으로 외교정책 이스태블리시먼트의 응집성에 의존했고, 그들을 사회적으로 재생산하고 그들의 정치권력을 보존할 수 있는 능력에 의존했다. 1960년대 말과 1970년대 초반에 이스태블리시먼트의 이데올로기적 통일성과 자유주의적 국제주의, 그리고 사회적 재생산 메커니즘은 심각한 도전을 받았다. 베트남 전쟁은 자유주의적 국제주의의 또 다른 얼굴을 드러냈으며, 이스태블리시먼트는 반공이라는 이름하에 잔혹한 비밀 전쟁에 개입했다. 당시 어느 베스트셀러 저서의 제목에서 빌려온 '최고의 인재들(The Best and the Brightest)', 즉 법률가·은행가·정치인 등은 미국의 최고 교육기관에서 양성되었으며 당파적인 행정부의 정향을 뛰어넘어 국익을 추구하는 자유주의적 컨센서스의 연대를 구현했다. 이러한 법률가·은행가·정치인 등이 속한 가문 출신의 사람들이 다른 한편으로 지구 저편의 외지에서 막대한 고성능 폭탄 투여를 기획한 사람들이기도 했다는 사실이 알려지면서 사회적·이데올로기적 권력 구조는 동요했다(Halberstam, 1972; Bird, 1998). 이런 의미에서 베트남 전쟁은 모든 정책 결정 시스템에 대한 신뢰를 뒤흔들었다. 게다가 국내의 사회 개혁을 위한 자비로운 행정 수단들은 이제 해외의 대량학살 도구로 보였으며, 정치적이고 행정적인 수단으로서 사회과학을 신뢰하고 정책 자문가로서 학자들의 역할을 신뢰했던 기술관료적 낙관주의에 의문을 제기했다.

이런 미국 외교정책 이데올로기의 위기는 정책 엘리트의 사회적 토대의 위기이기도 했는데, 그것은 고등교육의 민주화와 캠퍼스의 현대 정치적 급진화가 정책 엘리트들이 양성되고 훈련된 전통적 회로에 깊이 영향을 미쳤기 때문이다. 이제 '하버드-맨해튼-포기 보텀 회로(Harvard-Manhattan-Foggy Bottom corridor)'[36]는 특권적 사회 신분의 엘리트를 위한 배타적 충원 채널로 기능하지 못했다(Clough, 1994). 여러 가지 면에서 정책 이스태블리시먼트의 안전성은 과거의 사회적 지배의 지속을 반영하는 것이었다. '현인(wise men)' 정부는 사회적 신분 계급의 정부라고 할 수 있었다. 당시 데이비드 핼버스탬 (David Halberstam)이 기술한 바와 같이, 그것은 "젊은이들이 그들의 명석함과

---

36 '포기 보텀'은 18세기 말, 19세기 초에 워싱턴 시에서 가장 오래된 거주지를 가리키는 말이었다. 현재 이 지역의 대부분에는 조지 워싱턴 대학의 캠퍼스가 들어서 있다. 또 '포기 보텀'은 미국 국무부를 지칭하기도 한다. _ 옮긴이

능력뿐만 아니라 그들의 부모가 누구이고 그들이 면접을 보기 전에 친구들에게서 어떠한 전화가 왔는가에 따라 상승의 사다리를 올라가는 세계였다"(Halberstam, 1972: 5). 이와 같은 권력에 대한 접근 방식은 1960년대 후반에 하나씩 무너졌는데, 그것은 부분적으로 고등교육에서 발생한 구조적 변동의 압력에 의해서였다. 1960년대는 유례없이 대학 입학 정원이 대폭 늘어난 시대여서 학생 수가 1959년 363만 9,847명에서 1969년 800만 4,660명으로 증가했고, 이러한 증가는 그 후에도 유례를 찾아볼 수 없었다.[37] 이 시기 캠퍼스의 동요와 과격화는 이러한 변화의 정치적 표현 중 하나였으며, 자유주의의 위기를 더욱 두드러지게 했다. 귀족적인 명망을 갖추지 못했지만 학문적인 인증서를 보유한 신참자들이 신세대 정책 전문가로서 노동시장에 가한 인구적 압력도 계몽된 아마추어 정치인들로 이루어진 이스태블리시먼트의 당연시된 통치에 도전을 제기했다. 이러한 모든 변화가 한곳으로 수렴되어 자유주의 이스태블리시먼트의 위기에 결정적인 영향을 미침으로써, 이스태블리시먼트는 응집성을 상실하고 상이한 정치적 방향을 향해 나아갔으며 신세대를 통합하는 구조적 변화를 경험했다. 신세대는 제2차 세계대전 이후의 전체주의에 대항한 세계적인 투쟁의 틀 속에서 더 이상 활동할 수 없다는 것을 아주 잘 알고 있었다. 반공주의는 이제 외교정책의 시금석이 되지 못하거나, 적어도 외교정책 기획자들이 공유하는 이데올로기가 되지 못했다.

이러한 상황에서 반스탈린 좌파가 만들고 실행에 옮긴 민주주의 수호와 전체주의에 대항하는 국제적 성전은 국가권력의 장과 국제적 영역에서 일어난 변화들을 따라가지 못했다. 구좌파의 이데올로기적 냉전 전사들에게 자유주의 이스태블리시먼트의 위기는 — 민주주의의 장에서 열등한 지위와 국가권

---

37 US Department of Education, Biennial Survey.

력의 장에 대한 의존을 보여주는 — 그들에 대한 중요한 정치적·제도적 후원의 상실로 이어졌다. 범세계적인 민주주의 운동의 기획은 1980년대에 레이건 행정부가 전적으로 지원하면서 사실상 다시 시작되었다. 역설적으로 이 운동의 촉진자들은 똑같은 인물들이거나, 좀 더 젊은 비공산주의 좌파의 직접적이고 정통한 상속자들이었다. 따라서 민주주의와 인권의 장의 제도화와 전문화를 분석하기에 앞서 한 걸음 과거로 돌아가, 이 운동의 초기 활동가들을 혁명의 전망에서 1980년대 신보수주의 반혁명(counter-revolution)의 전망으로 이끈 복잡한 정치적 궤적을 거슬러 올라가는 것이 필요할 것이다.

4. 구좌파에서 신보수주의자로: 냉전의 좌익 용병대

1980년대의 제도화된 민주주의와 인권의 장의 출현은 과거 반전체주의의 성공적인 재구성, 레이건의 승리로 출현한 완전히 새로운 정치 상황에서 이루어진 반공 이데올로기의 기획, 그리고 자유주의 행정부에서 수십 년에 걸쳐 유증된 사회 프로그램들의 급속한 해체의 결과였다. 이러한 상황에서 민주주의를 위한 성전은 경제적·사회적 진보의 가능성 상실, (1950년대에 중요했던) 평등주의 개념에 대한 전적인 무시, 공산주의에 대한 투쟁 등이 특징이었다. 이런 중요한 차이점이 있었지만, 여기에 관여한 사람들과 이데올로기적 외형 면에서 1950년대 옛 민주주의 성전과의 역사적인 연속성은 매우 강했다. 즉, 그것은 반스탈린 좌파의 흔적을 간직하고 있었다. 따라서 1940년대 후반에서 1980년대로 이어지는 이와 같은 세계 민주주의 기획의 변화를 이해하기 위해서는 과거 반스탈린 좌파의 사회적 여정을 분석하고, 레이건주의를 향한 이들의 역설적인 개종의 논리를 이해해야 한다.

이러한 개종은 오랜 정치적 여정의 종점일 뿐만 아니라 구좌파 전체의 역사를 특징짓는 지속적인 정치 과정이기도 하다. 이 주제에 대한 모든 역사적 연구는 — '뉴욕 지식인'을 총체적으로 다루든, 그중 한 분파만을 다루든, 아니면 모든 반스탈린 좌파를 다루든 — 이와 같은 핵심적인 면을 기술하고 있다(Isserman, 1993; Cooney, 1986; Bloom, 1986; Wald, 1987). 사실 이 정치 집단들의 전체 역사가 단지 한 세기에 걸친 개종, 장기간에 걸친 우경화 여행일 뿐이라고 말할 수도 있을 것이다.

그 특징 중 하나는 이러한 개종이 과거의 신념과의 단절이나 갑작스러운 위기를 맞이하지는 않았다는 것이다. 공산당과 단절한 후 회고를 통해 자신들이 경험한 것을 대단한 '환상'[38]이었다고 비판하면서 새로운 경력을 시작하는 사람들의 경우와 달리, 반스탈린 좌파들은 그들의 역사와 정치 활동을 통해 그들의 이상에 여전히 충실한 상태였고 대개는 일관되고 모순 없는 여정을 경험했다. 사실 그들의 개종에 대한 설명은 과거의 이상 포기, 새로운 이상의 수용과 별 관계가 없다. 반스탈린주의는 그들의 정치 활동을 인도하고 그들이 직면한 대안들을 형성하는 중요한 원칙으로 남아 있었지만, 그것은 상이한 시기에 상이한 것을 의미했을 뿐이다. 다른 말로 보수적 입장을 향한 그들의 이동은 (몇몇 저자가 주장하는 바와 같이) 그들 원래의 정치적 원칙이나 사회적 토대에 기인한 것이 아니었으며, 그것은 그들이 이론적이고 정치적인 도구들로 현재의 상황을 지속적으로 재해석한 방법에서 유래한 것이었다. 그들의 분석 원리, 정치 개념, 그리고 언어는 변화된 정치적 의미를 담고 있었음에도 외형적으로는 똑같은 것으로 남아 있었다. 이러한 역사의 특징은 앨런 월드가 지적한 바와 같이, "독트린의 몇 가지 요소는 그것의 내

---

38 옛 공산주의자들과의 비교에 관해서는 Diggins(1975) 참조.

용이 사실상 변화하는 바로 그 순간에 공식적 관점에서는 여전히 변하지 않은 것처럼 보인다"는 것이다(Wald, 1987: 11). 이 운동가들이 이미 확고한 신보수주의자가 되었음에도, 수사적으로나마 그들의 국제적 활동을 이끌고 진보 정치와 이데올로기의 레퍼토리를 유지할 수 있게 해준 것은 바로 그들의 정치적 여정의 연속성이었으므로, 이 점은 우리의 논의에서 매우 중요하다.

전후 역사에서 전체주의와 (더 훗날의) 국제 민주주의 선전에 대한 비판 이데올로기의 틀은 1930년대에 미국에 뿌리내린 반스탈린 마르크스주의에 기원을 두고 있다. 여행 가방에 각양각색의 유럽 사회주의 바람을 가지고 들어온 이주민과 강력한 노동계급의 공동체가 있었던 뉴욕은 당시 급진정치의 지적이고 지리적인 중심지였다. 사회주의 집단들, 급진적인 '가두연설가들(soap-box orators)', 노동조합들, 성장하는 도시 프롤레타리아가 존재한 이 도시는 전쟁 기간에 가장 독창적인 정치 변동을 경험한 좌파들의 고향이었다. 1930년대의 경제적 대공황과 이것에 심각한 영향을 받은 이주 노동력이 몰려 있던 상황은 다양한 유형의 사회주의 및 노동조합 운동의 완벽한 모태였다. 사실 수많은 구좌파 지지자들은 이주 노동계급 출신이었다. 예를 들어 시모어 마틴 립셋은 인쇄공이자 인쇄 노조원이었던 아버지를 두었다. 1919년에 브루클린에서 태어난 대니얼 벨은 노동자였던 그의 어머니가 집을 자주 비웠기 때문에 13세의 나이로 청년사회주의동맹(Young People Socialist League)에 가담했다고 한다(Liebowitz, 1985). 멜빈 래스키는 브롱크스의 이민 가정에서 태어났다(Coleman, 1989: 16). 막스 샤흐트만은 바르샤바에서 태어났지만 한 살도 채 안 되어서 그의 부모가 뉴욕에 데려왔고 할렘에서 성장했는데, 이곳에서 그의 아버지는 재단사로 생계를 이었다(Drucker, 1994).

그들의 지리적인 집중과 더불어 사회주의는 수많은 기회가 막혀 있는 나라에서 — 1920~1930년대에는 유대인의 수를 직간접적으로 제한하기 위한 쿼터 제도가 단과대학과 종합대학에 존재했다 ─ 이들 이민 가정의 자녀들이 소수자로서의 특수한 지위에 효과적으로 대처할 수 있게 해줌으로써 이 노동계급 공동체에 영향을 미쳤다. 급진 이데올로기는 그들이 미국 자본주의에 대한 비판과 종교적·전통적 정체성에 대한 현대적 비판을 결합할 수 있게 해줌으로써 문화적 특수성에 천착하지 않으면서 지배적인 사회·경제 질서를 거부할 수 있게 해주었다(Bloom, 1986: 21~25). 또한 대공황은 1930년대 이 아웃사이더들의 급진주의와 함께 이러한 배경에 속하지 않았던 많은 영향력 있는 목소리를 불러일으켰다.

교육에 대한 막대한 투자도 그들의 정치화를 한층 강화해주었다. 대부분의 고등교육기관이 쿼터 제도와 높은 학비를 유지하던 시기에 유대인 이민자 출신의 청년들은 교육기관을 선택할 기회가 별로 많지 않았다. 그러나 뉴욕에서는 브루클린 대학(Brooklyn College)이나 뉴욕 시립대학 같은 몇몇 학교가 유대인의 입학을 제한하는 쿼터 제도를 두고 있지 않았고 학비도 무료였다. 특히 뉴욕 시립대학은 시드니 훅, 막스 샤흐트만, 제이 러브스톤, 어빙 하우(Irving Howe), 네이선 글레이저(Nathan Glazer), 어빙 크리스톨(Irving Kristol), 대니얼 벨, 시모어 마틴 립셋, 멜빈 래스키, 앨프리드 케이진(Alfred Kazin) 등과 같은 반스탈린 마르크스주의 세대의 지적 교육에서 핵심적인 역할을 수행했다. 대공황 기간에 뉴욕 시립대학은 정치적 사회화와 급진화의 장소로 기능했다. 뉴욕 시립대학에서 공산주의자들이 확실히 가장 중요한 그룹을 형성하고 있었지만, 이 대학은 "규모는 작지만 두드러지고 고도로 응집성을 갖춘 트로츠키주의자들"(Page, 1982: 70)의 고향이기도 했다.[39]

---

39 1930년대부터 1946년까지 뉴욕 시립대학에서 교편을 잡았던 찰스 페이지(Charles Page)는 이 학교의 지적 분위기에 대해 상세한 설명을 제공한다. Page(1982), Bloom(1986: 34~42) 참조.

이 학교의 알코브 1(Alcove 1)이라는 카페에 모인(공산주의자들은 알코브 2에 모였다) 반스탈린주의자들은 사실상 트로츠키주의자였지만, 사회주의자이자 낡은 스타일의 사회민주주의자이기도 했다. 그들은 사회적·정치적 시사 문제뿐만 아니라 은폐된 소비에트 체제의 문제에 대해 토론했고, 시드니 훅, 막스 샤흐트만, 노먼 토머스(Norman Thomas), 제임스 캐넌(James Cannon) 등과 같은 스승들의 정치적 지도를 받았다. 사회당의 청년 조직에 관여한 덕분에 샤흐트만은 뉴욕 시립대학에서 그 어떤 좌익 정치 조직보다 지적인 영향력이 있었는데, 여기에서 그는 종종 연설을 하거나 토론에 참가했고 많은 추종자를 모을 수 있었다. 특히 반스탈린주의 정치 클럽과 공산주의 학생 간의 구조적 대립 때문에 뉴욕 시립대학은 많은 졸업생이 공산주의에 대한 지적·정치적 투쟁을 경험한 장소이기도 했다.

이미 살펴본 바와 같이, 1930년대의 반스탈린주의 좌파는 소련을 전적으로 거부하게 만든 소비에트 '전체주의'의 비판을 발전시켰으며, 자유주의적 반공주의를 향한 이동에 기여했다. 그러나 스탈린주의에 대한 마르크스주의적 비판의 모든 스펙트럼 내부에서도 훅, 이스트먼, 버넘, 샤흐트만의 분석은 오토 바우어(Otto Bauer)나 트로츠키처럼 여전히 소련의 경험이 다소나마 사회주의적이라고 생각하던 또 다른 반스탈린 마르크스주의자들과 비교해볼 때 이미 '우익'을 대표하고 있었다. 단순한 학문적 접근을 뛰어넘어 '러시아 문제', 즉 소비에트 국가의 성격에 대한 분석은 정치적 선택과 정향에 직접적인 영향을 미쳤다. 사실 이 문제를 둘러싸고 이미 존재하던 다양한 입장은 1940년대, 즉 샤흐트만이 트로츠키와 단절하고 전쟁에 반대하기로 결심했을 때에 표면화되었다. 레닌은 제1차 세계대전 동안 비타협적으로 행동했는데, 왜냐하면 그가 볼 때 소련은 '노동자들의 국가'로 묘사될 수 없었고 전혀 사회주의적이지 않았으므로 진정한 혁명가들의 (제한적이고 비판적이기는 하지만) 지원을 받아서는 안 되었기 때문이었다. 모든 비공산주의 좌파는 1940년에 샤흐트만이 지지한 새로운 노선이 소련에 채택될 수 있도록 태도의 수정을 완수했으며, 비타협적인 입장으로 선회했다. 이런 의미에서 1930년대는 마시모 살바도리(Massimo Salvadori)의 적절한 표현을 빌리면, 대다수 비공산주의 좌파의 "반스탈린 급진화"(Salvadori, 1981: 124)의 시기로 특징지을 수 있다. 정치적으로나 사회적으로 아웃사이더였던 이 그룹의 맴버들은 전쟁이 끝난 후 역설적으로 정치적 주류의 중심을 향해 이동했다. 이것은 1970년대에 완성될 보수주의를 향한 기나긴 표류의 전주였다.

　이런 정치적 개종의 이유에 대해서는 몇 가지 설명이 있다. 사회학적 설명은 이 좌파들의 사회적 기원과 이들의 사회적 신분 상승에 따른 점진적 탈급진화를 강조하는 반면, 정치학적 설명은 장기간에 걸친 정치 전략과 현 상황에 맞는 전술의 채택에 더 큰 관심을 기울인다.[40] 다양한 반스탈린 운동의 몇 가지 특징을 설명하는 데 사회적 출신 배경과 미국 사회의 전체 구조 안에서 그들이 차지하는 지위가 중요하지만, 이런 출신 배경이 이 그룹의 미래 변화를 결정하거나 기계적으로 정치적 선택을 강요하는 결정 요인으로 간주될 수는 없다. 예를 들어 공산당은 (하층 또는 중산층, 이민자 출신 등) 매우 유사한 배경을 가지고 있지만 보수주의자로 변하지 않은 구성원들을 많이 보유하고 있었다. 반대로 비공산주의 좌파에서는 자유주의 진영에 완고히 머무르던 미래의 '신보수주의자들'의 프로필과 유사한 사회적 프로필이 존재했다.[41]

---

40 '사회적 상층부로 이동하는 유대인'의 변화에 대한 사회학적·문화적 분석은 Bloom(1986) 참조. 사회적·문화적 접근에 일부 반대되는 정치적 접근은 Wald(1987) 참조.
41 예를 들어 아리예 나이어의 경험은 훗날 신보수주의자들의 경험과 여러 가지 면에서 비교할 만하다. 그는 1933년 베를린에서 출생했다. 그의 가족은 나치를 피해 영국을 거쳐 제2차 세계대전이 끝난 직후 미국에 도착했다. 나이어는 법학을 전공했다. 그는 정치적으로 노먼

비공산주의 좌파의 사회적 토대는 중요성을 가진다. 예를 들어 샤흐트만의 사회주의노동당(훗날 노동당으로 변신했고, 사회당과 통합한다)은 대부분 도시에 거주하고 고등교육을 받은 지적이고 정치적으로 엘리트인 인물들로 구성되었고, 산업 노동계급을 많이 충원한 적이 없었다. 사실상 이 당은 지식인 정당에 가까웠고, 1950년대에 샤흐트만이 전개한 산업계의 '식민' 전략은 노동당의 몇몇 간부만 미국노동총연맹산업별조합회의(AFL-CIO)의 집행 기구로 이동하게 했을 뿐이었다. 그들은 러브스톤 추종자들(Lovestoneites)과 함께 전 세계 노동조합들 안팎에서 국내적·국제적 차원의 조직 활동을 수행했다.[42]

제2차 세계대전 후 미국 정책의 '생명의 중심(vital center)'[43]을 향한 이동은 전쟁 기간으로 거슬러 올라가는 더욱 정치적인 뿌리가 있기도 하다. 1930년대에 정치적으로 성숙한 세대의 대다수에게 대공황 시기는 진보 이데올로기

토머스의 사회당(당시 이 당에는 샤흐트만의 무리가 침투하고 있었다)과 가깝다고 느꼈다. 그는 산업민주주의를 위한 학생 동맹(Students League for Industrial Democracy)에 가담했고, 이 조직의 회장이 되었다. 그 후 1959년에 이 조직을 민주사회를 위한 학생(Students for a Democratic Society: SDS)으로 개명했다. 나이어는 산업민주주의를 위한 동맹에서 활동하던 샤흐트만 추종자들과 대립했다. 이러한 관계는 그를 반스탈린주의 좌파에 위치하게 만들었다. 그러나 나이어의 경력은 미국시민자유연합(American Civil Liberties Union: ACLU), 휴먼라이트워치, 그리고 훗날 소로스의 열린 사회 연구소(Open Society Institute)의 실권자로서 자유주의에 대한 계속된 헌신을 보여주며, 1980년대에 그가 신보수주의자들에 반대해 레이건 행정부에 비판적 입장을 취하게 만들었다(Neier, 2003: xx~xxi).

42 모리스 이서먼(Maurice Isserman)은 다음과 같이 비꼬았다. "과거 샤흐트만은 노동계급의 이익을 당시에 그가 관여했던 모든 정당의 이익과 동일시했다. 이러한 망상을 버린 그는 또 다른 극단으로 치달았으며, 노동계급의 이익을 오로지 미국노동총연맹산업별조합회의 간부들이 주장하는 것으로만 정의했다. 이 경향은 데이비드 호로위츠(David Horowitz), 톰 칸(Tom Kahn) 같은 그의 젊은 협력자 몇몇이 미국교원연맹(United Federation of Teachers)의 직원으로 앨 생커(Al Shanker) 밑에서 일하게 되었을 때 강화되었다"(Isserman, 1993: 192).

43 '생명의 중심'은 1949년 아서 슐레진저가 고안한 개념으로, 민주주의와 전체주의의 투쟁에서 중도적인 입장을 의미한다. _옮긴이

의 위기가 일반화된 시기이기도 했다. 자유주의는 경제 위기의 강력한 도전을 받았으며, 사회주의를 향한 전망은 유럽의 혁명운동 실패와 스탈린 지배 하의 소비에트 체제의 타락에 큰 영향을 받았다. 이러한 역사적 상황은 더욱 조심스러운 전략, 즉 언젠가 혁명의 전망을 다시 열기 위한 희망의 토대를 준비하고 그동안 당면한 조직 및 물질적 이익을 위해 좀 더 노력하는 전략을 중시하게 만들었다. 이것은 심지어 이 전략에 도움이 되는 지배 질서의 측면들과 어느 정도의 조화를 의미하기도 했다. 예를 들면 1950년대에 샤흐트만의 노동당과 청년사회주의동맹의 그의 추종자들이 추구한 전략이 여기에 해당된다. 제도적이고 법적인 민주주의의 틀이 강력한 노동운동을 구축하기 위한 선결 조건이었으며, 이것은 수호해야만 하는 중요한 자산이기도 했다.

사실 구좌파의 우경화를 설명해주는 요소 중 하나는 자유민주주의 질서와 구좌파의 관계 변화와 관련이 있다. 1940~1950년대에는 자유민주주의에 대한 주류 지식계의 표상이 급격하게 변화했다. 이러한 문화적 이동은 비공산주의 좌파의 지식층과 학자층에서 일어났고, 필연적으로 그들의 학문적 생산에 반영되었다. 일반적으로 이러한 변화는 민주주의 제도를 단지 노동계급 정치를 위한 수단으로 간주했던 입장에서 그것을 규범적인 가치, 즉 더 이상 도구적이지 않은 가치를 보유한 진보적 유산으로 간주하는 입장으로의 변화에 부합했다. 이것은 립셋의 사례에서 관찰될 수 있지만, 립셋의 경우는 좀 더 광범위하고 집단적인 문화적 이행에서 단지 하나의 사례일 뿐이다.

5. 수호할 가치가 있는 민주주의: 정치적 개종의 학문적 전제들

전후 반스탈린 좌파 사이에서 출현한 민주주의 수호에 관한 국제주의적 담론은 미국에서 마르크스주의와 자유주의 전통 간의 강력한 상호 영향력이 특징인, 더욱 광범위한 지적 맥락과 분리될 수 없다. 이 점에서 국제 민주주의 프로젝트는 공산주의를 봉쇄해야 할 필요성에 따른 것이었을 뿐만 아니라(물론 이것이 중요한 원인이었지만), 그 자체의 내적 동력에서 발전하기도 했다. 이러한 변화는 그 후의 발전에 훨씬 중요한 결과를 가져올 사회과학 영역에서 일어난 중요한 사건, 즉 유럽에서 미국으로 지식인과 학자가 이민한 사건(특히 뉴욕 학계로의 이동)의 직접적인 결과였다.[44] 이러한 이주는 중요한 정치적 내용을 담고 있었다. 그것은 유럽의 마르크스주의 전통과 사회주의 전통의 이동을 의미하기도 하는데, 가장 중요하고도 역설적인 역효과는 그것이 수많은 사회주의 지식인이 볼 때 아메리카니즘을 진보적이고 민주적인 힘으로 재구성하는 데 도움을 주었다는 것이다.

1930년대와 1940년대에 걸쳐 오스트리아·독일·중유럽의 수많은 학자와 사회과학자가 나치즘을 피해 미국에서 은신처를 찾았다. 이곳에서 그들이 발견하려고 한 안전한 천국과 원조를 제공한 몇몇 기관(1930년대에 특별 원조 프로그램들을 발전시킨 록펠러 재단 등)의 적극적인 역할은 미국을 확실한 정착지로 만들었다. 뉴욕에서는 프란츠 노이만(Franz Neumann), 카를 만하임(Karl Mannheim), 에밀 레더러(Emil Lederer), 폴 라자스펠드 같은 학자들이 전임 또는 비전임으로서 학문 기관들(컬럼비아 대학, 뉴스쿨 등)에 오랜 발자취를 남겼다. 이곳에서 마르크스주의자들, 사회주의자들, 사회민주주의자들은 노동조합, 개혁 정당, 행정기관 등과 협력했으며, 이 이주민들은 바이마르식 사회 개혁의 지적인 노동력을 대표했다. 오랫동안 그들은 정치적인 선택 때문에,

---

44 1930~1940년대 미국을 향한 지식인들의 이주에 대해서는 방대한 연구가 있다. 특히 Krohn (1993), Srubar(1988), Coser(1984), Salvati(2000) 참조.

그리고 유대인이거나 사회학·정치학·법학·경제학 등 다양한 학문에서 '비독일' 학문 전통을 지지했기 때문에 그들의 모국에서 박해를 받아왔으며, 직접적인 생명의 위협을 받지 않았을 때는 교육 활동이 금지되었다.

새로운 환경과 지원을 향유할 수 있었지만, 이 사회과학자들은 미국에서 편협하고 상대적으로 폐쇄된 학문 시장을 발견했다. 이민자로서 그들의 지위는 여러모로 불리했다(그들 대부분은 유대인이었다). 훗날 라자스펠드가 지적한 바와 같이 당시 미국 학계는 "고상한 반스탈린주의"(Lazarsfeld, 1969: 300)를 버리지 않고 있었다. 그들은 종종 모국에서의 지위보다 열등한 지위를 수락해야만 했다. 게다가 법학 이론, 정치학 이론과 같은 사회과학의 주류 학문들은 미국 본토에서 성장한 학문적 귀족에 의해 배타적으로 지배되고 있었다. 그 결과, 이 신참자들은 주류에 종속되거나 주류에서 배제된 연구 영역에 집중하는 경향이 있었다. 사회와 제도에 대한 연구가 여전히 헌법 및 역사적 학식과 관련된 "법적·형식적 접근"[45]의 지배를 받았으며 매우 단편적이고 서술적이었던 반면, 이민 학자들은 대개 덜 고상한 연구 대상들(사회적 계층과 시장 조사, 선거 행태, 방송 연구, 서베이 연구 등)을 통계나 계량적 도구 같은 새로운 방법들을 도입하여 훨씬 더 경험적인 방식으로 다루었다.

라자스펠드의 경우는 상징적인데, 왜냐하면 그는 경험적 사회과학의 국제화와 깊은 관련이 있기 때문이다(Pollak, 1979). 그러나 영향을 받은 학문은 사회학만이 아니었다. 경제학에서도 이민 학자들은 수학적 모델화의 발전에 적지 않은 기여를 했다.[46] 이와 같은 사회과학 연구의 본질에서의 변화와 특

---

45 이 표현은 Packenham(1973: 197)에게서 빌려온 것이다. 미국 사회과학의 장의 구조에 대한 전반적 성찰에 관해서는 Ross(1991) 참조.
46 1940년대 이후 경제학 발달에서 공식화(formalization)의 지위에 대해서는 Mirowski(2002) 참조.

히 연구의 경험적인 정향은 이미 바이마르 시대에 발전한 것이었다. 부분적으로 경험적인 사회 연구는 이 학자들이 노동조합이나 정당을 위해 종종 수행했던 연구에 적절했다. 또 부분적으로 이 연구들은 미국에서 직면한 학문의 장에서의 열등한 지위에 대처하기 위한 전략과도 관계가 있었다. 망명의 경험은 사실상 상이한 문화와 학문적 상황에 적응하는 경험이었다. 루이스 코저(Lewis Coser)가 정확하게 관찰한 바와 같이 문화적 경계를 가로질러 변하지 않는 자연과학의 수학적 언어를 활용한 엔지니어, 물리학자, 그리고 기술적인 훈련을 받은 전문가들에게는 적응이 수월했다(Coser, 1984: 6). 그러나 국내의 학문 전통과 제도적 맥락에 더 의존하는 사회과학자들에게 이 장벽은 훨씬 높았다. 자연과학 분야의 동료들을 모델로 삼아 사회과학 연구를 형식적·수학적 도구에 의존하게 하려는 노력은 새로운 지식 환경에 대한 적응 문제에 부분적인 해답이 될 수 있었다.

그러나 '경험적이고 응용적인' 사회과학에 대한 이들 학문적 이주자의 기여는 그들 자신의 생애와 정치적 여정에서 유래한 또 다른 특별한 관심에서 비롯된 것이기도 했다. 그것은 전체주의의 위험과 민주주의 질서에서 과학의 역할에 대한 관심이었다. 몇몇 학문 분과에서 사회과학 연구의 경험적 개념과 같은 발전을 위해 그들이 수행한 역할은 통계적 확신을 얻기 위한 형식적 가설의 활용이 학문 활동과 담론에 대한 정치적 이데올로기의 침입에 대항하는 방책이 될 수 있을 것이라는 희망 — 두 명의 경제사 연구자가 강조한 바와 같이 "가치중립적(wertfrei) 사회과학을 구축하려는 희망"(Carver and Leijonhufvud, 1987: 181) — 으로 거슬러 올라가는 것이었다. 따라서 형식적·통계적·비교적 방법에 대한 투자를 통해 새로운 상황에 개인적·전문적으로 적응하려는 전략은 사회과학을 정치에서 더욱 자율적인 것으로 확립할 뿐만 아니라, 민주적인 정치를 위한 가이드로서 확립하려는 일반적인 기획과 관련을 맺었다.

이렇게 해서 방법론은 본질적이고 정치적인 질문들에 밀접하게 연결되었다.

사회학, 정치학과 같이 우리의 역사적 재구성에 더 상응하는 분야에서 이주 학자들은 전 유럽에 걸쳐 권위주의의 발전과 독일 나치즘의 경험에 동요한 마르크스주의 분석의 한 형태를 수입했다. 나치즘의 발흥에서 중산계급의 역할을 이해하려는 공통된 노력이 그들의 작업에 나타났으며, 그들의 특수한 전망에 기여했다. 이분법적인 마르크스주의의 도식에 들어맞지 않는 새롭게 형성된 계급의 사회적·정치적·문화적 정체성을 이해하기 위한 도구들과 개념들을 개발하는 것이 그들의 연구 목표가 되었다. 사실 1920년대에 중산계급의 발달은, 그들이 빈곤해져 프롤레타리아화되고 부르주아에 반대하게 될 것이라고 가정함으로써, 여전히 정통 마르크스주의를 입증해줄 것이라 기대되었다. 그러나 이러한 기대와 달리, 중산계급은 국가사회주의(나치즘)의 중요한 사회적 토대 중 하나가 되었으며 민주주의의 몰락에 기여했다. 따라서 이러한 연구 프로그램의 추진은 은밀하게 마르크스주의의 비판적 재평가로 나아갔다.

이와 동시에 이주 학자들은 바이마르 민주주의의 실패와 전체주의 운동에 동원된 형체가 없는 '군중'이 되어버린 중산계급의 원자화를 특수한 입장(미국 학문 기관들의 입장)에서 숙고했다. 이러한 숙고는 그들의 미래 전망에 큰 영향을 미쳤다. 중산층이 유례없이 발전했지만 (혁명적인 동요 없이) 건전한 민주주의 제도와 공존한 미국에서 그들은 자신들의 연구를 계속 수행했다. 그들의 정치사회학 관점은 비교적인 것이었으며, 이러한 비교의 차원은 대공황이 유사한 변화들을 촉발했다는 사실(그리고 공포)에 자극을 받았다. 미국의 중산계급은 독일의 중산계급과 비교할 수 있는가? 경제 위기와 실업, 그리고 사회적 불안은 파시스트적 전환으로 이어질 것인가? 계급구조와 계급갈등은 비교할 수 있는가? 강력한 중산계급과 경제적 불황의 결합은 왜 미국식 파시즘으로 이어지지 않았는가? 이러한 질문들은 우리가 본 바와 같이 많은 좌파 지식인의 질문이기도 했다. 또한 이 질문들은 미국 사회와 민주주의에 대한 평가를 내포하고 있었고, 이에 대한 결론 중 하나는 미국 사회가 (독일과) 다소 다르며, 미국의 중산계급은 정치 안정을 만들고 민주 질서를 공고화하는 데 중심적인 역할을 수행한다는 생각으로 이어졌다.

문화적 관점에서 미국의 중산계급은 대중 이데올로기에 결합되어 있으며, 거대 자본과 사회주의에 모두 반대한다고 생각되었다. 따라서 이 사회계층은 그 어떤 독점자본의 집중이나 자본의 국가 장악, 즉 파시즘의 가능성에 대항하는 방파제로 보였다. 또 그들은 진보적인 것으로 인식되었다. 이러한 경향의 사회 연구는 결국 중산계급을 실질적인 사회주의의 담지자이자 수호자로 간주하는 경향이 있었다. 중산계급의 민주적 미덕에 대한 경험적 발견은 이민 사회과학자들의 점진적인 정치적 변화에 부합하기도 했다. 그들은 마르크스주의를 민주적이고 평등한 미국 사회의 구조를 해석하는 데 활용함으로써 사실상 "사회 정책과 정치 기술을 위한 지도적 원리로서의 자유주의"(Salvati, 2000: 142)를 선택했다.

이러한 학문적 생산의 유산은 반스탈린주의 좌파 내부에서 매우 감수성 있는 청중을 발견했다. 또 학문적 생산의 유산은 정치적이고 지적인 불안과 함께 반향을 일으켰다. (당시 뉴욕 시립대학이나 브루클린 대학 출신의 학생이 많았던) 컬럼비아 대학과 뉴스쿨에 집중된 수많은 이민 학자는 비공산주의 좌파 지지자들이 점유한 지위와 유사한 지위를 점유했다. 학생 또는 동료로서 비공산 좌파들은 그들의 가르침(정치적 소외에서 탈출하여 주류 정치 문화로 향하는 특수한 길을 열어준 강의)에 자주 참여했다. 이와 같은 지적인 친밀함은 마르크스주의 위기에 대한 유사한 경험, 이민자로서의 배경 등 또 다른 공통된 성향과 정치적 전통에 의해 강화되었다.

이민 학자들이 그들 모국의 노동조합이나 사회민주주의 정당에서 종종 수행했던 역할은 미국 트로츠키주의자들과 사회주의자들 또는 사회민주주의자들이 이민 학자들의 이론적 생산물에 관심을 가지게 만들었다. 좌파에 대해 오스트리아·독일 이민자들이 행사한 강력한 지적 영향력은 1940년대 후반에 전성기를 맞이한 후속 학문 세대(사회주의적이거나 사회민주주의적인 지지자들)의 지적 작업에서 발견할 수 있다. 그것은 특히 시모어 마틴 립셋, 대니얼 벨, 앨빈 굴드너(Alvin Gouldner) 같은 사회학자들이 중시한 주제인 사회계층화, 혁명, 계급 분화, 급진정치, 선거 분석, 통계 등에서 나타났다. 미국을 향한 지식인들의 이민에 기원을 둔 민주주의와 계급구조에 대한 연구들은 비공산주의 좌파를 1950년대의 자유주의적 컨센서스로 유연화시킨 개념들과 배경들을 제공했다. 그것은 당시에 '민주적 사회주의자'와 '샤흐트만의 트로츠키주의'의 정치 전략에 완벽하게 들어맞는 전후 사회 경향에 대한 '진보적' 해석을 가능하게 했다.

이 점에서 립셋의 저작들은 매우 시사적이다. "세속적인 개혁적 점진주의에 대한 믿음"(Lipset, 1963: 45)으로 특징지을 수 있는 중산계급의 미덕에 대한 그의 찬양은 '노동계급 권위주의'라는 주제와 함께 그의 저작에 공존한다. 좌파와 미국 중산층, 그리고 미국의 예외주의(미국의 특수성을 고려한 노동운동을 구축하려던 샤흐트만의 전략은 미국의 예외주의를 현실 정치로 해석하는 것과 별반 다르지 않았다)의 만남은 구좌파가 사회적 착취보다는 유동성과 성취에 토대를 두고, 봉건적 과거가 없는 자본주의 형태의 역동적이고 개량주의적인 미덕을 발견할 수 있게 해주었다. 사실 피에르 그레미옹처럼 많은 좌익 인물의 시각에서 볼 때 "미국은 생산력 발전에 대한 부르주아의 장애에서 해방된 사회, 역설적으로 자본주의가 영구 혁명의 아이디어에 내용을 제공하는 사회"라고 할 수 있었다(Grémion, 1995: 315).[47] 한나 아렌트가 주장한 바와 같이 미국은 결국 혁명 국가였다.[48] 전후 미국의 민주주의를 산업민주주의 장에서 광범위한 개혁 가능성과 부의 재분배와 노동계급의 삶의 수준을 잉태한 것으로 묘사함으로써 ─ 이러한 묘사는 '풍요로운 사회'가 수요를 충족해줌으로써 모든 사람을 결핍에서 해방하게 해주는 (임박한) 미래에 대한 이상주의적 예견 또는 급진적인 강조를 수반하기도 했다 ─ 전후 사회과학은 더욱 보수적인 입장을 향한 비공산주의 좌파의 동시다발적인 표류와 이 좌파들이 민주주의의 이름으로 공산주의에 대항하는 국제적 투쟁에 개입하는 것을 합리화했다. 이러한 주장은 사회주의를 위해서 미국 민주주의가 수호되어야 한다는 것이었다.

6. 혁명에서 반혁명으로

1960년대와 베트남 전쟁은 반스탈린 좌파와 외교정책 이스태블리시먼트의 전략적 동맹을 파괴했다. 신좌파의 출현은 구좌파의 어젠다가 미국 사회의 심도 깊은 변화를 따라갈 수 없음을 보여줌으로써 구좌파에 잔존하던 경향을 더욱 비주류로 만드는 데 기여했다. 사실 이 시기에 구좌파가 보수주의적 입장으로 표류한 것은 신좌파에 대한 반대와 관련이 있었다(Isserman, 1993).

---

47 프랑스 트로츠키주의자들에 대해 기술한 그레미옹의 분석은 미국의 운동원 동지들에게도 정확하게 들어맞았다.

48 사실 1963년에 출판된 그녀의 『혁명론(On Revolution)』은 구좌파의 개량주의를 향한 이행의 징조이자, 진보적인 이미지로 미국을 설명하는 역할을 수행한 것으로 간주할 수 있다. 만연한 '사회문제'에 사로잡혔던 프랑스 혁명과의 체계적인 비교를 통해 아렌트는 미국 혁명이 예외적인 상황의 이점을 누렸고, 특히 식민 사회의 평등한 성격과 영토 확장과 유동성을 통해 사회문제를 해결할 능력이 있었기 때문에 '자유를 구축'하는 데 현실적으로 성공한 유일한 현대 혁명이었음을 보여준다.

이 점에서 1960년대에 트로츠키주의에서 우익 사회민주주의로 향한 많은 샤흐트만 추종자들의 이동은 실용주의적이었고, 구좌파가 직면했던 구조적 문제를 보여준다. 1950년대 후반에서 1960년대 초반에 샤흐트만의 정치 전략은 사회당과 결합하여 민주당의 진보적·자유주의적 분파를 유혹하는 독립적 노동정당을 구성하는 작업에 맞추어졌다. 그러나 그의 시각은 그가 민주당 내부에서 일하기로 결심하고 민주당의 안정이라는 관점에서 미국노동총연맹산업별조합회의 간부 집단과 관계를 강화했던 1960년대 중반에 돌변했다(Drucker, 1994). 사회운동의 증가는 이 계획을 촉진하기 위한 기회로 보였다. 훗날 '재정렬(realignment)' 전략으로 불리는 이 전략은 시민권 운동에 박차를 가하고 이 운동을 노동계와 민주당의 자유주의 분파에 연결하려 했다. 이것은 1960년대의 사회운동이 미국노동총연맹산업별조합회의의 국내적·국제적 보수정치 어젠다에 부합했고, 급진화를 향한 그 어떤 경향에도 반대하는 작업, 다른 말로 신좌파에 반대하는 작업과도 맞아떨어졌음을 의미했다. 그 결과, 칼 거슈먼(Carl Gershman), 조슈아 무라브칙(Joshua Muravchik), 톰 칸(Tom Kahn), 레이첼 호로위츠(Rachelle Horowitz) 같은 샤흐트만의 젊은 추종자들의 지휘로 1964년에 재형성된 청년사회주의동맹과 1960년대에 샤흐트만에 가담한 젊은 운동가 세대는 공산주의를 봉쇄했던 것처럼 신좌파를 봉쇄하려는 목표를 가진 운동에 가담했다. 앨런 월드가 관찰한 바와 같이 "신참자들은 보수적 방향으로 이동하던 그룹에 동화되었다"(Wald, 1987: 11). 또 그들은 샤흐트만이 '스탈린주의에 대항한 진보적 전쟁'으로 해석한 미국의 베트남 전쟁 개입을 지지하는 정치운동에 동화되기도 했다(Wald, 1987: 328).

지배적인 원리가 정치 활동을 이끌어왔듯이, 반공주의는 구좌파의 유일한 지적 나침반이 되었다. 제3세계 해방운동, 급진 학생운동, 신사회운동은 점차 똑같은 범세계적 공산주의 위협의 상이한 표현으로 인식되었다. 샤흐트만의 전기를 쓴 피터 드러커(Peter Drucker)는 "1972년 후반 샤흐트만은 사망하기 얼마 전에 미국 사회민주주의 내부의 조직 및 이데올로기적 경향을 정의했는데, 이것은 전 세계에서 가장 독창적이었다. 중동, 중앙아메리카, 베트남과 같은 국제 문제에 대해 샤흐트만의 후기 추종자들은 국제 사회민주주의의 우익의 편에 섰다. 그러나 그들은 자신들의 우경화된 국제 시각을 노동계급과의 강한 정체성을 토대로 한 마르크스주의적 교조주의의 신앙과 결합했는데, 그것은 사회민주주의자들 사이에서는 보기 드문 것이었다"라고 했다(Drucker, 1994: 289).

즉, 그들은 이중행위자였다. 베트남 전쟁을 지지하고 제3세계 해방운동에 반대하며 국내적 저항과 혁명에 반대하면서 이 사회민주주의자들은 과거부터 지속되어온 그들의 변화와 민주주의에 대해 논리적 결론에 도달했다. 그들은 미국의 제도와 구조의 확장이 강력한 노동운동의 구축과 노동계급의 조직을 위한 필수적 선결 과제라고 생각했다. 오랫동안 유지되었던 반스탈린 좌파의 이데올로기적 중추인 반제국주의 자체가 의심스러워지기 시작했다. 반대로 아메리카니즘은 사회주의를 향한 이행을 매개하는 단계가 되었다.

이러한 관점에서 베트남 전쟁 이후 이스태블리시먼트의 위기와 신좌파의 정치적 표현의 출현은 단순한 후퇴가 아니라 엘리트들이 저지른 실제적인 범죄의 결과로 인식되었다. 외교정책 엘리트 내부에서 나타난 어려움은 이 지배 서클들의 이데올로기적 일관성을 보장했던 자유주의 이데올로기의 위기와 중첩되었다. 목표와 수단과 책임을 '수정'하기 위해 창간된 새로운 저널 ≪포린 폴리시(Foreign Policy)≫는 이 수정주의자들이 어떻게 전통적인 외교협회(Council on Foreign Relations: CFR)의 목소리에 도전했는지, 즉 외교정책 기획자들 사이에서 널리 퍼진 이데올로기적·정치적 혼란을 반영한 ≪포린 어페어스(Foreign Affairs)≫[49]에 어떻게 도전했는지를 보여준다(Ehrman, 1995:

24~25).

    제2차 세계대전이 끝난 후 미국 외교정책을 이끌어왔던 원칙들에 대한 신뢰의 동요는 비공산주의 좌파와 외교정책 이스태블리시먼트 간의 근본적인 관계와 정치적 분업이 분리되기 시작했음을 의미했다. 사회민주주의로 바뀐 옛 트로츠키주의자들의 맹렬한 반공주의는 신세대 정책 결정자들이 완전히 재구성한 외교정책 어젠다와 더는 일치하지 않았다. 문화적 자유를 위한 협회와 CIA의 관계에 대한 폭로는 비공산주의 좌파와 외교정책 이스태블리시먼트의 주요 국제 이데올로기 채널 중 하나를 상당히 약화했다(또 다른 하나는 노동조합이었다). 게다가 박애주의 재단들은 자유주의의 위기를 이해하려는 시도에서 대안적이거나 이단적인 정치적·학문적 담론들을 후원하기 시작했다. 예를 들어 맥조지 번디(McGeorge Bundy)의 지휘로 포드 재단은 탈자유주의(post-liberlaism)에 대한 새뮤얼 볼스(Samuel Bowles)와 허버트 진티스(Herbert Gintis)의 연구, 그리고 심지어 라틴아메리카 발전 경제학 분야에서 몇몇 종속이론 학파의 추종자들에게도 재정을 지원했다.

    이 전략들은 외교정책 이스태블리시먼트의 실용주의와 변화하는 상황에 적응하는 능력을 보여주기는 했지만, 점차 강경해지는 구좌파의 반공주의와 명백한 대조를 이루었다. 1972년 대선 예비경선은 우익 사회주의자들과 한동안 그들의 정치적 배경이었던 민주당 간에 증가한 마찰을 전형적으로 보여준다. 신좌파와 가까웠던 후보 조지 맥거번(George McGovern)이 유력한 후보가 되자, 샤흐트만을 따르던 사회주의자들과 사회민주주의자들 대다수는 군산복합체와 가까웠고 트루먼 독트린에 입각한 범세계적 반공 투쟁으로 돌

---

49 《포린 어페어스》는 미국 동부 엘리트들이 결성한 민간 외교 싱크탱크인 외교협회가 1922년에 창간한 잡지이다. _ 옮긴이

아갈 것을 주장한 후보 헨리 잭슨(Henry Jackson)을 지지하기로 결정했다. 이와 같은 민주당 내부의 변화들은 새로운 정책 엘리트들과 샤흐트만주의자들을 분리시키는 데 기여했다.

국제 문제에서의 새로운 변화, (소련을 포함한 국가들 사이에 점증하는 협력에 토대를 둔) 새로운 '세계 질서'의 전망, 카터 행정부에서 군축 협상을 추진하기로 한 정치적 결정, 기본적 인권의 사회적·경제적 발전에 대한 인식, 미국 헤게모니의 뚜렷한 쇠퇴, 이 모든 것은 공산주의자들에 대한 총체적인 항복을 향해 나아가는 것처럼 보였다. 구좌파 지지자들의 저작에는 트루먼 전통에 대한 뚜렷한 향수가 남아 있었다. 역설적으로 프롤레타리아적이고 혁명적인 국제주의의 직계 후계자들은 냉전 시대의 낡은 외교정책 이스태블리시먼트의 덕목을 극찬하고 상징적으로 그것의 이데올로기적 유산을 요구했다. 예를 들어 1976년 대니얼 벨은 전후의 외교정책과 안보를 관리하던 옛 이스태블리시먼트에 대해 "자신감이 넘치고 …… 월스트리트의 법률 회사와 투자 회사 등 리더십을 위한 환경을 대표한 이스태블리시먼트"(Steinfels, 1979: 248)라고 언급했다. 샤흐트만의 후기 추종자 중 한 명인 칼 거슈먼 역시 1980년 ≪코멘터리≫에 실린 글에서 이와 유사한 태도를 보였다. 그는 "이러한 이스태블리시먼트가 후퇴함에 따라, 미국 외교정책을 지탱해왔고 한 세기 동안 외교정책의 목표를 정의해왔던 초당파적 합의도 사라졌다. 이는 분열과 도덕적 타락이라는 결과를 낳았다"라고 개탄했다(Gershman, 1980: 13).

우익 사회민주주의자들은 사회당 내부에서 다수파가 되고 1972년 협약 이후 마이클 해링턴(Michael Harrington)을 중심으로 모인 반전운동에 가담함으로써 결국 미국사회민주당(Social Democrats USA)이라는 작은 정당을 탄생시켰다. 이로써 보수주의를 향한 그들의 오디세이를 끝마쳤다. 비록 기술적으로 사회주의 인터내셔널에 소속되지만, 그들은 이미 카터 행정부에 대한 '신'

보수주의적 반대파를 구축했다. 이러한 반대는 1940년대 후반 이래 이 운동들의 이데올로기에서 정치적 주축 중 하나였던 민주주의를 향한 국제적 투쟁의 국내적인 팽창을 가져왔다. 사실 신좌파의 아이디어와 인물들의 행정부로의 침투에 대한 비판은 스탈린주의를 비민주적 관료주의 통치라고 주장했던 트로츠키주의자들의 비판과 특히 관료적 집산주의로 스탈린주의를 각색한 샤흐트만의 비판을 물려받은 옛 테마들의 동원을 통해 이루어졌다. 미국에서 국가권력이 정책 전문가들과 자유주의 지식인들의 '신계급(new class)'에 의해 사유화되었다는(볼셰비키 국가가 전문 정당 관료의 '신계급'에 의해 사유화된 것처럼) 생각은 이와 같은 논쟁의 맥락과 분리될 수 없다.50

공산주의 체제에 반대하는 마르크스주의적 비판의 전통이 만들어낸 [유고슬라비아의 밀로반 질라스(Milovan Djilas)의 비판 같은] 신계급 이론은 민주주의가 외적·내적 위협에 처해 있음을 의미하는 것이었다. 국내에서 책임을 짊어진 계급은 공산주의에 대해 너무나 방임적이고 유연했는데, 이 계급이 순진했기 때문이 아니라 그들 자체에 전체주의적 행위의 혐의점이 있기 때문이었다. 심지어 온건한 사회개량주의조차 '전체주의적 유혹'의 신호로 비난되었고, 훗날 레이건이 임명한 유엔 인권대사이자 우익 사회민주주의자들의 이데올로기적 동지였던 진 커크패트릭은 신계급 이론을 "제도와 삶, 심지어 모든 사람의 성격을 바꿀 수 있다는 것을"(Ehrman, 1995: 119) 믿으려는 유혹으로 정의했다. 신계급의 개념적 틀은 민주주의의 반공 챔피언들을 동유럽 블록에 있는 반체제 인사들과 동일시하도록 이끌기도 했다. 훗날 미국민주주의재단이 설립되는 데 기여한 미국사회민주당 출신의 운동 그룹에 대해 칼 거슈먼은 다음과 같이 지적했다.

---

50 신계급 이론에 대해서는 Szelenyi and King(2004) 참조.

현재 민주주의재단은 불확실한 상황에서 가장 진실하고 헌신적인 민주주의자들을 발견하려고 한다. 우리는 한편으로 비주류이다. 왜냐하면 우리는 작은 정치 그룹에서 활동하기 때문이다. 그러나 우리는 미국노동총연맹산업별조합회의 같은 중요한 기관에 접근했다. 그리고 어떤 의미에서는 더 넓은 정치 구조에 접근하기도 했다.[51]

≪서베이(Survey: A Journal of East and West Studies)≫의 편집자인 레오폴드 라베즈(Leopold Labedz)[52]는 반공주의자들의 서클과 소련이나 동유럽 반체제

---

51 저자와의 인터뷰(Washington, March 27, 2000).
52 레오폴드 라베즈는 러시아 태생의 폴란드 이주민이었다. 그는 영미 세계에서 가장 영향력 있는 문화적 냉전 전사 중 하나가 되었다. 훗날 신보수주의의 주요 사상가가 된 월터 래큐어(Walter Laqueur)와 ≪소비에트 서베이(Soviet Survey)≫를 공동 편집한 라베즈는 래큐어가 떠난 후 편집장이 되어 이 저널의 이름을 ≪서베이≫로 바꿨다. 이 저널은 소련의 정치 변동을 분석하고, 반체제 저서를 출판하며, 라베즈가 서구의 '변명자'라고 부른 사람들, 즉 강경한 반공주의를 천명하지 않으면서 똑같은 문제를 다루거나 진보적 시각을 가진 것으로 의심되는 지식인들을 — 에드워드 카(Edward Carr)에서 아이작 도이처(Isaac Deutscher)와 놈 촘스키(Noam Chomsky)에 이르기까지 — 체계적으로 공격하기 위한 포럼이 되었다. 동유럽에 있는 라베즈의 개인적 네트워크는 그가 가끔씩 중요한 정보를 수집할 수 있게 해주었고, 라베즈는 문화적 자유를 위한 협회의 후원을 받는 저널 ≪인카운터(Encounter)≫의 편집장인 멜빈 래스키와 지속적인 관계를 유지했다[에드워드 실스(Edward Shils)에 따르면 문화적 자유를 위한 협회는 1960년대 이후 라베즈에게 재정을 지원했다]. 이런 활동은 라베즈가 미국의 영향력 있는 외교정책 서클의 인정을 받게 해주었고, 특히 리처드 펄(Richard Perle)의 중개로 민주당 내부에서 출현하고 있던 신보수주의 운동의 대표자인 헨리 잭슨 상원의원의 관심을 얻게 해주었다. 훗날 미국민주주의재단에 가입한 것은 실리적 반공주의와 강력한 지적 책임감, 그리고 탁월한 냉전 전사의 모습을 보인 라베즈의 정치적 변신의 논리적 결과였다. 이렇게 해서 라베즈는 일반적으로는 신보수주의자들에게, 좀 더 특별하게는 미국민주주의재단에게 알렉산드르 솔제니친(Aleksandr Solzhenitsyn)이나 레셰크 코와코프스키(Leszek Kolakowski)와 같이 적절한 사상의 대가를 제공해주는 도구가 되었다. 라베즈에 대해서는 Shils(1994), Brumberg(1993) 참조.

인사의 실제 관계에 대해 언급함으로써 이러한 유추를 발전시켰다. 공산주의에 대항한 국제적 투쟁이라는 광범위한 틀에 대한 국내 정치의 종속은 신계급의 이데올로기적 도식과 구좌파의 신보수주의 상속자들을 위한 모델로서 신계급 이데올로기의 역할의 상당한 경직성을 입증한다.

1970년대는 문화적 자유를 위한 협회의 쇠퇴로 전성기를 잃어버린 정치 아웃사이더들에게 내적인 망명의 시기였다. 정치적 영향력이 쇠퇴하고 강력한 사회적·정치적 구성의 전망이 연속된 내부 균열로 사라졌으며 행정부와 노선을 달리함으로써, 그들은 노동조합의 관료 기구들과 정책 연구 기관들, 특히 미국기업연구소(글레이저, 무라브칙, 커크패트릭의 사례) 같은 다양한 싱크탱크에서 이데올로기적·조직적 활동의 위치로 이동했다. 그러나 정책 결정 상황의 변화들은 그들에게 분명 기회였다. 자유주의적 컨센서스의 종식과 정책 엘리트의 이데올로기적 파편화는 정책 자문과 연구의 공급을 다각화하는 데 기여했다. 또 정책 전문성의 영역에서는 브루킹스 연구소(Brookings Institution)나 포드 재단처럼 낡은 모델이 갱신되고, 새로운 재단들과 싱크탱크들이 출현하면서 전문성이 다원화되었다. 좀 더 적대적인 형태의 정책 연구가 과거의 비당파적이고 비이데올로기적인 전문성의 모델을 대체했다.

새로운 유형의 정책 옹호(policy advocacy)는 과거와 같이 '비이데올로기적이고 과학적이며 합리적인' 문제 해결의 토대 위에서가 아니라 이데올로기적인 전투성을 통해 정책 연합을 달성하려 했다. 또한 자유주의적 컨센서스의 위기는 정책 개혁의 도구들에 영향을 미치기도 했는데, 이 도구들은 사회과학에서 정책 결정에 내재한 인식의 불확실성을 토대로 하는 새로운 변화로 인해 이미 약화된 상태였다. 전문가들과 기획자들의 지침을 따르던 과거 사회 근대화 모델은 공격을 받았으며, 이 공격은 정부 부서를 독점한 비민주적 자유주의 테크노크라트 신계급에 대한 비판과 기술관료 지배에 대한 비판이라는 형태를 취했다.

실제로 '기술관료의 미국 장악'이라는 테마는 점차 자신을 '반이스태블리시먼트 세력'으로 생각하게 된 신보수주의자들이 빈번히 제기했다(Blumenthal, 1986). 박식하고 숙련된 이데올로그로서 보수적 싱크탱크에 포진하고 있었고, ≪코멘터리≫, ≪아메리칸 스칼러(The American Scholar)≫, ≪퍼블릭 인터레스트(The Public Interest)≫ 같은 수많은 잡지와 깊은 관계를 맺은 구좌파의 상속자들은 이렇게 해서 1970년대에 '정책 지식 산업'의 변형과 레이건이 성공적으로 제창한 이데올로기의 생산과 아이디어를 위한 경쟁적인 시장의 출현에 기여했다(J. A. Smith, 1991; Stone, 1996). 샤흐트만 추종자들과 그들의 동맹자들은 좌파에서 민주당으로 입당한 후 다시 민주당을 떠나 우익으로 향했다. 1970년대 말 그들은 새로운 공화당 행정부에 은밀하게 진입했다.[53]

이 정치운동 세대는 노동조직에 강하게 연계된 정치 전통 출신자들이었지만 재계에 더 가깝게 밀착했는데, 재계는 신좌파의 정치적 유산에 대한 공격의 첨병이었던 새로운 싱크탱크들과 재단들에 재정을 지원함으로써 정치적 이익을 얻을 수 있다는 것을 알고 있었다. 1980년대에 이 정치 집단은 자신들이 고전적인 초당파적 외교정책주의의 부활을 달성하는 데 가장 좋은 위치에 있음을 깨달았다. 공통의 이데올로기적 배경, 초창기 자유주의적 국제주의의 유산을 간직하기 위한 역사적 권리의 주장, 그리고 냉전적 동지애로 결합한 이 정치 네트워크들은 행정부에 '민주주의 선전(democracy promotion)'이라는 과거의 국제 어젠다를 도입했다. 구좌파의 외교정책 문화가 민주주의를 위한 성전의 가장 기본적인 면들을 형성하고, 그것(민주주의 성전의 기본적인 면)을 1980년대에 행정부에 전달한 주요 정치 채널 중 하나는 미국사회

---

53 Massing(1987), Blumenthal(1987) 참조.

민주당이었다. 다음 장에서 이 과정을 살펴볼 것이다. 특히 미국의 사회민주주의자들은 과거 좌익에게서 물려받은 전투적이고 국제주의적이며 혁명적인 정치 문화를 대표했다. 그 실체는 비어 있었지만 이러한 문화는 외교정책 스타일을 바꾸었고 여러 가지 면에서 레이거니즘을 혁명적으로 또는 반혁명적 힘으로 – 여기에서 반혁명적이라는 말은 일반적으로 사용되듯이 단순히 보수주의적 전환으로 이해해서는 안 된다. 그것은 글자 그대로 '아무것도 변하지 않게' 만들고 혁명과 똑같은 전제 조건들에서 번성하는 '반대 방향을 향한 혁명'으로 이해되어야 한다 – 만드는 데 기여했다(Virno, 1988: 638~669). 미국 외교정책에서 '민주주의 선전'의 새로운 중심은 정확히 이러한 징후를 보여주었다. 마르크스주의 전통에서 훈련받고 '전문 혁명가'가 된 사람들은 1970년대에는 비판적인 '정책 전문가'로, 1980년대에는 '민주주의 전문가'로 변신했다.

제2장

민주주의와 인권의 장

새로운 자유주의적 컨센서스를 둘러싼 전문 영역의 형성

냉전 국제주의에 기초한 민주주의를 위한 성전의 신보수주의적인 전략은 — 문화적 자유를 위한 협회의 재정 지원에서 CIA의 배후 역할이 폭로되었던 1960년대 중반에 침체를 겪은 이후 — 새롭게 출범한 레이건 행정부의 지원으로 다시 시작되었다. 사실 1980년대의 민주주의 선전 프로그램들은 트로츠키주의, '국무부 사회주의', 우익 사회민주주의의 옛 정치 전통에서 훈련받은 정책운동가, 조직가, 그리고 기타 냉전 이데올로그들의 네트워크로 형성되었다. 미국민주주의재단의 설립과 레이건의 인권 정책의 형성에서 신보수주의 이데올로그들의 각별한 공헌은 낡고 전통적인 국익 개념 — 협소한 의미에서 헨리 키신저(Henry Kissinger)의 지정학적 이익의 의미 — 을 이상주의적이고 보편적인 인권의 언어로 재구성한 것이었다. 전통적인 현실주의 독트린은 새롭고 강력한 도덕성의 형태를 취했으며, 미국 권력의 확장은 인권이라는 면에서 진보와 동일시되었다.

새로운 행정부는 국제주의적 전통과 진보의 전통 사이에 타락하고 보수화된 연속성을 만들어내기도 했다. '민주주의' 또는 '인권'의 이데올로기적 이해를 구체화한 정치 네트워크들과 국가기구 간의 동맹은 1950년대에 비공산주의 좌파와 국무부 또는 CIA 간에 존재했던 동맹과 유사했다. 정치 네트워크들과 국가기구 간의 동맹은 과거와 다른 행위자에 의지했지만 사실상 새로운 형태로 자신을 재생산했다. 그러나 중요한 차이점은 1950년대의 민주주의 성전이 외교정책 이스태블리시먼트의 이데올로기적 응집성에 기초했다는 것이다. 물론 1980년대 초반에 대개 노동조직이나 사회민주주의 집단에 소속된 구좌파 출신의 수많은 반공 정책운동가들은 레이건 행정부에 협력함으로써 일종의 초당파적 컨센서스의 상징이 될 수 있었다. 그러나 반공주의는 이런 동맹을 견고히 만들기에 충분하지 않았고, 우익을 향한 그들의 이동은 광범위한 정치적 컨센서스를 대표하겠다는 그들의 주장을 다소 약화했다.

1950년대의 컨센서스와 유사한 기능을 가진 컨센서스의 재구성은 30년이 지난 후(1980년대) 신좌파의 해방적 열망과 정책을 담당하는 우파의 헤게모니 계획을 하나로 통합할 수 있는 새 이데올로기적 틀의 작성을 통해 이루어질 수 있었다. 이 새로운 틀이 의지한 두 가지 축은 민주주의와 인권이었다. 앞서 살펴봤듯이 민주주의는 냉전 초기부터 '국무부 사회주의자들'이 제국주의 정책을 위해 사용한 오래된 무기였다. 마침내 권력을 장악한 그들의 후계자들은 이제 이 전투를 벌일 수 있는 지위에 있었다. 인권 문제는 냉전적 이데올로기 기구의 외부에서, 그리고 초국적 상황에서 발전했고, 종종 국가권력을 억제하기 위해 사용되었다.[1] 게다가 외교정책을 이끄는 원리로서 인권은 카터 행정부와 결합되어 신좌파와 1960년대의 정치적 유물로 간주되었다.

신보수주의자들의 정치 전략은 이러한 테마를 성공적으로 장악하고 자유주의자들이 인권 문제를 독점하는 것에 반대하는 것이었다. 그럼으로써 그

---

1 현대의 세계 질서에서 인권의 장의 중요성을 보여주는 인권에 관한 방대한 연구가 존재한다. 인권의 발전에 대한 전반적인 검토는 Evans(1998) 참조.

들은 그들의 적에게서 비판적인 무기를 제거하는 동시에 그들 자신의 외교정책을 정당화하기 위한 도구로서 인권을 전면에 내세우려고 했다. 박애주의 재단, NGO, 대학 연구 기관들의 비공식적 네트워크는 인권을 미국 외교정책을 위해, 또는 미국 외교정책에 대항해 독립적으로 제도화하려는 공동의 노력이 이루어진 장소였다. 이브 드잘레이와 브라이언트 가스가 주장한 바와 같이 인권은 뚜렷한 신보수주의 인권 독트린이 출현하면서 "국가권력의 담당자와 이스태블리시먼트의 가장 자유주의적인 분파와 시민운동 출신의 전투적인 좌파(ACLU, NAACP 등)를 결합한 광범위한 동맹의 정치투쟁의 대상이 되었다"(Dezalay and Garth, 1998b: 33). 이 투쟁은 인권의 정의·전략·선택에서 상이한 참가자들의 투자를 이끌어냈고, 이 참가자들은 운동 네트워크와 기관들을 형성하는 데 기여했다. 민주주의와 인권의 장 전체는 이러한 투쟁에서 직접 발전했다. 게다가 신보수주의자들에게 인권 정책을 발전시키는 것은 정책이 수행되어온 방식에 대한 그들의 매우 강력한 비판에도 불구하고 그들의 활동을 카터 행정부가 시작한 정책의 연속성에 위치시킴을 의미하기도 했다.[2]

---

2 사실 신보수주의자들과 지미 카터(Jimmy Carter)의 인권 정책의 단절은 과대평가되어서는 안 된다. 그것은 카터의 인권 정책과 자신들의 정책을 뚜렷하게 구분하려 한 신보수주의자들이 강조했고, 이는 정치적 단절이라기보다 이데올로기적으로 구성된 경향이 있다. 돌이켜보면 수많은 신보수주의자들이 카터 행정부에 대한 그들의 초기 비판을 누그러뜨리고 그의 외교정책 업적을 긍정적으로 재평가하려 한 것은 중요하다. 이에 대해 조슈아 무라브칙은 다음과 같이 말한다. "훗날 돌이켜보니 나는 숲보다 나무에 집착하는 경향이 있었다는 점에서 의견을 다소 수정했다고 말해야 할 것이다. 나는 지금도 카터의 외교정책 수행에 대해 내가 가한 비판들은 정확했다고 믿지만, 몇 년 후 다시 생각해보니 그 비판들은 그다지 중요한 것이 아니었던 것 같았다. 긍정적 의미에서 인권을 강조한다는 사실이 더욱 중요한 것이었고, 내가 생각한 방법으로 그것을 수행하지 않은 모든 부정적 결과도 최선의 방법이었다"(저자와의 인터뷰, March 21, 2000, American Enterprise Institute, Washington D.C.).

이러한 상징적 연속성은 광범위한 합의가 맞물릴 수 있는 헤게모니적 이데올로기 틀의 생산에 기여했다. 미국민주주의재단 및 이와 유사한 계획들의 성공은 냉전의 네트워크뿐만 아니라 신보수주의 운동을 생산했던 정치 전통과 거리가 먼, 전투적이고 반제국주의적이며 자유주의적인 전통에서 온 개인들도 동원했다. 다른 말로 1980년대에 형성된 민주주의와 인권의 장은 새로운 '자유주의적 컨센서스'를 가능하게 만든 틀이었다.

그러나 '민주주의' 수호에 있어서 외교정책의 활용과 인권의 정의를 위한 이와 같은 정치적이고 이데올로기적인 투쟁은 일부에 지나지 않는다. 이러한 활동들을 바꾸고 확장한 강력한 전문화 과정도 고려되어야만 한다. 특수한 기관들과 보조적인 대학 과목들의 설립으로, 그리고 민주주의를 촉진하거나 인권을 더 효과적으로 만들기 위한 지식 및 기교의 생산과 이러한 활동을 개척한 정책 서클의 외부에 있는 인력의 충원으로, 민주주의의 촉진은 점차 이데올로기적 기원에서 멀어져갔다. 미국민주주의재단이나 휴먼라이트워치 같은 기관들은 자신들만의 특수한 방식을 통해 이러한 전문화 과정의 선봉에 섰다. 전문성은 민주주의를 위한 성전의 아이디어에서 처음으로 옹호된 이데올로기적 무기와 대립되는 중립성, 비당파성, 가치자유적 기술의 이미지를 상기시켰다. 역설적으로 다양한 인권 개념에 대립하는 이데올로기적 투쟁은 전문성을 향한 이동을 촉진했다. 인권운동의 발전은 대립되는 개념들을 중재하는 능력, 그리고 미국 외교정책의 필요성에 인권이 복속되게 하는 순전히 도구적인 인권 개념과 정치적·시민적 권리, 경제적·사회적 권리를 동등하게 강조하는 실질적인 인권 개념 간에 같은 거리에서 전략적 지위를 점할 수 있는 능력과 깊은 관계가 있었다. 예를 들어 휴먼라이트워치가 경제적·사회적 '권리'뿐만 아니라 레이건 행정부의 인권침해에 대한 선별적인 비판도 반대하면서 자신의 신뢰성을 구축한 것은 바로 이러한 전략을 통해서였다(Neier, 2003: xxix~xxxiii). 인권의 본질이나 정치적 활용에 대한 논쟁적인 이슈들과 토론이 없었다면 전문성을 구축하기 위한 동등한 기회는 없었을 것이다. 이런 의미에서 정치적이고 이데올로기적인 투쟁은 전문화 과정이 발생한 토대이자 전문화 과정의 발생을 반대하는 토대이기도 했다.

게다가 전문성은 종종 사회적 재생산 전략에 기여했다. 예를 들어 냉전의 종식은 미국민주주의재단 같은 기관의 중요한 존재 이유 중 하나를 사라지게 만들었다. 또한 민주주의 옹호는 1950년대에 발생하여 1980년대에 공산주의에 대한 범세계적 전쟁이라는 관점에서 재형성된 이데올로기적 이슈였기 때문에 외교정책 형성의 장에서 미국민주주의재단의 지위를 약화시켰다. 그리고 의회의 모든 사람들에게 자신들이 걸어온 길과 정확한 정치적 입장을 이해시키지 못한 운동가들이 만든 이 기관의 정치적 취약성을 드러내기도 했다.[3] 다른 한편으로 워싱턴의 정책 공동체는 이러한 기관이 공산주의의 몰락 이후에도 존속해야 하는가에 대한 질문에 각자 다른 입장을 취했다.[4] 초창기의 반공 투쟁과 다소 거리를 두고, 그 대신에 민주화 과정에 내재된 '기술적' 문제들에 초점을 맞추면서 미국민주주의재단은 민주주의와 인권의 장의 전문화에 기여했다. 이 같은 전문성의 전략은 다른 무엇보다도 민주주의와 인권의 장을 안정되게 만들고 그것을 개척한 세대를 넘어서까지 이 장

---

3 미국 상원 청문회에서 한 상원의원은 자신의 혼동을 이렇게 표현했다. "여러 사람들이 나에게 미국민주주의재단은 내가 지지해야 하는 보수적인 프로그램이라고 설명했다. 만약 그러하다면 사우스캐롤라이나의 보수적인 간부들에게서 미국민주주의재단을 통한 노동조합과 운동 조직에 대한 재정 지원을 중단하도록 촉구하는 엽서를 계속 받을 이유가 어디 있겠는가"(US Senate, 1989: 605).
4 1990년대 초반 자유주의를 추구하는 카토 재단(Conry, 1993), 신보수주의적인 헤리티지 재단(Phillips and Holmes, 1996) 등 보수적인 싱크탱크들이 작성한 회의록은 이 문제를 검토했고 다양한 견해를 채택했다.

의 재생산을 가능하게 했다.

　전문화된 민주주의와 인권의 장의 출현과 국제화는 자유세계를 수호하려는 민주주의 성전의 낡은 냉전 계획의 내적인 모순들에 의해서 추동되어온 것으로 보인다. 사실 전문화된 장의 상이한 부분들을 분석하면 1950년대 반공주의 좌파의 상이한 경향들과 민주주의를 위한 투쟁에 대한 상이한 해석들의 지류가 발견된다. 한편에는 미국민주주의재단처럼 레이건 행정부에 다양한 '민주주의' 이니셔티브의 이데올로기적 인력을 제공한 신보수주의자들이 있고, 다른 한편에는 인권운동, 특히 휴먼라이트워치에서 신보수주의자들에 대항한 자유주의 반대파들이 발견된다. 사실 서로 적대감이 있는데도 이 집단들은 사회당과 이 당의 다양한 청년 조직을 둘러싼 똑같은 정치 영역과 운동 영역에서 나왔기 때문에 외형상으로 보이는 것보다 역사적이고 사회적인 면에서는 별다른 거리가 없다.

　이 점에서 휴먼라이트워치의 창시자이자 미국시민자유연합의 지도자였던 아리예 나이어의 전기는 그 자신의 성장과 레이건 행정부 내부에 있는 미래의 적수들의 성장 과정에 존재하는 유사성을 보여주기 때문에 매우 가치가 있다. 나이어는 자신의 젊은 시절 지적인 형성에서 전체주의에 반대하는 작가들[아서 케스틀러, 이그나치오 실로네(Ignazio Silone), 조지 오웰(George Orwell)]의 영향력과 1950년대 중반에 노먼 토머스가 구현한 사회주의 유형의 매력을 인정했다. 나이어는 헝가리에서 소비에트 통치에 대항하는 봉기가 일어나자 노조 및 반공주의자들과 가까웠던 사회민주주의 조직인 산업민주주의를 위한 학생 동맹(Students League for Industrial Democracy: SLID)에 가담했다. 이 조직의 상부 조직인 산업민주주의를 위한 동맹(League for Industrial Democracy: LID)의 실무 이사로 임명된 나이어는 1959년 SLID를 '민주사회를 위한 학생'으로 개칭했지만, 곧 그가 충원한 톰 헤이든(Tom Hayden)과 앨 하버(Al

Haber)의 급진화에 반대하게 되었다. 이와 동시에 나이어는 "샤흐트만 추종자들의 영향하에 있던 LID의 우경화에 대해서도 불쾌해했으며"(Neier, 2003: xxi), 그들이 표명한 베트남 전쟁 지지에 실망하여 1960년대 초반 이 조직을 떠났다. 그 후 그는 1978년 인권운동으로 옮겨 휴먼라이트워치를 설립하기 전에 미국시민자유연합에 가담했다. 샤흐트만 추종자들이 훗날 신보수주의와 '민주주의'의 이데올로기적 옹호를 향해 이동했다면, 나이어가 대표한 옛날의 반공 좌파 중에서 중도적 분파는 베트남 전쟁이 역사적 분열을 일으키던 때에 인권운동 네트워크와 기관을 설립하는 데 중요한 역할을 수행했다.

베트남 전쟁은 민주주의의 이름 아래 수행된 냉전적 성전의 내부 갈등을 노출했고, 특히 민주주의의 수호에 대한 이데올로기적이고 호전적인 이해와 법률적인 이해 간의 갈등을 노출했다. 즉, 1980년대에 형성된 인권과 민주주의의 장은 전체적으로 반공 사회민주주의 좌파의 상이한 정치적 전통이 과도하게 성장한 결과로 간주될 수 있다. 이러한 전통은 미국민주주의재단이 물려받은 냉전의 논리에 입각한 민주주의 촉진 계획들과 인권운동의 제도화된 부문의 자유주의적 경쟁자들을 모두 배출했기 때문에 이러한 국제 실천의 장의 사회적이고 지적인 고향으로 보인다.

미국민주주의재단이나 휴먼라이트워치 같은 기관들이 대표한 상이한 정치 전략의 전문화는 이런 분열의 극복에 기여했다. 또 베트남과 그 외의 지역에 대한 미국 제국주의 정책에 과격하게 반대했던, 전투적인 좌파의 연합에 기여했다. 이들은 이데올로기적 문제에 대한 초점보다는 민주주의를 수출하고 범세계적 인권 기준을 강화하기 위한 정치적 기술에 초점을 맞춤으로써 인권의 장의 제도화뿐만 아니라 학문 공동체 또는 '인식 공동체'가 이러한 범세계적 기획에 참여할 수 있게 해주었다.

1. '인권'을 둘러싼 이데올로기적 투쟁에서 '민주주의의 촉진'으로

인권에 대한 그들만의 정의를 부여하거나 인권 개념을 상기시킴으로써 자신들의 정책을 정당화하려고 한 다양한 행위자들의 시각이 이 게임의 목표였다는 것을 고려하지 않는다면 1980년대의 중요한 정책 이슈인 민주주의와 인권의 부상을 이해하는 것이 불가능하다. 또한 미국민주주의재단의 설립으로 이어진 과정은 인권 개념을 둘러싼 이러한 초기의 논쟁들에 다시 위치해야만 한다. 이러한 투쟁은 주장들을 점차 정교하게 만들었을 뿐만 아니라, 실용적이거나 규범적인 기준 마련과 이 장의 전문화를 위한 토대로서 활용되는 새로운 기관들의 설립으로 이어지기도 했다. 이데올로기적 투쟁에 참가하는 사람들의 지위에 의존한 이러한 논쟁의 상징적 목표는 오로지 강력한 규범적 기준을 활용함으로써 국제적이고 범세계적인 정책을 정당화하거나 비판하는 능력에 있었다. 이러한 목표는 인권에 대한 상이한 접근들이 세계질서에 대한 상충된 개념들과 중첩되기 때문에 더욱 중요했다.

레이건 대통령은 영국을 공식 방문한 1982년에 웨스트민스터에서 행한 연설에서 미국민주주의재단의 설립을 발표했다. 레이건은 '민주주의 프로젝트(Project Democracy)'로 명명된 계획에 대해 설명하면서 범세계적인 민주주의 확산을 둘러싸고 서로 맞물린 세계 전략의 밑그림을 제시했다.

제가 제안하는 목표는 매우 간단합니다. 그것은 자유 언론, 노조, 정당, 대학 시스템 등 사람들이 자신의 문화를 발전시키고, 평화적인 방법을 통해 고유한 차이점들을 해소하며, 이를 위해 자신만의 방법을 선택할 수 있게 해주는 민주주의 기반을 발전시키는 것입니다. …… 미국에 있는 우리는 이제 우리의 동맹국들이 이미 수행한 것과 똑같은 목표를 실현하기 위해 한 걸음 더 내딛고자 합니다. 공화당과 민주당 조직의 지도자들과 당수, 그리고 다른 지도자들은 현재 힘을 얻고 있는 민주주의를 위한 범세계적 캠페인에 미국이 기여할 수 있는 방법을 결정하기 위해 초당파적인 미국정치재단(American Political Foundation)과 연구를 시작하고 있습니다(Reagan, 1982).[5]

이 연설과 특히 '민주주의 촉진'이라는 개념의 출현은 과거 인권 논쟁의 구심력이 전략적으로 이동했다는 것을 보여준다. 사실 이 연설은 새로운 인권 정책의 초안을 마련한 것이었다. 1980년 대통령 인수위원회의 문건은 이미 미국 외교정책의 방향을 둘러싸고 치러진 '사상전'을 옹호했다.

대통령은 그 누구보다도 사상전을 잘 수행할 수 있다. 대통령은 행정부의 정책을 정의하고 그것이 과거 행정부의 정책과 어떻게 다른지 설명하는 인권 연설을 해야 한다(Fairbanks, 1980a: 5).

그렇다면 어떤 점에서 이 새로운 정책이 과거의 정책과 다른가? 지미 카터의 재임 기간에 인권이 미국 외교정책의 지도적 원리로 도입되었을 때, 인권은 처음에 국제 조약과 협약에서 중시되는 법률 규범과 동일시되었다. 이런 의미에서 인권은 국제법의 한 부분이었고, 미국 인권 정책은 적어도 공식적

---

5   레이건 대통령은 연설 전반부에서 공산주의에 대항한 이데올로기적 투쟁의 요소로서 신자
     유주의 경제의 출현과 옛 좌파들의 우경화를 지적했다. "전체주의 통치가 인류에게 지성과
     의지의 분출을 유발했다는 뚜렷한 증거가 있다. 그 증거가 미국이나 영국에서의 새로운 경
     제학파의 성장이건, 프랑스의 이른바 신사상가들(new philosophers)의 출현이건 이 집단들
     의 지적인 작업을 관통하는 통합적 경향이 있으며, 그것은 자의적인 국가권력의 거부, 강한
     국가에 대한 개인 권리의 종속 거부, 집산주의가 최선의 인간적 충동을 억압하고 있다는 자
     각이다"(Reagan, 1982).

인 성명에 따르며, 이데올로기적·정치적·경제적·지정학적 차이를 고려하지 않는 국제적인 정당성을 강화하려는 노력으로 간주될 수 있었다. 그러나 이 정책은 미국의 외교정책이 그러한 원리들에 따를 것과 일반적으로 미국의 국제적 책임의 준수를 요구한다는 점에서 미국에 대한 구속력도 가졌다. 사실 카터의 인권 정책에 대한 신보수주의자들의 비판은 이 정책이 미국의 권력을 심각하게 구속하고 자기 억제를 강요하는 한편, 인권의 이름으로 오히려 미국 외교정책에 대한 공격을 촉진한다는 것이었다.

레이건 행정부의 초기 반응은 이 정책을 해체하는 것이었다(인권보좌관으로 임명된 어니스트 르퍼버(Ernest Lefever)는 상원이 인권단체들의 압력을 받아 임명 동의를 거부할 때까지 계속 그 자리에 있었다.[6] 대부분 공화당 대통령 후보를 후원했던 신보수주의자들은 인권에 대해 그다지 호의적이지 않고 적대적이기까지 했던 행정부가 인권 문제를 수용하도록 설득하는 데 기여했다. 레이건의 외교정책에 대한 그들의 각별한 기여는 인권 담론을 그들의 자유주의 적수들에게 넘겨주기보다 그것을 적극적으로 수용할 뿐만 아니라, 형식적이고 법률적인 인권 개념에 직접적으로 반대되는 인권 이데올로기와 새로운 인권 해석을 만들어내는 것이었다. 이런 작전은 인권의 초점을 국제적 평등에서 국내의 제도와 사회구조로 옮김으로써 수행되었다. 신보수주의자들의 시각에서 볼 때 인권은 그들이 비효율적이고 강제적인 메커니즘이 결여된 것으로 간주한 국제 기준과 동일시될 수 없었다. 오히려 인권은 현존하는 국내 정치 제도와 법률구조에 천착한 일련의 가치들에 의지하고 있으며, 미국은 이런 제도와 구조를 가장 잘 구현한 역사적 사례이자 모범이었다. 본질적으로 인권에 대한 관심은 민주주의에 기초를 둔 정치체제에 대한 관심이어야 했다.

---

6 이 일화는 나이어의 책에 실려 있다(Neier, 2003: 176~185).

이러한 인권 개념을 세밀하게 검토하기 전에 이 개념이 대체하려고 했던 대안 개념과 그것의 정치적 의미를 살펴보는 것이 중요하다. 우선 인권 개념은 자연법의 전통과 관련될 수 있는데, 여기에서 보편적인 권리는 일반적으로 실증법과 대립되어 현존하는 법률구조나 정치체제와 대립되었다. 이러한 관점에서 미셸 푸코(Michel Foucault)의 말을 인용해보면, "인권은 대개 사람들을 정부와 대립하게" 만든다(Foucault, 1994: 349). 이러한 전통은 국제연합뿐만 아니라 헬싱키워치(Helsinki Watch)와 훗날 이것을 계승한 휴먼라이트워치처럼 카터 행정부의 인권 정책의 결과를 감시하기 위해 설립된 미국의 조직들에서 가장 발전된 제도적 표현을 발견했다.

신보수주의자들은 이러한 자유주의적 인권의 이해에 반대해 인권이 "구조에 뿌리를 내리고 있다"(Fairbanks, 1980a: 2, 1980b: 2)는 해석, 즉 민주정치체제와 법률 시스템에 뿌리를 내리고 있다는 해석을 내세웠다. 이 개념은 인권을 국가권력의 절대적인 제한을 반영한다거나 국가권력의 외부에 있는 것으로 간주하기보다, 인권이 국가의 도덕적 본체이자 토대로서 존재할 수 있을 뿐이라는 생각에 기초했다. 이 문제에 대해 영향력 있는 한 신보수주의자는 "인권을 위한 투쟁은 정치 시스템에 관심을 가지지 않았던 카터와 그의 보좌진들이 주장한 것과 달리 근본적으로 정치 시스템에 대한 투쟁"이라고 분석했다(Muravchik, 1986: 59). 인권을 수호하고 촉진하는 것은 인권을 기본적인 전제로 하는 정치체제를 수립하고 촉진하는 것을 의미했다. 인권은 이제 초국가적(supranational) 규범으로 간주되지 않고, 혁명 직후의 고전적인 18세기 헌법과 그것의 현대판, 즉 실정법에 각인된 일련의 권리로 간주되었다. 이러한 이론이 국가 수준의 우월성에 기초하고 있으며, 국제연합의 틀에 직접 대립한다는 것을 인식하는 것이 중요하다. 그것은 인권을 '국가화'하려는 시도였다.

그 어떤 초국가적인 인권 개념에도 반대하는 이 개념은 이번에는 인권이

'구조', 즉 경제구조 및 사회구조에 뿌리내리고 있다는 또 다른 해석에 반대한다. 자유주의적인 개념에 이어 이처럼 유물론적인 인권의 이해는 이러한 권리가 경제적·사회적, 심지어 문화적 권리까지 포함하고 있음을 인정했다. 1981년에 국제법률가협회(International Commission of Jurists: ICJ)가 주최한 발전 및 인권에 대한 학술대회(Conference on Development and Human Rights)에서 당시 국제연합 인권국의 자문관이었던 필립 앨스턴(Philip Alston)은 전통적인 법률적 접근의 '구조적인 맹점'을 공격했다.

> 인권 이니셔티브는 현재의 징후들을 발생하게 만든 더 심층적인 구조상의 문제들에 충분한 관심을 기울이지 않으면서 억압의 징후들을 다루려 하기 때문에 실패해왔다. 이러한 문제들은 여러 층위에서 저개발이나 그릇된 발전에 자리 잡고 있다(Alston, 1981: 33).

사실 이러한 개념은 인권의 범위를 사회적·경제적 권리에까지 확장할 뿐만 아니라, 사회적·경제적 조건에 의지하는 정치적 권리와 시민의 권리의 장에서 현실적인 진보를 이룩했다. 국제적인 수준에서 '구조적 장애물'과 '불평등'의 제거는 필수적인 것으로 간주되었다(Alston, 1981: 37~38).

가장 진보적인 분파의 인권운동과 결합하고 국제연합을 통해 잘 반영된 이러한 인권 개념은 부분적으로는 좀 더 균등한 교환 관계의 토대에서 국제질서를 재형성하려는 범세계적인 계획과 관련되어 있었다. 인권이 최소한의 사회적·경제적 보장이 필요하다면 그것은 궁극적으로 불평등한 발전이 되어서는 안 되는 평등하고 참여적인 경제 질서를 의미한다. 글로벌 자본주의 경제의 불평등과 위계질서에 문제를 제기하려 한 제3세계 국가들이 국제연합무역개발회의(United Nations Conference on Trade and Development: UNCTAD)

에서 옹호한 '신국제 경제 질서'는 이러한 인권 개념이 가장 발전된 형태의 정치적 표현이라고 할 수 있다. 사실 1977년의 국제연합 결의안 32/130은 국제 경제 질서의 구조적인 변화가 인권의 촉진을 위해 필요한 선결 과제라는 것을 인정했다.

> 신국제 경제 질서의 구현은 인권과 기본적 자유의 효율적인 촉진을 위한 필수 요소이며, 우선순위를 부여받아야 한다(Alston, 1981: 83).

따라서 인권의 철학적 측면에 대한 논쟁과 인권 개념의 정의는 상이한 국제 질서의 계획과 겹치게 되었다. 인권에 대한 자유주의자들과 신보수주의자들의 투쟁 강도는 국제연합과 미국의 관계라는 문제와 그것을 넘어 세계 무대에서의 미국의 지위라는 문제에 직접적으로 관련되어 있었다.

신보수주의자들은 국제연합이 의지한 국제법적 또는 사회적·경제적 인권 개념과 대조적으로 사회적·경제적 권리를 배제하고 자본주의 세계 체제에 대한 그 어떤 도전에도 반대하며, 주변부에 대한 중심부의 지속적인 정치적·경제적 지배를 보장한 인권 이론을 생산했다. 국제연합은 이러한 대안적 인권 개념의 중심에 놓여 있었기 때문에 인권 개념을 둘러싼 이데올로기적 갈등의 주요 무대가 되었다. 토니 에번스(Tony Evans)에 따르면, 인권은 국제연합에서 수행된 이데올로기적 투쟁에 개입하기 위한 소중한 기회를 양측에 제공했다. 특히 저개발국가들의 동의와 지지를 획득하기 위한 경쟁은 빈번하게 자결주의, 민족 자원의 사용권, 그리고 균등한 국제 경제 시스템에 대한 요구에 초점을 맞추었다(Evans, 1996: 9). 레이건 정부에서 국제연합 주재 미국 대표단의 구성과 이 대표단의 이데올로기적 역할은 바로 이런 맥락에서 분석되고 강조되어야 한다. 이 기관은 1980년대 초반 인권에 대한 신보수주의자들의 사고의 토대로 간주될 수 있었다. 대표단은 미국 헤게모니를 강력하게 주장했고, 공산주의 블록과 제3세계의 이데올로기적 갈등의 수위를 높이기 위해 인권 문제를 활용했다(Gerson, 1991). 진 커크패트릭은 1979년 ≪코멘터리≫의 논설에서 인권을 우익 권위주의 독재와 공산주의적 전체주의의 구분 문제로 만들어 논란을 야기했지만, 그 덕분에 미국 대표단의 단장으로 임명되었다. 또 미국 대표단에는 칼 거슈먼과 마크 플래트너(Marc Plattner) 같은 신보수주의자들도 포함되었는데, 이들은 훗날 미국민주주의재단의 설립에 기여하고 이 조직에서 중요한 지위를 차지했다(Gerson, 1991; Finger, 1988). 이렇게 해서 미국 대표단은 인권 정책에서 민주주의를 수출하는 글로벌 프로젝트를 이행하는 데 중요한 접점이 되었다.

인권에 대한 신보수주의적 담론은 두 가지 중요한 정책적 의미가 있었다. 첫째, 인권이 '구조에 뿌리내리고' ─ 여기에서 '구조'는 현존하는 국내 정치 시스템의 법률적 토대를 말한다 ─ 있다면, 이러한 구조와 인권의 보존 또는 확장 사이에는 그 어떤 균열도 없게 된다는 것이다. 왜냐하면 인권이 구조에 의존하기 때문이다. 다른 말로 그것은 '민주'국가들의 국익 추구가 국제적인 인권의 촉진과 (동등하지는 않지만) 전적으로 일치한다는 것을 의미한다. 이처럼 미국 외교정책을 위한 인권의 '국유화'는 이 주제에 대한 신보수주의자들의 저술에서 반복적으로 나타난다. 1980년대 초반, 훗날 레이건 행정부의 인권 담당 국무 차관보가 된 찰스 페어뱅크스(Charles Fairbanks)는 선거 문건에서 매우 직설적으로 "우리가 미국의 힘과 우리가 존중하는 것들을 촉진하는 것은 인권을 위해서 바람직하다"라고 주장했다(Fairbanks, 1980a: 1). 미국기업연구소(American Enterprise Institute) 연구원이자 샤흐트만 전통에서 훈련된 우익 사회민주주의자이기도 한, 조슈아 무라브칙은 "미국 권력의 증가는 민주주의(그리고 인권)의 성장을 고무한다. 민주주의의 확산은 미국의 영향력을 강화한다"라고 언급했다(Muravchik, 1986: xxix). 《코멘터리》가 주최한 '인권과 미국 권력'이라는 심포지엄에서 피터 버거(Peter Berger)가 관찰한 바와 같이 인권은 곧 "국민국가로서 미국 정당성의 원칙"이었다(Berger, 1981: 27). 똑같은 문제에 대해 커크패트릭은 "전통적으로 이해되는 미국의 국익과 인권에 대한 관심 사이에는 그 어떤 갈등도 없다"라고 했다(Kirkpatrick, 1981: 42). 이러한 주장들은 인권 옹호를 국익의 확산과 동일시함으로써 외교적 개입 정책과 소련과의 대립을 위한 강력한 도덕적 정당화를 제공했다. 과거에는 국가권력에 대한 방파제로 이해되었던 인권은 이렇게 해서 헤게모니의 행사를 지지하는 권력정치의 중요한 자산이 되었다. 또한 공동체적 관점에서 인권은 미국 정치체제를 지탱하는 가치들로 가장 잘 구현되는 일종의 긍정적인 도덕성으로 재구성되기도 했다. 그 결과, 미국 권력의 증가는 도덕적인 가치를 가졌다. 이렇게 해서 불가능했던 것이 실현되었다. 즉, 전통적인 현실주의가 규범적이고 원칙에 입각한 헌신으로 해석될 수 있었던 것이다.

이처럼 반동적인 인권 독트린의 두 번째 의미는 외교정책 레짐의 성격과 형태가 인권 정책의 정당한 범위를 결정한다는 것이다. 인권이 국내의 법률적·제도적 전통에 따라 결정되고 보장되는 것으로 간주되는 한, "인권을 위한 원대한 투쟁은 인권을 자신의 전제로 삼는 정부들을 수립하기 위한 투쟁이었다".[7] 이러한 의미에서 다양한 민주주의 촉진 프로그램의 출현은 신보수주의 인권 독트린의 결과, 좀 더 정확히 말해 인권 정책을 대체한 것의 직접적인 결과였다.[8] '미국제' 정치·법률·경제·사회 기술을 수출하여 외국의 정

---

7   저자가 무라브칙과 나눈 인터뷰.

8   아리예 나이어는 레이건 행정부가 "인권 문제를 거부했다가 그것을 민주주의 촉진으로 재정의하면서 수용했다"라고 기술함으로써 이러한 변화를 바르게 인식했다(Neier, 2003: 187).

치체제를 미국의 국익에 순응하게 만드는 정책은 인권이라는 상표를 달고 있지만, 여전히 불평등한 것이었다. 이렇게 볼 때 1990년대에 냉전의 종식으로 확산된 '국가 건설' 프로그램들도 외국의 정권을 제국주의적으로 직접 통제하기 위한 인권의 도구화로 간주되어야 할 것이다. 이러한 변화들은 반제국주의 운동과 자유주의 인권단체들에서 온 전통적인 비판을 억제함으로써 헤게모니 정책에 기여했다. 이 변화들은 전통적인 비판들과는 다른 인권 개념을 촉진했는데, 범세계적인 미국의 이익과 이것을 비판했던 가치들이 일치하도록 만들어졌다. 언제나 미국 외교정책의 비판을 자극했던 원칙과 이익 간의 마찰은 결국 사라졌다. 인권을 정치체제의 성격과 연결하는 것은 비판적·적대적으로 될 수도 있는 정치적 구성 인자들이 인권을 선점하는 것을 가로막는 것만이 아니었다. 그것은 많은 운동가가 인권을 통해 이상화한 해방적이고 진보적인 상상에 새로운 행정부가 직접 편승할 수 있게 해주기도 했다. '민주주의의 촉진'은 다양한 네트워크, 조직, 그리고 실천 운동에 새로운 기회와 참여의 길을 열어주었다.

'인권'이 운동 네트워크와 국가 간의 적대감 정도를 결정하는 경향이 있었다면, 민주주의 촉진은 이들의 수렴을 이끌었다. 민주화 운동의 행위자들은 자신들이 활동하는 영역이 국가권력의 논리에 따라 갑작스럽게 변화를 겪고 있다는 것을 깨달았다. 민주화 운동은 이제 국가권력이 범세계적으로 행사되는 새로운 창구가 되었다. 이러한 상황에는 두 가지 측면이 있었다는 점을 인식하는 것이 중요하다. 첫째, 민주화 운동은 운동 조직들이 국제적 영향력을 증가할 수 있게 해주었는데, 왜냐하면 그들의 활동이 미국 외교정책이 천명한 목표들과 같은 선상에 있었고 더 이상 이 목표와 배치되지 않았기 때문이다. 이는 몇몇 운동가들이 외교정책에 영향을 미치려고 시도하거나 민주주의 촉진 프로젝트를 수행함으로써 그들의 명성을 구축할 수 있게 해주었다. 둘째, 같은 이유로 민주화 운동은 민주화 운동가들의 전략과 활동 방식의 수정을 의미하기도 했다. 민주화 운동가들은 국가권력의 장 외부에서 활동하는 대신 국가 내부에서 영향을 미치고 국가 정책의 파라미터 안에서 작업하며, 국가 정책의 코드에 적응하고 국가 전문성과 (똑같지는 않지만) 일치하는 전문성을 개발해야 했다(Dezalay and Garth, 2002). 이 과정은 흔히 전문화로 불린다. 앞으로 살펴볼 미국민주주의재단이 초창기에 추구한 학문 공동체에 대한 개방 전략은 전문화 현상을 보여준다. 이렇게 해서 운동가들의 네트워크와 NGO들은 그들이 전통적으로 반대했던 기관들에 밀착하게 되었다. 그 구성원들은 비정부 행위자의 지위에서 정부 또는 국제 관료로 이동하는 것이 더 수월해졌고, 이런 곳에서 점차 유사한 정책 지식과 전문성을 다루었다.

국가권력은 이와 같은 방대한 기술과 능력의 풀(pool)을 마련하고 국가권력을 억제하려는 초국가적 시민운동을 자신의 외교정책 목표에 따르게 함으로써, 전통적으로 지배 권력을 비판했던 모든 레퍼토리를 새로운 범세계적 지배의 도구로 재활용했다.[9] 새로운 방식의 지배는 이제 형식적[10]이고 여러 국가들에 대한 외압으로 수행되지 않았으며, 직접적이고 실질적인 것이 되었다. 그것은 내부에서 사회를 재형성하고 재구성하는 변화를 이끄는 힘이었다.[11] 새로운 외교정책 입안자들은 이 새로운 패러다임을 초창기부터 인식

---

9 정치적 지배 방식에서의 이런 변화는 경제적 착취 방식의 변화와 일치했다. 볼탄스키(Luc Boltanski)와 치아펠로(Eve Chiapello)가 자본주의의 정당화 형태의 변화에 대한 연구를 통해 보여준 바와 같이, 1970년대 이후 포디즘의 위기에서 발전한 새로운 자본주의는 1960~1970년대의 자본주의적 착취에 대한 비판을 자신의 이익을 위해 재활용했다(Boltanski and Chiapello, 1999).

10 카터 행정부 때의 보편적 인권에 입각한 인권 외교를 말한다. _ 옮긴이

11 마이클 하트(Michael Hardt)와 안토니오 네그리(Antonio Negri)는 이와 똑같은 분석에 따라 국가권력의 변화에 대해 유사한 결론에 도달한다(Hardt and Negri, 2004).

했다. 그것은 레이건 행정부의 국무부에서 발표한 첫 번째 인권 보고서의 핵심 내용이 되었는데, 그 내용은 인권에서 민주주의 촉진으로 향한 이동을 명확하게 보여주었다.

> 우리의 인권 정책을 인권침해가 발생했을 때 개별적인 인권의 침해에 반응하는 것으로만 제한하는 것은 행동 범위를 너무 축소하는 것이다. 인권 정책에서 이와 같은 '반응적인' 면은 필수이지만, 그것은 점진적으로 자유정치 시스템의 출현을 지원하기 위해 더욱 대담하고 장기간의 목표를 가진 긍정적인 두 번째 정책 방향과 병행되어야 한다(US Department of State, 1981: 5).

이 보고서는 제도적·문화적·법률적 민주주의 기반을 만들어내는 국제 프로그램들의 관리를 통한 개입의 중요한 측면들을 기획했다. 또한 이러한 대안적 지식 엘리트나 기술 엘리트를 훈련하며 지원할 수 있는 중개 기관들의 다양성을 통해 '연성 권력(soft power)'이 수행될 수 있는 장으로서의 시민사회를 인식했다.

> 어떤 정치 시스템이 다른 부분들에 의해 인정받지 못한다 할지라도, 이 정치 시스템 내부에서 자유로운 선택과 자유로운 표현이 일반적으로 수용되고 준수되는 영역들이 출현함으로써 자유가 발전한다. 자유가 발전할 수 있는 이러한 영역 중에는 노동조합, 교회, 대안적 법률 시스템과 변호사 조직, 대학 등이 있다. 전체 사회에 영향을 미치지 못하는 곳에서 이러한 기관들을 통해 자유의 성장에 양분을 제공할 수 있다(US Department of State, 1981: 5).

이러한 전략은 사실 새로운 것이 아니었다. 그것은 교육의 장에서는 박애주의 재단들이 실행했고, 문화적인 장에서는 문화적 자유를 위한 협회가 실행했으며, 노동조합과 노사관계의 장에서는 미국노동총연맹산업별조합회의의 국제 지부가 실행했던 전통적인 작업을 체계화하는 것이었다. 또한 초국가적 전문가 네트워크들이 정책 지식과 노하우의 수출에서 수행할 수 있는 잠재적인 역할을 이용하는 것이기도 했다. 따라서 민주주의 촉진은 전문성의 고양 또는 '능력 형성(building capacity)'이라는 구실로 미국의 정책 처방과 제도적 모델의 확산을 위한 범세계적인 시장을 조직하는 데 기여했다. 미국은 다시 한 번 범세계적인 모범이 되어가고 있었다.

1980년대 초반 신보수주의자들과 냉전의 사회민주주의자들이 발전시킨 인권 독트린은 옛 모습을 찾아볼 수 없을 만큼 인권을 바꾸어놓았다. 한때 국제 법률 표준이었던 것이 이제는 미국의 특수성에 따라서, 또는 적어도 미국의 이익에 순응하도록 다른 나라들을 개조하는 도구가 되었다. 이처럼 민주주의는 인권이 제국주의적 통제 방식으로 변형됨으로써 촉진되었다. 돌이켜보면 레이건 행정부가 인권 개념을 거부하지 않고 채택한 것은 그다지 놀라운 일이 아니었다. 레이건 행정부의 강경한 정책 어젠다는 미국이 군사적으로 재무장해야 함을 시사했을 뿐만 아니라 도덕적 재무장을 내포하기도 했다. 이러한 의미에서 인권 개념은 인권운동 내부에 있는 반대파들에 의해 새로운 정부에 강요된 것만은 아니었다. 또한 미국 헤게모니를 재구축하고 미국의 도덕적인 자원들을 ─ 이것은 인권을 연구하는 학자들이 종종 간과하는 요소이다 ─ 동원함으로써 헤게모니를 복원하려고 한 정책 논리에 포함되기도 했다. 인권은 일단 국제법에서 분리되어 민주국가의 도덕적 개념으로 재공식화됨으로써 이 작업을 완벽하게 수행했다.

새 행정부는 인권 정책을 민주주의 촉진으로 전환함으로써 이 문제를 숭고한 법의 세계에서 ─ 법률의 세계에서 이 문제는 자유주의 인권변호사와 정책 주창자들의 무기였다 — 훨씬 더 넓은 초국가적인 시민운동의 장으로 옮겨놓았다. 즉, 정부는 인권 문제가 역설적인 동맹자였던 NGO와 운동가 네트워크의 장에 재위치하게 했다. 국제적인 합법성으로서 인권을 바라보는 시각에 대한 신보수주의자들의 비판에서 반복적으로 등장하는 주장은 국제법이 강제적인 메커니즘을 결여하고 궁극적으로 동의에 의존하기 때문에 인권을 보장하기에 불충분하다는 것이었다. 인권운동과 달리 민주주의 촉진은 법이 아니라 권리와 시민운동을 위한 투쟁에 기초한 인권 정책을 반영했다. 그것은 다른 말로 비정부 주창 네트워크와 조직의 동원에 토대를 두었다. 이러한 운동적인 측면은 광범위한 NGO와 이슈 네트워크들에게 호소력이 있었다. 그리고 협소한 인권법의 법률적 기교보다 더욱 매력적이었으며, 그들의 집단행동 레퍼토리에 의해 더욱 증폭되었다. 결국 신보수주의의 인권 독트린은 가장 진보적인 인권운동 옹호자들이 지지했던 '구조주의적' 접근을 자신에게 이득이 되도록 바꾸는 데 성공했다.

국제연합에서 펼친 '인권과 발전(human rights and development)' 운동도 대중 동원에 의존한 강력한 운동 조직들을 자극했다.

인권 문제의 인식을 촉진하려는 국제적인 노력은 사람들이 자신의 권리에 대한 인식을 높일 수 있게 해주고 이런 사람들을 인권 실천에 동원하는 데 중요한 역할을 수행할 수 있었다(Alston, 1981: 68).

민주주의 촉진은 이러한 진보적 관점을 보수적 관점 또는 심지어 반혁명적 관점으로 바꾸어놓았다. 비정부 행위자들의 운동가적 언어를 활용해 국가의 외교정책을 재작성한 것은 국가권력의 장과 자율적·자생적 형태의 사회운동의 경계를 흐리게 만들었다. 이와 동시에 이러한 전략은 비정부 시민운동의 전문화에 기여했다. 이렇게 해서 시민사회의 권능 강화는 국가권력의 특수한 측면이 되었다. 민주주의 촉진의 등장은 민주주의와 인권의 장이 새로운 유형의 '민주주의 전문가'를 중심으로 조직되기 시작하면서 권능 강화 기술이 이제는 정부의 정책 기술과 구분될 수 없게 되었음을 의미했다.

2. 다른 수단을 통한 냉전의 수행: 미국민주주의재단과 민주주의 전문가의 등장

1983년 레이건 행정부의 지원으로 설립된 미국민주주의재단은 새로운 인권 정책의 산물이었다. 이 조직은 냉전의 운동을 전문적인 국제 실천의 장으로 바꾸는 데 기여함으로써 중요한 역할을 수행했다. 미국민주주의재단의 계보는 1940년대의 반스탈린 좌파에서 출현해 국무부와 몇몇 국가기관들의 후원을 받은 '민주주의 인터내셔널'을 구축하려던 옛 기획으로 거슬러 올라간다. 1960년대 중반에 이러한 기획이 실패했는데도 이를 부활시키려는 시도는 CIA가 해외에 은밀하게 개입하기 위해 자금을 활용한 것에 대한 폭로가 불러일으킨 스캔들[이 사건에는 문화적 자유를 위한 협회뿐만 아니라 국제법률가협회, 전미학생협회(National Student Association: NSA) 같은 수많은 기관이 연루되었다]의 여파가 채 가시기도 전에 시작되었다. 대안적인 해결 방법을 찾기 위해 존슨 대통령은 니컬러스 카첸바흐(Nicholas Katzenbach)가 지휘한 위원회를 구성했는데, 이 위원회는 정부가 "국익의 측면에서 공적 지원을 받을 가치가 있는 조직들의 해외 활동에 공개적으로 공적 자금을 제공할 수 있도록 공공·민간 메커니즘을" 마련할 것을 권고했다(Sklar and Berlet, 1992에서 재인용).

1967년 4월에는 플로리다 출신의 민주당 의원이자 미국노동총연맹산업별조합회의와 밀접한 관계를 맺고 있던 단테 파셀(Dante Fascell)이 똑같은 성격의 국제정치 원조 프로그램을 공개적으로 운영하는 가칭 국제문제연구소(Institute of International Affairs)의 설립을 요청하는 법안을 발의했지만 수포로 돌아갔다(Lowe, 2000: 2). 미국민주주의재단을 설립하려 한 초창기 실패는 이 전략의 추진자들을 좌절시키지 못했다. 15년이 지난 후 레이건의 당선으로 정치 조건이 훨씬 유리해지자 그들은 인권 정책의 성격과 방향에 대한 투쟁을 통해 이 전략을 정치적 어젠다에 포함시키는 데 성공했다. 1950년대 반공 좌파의 지휘부 내부에서 시작된 민주주의를 위한 국제적 성전과 미국민주주의재단의 연속성은 무엇보다 이 계획을 담당했던 정치적 인물들의 연속성에 의존했다. 미국민주주의재단의 설립자 또는 이데올로기를 디자인한 사람 중에는 냉전 사회민주주의자들이 각별한 지위를 차지하고 있었다. 미국민주주의재단의 회장이었던 칼 거슈먼은 사회당 내부의 샤흐트만 추종자 중 하나였다. 조슈아 무라브칙과 시모어 마틴 립셋은 둘 다 미국민주주의재단의 연구위원회 임원으로, 과거 청년사회주의동맹의 운동가였다. 미국교원연맹의 대표였던 앨 섕커, 자유노조연구소(Free Trade Union Institute)의 유지니아 켐블(Eugenia Kemble), 미국노동총연맹산업별조합회의 간부인 톰 칸은 모두 이러저러한 방법으로 미국민주주의재단에 소속된 샤흐트만 추종자들이었다.

조직의 형태 면에서도 연속성이 두드러진다. 미국민주주의재단은 국가기관도 아니고 사실상 독자적인 민간 기구도 아닌 '혼합형 기관'이다. 이 기관이 행사하는 권력은 '연성 권력'으로 설명하는 것이 타당할 것이다. 미국민주주의재단이 처음에 인정받은 방식은 여전히 '민주주의 인터내셔널'을 구축하려던 옛 기획의 자취를 따랐다(1998년에 출범했고, 미국민주주의재단의 지휘를 받는 '민주주의를 위한 세계 운동(World Movement for Democracy)'은 여러 조직과 유력 인사, 그리고 기부단체에 로비와 자금을 제공하는 느슨한 네트워크로서, 여전히 이러한 과거의 틀을 따르고 있었다. 미국민주주의재단의 설립은 6개월에 걸쳐 행정부의 후원을 받았고 '해외에 민주적 가치와 제도를 구축하며 원조 방법을 모색하기 위해 마련된' 이른바 민주주의 프로그램의 연구가 끝난 후에 이루어졌다. 민주주의 프로그램의 공동 의장이자 전미민주주의협회(Democratic National Committee) 의장이었던 찰스 매너트(Charles Manatt)는 상원 외교위원회 앞에서 다음과 같이 주장했다.

> 최근 많은 사람들이 세계 공산주의 운동이 정당과 기금과 접촉(connection)의 국제적인 네트워크에서 얼마나 막강한 힘을 얻었는지 알게 되었다고 말했다. 이 논자들은 민주주의 국가가 민주주의에 상응하는 네트워크들을 구축하려고 노력하고 있음을 보여주는 서유럽의 몇 가지 사례를 지적하고, 미국 정부와 비정부기구의 매우 소극적인 활동에 대해 비판했다(US Senate, 1983: 264).

'국무부 사회주의'와의 지속된 관계는 미국민주주의재단을 노동계의 상층부에 밀접하게 결합시키기도 했다. 미국노동총연맹산업별조합회의에서 조지 미니의 후계자인 레인 커클런드(Lane Kirkland)는 미국민주주의재단이 설립되는 데 중요한 역할을 했다. 미국이 베트남에서 철수하는 것을 강력히 반대한 헨리 잭슨 상원의원과 가까웠던 커클런드는 '현존 위기에 대한 위원회(Committee on the Present Danger: CPD)'의 설립과 폴란드의 자유노조(Solidarity) 지원에 적극적인 역할을 수행했다.[12] 미국민주주의재단과 노동기구의 유착은 이 재단이 설립되는 데 몇몇 노동계 지도자가 두드러진 역할을 했다는 사

---

12 조지 워싱턴 대학의 냉전사 프로젝트(Cold War history project)를 수행한 커클런드와의 인터뷰
    (http://www.gwu.edu/~nsarchiv/coldwar/interviews/epidode-19/kirkland1.html) 참조.

실뿐만 아니라, 이 재단의 주요 목적 중 하나가 오랫동안 CIA의 후원을 받고 신망이 두터운 냉전 기구였던 미국노동총연맹산업별조합회의 국제국의 해외 활동에 자금을 제공해주는 것이었다는 점에서도 유래한다. 이러한 배경에서 미국 외교정책의 일반적인 목표와 노선을 같이하는 정치인들이나 집단들을 뒷받침한 미국민주주의재단의 역할은 이 재단을 미국 제국주의를 비판하는 사람들의 완벽한 타깃으로 만들었다(Cavell, 2002).

미국민주주의재단은 사실상 자유노조연구소, 미국노동총연맹산업별조합회의 국제국, 상공회의소 하부 기관인 국제민간기업센터(Center for International Private Enterprise), 민주당과 공화당의 국제 재단 등 4개의 '핵심 수혜 기관(core grantees)'이 수령한 의회와 국무부 자금을 세탁하는 역할을 수행했다. 이 4개 기관은 해외의 조직들과 함께 일했다. 미국민주주의재단의 자금 중 30%는 은밀한 방식으로 해외 조직들에 직접 공급되었다. 이와 같은 제도적인 디자인은 문화적 자유를 위한 협회의 다층적인 자금 순환 회로와 크게 다르지 않았는데, 미국민주주의재단이 국가권력의 장에 자리 잡은 조직이라기보다는 미국 시민사회에서 유래한 것처럼 소개할 수 있게 해주었다. 이에 대해 한 보수주의 비판가는 다음과 같이 강조했다.

이렇게 편향된 조직 구조는 정부 자금이 관료제도의 층을 통해 충분히 걸러진다면 '민간' 자금이 될 수 있다는 가정에 의존하는 것처럼 보였다(Conry, 1993).

미국민주주의재단의 설립 법안은 다소 역설적인데, "이 재단은 미국 정부의 기구나 기관으로 간주되지 않을 것이다"(US House of Representatives, 1983: 87-Title VI, section 602[b])라고 규정함으로써 이런 민간화 전략을 공식화했다. 이러한 구조는 유연하게 국가와 비국가라는 분할을 극복하고 외교정책 영역을 초국가적 운동의 영역에 연결하는 이 재단의 작업에 특히 적합했다. 미국민주주의재단의 활동은 '민주적' 저항 세력에 재정을 공급하는 것에서부터 서양의 정치 서적을 번역하고, 여론조사자를 훈련시키며, 인권 교육을 촉진하고, 기업가적 문화를 함양하며, 심포지엄과 저술을 통해 신자유주의 경제의 국제화를 수월하게 하고, 독립적인 뉴스 보도를 후원하며, 미디어 전략에 대해 정부 관료들에게 보고하는 것에 이르기까지 광범위했다. 직원 60여 명을 거느린 이 조직은 워싱턴에 있으며 1,500만 달러에서 3,500만 달러를 오가는 연간 예산을 수령한다. 미국민주주의재단은 국가와 [외교협회, 하원과 상원, 그리고 국제전략문제연구소(Center for Strategic and International Studies) 같은 영향력 있는 외교정책 싱크탱크의 연구원들을 거느린 미국민주주의재단 이사회에 참여하는] 외교정책 이스태블리시먼트의 주변부에 위치하지만, 비정부기구의 틀 안에서 활동하고 운동가적 레퍼토리를 동원하는 혼합 기관으로서의 지위는 이 재단이 민주주의와 인권의 장의 전문화에 기여하기에 유리했다.

시간이 지남에 따라 미국민주주의재단은 활동 영역을 확대했으며, 준학문적 저널을 발간하고 가끔씩 서적을 출판하면서 정책 연구를 후원하는 준싱크탱크로서의 역할을 발전시켰다. 이 재단은 지역연구·비교정치학·정치 이론 분야에서 해외 활동과 다양한 '민주주의로의 이행'을 조정하거나 후원하는 역할에 강력한 학문적 정당성의 요소를 제공하는 특수한 학문 공동체들을 일궈냈다. 학문적 신뢰성을 높이기 위한 이러한 투자는 냉전이 끝나갈 무렵, 확고한 반공주의 관점에 입각해 설립된 이 재단의 이데올로기적 태생의 한계를 만회해줄 수 있었다. 또한 특정한 정책 처방이나 제도적 모델보다는 특수한 정책 지식을 생산하는 방식의 수출에 더 의존함으로써 제국주의 목적에 기여하기도 했다. 즉, 전문적 기준의 제고 및 민주화 과정에 대한 연구와 성찰의 촉진은 정치 변동의 보편적인 모델로서 미국식 정책 연구와 주창 모델을 전환하는 데 기여했다. 1970년대에 미국 정치를 크게 바꾼 재단, 싱크 탱크, 정책 연구 기관, 제도화된 로비, 주창 네트워크의 산물인 미국민주주의 재단은 이러한 모델을 수출하고 국제화하기 위해 적극적으로 노력했다. 이 재단의 원칙과 목표 헌장은 다음과 같다.

미국과 서구 민주주의 국가에서 출현한 공공정책 연구소들은 옛 공산주의 국 가들을 발전시키는 모델로 사용되고 있다. 국내 문제에 대한 대안적 해결 방안 의 개발은 독립적이고 포괄적인 비정파적 연구 기관들과 심지어 비민주적인 국가들에서도 이루어졌는데, 이 나라들에서 이 기구들은 다양한 정치·경제· 사회 세력 간의 대화를 위한 포럼으로 활용된다. 미국민주주의재단은 이러한 종류의 기관들을 원조하는 데 관심이 있으며 공무원, 특히 입법부의 인물들이 비공식적 자원을 활용할 수 있게 해주는 프로그램들을 지원할 생각이다.

이 헌장이 명확하게 주장했듯이, '정책 연구 기관'과 유사 기관들에 대해 영향력을 확보하는 것은 공공정책을 정의하는 데 중요한 수단을 제공한다. 이 기관들은 전문적인 "아이디어 브로커들"(J. A. Smith, 1991)과 여론 형성가 들이 만들어내는 정책 대안의 영역을 정의한다. 또 이런 정책 대안은 이 전 문가들의 기술적인 언어로 공식화되고, 정책 대안의 정당성을 가장 정통한 유형의 정책 전문성(법학, 경제학, 행정학, 정치학, 경영학)에서 이끌어낸다. 이 러한 전문가들을 훈련시키거나 그들이 활동하는 기관을 설립하는 것은 정책 이 형성되고 순환하는 과정을 통제할 수 있게 한다. 또한 점진적이고 온건하 며 더욱 광범위한 국제 인식 공동체와 정책 공동체의 기대에 따라 사회적· 정치적 변화가 이루어지게 한다. 이처럼 미국민주주의재단은 온갖 유형의 해외 연구와 주창 활동에 자금을 제공하거나 불가리아의 자유전략센터(Center for Liberal Strategies), 베네수엘라의 경제정보확산센터(Center for Dissemination of Economic Information)], 국제민간기업센터(Center for International Private Enter-prise)와 미국정보국(United States Information Agency)이 출간하고 여러 언어로 번역되는 ≪경제 개혁 투데이(Economic Reform Today)≫를 지원함으로써 미국 정책 산업의 국제화와 모방을 촉진한다. 이러한 전략은 미국민주주의재단의 지원과 자금으로 미국 모델을 똑같이 모방한 다양한 기관이 미국의 노하우, 경영 기술, 대중 선전의 문화를 채택하게 함으로서 워싱턴 정책 공동체의 범위를 크게 확장시킨다. 같은 맥락에서 이처럼 미국 모델을 모방한 다양한 기관들은 종종 미국의 정책 권고를 재활용한다. 다른 유형의 제국주의와 마찬가지로 정책 권고의 재활용은 지배적인 나라에서 생산된 상품을 위해 새로운 외국 시장을 열어준다. 워싱턴에 소재한 국내·국제기구들에서 온 정책 처방과 권고는 그 사례가 될 것이다.

3. 청년사회주의동맹에서 미국민주주의재단으로

미국민주주의재단의 싱크탱크로서의 역할을 분석하기 위해서는 개인적 전기에 초점을 맞추어 이 재단과 과거 반공 좌파의 이데올로기적 틀 간의 연속성을 조명해보는 것이 유용할 것이다. 설립 이후부터 미국민주주의재단의 회장이었던 칼 거슈먼의 사회적 여정은 냉전 시기의 사회민주주의와 현재의 '민주화 촉진' 간의 연속성을 잘 보여준다. 1943년 뉴욕에서 태어난 거슈먼은 예일 대학과 하버드 대학에서 공부했다. 그는 피츠버그에 있는 미국 노동자를 위한 단체에서 봉사활동을 하고, 유대인문화교육촉진협회 인신공격방지위원회(Anti-Defamation League of the B'nai B'rith) 회원으로 2년간 활동한 후

1968년 교육학 석사를 취득했다. 이 시기에 그는 ≪피츠버그 포인트(Pittsburgh Point)≫에 학생운동·공산주의·신좌파에 대한 정치 단편들을 발표하기 시작했다. 거슈먼은 1960년대 중반 청년사회주의동맹에 가담했다. 청년사회주의동맹은 처음에는 시민권 운동과 학생운동의 발흥에서 이득을 보았지만, 그 영향력이 1960년대 중반에 쇠퇴했다. 샤흐트만의 사회민주주의 전략과 민주당 및 미국노동총연맹산업별조합회의와 밀착된 관계를 불편하게 생각한 수많은 멤버가 이 조직을 떠나 더욱 급진적인 청년 조직에 가입했다.

약화된 청년사회주의동맹은 1964년 샤흐트만 추종자들의 강력한 통제로 재조직되었다. 거슈먼은 이 조직 내부에서 톰 칸, 레이철 호로위츠, 펜 켐블(Penn Kemble), 조슈아 무라브칙 등과 함께 샤흐트만 추종자 중 하나였다. 거슈먼은 과거에 좌익 활동을 했음에도 이제는 사회주의자들과 미국노동총연맹산업별조합회의 및 민주당의 자유주의 엘리트 간의 응집성을 보장하고, 이러한 정치 전략에 맞추어 사회운동을 유지하는 데 전적으로 몰두하는 운동을 했다. 거슈먼은 이 노선을 강화하는 데 중요한 역할을 수행했다. 그는 여전히 영향력이 있던 청년사회주의동맹의 간부였고, 1969년 노동조합의 기금을 받은 A. 필립 랜돌프 연구소(A. Philip Randolph Institute)에 연구책임자로 참여해 1971년까지 이곳에서 근무했다. 이 연구소는 시민권 운동가인 베이야드 러스틴(Bayard Rustin)이 설립하고 운영했는데, 러스틴은 시민운동 부문에서 샤흐트만의 동맹자였다. A. 필립 랜돌프 연구소는 민주적 행정부의 틀과 '책임 있는 자유기업'이라는 측면에서 노동계급과 흑인들의 사회적·물질적 진보를 보장하는 사회민주주의 전략을 대표했다(Drucker, 1994: 187).

거슈먼은 이 연구소에서 근무하는 동안 ≪뉴리더≫와 ≪코멘터리≫에 논문을 발표했는데, 이 논문들은 대부분 신좌파를 공격하는 것이었다. 그는 생활 방식, '반지성주의', 조직 능력 부족, 캠퍼스 외부의 사회적 토대 결여 등으로 신좌파의 강박관념을 비판했다(Gershman, 1969a). 거슈먼의 주장의 핵심은 "극단적인 급진주의로 이어지는 모든 경향이 강화되는 것"(Gershman, 1969a: 668)이 현실적·사회적 토대의 결여에서 비롯되며, 이는 급진운동이 민주적인 것이 될 수 없음을 보여준다는 것이었다. '민주사회를 위한 학생'은 사실 "새로운 테르미도르 반동"(Gershman, 1969b)을 대표했다. 거슈먼은 청년사회주의동맹에서 정치 서열이 계속 높아졌는데, 1970~1974년에 부의장, 공동의장, 의장으로 승승장구했을 정도였다.

거슈먼은 1972년 민주당 대통령 지명에서 청년사회주의동맹 내부의 헨리 '스쿠프' 잭슨(Henry 'Scoop' Jackson)[13]을 위한 지지 세력을 적극 조직했다. 잭슨의 다양한 정치 어젠다 중 노동계와의 관계와 반공주의가 잭슨을 샤흐트만 추종자들의 '자연스러운' 후보자로 만들기 위한 주장으로 활용되었다. 거슈먼이 볼 때 잭슨은 국내 및 해외 정책에서 "그 어떤 잠재적인 민주당 후보보다 청년사회주의동맹의 입장과 가까웠는데"(Gershman, 1972a: 1), 특히 잭슨이 "개발도상국 내부의 노동운동을 강화함으로써 민족주의자들이 전체주의의 정권 장악을 억제할 수 있도록 지원하려"(Gershman, 1972a: 8) 했기 때문이다. 잭슨의 프로그램에 대한 이런 해석은 옛 청년사회주의동맹의 수많은 회원과 사회민주당원이 1980년대에 직업적 진로를 발견할 민주주의 운동과 인권운동의 장의 기본 틀을 예고한 것이었다. 베트남에 대한 군사적 개입을 지지한 잭슨의 입장도 이 문제에 대한 청년사회주의동맹의 입장과 유사했다.

반대로 또 다른 후보였던 맥거번은 악의 화신으로 간주되었다. 이 사우스다코타 상원의원은 "냉전 시기에 미국을 비판하는 토대였던 수정주의 사관

---

13 잭슨에게는 어린 시절 그의 누이가 만화 캐릭터와 닮았다 하여 붙여준 '스쿠프'라는 별명이 있었다. _ 옮긴이

(史觀)의 대변자"였다(Gershman, 1972b: 11). 몇몇 청년사회주의동맹 멤버가 맥거번에 다소 동조함으로써 무라브칙, 켐블, 생커와 함께 거슈먼의 운동은 우파로 간주되었다. 1972년 선거 후 청년사회주의동맹 내부의 이 파벌은 사회당을 장악함으로써 마이클 해링턴과 '제3의 진영' 사회주의자들이 이끈 좌익의 변절을 가져왔다.

조직의 중심 대부분이 우익으로 이동함에 따라 이 정치 조직은 미국사회민주당이라는 이름을 채택했으며, 거슈먼은 1974년에 이 당의 실무 지도자가 되었다. 미국사회민주당은 강경한 반공주의를 정치 어젠다의 핵심으로 삼았다. 국제적인 면에서 이 정당은 "소련에서의 유대인 저항과 사하로프(Andrei Dimitrievich Sakharov) 및 솔제니친 같은 소련의 반체제 인사들의 용감한 행동으로"(Gershman, 1973a: 3) 공산주의에 대한 자유주의자들의 태도가 변하기 시작하면서 기회를 확보했다. 국내적으로 반공주의는 '자유주의적 반미주의', '신외교정책 이스태블리시먼트', 그리고 냉전에 대한 수정주의 사관에 대한 비판을 불러일으켰다.[14] 오웰과 솔제니친은 이렇게 해서 사회민주주의자들의 지적인 아이콘이 되었으며, 미국사회민주당은 반공 좌파 지지자들(멜빈 래스키)과의 관계나 자신의 국제 네트워크[소련 전문가 레오폴드 라베즈 또는 스페인 정치학자 후안 린츠(Juan Linz)]를 발전시켰다.[15]

미국사회민주당은 전체주의 좌익의 지배하에 살아온 유일한 민주주의의 신봉자였던 소련의 반체제주의자들의 입장과 자신들의 입장을 비슷한 것으로 생각했다. 거슈먼은 다음과 같이 기술했다.

---

14 거슈먼은 1973년에 작성한 한 정치 문건에서 이렇게 언급했다. "냉전은 워싱턴 제국주의자들이 날조한 음모가 아니라, 예나 지금이나 동유럽이 구축한 장벽의 결과였다"(Gershman, 1973a: 3).

15 라베즈는 훗날 ≪민주주의 저널(Journal of Democracy)≫의 편집이사회 멤버가 되었다.

자유주의는 사회주의와 유사한 운명을 경험하고 있다. 자유주의는 그 의미를 남용한 정치 집단에 의해 몰락해왔다(Gershman, 1976: 60).

보수주의를 향한 구좌파의 변화와 '자연적인' 사회 개혁의 환경으로서 미국 자본주의에 대한 지지, 그리고 국제적인 민주주의 촉진의 테마가 사회 개혁을 공산주의에 대항한 투쟁에 종속시킨 정책을 구성하고 있었다.

민주사회를 개혁하고 개선하며 강화하려는 진정한 동기를 통해서만 민주사회를 수호하고 민주적 가치들을 국제적으로 적용하려는 정치적 의지가 출현할 수 있다. 이러한 부활은 사회민주주의 없이 불가능하다. …… 자본주의가 아니라 공산주의가 중요한 장애물이라는 시각에 따른다(Gershman, 1978: 45).

거슈먼은 1980년까지 미국사회민주당의 실무 이사로 재직하다가 프리덤하우스에 선임연구원으로 고용되었다. 오늘날 국가별 민주화 '지수'를 발표하는 것으로 유명한 프리덤하우스는 당시 베이야드 러스틴이 실무위원장을 맡고 있었고, 냉전 자유주의자들의 보루이기도 했다(Steinfels, 1979: 148).[16] 국제 문제에 대한 정책 성명 또는 신외교정책 이스태블리시먼트에 대한 거슈

---

16 프리덤하우스는 신보수주의 저널인 ≪퍼블릭 인터레스트≫의 세금 면제 후원자이기도 했다(Steinfels, 1979: 87). 사실 프리덤하우스는 1941년 루스벨트의 요청에 따라 루스벨트의 제2차 세계대전 참전 계획에 '시민적인 지원'을 보내기 위해 설립되었다. 전쟁이 끝난 후 이 조직은 냉전반공주의로 이동했고 전체주의 개념을 유용한 정책으로 전환하는 역할을 수행했다. 프리덤하우스는 냉전을 정당화했으며, "정부를 위해 일종의 도덕적 나침반"(Korey, 1998: 446)으로 활동했다. 프리덤하우스는 냉전 시기 내내 우익 사회민주주의자들과 매우 유사한 이데올로기 노선을 유지했다. 1980년대, 특히 1989년 이후 프리덤하우스는 신보수주의적 인권 독트린과 결합하고 민주주의 촉진을 향해 이동했다.

면의 비판과 [소련 반체제 인사뿐만 아니라 앙골라의 조나스 사빔비(Jonas Savimbi) 같은 반공운동가를 포함한] 국제적 네트워크는 거슈먼을 인권을 둘러싼 신보수주의자들의 투쟁을 수행하고 국제연합에 대한 정치적 공세를 가하기 위한 대표적인 새 인물로 만들어주었다. 사회민주당과 가까웠던 신임 유엔 주재 미국 대사 커크패트릭은 거슈먼을 선임 보좌관으로 임명했다. 또 커크패트릭은 '20세기 기금(Twentieth Century Fund)' 출신이자 《퍼블릭 인터레스트》 전직 편집장이며 훗날 미국민주주의재단으로 옮겨 이 재단의 지식 어젠다의 형성에 기여하는 마크 플래트너를 고용하기도 했다. 거슈먼의 말에 따르면, 미국 대표단에 속한 이 인물들은 "공산당 전체주의와의 이데올로기적 대립에서 수많은 아이디어를 만들어낸 중심이 되었다".[17] 미국민주주의재단은 다른 수단을 통해 이런 싸움을 계속 수행했다. 거슈먼의 여정은 구좌파와 국가기관, 그리고 미국민주주의재단이나 프리덤하우스 같은 전투적 비정부 조직들의 냉전 운동이 서로 양분을 주고받은 사례를 보여준다. 그리고 이처럼 다양한 기관 사이의 구조적 유사성과 상호 보완적 기능을 보여주기도 한다.

4. 도덕의 성전에서 직업적 전문성으로

미국민주주의재단은 민주주의를 위한 국제 성전이라는 냉전적 계획을 지속적으로 뒷받침하기 위한 제도적 토대를 마련했다. 이 계획은 1930년대 후반 공산주의에 대한 반스탈린주의의 비판에서 1940년대 국무부가 지원한 '민주적 사회주의' 국제 정책으로 변화했다. 그 후에는 1970년대 후반 신보수주

---

17 거슈먼과의 인터뷰(Washington D.C., March 27, 2000).

의의 출현과 1981년 레이건의 선거 승리를 통해 정치적 세력을 갖춘 강경한 반공주의의 중추가 되었다. 이와 동시에 인권을 둘러싼 이데올로기적 투쟁은 도덕적 성전으로서 민주주의 촉진이라는 새로운 정책의 형성에 기여했다. 그러나 도덕적 성전은 스스로 유지될 수 없었고, 이것의 제도화는 더 전문적인 거래를 통한 변화를 요구했다(Becker, 1963). 지원을 제공하는 재단이 민주주의와 민주화 과정에 대한 성찰과 연구를 적극적으로 조직하는 더 '지적인' 중심으로 변화한 것은 이러한 요구에 대한 반응이었다. 따라서 민주주의 및 인권과 관련된 일종의 정책 전문성의 구성에 대한 학문 행위자들의 개입은 이 전략과 매우 밀접하게 관련되어 있다.

초창기부터 미국민주주의재단은 지원만 하는 기관으로 간주되지 않았고, 작은 연구 프로젝트에 관여하기도 했다. 이 재단의 원칙 및 목표 헌장은 "본 재단은 학계 및 정책 연구 기관들과의 관계를 밀접하게 만들기 위한 방법을 모색하고" 장기간에 걸쳐 "지적일 뿐만 아니라 실용적이기도 한 활동의 중심으로서의 역할을 확대하려 한다"라고 명시했다. 1984년 10만 달러에 달하는 이 기관의 첫 번째 지원은 보수적인 후버 연구소의 연구원 래리 다이아몬드(Larry Diamond), 시모어 립셋, 후안 린츠 같은 정치학자들이 담당한 제3세계의 민주주의에 대한 연구에 주어졌다(Diamond, Linz and Lipset, 1988).[18] 이 학

---

18 후버 연구소에 가담한 다이아몬드는 신보수주의 학자 중 젊은 세대에 속했던 반면, 립셋은 제1세대에 속해 있었다(이 책 제3장 참조). 린츠의 경우는 모호한데, 이 젊은 정치학자는 스페인에서 미국으로 옮겨왔다. 1950년 린츠가 컬럼비아 대학에 왔을 때 젊은 교수였던 립셋은 이렇게 회상한다. "그의 배경에서 유리한 것은 아무것도 없었다. 그는 …… 대학원의 거의 모든 교수와 학생이 …… 경멸한 나라인 프랑코(Francisco Franco) 독재의 스페인 출신이었다. 스페인 사람들은 왕실의 편에서 내전에 참가했거나 왕실 출신의 이민자인 경우에 환영을 받았다. 그러나 린츠는 그 어느 쪽도 아니었고, 자신의 시각을 숨기지 않았다. …… 스페인 내전에 대해 이야기할 때 그는 '민족주의자(nationalists)'와 '적색분자(reds)' 중간쯤 되는 사람이었다"(Lipset, 1995: 3).

자들은 미국민주주의재단의 핵심층과 밀착되어 있었고, 이들의 저작은 순수한 학문적 작업이라기보다는 미국민주주의재단의 활동을 위한 이론적 틀의 외형을 제공했다.

1980년대에 학문적 연구는 중요하지 않은 문제로 간주되었고, 미국민주주의재단은 외교정책 서클의 외부에 그다지 알려져 있지 않았다. 학문 활동의 전개는 그 후인 1989~1990년에 시작되었는데, 이때 ≪민주주의 저널(Journal of Democracy)≫이 처음으로 발행되었다. 존스 홉킨스 대학 출판부가 미국민주주의재단을 위해 배부하는 이 저널의 편집위원회는 미국 정치학자들과 외국 기고자들의 논문을 게재한다. ≪민주주의 저널≫은 많은 학자들이 정책 지향적인 논문으로 자신들의 저작 리스트를 풍부하게 만들게 해주어 온갖 학문적 업적을 달성할 수 있게 해주었다.

학문 공동체를 향한 두 번째 중요한 제도적 시작은 1994년 4월 재단 내부에 '민주주의 연구를 위한 국제 포럼(International Forum for Democratic Studies)'을 설립하면서 이루어졌다. 이 포럼은 방문연구원을 초청하고 민주적 이행과 관련된 다양한 주제에 대해 학술대회를 주최하며 ≪민주주의 저널≫의 출판을 담당하고 있다. 포럼의 목적은 '전 세계적인 민주주의 발전의 이론과 실천을 분석하는 주도적 센터'가 되는 것이다. 즉, 전 세계에서 민주주의를 성취하고 유지하기 위해 작업하는 집단들과 기관들의 다양한 활동과 경험에 대해 정보를 제공하는 정보 센터로서 기여하는 것이다. 또 포럼은 학자들과 재단 직원들, 행정부 관료들과 광범위한 외교정책 공동체를 위한 일종의 미팅 장소이기도 하다. 포럼의 활동은 연구이사회의 권한하에 이루어지는데, 이 이사회는 "민주주의를 연구하는 전 세계 학자와 전문가"(NED, 1998: 69)로 소개되는 약 100명의 회원으로 구성되어 있다.

민주주의 연구를 위한 국제 포럼의 연구이사회(The Research Council of the

International Forum for Democratic Studies)는 민주주의와 인권의 장의 사회적 구조를 엿볼 수 있는 소중한 사례이다. 연구이사회는 공식적인 회기를 통해 만나지도 않고, 조직 내부에 제도적인 기능을 가지고 있지도 않다. 연구이사회는 각 단계에서 미국민주주의재단과 연루되었거나, ≪민주주의 저널≫에 정기적으로 기고한 사람, 또는 자신의 이름을 빌려줌으로써 이 조직에 자신의 학문적 권위를 빌려주는 사람들의 네트워크이다. 연구이사회는 범세계적이고 규범적인 민주주의에 대한 새로운 전문성의 생산에 기여하는 행위자들의 중요한 사회적 샘플을 제공한다. 미국민주주의재단은 연구이사회의 모든 회원을 사실상 '민주주의 전문가'로 소개한다.[19] 따라서 연구이사회에 대한 분석은 이러한 전문성의 사회적 구성 과정을 살펴볼 수 있는 지점을 제공한다. 즉, 민주주의와 인권의 장의 사회적 구조를 해부할 수 있게 해준다(이 전문가들의 리스트에 관해서는 이 책의 부록 참조).

'전문성(expertise)'은 "자격 부여(aggrégation)와 상징적 강요(symbolic imposition) 작업"(Bourdieu and Wacquant, 1992: 243), 즉 자신의 지식이나 기술의 인정을 강요하고, 자신의 권위를 요구할 수 있도록 자격을 부여받는 장을 만들어내려는 사람들이 수행한 작업의 결과이다. 학문적인 인증(학위증의 보유와 학파에 소속되는 것 등)은 이러한 자격 부여 과정에 공통된 자원이다. 사실 모든 전문화 과정은 '명시적인 결과를 산출하고 교육될 수 있는 실질적인 기법'의 동원을 의미한다. 이러한 기술은 "결과를 산출할 만큼 충분히 신뢰할 수 있어야 하고, 훈련을 해야 할 만큼 충분히 어려워야" 한다(Collins, 1979: 132). 이와 동시에 비전문가들이 결과를 평가할 수 있을 만큼 쉬워서도 안 된다.

---

19 미국민주주의재단은 이 연구이사회의 모든 회원을 포함한 전문가들의 데이터베이스를 보유하고 있다.

다시 말해 냉전 이데올로기에서 전문성의 장을 향한 성공적 이행은 학문 공동체의 동원을 포함한다. 그런데 민주주의와 인권의 경우, 민주주의 촉진의 기술을 위해 학문적인 정당화를 제공하는 공동체들이 미국 제국주의 정책에 가장 반대해온 사람들이기도 하다는 점은 역설적이다. 앞으로 살펴볼 바와 같이, 민주주의나 인권은 비교정치학, 라틴아메리카 연구, 정치사회학 또는 정치경제학과 같은 특수한 연구 전통 내부에서 중요한 이슈로 출현했는데, 이 연구들에서 민주주의와 인권은 일반적으로 국제 시스템 내부의 지배와 착취, 특수하게는 미국 외교정책에 대한 비판과 많은 관련을 맺고 있었다.

얼핏 보기에 미국민주주의재단의 연구이사회는 다양한 지역과 정치 문제(인권, 경제 개혁, 민주화에 대한 비교, 중국 정치, 라틴아메리카 등)로 전문화된 일군의 학자 집단인 것처럼 보인다. 각양각색의 재단 출판물에 등장하는 회원 목록을 보면 회원 95명 중 67명이 학자이다. 동질적인 샘플을 추출하여 비교하기 위해 미국 외부에서 자리를 차지하고 있는 사람들을 제외한다면, 그 비율은 63명 중 52명, 즉 82.5%에 달한다. 물론 이러한 정보는 미국민주주의재단이 목표로 하는 전문성을 정당화하기 위해 제공된 것이다. 목록에 있는 각 인물들의 다양한 지위와 소속을 살펴보면 훨씬 긴 목록을 작성할 수 있다. 이것은 이 장에 속한 인물들을 사회적으로 비교하기 위한 정밀한 '그림'을 제공한다.[20]

---

20 다음의 분석은 연구이사회 회원 각각의 전기에 대한 통계 작업에 기반을 둔다. 필자는 개인 이력, 인명사전이나 개인들의 웹페이지에서 활용할 수 있는 정보, 전기와 관련된 짧은 글 등에서 다양한 자료를 수집했다. 또 각 회원들에 대해 다양한 척도로 그들의 '학문 자본'을 측정하려고 했다. 사회과학 인용 색인(Social Science Citation Index)은 다른 사람들이 그들의 저작을 인용한 횟수를 파악할 수 있게 해줌으로써 그들의 학문적 명성에 대해 일차적이고 대략적인 지표를 제공했다. 출판물의 숫자도 고려되었다. 또한 비학문적 잡지에 대한 그들의 정기적인 투고도 고려했는데, 이것은 그들의 정치적 정향에 대한 실마리를 제공하는

이 통계 작업은 학계의 비중을 상대화하고(44%), 민주주의와 인권에서 이 전문가들의 특징을 부각한다. 가장 두드러진 것은 우드로 윌슨 센터(Woodrow Wilson International Center for Scholars, 7명), 미국기업연구소(American Enterprise Institute)와 이것의 아류인 국제전략문제연구소(5명), 후버 연구소(3명), 국제 전략연구소(International Institute for Strategic Studies, 3명) 같은 싱크탱크와 정책 연구 센터에 소속된 사람들이다(32%). 국무부(10명) 또는 국방·안보와 관련 된 국가기관(13명)과 지속적이거나 간헐적으로 작업하는 사람들도 두드러진 다. 미국국제개발처에 대한 자문가도 소수 발견된다(7명). 연구이사회의 수 많은 회원이 다양한 기관에서 지위를 차지하고 있다. 이와 대조적으로 NGO 에 소속된 사람들은 소수에 지나지 않는데(6명), 그중 휴먼라이트워치에 소 속된 사람들이 대표적이다(3명).

이 같은 간략한 검토는 '민주주의 전문성'의 생산에 관여하는 학계가 정책 지향적이라는 사실과 사회적으로 외교정책 이스태블리시먼트와 매우 가깝 다는 점을 보여준다. 또한 연구이사회의 상당수 회원이 외교협회의 구성원 이기도 하다는 것(16명)은 이러한 특징을 확인해준다. 이러한 분석은 학문적 지위의 분포를 통해서 더욱 명확해지는데, 아이비리그 대학(21.1%)과 워싱턴 에 소재한 대학(25%)이 큰 비중을 차지하고 있다. 또 이러한 학자와 자문가의 네트워크가 사회적으로나 지리적으로 권력의 중심에 밀착되어 있다는 것을 보여주기도 한다. 좀 더 면밀하게 관찰해보면 수많은 회원이 대학 교수일 뿐 만 아니라 연구소 또는 대학의 대표이기도 하다는 것을 발견할 수 있다.

정보이다. 대부분의 잡지가 온라인상에 저자를 명기한 지난 발행물의 아카이브를 저장해두 고 있기 때문에 이 정보는 쉽게 활용할 수 있었다. 특히 어떤 싱크탱크나 정책 연구 센터에 소속되어 있는지, 그리고 국가기관 또는 국제기구에 대한 비정기적인 자문 관계에 주의를 기울였다.

이 샘플에 나타난 전공별 분석은 좀 더 자세한 모습을 보여준다. 가장 두드러진 것은 이 같은 민주주의에 대한 국제 전문성의 학문적 구성이 무엇보다도 정치학의 장에서(또는 대학이나 '정부'에서) 이루어진다는 점이다. 이 샘플의 92.3%에 해당하는 회원의 전공이 정치학이었다. 약간의 예외로 법학·역사학·사회학 전공자가 포함되어 있다. 정치학 내부에서도 세부 전공별로 분류해보면 국제관계·비교정치·지역연구·공공정책의 중요성이 두드러진다. 좀 더 구체적인 세부 전공별 분석은 라틴아메리카 연구(19%), 아시아 연구(17.5%), 비교정치(12.7%) 순서로 중요성을 보여준다. 반대로 법학(4.9%), 정치경제학(6.3%), 아프리카 연구 및 중동 지역 연구(6.3%)는 그다지 중시되지 않았다.

여기에서 민주주의와 인권의 장의 몇 가지 중요한 구조적 특징을 발견할 수 있다. 첫째, 이 장이 강요하려는 전문성과 이 장이 생산하는 민주화를 위한 정치 기술은 모두 정치학에 뿌리를 두고 있다. 정치학자들은 이처럼 확대되어가는 실천의 장을 학문적으로 정당화하고, 이러한 실천의 장의 중요한 문제에 답하기 위한 도구들을 제공하기도 한다. 또 정치학은 어느 정도는 사회학적이고 법률적인 접근 방법에 대항해 동원되는 것처럼 보인다. 이것은 앞서 살펴본 바와 같이 민주주의 촉진이 자유주의적 인권 해석과 이것의 정치적 실행에 반대해 만들어졌음을 반영한다. 이러한 양상이 정치학에서는 더욱 복잡한데, 정치학이 동질적인 학문이 아니며 내적 갈등과 투쟁에 불편하게 위치하고 있기 때문이다. 정치학을 이루고 있는 다양한 세부 전공은 상이한 역사와 방법론적 분열의 고착, 매 시기에 따라 상이한 주제에 대해 정책 입안자들이 학문적 작업에 요구하는 상이한 수요, 박애주의 재단들이 촉진한 과거 연구 프로그램들의 결과이다. 그것들은 학문 시장에서 똑같은 '가치'를 가지고 있지 않으며, 학문적 경계의 밖에서 똑같은 정책 수요자들을 확보하고 있지도 않다. 연구이사회 회원들의 이 같은 세부 전공과 사회적 특징의 상관관계는 이러한 차이점들을 명확하게 보여준다.[21]

아프리카 연구와 정치경제학처럼 전통적으로 주류 학문 패러다임과 정치적 패러다임을 비판해온 세부 전공들은 대개 발전에 관심을 기울였으며, 미국국제개발처나 해외발전위원회(Overseas Development Council) 같은 기관에 밀착되는 경향이 있었다. 이 전공들은 정치적 자본을 더 적게 소유했다. 즉, 싱크탱크의 세계와 저명한 공공정책 연구소에서 소외된 분야였으며, 학문적인 면이나 정치적인 면에서 열세에 놓인 전공이었다. 한편 이 분석을 통해 외교정책 기구에 좀 더 온전하게 통합된 전공들을 발견했다. 특히 동유럽 연구와 아시아 연구가 그 사례이다. 동유럽 연구는 러시아나 소련 연구(재정적으로 매우 풍부한 지원을 누렸던 연구 프로그램이자 정부 기관과 유착된 프로그램)에서 발전한 장이다. 이 분야에서 전문성은 국제전략문제연구소처럼 외교정책을 분석하는 데 중요한 기관들과 학술지 ≪포린 어페어스≫에 좀 더 밀착되고 덜 학문적인 경향을 보여준다. 또 국무부나 안보·외교정책을 다루는 국가기관들에 연계되어 있기도 하다. 바로 이 때문에 이 분야의 전문성은 보수적인 면을 지향하는 경향이 있다.

이 전공들은 비교정치학, 그리고 좀 더 넓은 사회 이론의 세부 전공들과 대조를 이룬다. 비교정치학과 사회 이론들은 더욱 비판적인 동시에 정책 지

---

21 이러한 분석은 동질성 분석(homogeneity analysis)으로 알려진 광범위한 통계 처리의 결과이다. 이는 산포도(scatter-plot) 형태로 상이한 양식의 범주적 변수(categorical variables) 간 공간적 관계를 보여준다. 두 양식이 가까울수록 이 속성들이 관련되는 경향이 더욱 강하고, 두 양식이 멀어질수록 그것이 반영하는 속성들은 더욱더 서로를 배제하는 경향이 있다. 따라서 기관들과 연구 분야 사이의 사회적 '친밀도'를 측정할 수 있다. 데이터 소개와 각 단계에 걸친 데이터 처리에 대한 긴 설명을 피하기 위해 이 분석의 주요 결과만을 간략히 서술했다.

향적인 지역연구가 지배하고 있었다. 이 전문성의 장들은 학문적인 면에서 주류가 되는 경향이 있다. 개인 샘플들을 면밀하게 검토해보면 이 전공들은 높은 학문적 평판을 보유하고 수많은 저서를 발표한 인물들과 관계를 맺고 있다. 이 샘플에 해당하는 새뮤얼 헌팅턴(Samuel Huntington), 시모어 마틴 립셋, 피터 버거, 아담 셰보르스키(Adam Przeworski), 후안 린츠, 로버트 퍼트넘(Robert Putnam), 로버트 달(Robert Dahl) 등의 학자들은 광범위한 주제에 대해 글을 출판했고 자신들의 전공의 경계를 초월해 명성을 구축해왔다. 이 '이론가'들은 빈번하게 가장 교조적인 정치학의 방법론적 규율을 따르는 민주주의에 대한 경험적 접근을 옹호해왔다. 또 이 전공들은 유명한 대학들과 관련되는 경향이 있다.

미국민주주의재단을 통해 접합된 민주주의와 인권의 장은 학문 네트워크와 정책 네트워크가 광범위하다. 조슈아 무라브칙, 찰스 페어뱅크스, 시모어 마틴 립셋, 아드리안 카라트니키(Adrian Karatnycky), 또는 신보수주의자들보다 더 보수적인 새뮤얼 헌팅턴이나 프랜시스 후쿠야마(Francis Fukuyama)같이 미국민주주의재단의 이데올로기적 배경, 특히 공산주의에 대항한 투쟁에 더 밀착된 연구이사회의 회원들은 사실 비주류를 대표한다. '민주주의 전문가(democracy expert)' 네트워크 내부의 라틴아메리카 연구의 중요성에 대해서는 설명이 필요하다. 물론 권위주의와 민주화를 가로막는 장애물에 대한 연구는 1970~1980년대에 라틴아메리카 연구의 핵심 주제였다. 이 점에서 이 지식이 정책 전문성을 산출하기 위해 마련되었다는 것은 논리적으로 보일 수도 있다. 그러나 라틴아메리카를 연구하는 '인식 공동체' 내부에서 이 주제들은 무엇보다 세계 경제 구조에서 이 나라들의 열등한 지위에 대한 일반적인 비판과 민중의 정치적 참여를 억압하는 현지의 통치계급을 강화하는 제국주의 정책에 대한 비판적 관점이 서로 맞물려 있었다. 정치학의 이 세부 전공은 베트남이나 그들이 연구하는 지역에 대한 미국의 개입 정책에 강력하게 반대하고, 1960~1970년대의 반제국주의 및 반권위주의에 가담한 소장 학자들을 유인했다. 그중 많은 사람들은 라틴아메리카의 우익 독재에 대한 제국주의적 지원 정책에 직접적으로 반대하여 민주주의와 인권에 대한 연구를 시작했다. 이 우익 독재는 커크패트릭과 그녀의 측근들의 옹호를 받고 미국민주주의재단을 설립한 우익 사회민주주의자들과 냉전의 운동가들에 의해 이론화되었다. 민주화에 대한 초창기 정치학 저술들은 이 전공 내부에서 학문적인 발달의 결과였을 뿐만 아니라 국무부와 유엔 주재 미국 대표단, 그리고 미국민주주의재단이 상호 보완적인 채널을 이루었던 모호한 정책에 대항해 자유주의적 연대를 구축하는 무기이기도 했다. 예를 들어 '민주주의로의 이행'에 대한 첫 번째 공동 저작(O'Donnell, Schmitter and Whitehead, 1986)은 우드로 윌슨 센터와 자유주의적인 미주협의회(Inter-American Dialogue)가 지원한 대항 프로젝트의 일환이었다. 연구이사회 안에서 이러한 비판적인 전통은 웨인 코닐리어스(Wayne Cornelius), 테리 칼(Terry Karl), 스콧 메인워링(Scott Mainwaring), 신시아 매클린톡(Cynthia McClintock), 기예르모 오도넬(Guillermo O'Donnell), 필리프 슈미터 같은 학자들에 의해 대표된다.

이들의 변화에서 유래하는 역설은 학문적 대상과 지정학적 지역으로서 라틴아메리카의 특수한 지위를 고려해볼 때 더욱 두드러진다. 이 학자들은, 미국 헤게모니 정책의 영향을 받았고 공산주의에 대항한 투쟁의 논리에 따르는 이 지역에서 민주화, 권위주의, 해방의 정치에 대한 관심을 발전시켰다. 이 지역의 현장 연구에서 얻어진 그들의 경험과 전공에서 받은 영향은 그들의 작업이 비판적 성격을 가진 원인이 되었다. 이러한 비판적 관점은 1966년에 설립된 라틴아메리카연구협회(Latin American Studies Association: LASA)로 제도화되었는데, 이 단체는 라틴아메리카 연구에서 주류 근대화 이론의 방법론적 압력에 대항해 자신의 특수성을 주장하려고 했다. 다른 학문 기관들과 비교해볼 때 상대적으로 젊은 학자들이 주도한 라틴아메리카연구협회는 1960~1970년대에 분출된 비판적 에너지들을 흡수하기도 했다.[22] 라틴아메리카연구협회는 처음부터 정치학 자체를 근대화 이론의 형태로 라틴아메리카에 수출한 미국 모델에 대한 비판과 정치학을 결합한 정치화된 기관이었다. 이 모든 요소는 연구의 정치화를 촉진했고, 특히 라틴아메리카연구협회와 종속이론 학파 사이에서 발전한 친밀성을 설명할 수 있게 해주었는데, 종속이론은 젊은 세대의 학자들과 학생들에게 더 큰 호소력이 있었다(Packenham, 1992). 정치화되고 네오마르크스주의자와 종속이론 분석에 개방된 라틴아메리카 연구는 이 지역에서 라틴아메리카에 대한 미국 제국주의와 현지의 추종자들에게 비판을 가했다.

이와 같은 외교정책 문제에 대한 정치적 갈등은, 라틴아메리카가 1980년대에 벌어진 인권에 대한 상이한 접근법 간의 투쟁의 상징적 토대 중 하나가 됨으로써 라틴아메리카 연구에서도 오랫동안 유지되었다. 레이건이 당선되기 전에 이미 카터 행정부는 새로운 인권 정책이 제국주의의 도구라고 생각하는 많은 라틴아메리카 연구자들에게서 비판을 받았다.[23] 이러한 반대는 레이건 행정부가 출범한 후 자유와 민주주의 촉진을 통해 반혁명 정책을 재구성하려고 함에 따라 더욱 증가했다. 라틴아메리카연구협회는 이렇게 해서

---

22 로버트 패케넘(Robert Packenham)은 1966년에서 1989년 사이에 "라틴아메리카연구협회의 회장 중 절반 이상이 …… 회장직을 맡을 당시 45세이거나 그보다 더 젊었다"라고 언급했다(Packenham, 1992: 269~270).

23 라틴아메리카 연구 분야에서 보수주의의 예외인 패케넘은 1980년에 개최된 니카라과에 대한 라틴아메리카연구협회 본회의에서 미국 국무부의 미주 업무 차관보 제임스 치크(James Cheek)가 "계속된 적대적인 함성과 야유의 벽을 만났다"라고 회상했다(Packenham, 1992: 278).

새로운 외교정책 입안자들의 정치적인 적수가 되었다.24 이처럼 라틴아메리카는 인권, 민주주의, 미국 외교정책의 문제에 대한 온갖 정치적 반대가 집중된 분야였다. 이러한 모든 이유 때문에 라틴아메리카 연구는 인권운동의 정치적 능력을 발전시키기 위해 반드시 거쳐야 하는 단계로 간주되었다(Neier, 2003: 153).

그렇다면 제국주의의 비판에 토대를 둔 이러한 지식 운동이 역설적으로 새로운 형태의 국제 헤게모니나 일종의 상징적(법률적·정치적·경제적) 제국주의를 정의하는 전문성으로 바뀐 것은 무엇을 설명해주는가? 여러 가지 면에서 냉전의 종식은 제2차 세계대전 직후에 일어났던 사건들을 연상시키는 역설적인 수렴들을 발생시켰다. 미국 외교정책 입안자들과 좌파 진영에서 전체주의 및 제국주의를 비판한 사회주의자들 간의 동맹이었던 1950년대의 '민주주의 성전'과 마찬가지 방식으로, 1990년대의 민주주의 촉진은 미국 제국주의에 대한 비판을 통해 결집된 학문 네트워크들과 좌파 진영의 신보수주의 상속자들을 똑같은 제도적 틀 안으로 끌어들이는 데 기여했다.

1960년대 사회운동의 탈급진화에 관한 일부 사회학적 연구는 이러한 변화를 새로운 합의를 향한 신좌파의 일반적인 전환의 한 부분으로 해석하거나, 캠퍼스에 몰려 있었던 비판적 에너지의 희석을 보여주는 사례로 설명한다. 이러한 관점에서는 학문적인 전문화가 그러한 변동을 이끈 중요한 요소였음을 강조한다(Levitt, 1984; Jacoby, 1987; Katsiaficas, 1987). 이러한 설명들이 사실 어느 정도 답을 제공해주기는 하지만 여기에서 다루는 특수한 문제들을 설

---

24 예를 들어 라틴아메리카연구협회는 1984년 니카라과의 선거를 감시하기 위해 대표단을 파견하고 미국의 선거 조종에 대해 비난하는 보고서를 발표했는데, 라틴아메리카연구협회의 회장 웨인 코닐리어스를 포함한 이 보고서의 작성자들은 이러한 보고서가 "의회 내부의 레이건 대통령 반대자들을 도울 수 있기를" 희망했다(Packenham, 1992: 286에서 재인용).

명하기에는 너무나 일반적이고 기계적이다. 전문화의 역할은 이 설명이 제시하는 것보다 더욱 복잡하고 매우 다양한 방식으로 작동한다. 필자는 이 문제에 대해 상이한 정치 어젠다를 촉진하는 데 활용된 레퍼토리들과 전략들의 유사성에서 또 다른 설명이 발견되어야 한다고 생각한다. 레이건의 외교정책에 반대하기 위해 몇몇 실천적 학자들은 자신들의 비판을 더욱 효과적으로 만들기 위해 자유주의적 정책 기획자들 및 우드로 윌슨 센터, 미주협의회, 외교협회 같은 기관들과 밀착했다. 또 자신들의 전략을 정책 지향적인 연구와 주창(advocacy)의 기준에 맞춰야만 했다. 사실 미국민주주의재단 연구이사회에 소속된 수많은 라틴아메리카연구협회 학자들은 이와 같은 '전문적' 접근을 대표한다. 예를 들어 에이브러햄 로웬탈(Abraham Lowenthal)은 라틴아메리카에 대한 신보수주의 정책을 비판했을 뿐만 아니라 과도한 정치화에서 비롯된 라틴아메리카연구협회 내부의 학문적 실천운동을 "전문 규범의 위반"으로 간주하고 비판했다(Packenham, 1992: 175에서 재인용).

이와 유사한 주창 활동의 전문화 과정이 정치경제학과 같은 다른 '비판적' 전공에서도 일어났는데, 여기에서는 신자유주의 정책의 정치적 결과를 비판한 몇몇 연구자가 세계은행 내부에서 어렵게 동지들을 발견할 수 있었고, 점차 자신들의 비판을 정책 지향적 처방으로 바꾸었다. 즉, 인권과 민주주의를 둘러싼 투쟁은 점차 정치적·이데올로기적 수준에서 전문적 수준으로 이동했다. 이러한 전투는 양쪽 진영에서 똑같은 도구와 똑같은 무기로 똑같은 이상을 내세우면서 치러졌다. 그것은 전문적인 지식의 전투가 되는 경향이 있었다. 게다가 신보수주의에 대한 자유주의적이고 학문적인 비판자들은 미국 헤게모니의 강요에 대항하려고 노력했지만, 전통적인 헤게모니 기관들에 의존하게 되었다. 즉, 박애주의 재단, 정책 연구 센터, 국제 문제 및 학문 네트워크, 그리고 미국에서 만들어진 정치와 경제 개념의 또 다른 전통적 수출자들에게 의지하게 된 것이다. 결국 그들은 그 어떤 사회적·정치적 변동의 계획에서도 피해갈 수 없는 행위자인 이 기관들의 역할을 공고히 했다.

물론 몇 가지 중요한 상황적 요소가 민주주의와 인권에 대한 정책 전문성의 통합적 장의 출현과 과거에 적대적이었던 정치 요소 간의 수렴을 가능하게 하기도 했다. 공산주의의 몰락은 저개발국가들에서 권위주의 독재의 전략적 가치를 감소시켰고, 미국 행정부와 미국민주주의재단은 라틴아메리카에 대해 유효한 전략으로서 제한적인 정치적 자유화를 지지하게 되었다. 이것은 특수한 형태의 협력을 가능하게 했다.25 그러나 이데올로기적 전쟁터에서 정책 전문성과 연구를 위한 시장으로의 변화는 대개 이러한 투쟁과 거기에서 승리하기 위해 사용된 전략의 성격에 따라 결정되기도 했다.

민주화 과정을 분석하는 정치학자들의 바뀐 입장은 그들의 전공 변화에도 영향을 미쳤다. 저개발국가들에서의 경험과 이 국가들에 대한 연구 경험은 수많은 연구자를 환경 문제에서 국내 정치의 국제적 차원에 이르기까지 민감하게 만들었다. 이제 그들이 민주주의와 인권을 촉진하는 국제 네트워크에 개입했고, 그들은 수월하게 이 새로운 민주화의 '국제 행위자들'을 이론화하고 정당화할 수 있게 되었다. 민주화를 이런 초국가적 행위자들과 연계하는 모든 학문적 저술은 이렇게 생산되었다(예: Quigley, 1997; Whitehead, 1996). '비교민주화 연구'의 발전은 이러한 변화의 직접적인 결과였다.

---

25 예를 들어 미국민주주의재단은 1988년 칠레 대통령 선거에서 피노체트(Augusto Pinochet)에 대한 반대투표를 지지했다. 이 사건은 미국민주주의재단이 더 광범위한 학문 공동체와의 관계를 구축하는 전환점이 되었다. 미국민주주의재단의 충원도 이데올로기적 고려보다는 전문적 고려에 의해 이루어지게 되었다. 1990년대 초반 미국민주주의재단은 칠레와 페루 포드 재단의 옛 간부였던 마이클 시프터(Michael Shifter)를 라틴아메리카 및 카리브 프로그램 국장으로 고용했다.

대학 교과목이 새로운 세계 환경을 성찰하도록 바뀌었다. 교과 내용은 수정되었고, NGO, 시민사회, 민주주의 및 이와 관련된 주제에 관한 다양한 새 강의가 도입되었다(Quigley, 1997: 566).

이렇게 해서 민주주의 촉진은 사회과학 연구를 범세계적인 정책 처방과 전문성의 시장 구성에 연결시켰으며 방법론과 모델, 어젠다 순환을 쉽게 했다. 여기에 관여한 한 실무자는 다음과 같이 기술했다.

민주적 이행을 지원하기 위한 프로그램을 설계하는 관료들도 사회과학자들이 언급하는 것에 민감하게 반응하고 관심을 가지는 것처럼 보이는데, 이는 그들이 똑같은 질문에 대한 대답을 구해야 했기 때문이다(Barkan, 1997: 376).

현재 이러한 헤게모니 전문성의 토대를 이루는 지식의 생산이 다음 장의 주제가 될 것이다.

제3장

발전 엔지니어에서 민주주의 의사로

근대화 이론의 성공과 실패

　미국 외교정책 담론에서 민주주의와 인권이 중심이 된 것은 민주화의 과학 또는 "원형 과학(proto-science)"(Schmitter, 1994)을 만들려는 학문적인 노력과 궤를 같이해왔다. 미국 주요 대학에서 인정된 커리큘럼인 '민주화 연구'의 제도화는 정치학에서의 장기적인 이론적 혁신 과정의 결과이다. 이 혁신은 1950~1960년대의 주류 연구 프로그램이었던 근대화의 정치사회학이라 불린 옛 이론에 대항해 발전했다. 근대화 이론은 서구 사회의 특정한 역사적 발전에 보편적인 가치를 부여한 학문적 전통에 입각해 있었으며, 자유주의적 사회 진보 이데올로기와 관련되어 있었다. 근대화론에 대한 학문적이고 정치적인 대응은 덜 구조적이고 행위자 중심적이며, 결국에는 정치적 민주화에 대한 접근을 모색하게 되었다. '민주주의로의 이행'이라는 이 새로운 정치학을 지지하는 대다수 사람들(예: O'Donnell and Schmitter, 1986; Whitehead, 1996; Linz and Stepan, 1996)은 근대화 이론의 요람이었던 '비교정치학'의 학문적 전통에서 왔으며 주로 정치학의 행태주의 혁명 전성기에 훈련받은 세대에 속했다. 그러나 그들은 정치 행위와 민주주의 체제의 '기술(crafting)'에 초점을 맞추기 위해 구조적이거나 기능적인 유형의 분석을 포기했다(DiPalma, 1990).

근대화 이론이 개발 지원과 해외 원조 정책에 부합하는 것이었다면, 비교 민주화와 민주적 '이행'의 분석은 해외 원조의 수준을 줄여나간 발전 이데올로기의 위기 상황을 반영했으며, 인권 개념에 기초해 범세계적인 헤게모니를 추구한 신보수주의 이데올로그들이 옹호한 민주주의 촉진 정책의 출현과도 관련이 있었다. 여기에서는 이런 변화를 분석하고 학문적 사회과학과 주요 외교정책 독트린 간의 '조정(fit)'에 대해 설명한다. 이번에는 그것의 과학적 형태와 이론적·학문적 표현을 검토할 것이다. 학문적 생산물과 외교정책 간의 상응을 설명하기 위한 한 가지 방법은 사회과학의 장이 국가권력의 장으로 종속되는 과정을 보여주는 것이다. 법학·경제학·정치학은 종종 정책 결정을 위해 사용된 전공들이었다. 박애주의 재단들 및 이 재단들과 관계된 사회적·정치적·지적 엘리트들은 전통적으로 이러한 의존과 복잡한 종속의 관계를 매개하는 사람들이었다. 대학의 역할과 국제적 학문 교류, 전공의 분화, 사회과학 연구 프로그램의 성격 등은 냉전 시기에 중요한 정치적 게임이 되었으며, 주요 재단들이 적극적으로 관리했다(Berman, 1983; Simpson, 1998).

기존의 사회과학 연구들은 자료를 풍부하게 활용해 현실을 설명하지만 너무나 조잡한 기능주의에 사로잡혀 있다. 이 연구들은 적어도 다음의 두 가지 이유로 사회과학의 발전에 관여한 역동적인 힘들을 단순하게 설명할 뿐이다. 첫째, 학문과 국가권력의 장 사이의 상호 의존은 명확한 주종 관계를 의미하지는 않기 때문이다. 과학적인 연구는 단지 정치적인 요인들을 반영하거나 이것의 명령을 따르기만 하지는 않는다. 과학적인 연구는 이 요인들을 내적인 학문 투쟁으로 전환하는데, 이 투쟁은 서로 다른 논리를 따른다. 그리고 학문적인 명제들은 외부의 영향으로 환원될 수 없는 고유한 구속력을 드러낸다. 다시 말해 민주화를 다루는 신세대 이론들의 등장은 '학제 간 발달'과 '정책 결정의 장에서 학자들의 구조적 지위 변화' 사이의 긴장의 문제로 간주되어야 한다. 둘째, 이 투쟁이 서로 다른 논리를 따르는 것은 특히 민주화 연구와 민주화의 새로운 기술 발전을 통해 라틴아메리카에 대한 미국 외교정책을 정치적으로 비판함으로써 자신들을 다른 세대와 구분해온 정치학자들의 세대에 큰 빚을 지고 있기 때문이다. 외교정책 결정에 구조적으로 의존하고 종속되어 있는 것으로 사회과학을 묘사하는 것은 이러한 역설을 설명해줄 수 없다. 1980년대에 사회과학 연구 프로그램과 정책 어젠다 간의 수렴은 특히 정치적 시각이 서로 대립된 정책 행위자 간의 수렴이기 때문에 다양한 유형의 설명을 필요로 한다.

따라서 서로 다른 상황에 처한 행위자들이 추구하는, 서로 대립되기까지 하는 전략들이 어떻게 수렴되거나 상호 기능적인 것이 될 수 있었는가에 대한 명확한 이해가 요구된다. 정치학 연구를 정책 목표에 체계적으로 종속시키려는 거대한 계획이 있었을 것이라는 생각은 온건한 형태의 음모론으로 이어지곤 한다. 또한 이러한 시각은 가끔 학자들을 분열시키거나 이들을 외교정책 이스태블리시먼트에 대립시킨 현실적인 갈등을 이해할 수 없게 만든다. 이는 이 갈등들이 사회과학자들과 특정 정치 엘리트 간에 서로 다른 '담론 동맹'[1]이 출현하는 데 어떤 기여를 했는지에 대한 적절한 이해를 선험적으로 배제한다.

정치적 근대화의 어젠다와 그 후의 민주주의를 향한 이행의 어젠다는 이러한 '담론 동맹'에 의해 촉진되었으며, 그것의 형성과 해체가 이 장에서 분석될 것이다. 또한 민주화 경로에 대한 개념화의 변화 — 한 사례에서는 사회적 근대화, 다른 사례에서는 신자유주의 경제 상황에서 제한적인 민주주의 촉진과 권위

---

1 사회과학과 근대국가 출현의 관계에 대한 피터 와그너와 비요른 위트록(Björn Wittrock)의 저작에서 '담론 동맹' 개념을 빌려왔다(Wagner and Wittrock, 1987).

주의 통치의 종말 과정의 통제 — 가 미국 정책 목표의 중요한 변화에서 비롯되지 않았음을 보여준다. 두 가지 사례에서 목표는 점진적인 정치 변동의 개념들을 촉진하는 정치적·기술적·지적 엘리트의 국제 네트워크를 만들어내는 것이었다. 냉전을 통해 탄생한 이 프로젝트는 '근대화'의 학문적 내러티브에 의해 정당화되었다. '전통적인' 사회는 기능적인 분화를 경험하면서 현실적으로 근대 자유민주주의로 해석되는 일종의 정치적 다원주의를 향해 진화했다. 탤컷 파슨스(Talcott Parsons)의 구조기능주의의 영향을 받은 근대화 이론은 근대화에 대한 미국식 이해를 반영했고, 그것을 모든 지역에 수출하고 적용할 수 있는 보편적인 모델로 변형했다. 그러나 이러한 헤게모니 이론의 종말에 가장 기여했던 학자들과 헤게모니 이론의 제국주의적 정치 의미를 비판한 학자들은 사실 1980년대에 출현한 민주주의 촉진을 위한 개입 정책을 위해 새로운 사회과학적 틀을 제공했다.

1. 냉전적 사고: 근대화 이론과 냉전 정책

필자는 1960년대에 번성했던 연구들과 이것을 뒷받침한 정치 시스템의 비교 분석에 관한 주류 연구 프로그램을 '근대화 이론'이라고 부른다. 대부분의 전후 미국 정치학을 형성한 이 연구 어젠다는 일련의 저작 출판과 동시에 발생했다. 가장 잘 알려진 것은 프린스턴 대학이 출판한 정치발전 연구(Studies in Political Development)와 리틀 브라운 비교정치학 시리즈(Little, Brown Series in Comparative Politics)이다. 그것은 1954년 가브리엘 앨먼드(Gabriel Almond)와 루시안 파이(Lucian Pye)가 지휘한 사회과학연구위원회(Social Science Research Council) 내부에 비교정치위원회(Committee on Comparative Politics)가 설립됨으로써 제도화되었다. 명문 대학과 자금을 풍부하게 활용한 연구 기관들에서 만들어진, 근대화에 대한 이 방대한 연구는 냉전적인 사고, 특히 제3세계의 독립 이후의 발전에 영향을 받았다.

제2차 세계대전 이후 유럽의 재건이 완성되자 미국 외교 및 원조 정책은 점차 제3세계를 지향하게 되었는데, 이곳에서의 탈식민화 과정이 미국과 소련의 대립을 야기했다. '발전'의 문제가 처음으로 만들어진 것은 바로 이러한 역사적 맥락에서였다(Bromley, 1995). 발전은 무엇보다도 자본의 국제적인 순환을 확장하고, 해외 잉여를 수취하여 미국의 번영을 유지한다는 두 가지 문제에 답해야 했다. 초기부터 기업과 박애주의 세계의 통찰력 있는 부문들은 미국 경제의 취약성을 인식했고, 해외 무역과 투자를 증가하기 위해 노력했다(Berman, 1984: 44). 다른 한편으로 제3세계에서의 반식민 민족주의의 발흥은 이러한 목표에 위협이 되었을 뿐만 아니라, 소련의 영향력이라는 망령을 깨움으로써 국제 질서의 안정에도 심각한 위협이 되었다.

정치적 독립은 많은 제3세계 지도자에게 경제적 자율성을 의미하는 것이 었지만(Mosley et al., 1991: 3), 탈식민화는 제3세계 국가들이 무역·투자·번창하는 외국 기업에 대한 국가의 규제를 도입하게 됨에 따라 해외 원조를 촉진해온 자유주의 경제 모델을 파괴하는 것이었다. 이런 발전이 식민지에서 해방된 나라들을 소비에트 블록에 밀착되게 할 것이라는 우려도 있었다. 이 문제는 개발원조의 논리와 내용을 수정했다. 이제 탈식민화 과정을 통제할 필요가 있었다. 제3세계 민족주의를 범죄시했던 과거의 전략은 점차 민족주의를 (잘 통제할 수 있다면) 소련 제국주의에 대항하는 잠재적 방어가 될 수 있을 것으로 간주하는 긍정적 접근으로 대체되었다(Füredi, 1994: 66ff). 미국은 어떤 국가가 자본주의 경제를 향한 변화에 근본적으로 도전하지 않고, 동시에 소련의 손아귀에서 놀아나지도 않는 '정당한' 민족주의를 지지하기 시작했다.

또한 옛 식민국가에서 '국가 건설' 과정에 대한 원조는 정치적인 유대 관계를 발전시키고 이 나라를 안정화할 수 있는 자본주의적 발전 유형을 촉진하는 방법이기도 했다. 이런 맥락에서 개발원조는 로버트 우드(Robert E. Wood)가 '방어적 근대화(defensive modernization)'라고 부른 것을 촉진하기 위해 고안된 주요한 정책 도구였다(Wood, 1986: 76). 핵심은 개발도상국들이 냉전적인 지정학적 균형을 와해하는 사회적 격변을 겪지 않으면서 사회적·경제적 근대성과 국가 건설을 성취할 수 있도록 만드는 것이었다. 미국의 원조를 받는 근대화의 핵심은 월트 로스토(Walt Whitman Rostow)가 이론화한 것처럼 공산주의 혁명을 억제하는 것이었다(Rostow, 1960). 근대화 이론가들은 근대화 과정이 자극하는 정치 참여의 확대가 전통적인 정치제도를 붕괴할 것을 우려했기 때문에 특히 정치 권위의 구조에 관심을 기울였다(Huntington, 1965; Huntington and Nelson, 1976; Pye, 1966). 민주주의는 경제와 함께 발전하는 근대성의 속성으로 간주될 수 있었지만, 미국 정치사회학자들과 정치학자들이 예상한 민주화와 자유민주주의를 향한 모든 충격은 강력한 권위에 대한 집착과 모호하게 얽혀 있었다.

근대화 이론이 세계정세에 대한 미국의 인식을 반영한 것은 이 연구 프로그램이 외교정책 이스태블리시먼트와 그들이 지배한 박애주의 재단들의 직접적인 감독으로 만들어졌기 때문이다. 전후 외교정책 담당자들은 미국이 다루고자 하는 지역들의 정치적·사회적 현실에 대해 정보를 제공할 학자들을 훈련시켜야 한다는 점을 일찌감치 깨달았다. 박애주의 재단들은 제2차 세계대전이 끝난 직후 CIA를 비롯한 안보 기관들과 협력하여 지역연구와 비교정치 분야의 학문 기관들을 설립하는 데 막대한 투자를 했다. 이 전략은 포드 재단의 총재로서 안보 정책 형성에 신뢰할 만한 정보를 제공한 셰퍼드 스톤(Shepard Stone)의 지적처럼 '능력 있는 젊은 학자들'을 양성하는 것이었다.

상호 연결된 지역연구와 근대화 이론은 일종의 학문적 제국주의, 또는 요한 갈퉁(Johan Galtung)의 말처럼 '과학적 식민주의(scientific colonialism)'를 반영했다. 과학적 식민주의란 "국가에 대한 지식 획득의 중심이 해당 국가의 외부에 자리 잡고 있는 과정"을 말한다(Galtung, 1979: 168~169). 지역연구와 근대화 이론은 일단 북아메리카에서 실행된 후 발전 전략, 정책 처방, 경제 비법의 형태로 제3세계에 적용되기 위해 수출되었다. 컬럼비아 대학의 러시아연구소(Russian Institute), 하버드 대학의 러시아연구센터(Russian Research Center), 극동협회[Far Eastern Association, 훗날 아시아연구협회(Association for Asian Studies)로 변경]는 냉전적인 학문 어젠다를 중심으로 설립된 최초의 기관들이었다.[2]

1950~1960년대에 박애주의 재단들은 지역연구와 비교정치학의 하위 전공들을 만들기 위해 막대한 자원을 활용했다. 에드워드 버먼(Edward Berman)에 따르면, 포드 재단은 '거의 단독으로' 미국 대학들에 주요 지역연구 프로그램들을 만들었다(Berman, 1983: 102). 이 재단은 1953년부터 1966년까지 34개 대학에서 지역 및 해외 언어 연구를 위해 2억 7,000만 달러에 달하는 자금을 지출함으로써(Cumings, 1998), 새로운 전공의 경계들을 구축하고 정치학의 장을 재구성했다. 또한 포드 재단은 사회과학을 위해 '행태주의적' 어젠다를 적용하고 1953년 팔로 알토에 행태과학 고등연구센터(Center for Advanced Study in the Behavioral Sciences)를 설립함으로써 결국 정치학의 학문 구조를 바꾸어 그것을 정치 이론에서 분리할 수 있었다(Seybold, 1980; Gunnell, 1988).

---

2   이 전략은 지역연구들을 지원하거나, 하버드 대학의 국제문제센터, MIT의 국제연구센터, 조지타운 대학의 전략연구센터, 버클리 대학의 국제연구소, 프린스턴 대학의 국제연구센터 같은 일반적인 국제 문제 연구소들이 설립되도록 지원했다.

정치학의 재조직은 박애주의 재단이 촉진한 경험적 응용사회과학의 오랜 전통을 따라 이루어졌다. 이 전통은 '사회 통제'를 발전시키기 위해 자연과학과 유사한 형태로 사회과학을 모델화하는 것이었다. 또 지역연구에서 전통적인 교육을 과학적으로 만들려고 한 행태주의는 포드 재단의 매우 실용적인 전략적 관심을 사회과학적 언어로 바꾸어놓을 사람들의 훈련을 촉진하기도 했다. 이렇게 해서 1950~1960년대에 근대화 이론은 외교정책 입안자들의 전략적 신조와 정치학자들의 가설 사이의 수렴을 제도화했다. 사회 발전을 이룩하기 위한 기술적·도구적 능력에 대한 자유주의적 믿음은 이 연구 어젠다와 개발원조 정책 프레임의 공통된 토대였다. 그것은 당시에 특징을 이루었던 (정치적) 독트린과 (학문적) 이론의 만남을 가능하게 했다(Packenham, 1973: xvii).[3] 학문적 지위, 국가 관료 기구, 박애주의 재단, 국제기구 간에 똑같은 인력의 순환으로 관점의 수렴이 촉진되었다.[4]

이처럼 박애주의 재단은 어젠다 형성에서 중요한 역할을 했다. 예를 들어 포드 재단은 1960~1967년에 두 차례에 걸쳐 근대화 과정을 이해하기 위한 학문적 틀을 제공하려 한 루시안 파이와 가브리엘 앨먼드, 그리고 그 동료들의 노력을 후원했다. 정치발전 연구 시리즈는 무엇보다 이러한 재정 지원의 결과였다. 카네기 재단도 파이의 『정치발전의 국면들(Aspects of Political Develop-

---

3 패케넘은 이렇게 주장한다. "나는 정책과 정책결정자들에 대한 사회과학의 기여에 대해 조심스럽게 낙관했지만, 현재는 독트린과 이론 간의 유사성과 정책 개선에 대한 지침으로서 이론의 상대적인 빈곤성에 충격을 받고 있다"(Packenham, 1973: xviii).

4 여러 관계들을 매개하는 사람들의 사례로 필립 모슬리(Philip Mosely)를 들 수 있다. 그는 1950년대 컬럼비아 대학의 러시아연구소 소장이었고, 포드 재단의 몇몇 이사회 멤버였으며, 외교협회의 회장을 지냈고(1952~1956년), 1950년대 초반에는 미국정치학회의 저명한 지도자이자 CIA의 최고 자문가였다. CIA에서 그는 기관의 업무를 위해 몇 차례 숙청을 단행했다(Cumings, 1998 참조).

ment)』(1966)을 적극적으로 후원했는데, 파이는 외교정책 이스태블리시먼트와 근대화 이론가들의 공생 관계를 가장 명확하게 밝힌 학자였다.

국제적 안정을 유지할 책임을 느낀 사람들은 근대화 과정을 촉진하기 위해 노력을 경주한다. 모든 사회는 근대화 과정을 통해 사회변동 과정이 국제 시스템의 안정성 붕괴를 겪지 않도록 모색하며, 또 근대화 과정을 통해 안정된 국가가 될 수 있다. 근대화의 결과로 나타나는 갈등은 이 시기에 미국 외교정책의 가장 중요한 대상이 되었다(Pye, 1966: 8).

학문적 장에 대한 외교정책 이스태블리시먼트의 개입은 학문 연구 기관과 정책 결정자 간에 점증하는 상호 작용과 사회적 유사성을 반영했다. 또 그것은 경제적 근대화를 촉진하고 이에 따르는 정치적 위험을 제거하기 위해 계획된 외교정책, 특히 해외 원조 계획을 위한 도구들이 현실적으로 작동할 수 있게 해주기도 했다. 장기 개발원조를 담당한 케네디의 자문 그룹은 ─ 이른바 '찰스 리버(Charles River)' 그룹으로 알려진 이 그룹은 대부분 MIT와 하버드 대학에서 충원되었다 ─ 이 시기에 미국국제개발처나 세계은행 같은 개발기구의 작업을 강조하면서 '더욱 특수하고 계량적인 지원 기준'을 모색했다. 계량화와 조작화, 그리고 검증 가능성을 강조하면서 근대화 이론은 발전기술관료제에 완벽한 과학 이데올로기를 제공했다. 이 이데올로기는 기술관료적 해결책과 정치적 신념뿐만 아니라 실용주의도 고려한 사회 개혁 임무를 결합하려고 했다(Dezalay and Garth, 2002). 사실 점진적인 사회 개혁은 개발도상국을 향한 미국 전략의 중심 요소였다. '근대화 과정의 폭발성'을 줄이고 '도약'을 달성하는 것은 경제적인 투입뿐만 아니라 토지 개혁, 조세 개혁, 자발적인 조직들, 더욱 확대된 정치 참여 등 사회변동도 필요하기 때문에, 냉전적인 근대화 정책은 더 향상된 민주주의, 사회적 개선, 개인적 복지의 전제들을 포함해야 했다. 기술적 자문가, 발전 엔지니어, 행정관, 사회과학자를 망라하는 이처럼 복잡한 정책 행위자들은 자신들을 정당하고 자비로운 사회 개혁의 행위자로 간주할 수 있었다. 따라서 이 전문 그룹은 과학성의 기준으로서뿐만 아니라 해방의 이데올로기로서 작동하기도 하는 기술정치적 담론을 통해 도덕적인 속성을 부여받았다. 근대화 이론의 한 주창자에 따르면, "미국의 해외 활동에서의 문제는 더 이상 미국의 권력을 대표하지 않고, 다른 나라들이 발전의 야망을 성취하도록 효과적으로 도울 수 있는 방법을 파악하는 것"이었다(Pye, 1966: 4).

2. 학문적 게임의 대상으로서 근대화

근대화 이론은 미국 외교정책 입안자들의 입장과 세계에 대한 인식을 반영하고, 박애주의 재단들의 재정적 지원을 누린 학문 기관들을 통해 제도화되었다. 이 이론은 객관성과 보편성, 형식주의, 가치중립적 개념들을 강조하고 있음에도 사회적 영향을 받은 연구 프로그램으로 보인다. 최근의 한 평가에 따르면 '근대화 분석'에 가장 기여한 사람들은 엘리트 학문 기관에 포진한 미국 사회과학자들이었다. 근대화 모델은 '이스태블리시먼트' 지식인들의 자유적·세속적·개인주의적 가치들의 예상치 못한 표현이었다(Tiryakian, 1991: 170).

물론 이러한 조건은 근대화 이론을 주류 연구 의제로 구축하는 데 유리했다. 그리고 근대화 이론이 어떻게 개발 정책들을 정당화하고 미국의 사회·경제 모델을 보편적인 것으로 변형하여 정치 이데올로기로 기능할 수 있었는지 설명해준다. 그러나 이 연구를 주도한 학자들의 사회적 배경에 대한 고찰은 이 패러다임이 '과학'으로서 작동할 수 있는 능력을 설명하지 못한다. 지역연구와 비교정치학의 성장을 뒷받침한 막대한 재정적 투자만으로는 자신의 방법론을 과학적 기준으로 부여하는 데 성공하고 '지역연구'에 대해 개념적 통일성의 외형을 강요할 수 있었던 근대화 이론의 능력을 설명해줄 수는 없다. 다른 말로 이런 학문 어젠다는 외교정책 이스태블리시먼트의 목적을 따르고 있었지만 그것이 곧바로 학문적 환경에서 진정한 과학 패러다임의 역할을 수행할 능력과 직결됨을 의미하지는 않았다. 마이클 래섬(Michael Latham)은 근대화 이데올로기가 "단면적인 의미에서" 정치적 무기로 작동했지만, "그것은 확고하게 믿음의 체계를 고착한 인지적 틀이기도 했다"라고 주장했다(Latham, 1998: 205~206).

이러한 연구 어젠다가 주요 대학의 정치학과에서 성공적으로 정착한 것은 더욱 놀랍다. 역사적·법률적 지식과 정치 이론 전통의 지배를 받은 정치학에서 지역연구와 비교정치학은 처음에는 열등하고 하찮은 하위 전공으로 간주되었다. 이 때문에 전통적인 정치학 접근 방법을 활용한 학자들은 지역연구를 막대한 재정 지원에 의존하는(이것은 다소 부러움을 불러일으켰다), 지적인 면이 부족한 전공으로 여겼다. 근대화 이론이 지역연구에 정치적 영향을 미쳤다는 점이 더 중요하다. 이 이론은 옛 시스템의 계획을 포함하고 있었다. 근대화 이론은 냉전에 따라 정의된 지리적 구분을 반영하는 새로운 전공이었고, 학문적 분업을 강요했을 뿐만 아니라 단일한 개념 틀을 통해 새롭게 정의된 지역연구의 방법론적 통일을 시도했다. 이러한 계획은 학문 연구의 전통적인 경계를 위협했고 저항에 직면했다. 윌리엄 펜턴(William Fenton)에 따르면, 새로운 지역연구 프로그램들은 "각각 특수한 방법론과 주제를 부여받은 전공들로 인문학의 파편화를 극복하려고 했기 때문에, '학문적 제국주의'

를 반대하는 격렬한 저항에 직면했다"(Cumings, 1998: 163에서 재인용).

근대화 이론은 외교정책 이스태블리시먼트의 공포와 희망을 학문적 합리화의 형태로 담았으며, 다른 한편으로 정치학의 개념적 통일을 시도하기도 했다. 자연과학의 모델을 염두에 둔 근대화 이론은 공식화·수학화·측정에 크게 의존함으로써 자연과학과 같은 정도의 정확성과 엄격성을 확보하려고 했다. 이 계획은 모호하고 가치에 사로잡혀 있다고 간주된 전통적인 정치 이론의 교육과 산만하게 흩어져 있는 지역연구의 역사적 지식에 대항했다. 가브리엘 앨먼드는 "엄격성과 정확성을 향한" 건전하고 건설적인 충동과 "형식 논리와 수학을 정치 연구에 적용할 가능성"에 대해 열정적으로 기술했는데(Almond, 1960: 58~59), 이것은 '근대적' 연구 어젠다에 대한 가장 권위 있는 주장 중 하나였다. 사회공학의 잠재성에 대한 이처럼 높은 기대는 사회학적이고 정치적인 연구에 배어 있는 과학적 도구들과 가치중립적 개념들의 활용에 의지하고 있었다. '검증'과 '실험'을 가능하게 해주는 '조작적(operational)' 개념들에 대한 필요, 신뢰할 수 있는 지식을 계속 축적해갈 수 있을 것이라는 전망, 그리고 사회과학이 공적인 업무 운영에 기여할 것이라는 희망 등이 새로운 믿음의 요소가 되었다.

이러한 과학적 야심은 특히 근대화 이론에서 두드러졌다. 돌이켜보면 실제 성과는 이러한 기대에 훨씬 미치지 못했다. 근대화 이론의 비판자들과 지지자들은 모두 결국 이 연구 프로그램의 실패를 인정하게 되었다. 1960년에 앨먼드는 "첫 번째 노력이 인상적인 결과들을 아직 산출하지 못했다"라고 말했다(Almond, 1960: 58~59). 6년 후에 파이는 이 분야가 여전히 "핵심적인 정확성을 거의 확보하지 못하고 있다"라고 주장했으며(Pye, 1966), 다양하고도 혼동된 '정치발전'의 의미들을 구분하는 데 수반되는 어려움을 강조했다. 이러한 진단은 전체 연구 프로그램이 계속된 위기를 맞은 1970년대 초반에도 크게 달라지지 않았다. 또한 이 연구의 비판자들이 학문 공동체 내부에서 정당한 과학 규범으로서 이 연구의 지위에 대항해 근대화 이론의 이데올로기적 기능을 공격하도록 이끌었다(Cammak, 1997).

근대화 이론의 이데올로기적 요소들이 명확하고 잘 알려져 있으며 핵심적이었는데도 비판자들은 전체적인 모습을 설명하지 못한다. 정치학과 내부에서 근대화 이론의 성공적인 제도화는 이 이론의 과학적인 위장에서 비롯되었다. 행태주의가 약속했고 근대화 이론으로 구체화된 정치의 '과학화'는 사실상 정치학의 전문화 전략에 기여했다. 이 연구 프로그램과 관련한 복잡한 비교 방법들은, 학문적 지위가 낮았고 그다지 중시되지 않았던 '지역연구' 분야를 재평가할 수 있는 방법을 제공했다. 게다가 근대화가 요구한 광범위한 연구와 방대한 차원의 이해에 활용된 지적 인력들은 일반적으로는 고등교육의 '대중화', 특수하게는 정치학의 대중화와 맞아떨어졌다. 이와 관련된 사례는 파이에게서 발견된다. 파이는 과학적 우월성보다는 미래의 경력 등 직업과 관련된 주장들을 바탕으로 정치발전 연구를 뛰어난 학생들에게 '판매'할 수 있었다. 그는 이 장의 '구심력(central coherence)' 부족을 간파한 후 "신생 국가들의 근본적인 문제에 관심을 가진 학생들은 매우 짧은 기간에 전공을 옮기고, 우리 시대의 중요한 공공정책 문제 해결과 인문 지식의 발달에 크게 기여할 수 있을 것이라 기대할 수 있다"라고 주장했다(Pye, 1966: viii).

이렇게 해서 근대화 이론이나 정치발전론은 학문적 경력과 명성을 향해 가는 지름길을 제공했다. 협소한 지리적 전문화에 갇혀 있고 열세에 놓여 있었던 '지역연구' 정치학자들은 드디어 통일된 방법론의 우산 아래에서 그들 작업의 과학적 특징을 주장할 수 있게 되었다. 행태주의의 챔피언과 고전 정치 이론의 옹호자 간의 긴장과 논쟁은 이러한 학문적 혁명과 관련된 직업적 목표를 드러내 보여준다. 그것은 정치학 내부에서 전통적인 학자의 모습과의 단절과 새로운 프로필, 즉 '전문 기술자(professional technician)'의 등장을 알리는 신호였다. 보수주의적 관점에서건, 급진적 관점에서건 정치 이론은 곧 정치학의 주류 분과가 되었고, 주류 자유주의 패러다임의 주요 비판들이 이곳에서 교차하게 되었다. 정치 시스템의 비교 분석을 위한 '과학적' 기준의 확립은 정치학의 전문화와 (더 넓은 정책 환경 속에서) 정치학의 통합을 위한 길을 열어주었다. 또 객관성과 형식주의의 외피 아래에서 방법론적 선택과 정치적 이익의 수렴을 촉진함으로써 소수의 주도적 학자들에게 막대한 자금과 영향력 있는 지위를 보장해주었다. 행태주의와 근대화 이론의 근저에 놓여 있는, 정치에 대한 형식적 정의는 "더 넓은 환경에서 학문 공동체의 이익에 기여하는 합리적 기능을 수행했다"(Ricci, 1984: 217).

3. 민주주의의 경제적 생산

근대화 이론의 업적을 검토하는 연구 내부에는 개발도상국의 민주화가 과연 바람직한 목표인지, 게다가 이 목표를 기대할 수 있는지에 대한 논쟁이 있었다(Cammack, 1997). 이 과학 패러다임의 역사가들은 근대화 연구 발전의 시기를 두 가지로 구분한다. 첫 번째 시기에는 개발도상국의 민주주의 전망에 대해 강한 낙관주의를 가지고 있었고, 훨씬 더 비관적인 두 번째 시기에는 민주주의보다 안정에 대해 관심을 기울였다(예: Huntington and Weiner, 1987). 근대화 이론가들은 사실 영미식 자유주의를 개발도상국에 이식하려는 이상적인 목표를 명확하게 수립했지만, 이처럼 이상적인 목표는 즉시 실행에 옮겨져야 했다. 대부분의 연구는 이러한 목표가 바람직하다는 것을 인정했지만, 민주화로 향해 가는 길에 놓인 많은 장애물에 대해 경고하기도 했다. 예를 들어 파이는 이 문제에 대해 길게 논의한 후 마지막 대목에서 "이 나라들이 민주주의를 위한 준비가 되지 않았다는 냉소적인 일반화에 상당한 진실이 담겨 있다"라고 말했다(Pye, 1966: 87).

이러한 의구심은 랜드 연구소의 한 연구원이 "저개발 지역에서 중산계급을 찾으려는 비생산적인 탐구"(Halpern, 1963: 51)라고 부른 것에 의해서도 증폭되었고, 미국의 경험과 거대한 중산계급만이 민주주의의 사회적 토대를 형성할 수 있다는 편협한 민주주의 개념을 가진 학자들 때문에 의구심은 더욱 확대되었다. 민주주의에 대한 이 같은 정치발전 독트린과 근대화의 모호함은 이 연구와 이것의 배후에 있는 정치적 계획을 구성하는 요소에서 유래했다. 이 계획은 모순적이었다. 한편으로 개발도상국과 식민 지배에서 해방된 나라들에서 안정을 보장하는 것은 정치적 참여의 확대 없이는 달성될 수 없는 것이었다. 그러나 이러한 참여는 친서구적 정치 엘리트의 영향력을 지속적으로 보장하기 위해 제한되어야 했다. 이 딜레마는 '정치발전 독트린'의 핵심에 놓여 있었다.

민주주의, 안정, 냉전의 요구 간의 관계와 정치학자들의 역할을 가장 잘 보여주는 것 중 하나는 시모어 마틴 립셋의 저작에서 발견된다. 그의 저작과 자서전은 국제 상황, 경험적인 민주주의의 발전, 그리고 비공산주의 좌파의 자유주의로의 개종 간의 복잡한 상호 작용을 흥미롭게 조명해준다. 립셋은 근대화 이론의 절대적인 옹호자는 아니었지만, 핵심적인 방법론적 정향과 특히 강력한 비교 접근 방법을 공유함으로써 민주주의와 근대화의 관계에 많은 관심을 기울였다. '경제발전과 민주주의'(Lipset, 1963)에 대한 그의 1959년 저술은 통계 모델들과 방대한 자료를 활용했다. 그것은 자유주의 체제로 이행하기 위한 사회적 선결 조건에 관한 모든 연구의 출발점이었으며, 여전히 '민주화 이행론' 연구에서 광범위하게 인용되고 있다. 립셋의 주장은 다음과 같이 요약된다. 자유민주주의의 발전은 경제적 부와 높은 수준의 산업화·도시화, 그리고 교육과 상관관계가 있다는 것이다. 이렇게 모아진 지표들은 자세히 살펴보면 사실상 국민경제의 자본주의적 성격과 중산층을 중심으로 형성된 일종의 사회 계층화를 내포하고 있다.[5] 이러한 미국적 편향이 대부분의 근대화 이론에 공통적인 것이었던 반면에, 경제 발전이 "'계급투쟁'의 형태를 결정하는" 방법에 대한 립셋의 관심은 매우 흥미롭다. 과거의 경로에 의존하는 경제발전은 근대화 과정이 산출하는 사회 갈등에 대해 민주적이거나 권위주의적인 해결 방안을 불러일으킬 수 있다. 경제발전은 하층계급의 조건을 개선함으로써 이 계급 사이에서 "세속적이고 점진적인 개혁에 대한 믿음"을 길러내며 그들을 좌익 극단주의에서 멀어지게 한다(Lipset, 1963: 45). 그러나 이러한 것이 일어나기 위해서는 상대적으로 급속한 사회 계층화가 필요한 것으로 보인다. 개방된 재분배 정책에 입각한 평등주의 가치의 강조와 강력한 중산계급의 존재는 립셋의 설명에서 반복적으로 나타나는 구조적이고 이데올로기적인 요소이다. '계급투쟁'의 정치 형태에 대한 립셋의 사회학적 관심은 그가 반스탈린 좌파의 지지자들과 공유했던 공산주의에 대한 정치적 관심을 반영한다. '민주적 사회주의'가 공산주의에 이데올로기적으로 대응하기 위해 유럽에서 촉진되었던 것과 마찬가지로 개혁·발전·재분배 정책도 제3세계에서 똑같은 목적을 위해 촉진되었다.

　신흥 공업국가들에서 산업화 과정은 국내 공산주의를 격퇴함과 동시에 정치적인 격변을 피하기 위해 느리고 점진적인 속도를 유지해야 했다. 민중 부문의 통합은 공산주의 선전이 유리한 토대를 구축하지 못하도록 하는 데 필

5　예를 들어 '부(wealth)'는 1,000명당 라디오·텔레비전·신문의 수나 자동차를 소유한 사람들의 수를 포함하며, 따라서 중산층의 소비 방식을 나타내는 것이었다(Lipset, 1963: 33ff).

요한 것으로 생각되었다. 다른 한편으로 하층계급은 잠재적인 민주주의의 집단 행위자라기보다 파괴적이고 권위주의적인 잠재성을 가지고 있는 것으로 간주되었다. 립셋은 『정치적 인간(Political Man)』에서 권위주의에 이끌리는 노동계급의 사회적인 성향을 설명하는 데 많은 지면을 할애했는데(Lipset, 1960: 97~130), 이것은 독일에서 폴 라자스펠드가 『마리엔탈의 실업자: 장기 실업에 대한 사회학적 에세이(Marienthal)』에서 수행한 연구를 비롯해 실업노동자들의 사회심리 분석까지 거슬러 올라갈 수 있다.[6] 처음에는 실업이 가져온 '생활 범위(life scope)'의 축소를 비판했지만, 사실 나치즘의 사회적 토대에 대해 더 폭넓은 성찰을 담았던 라자스펠드의 연구는 훗날 미국에 수입되면서 다른 모습을 가졌다. '노동계급의 권위주의'라는 주제에 대한 립셋의 연구는 특히 저개발국가에서 공산주의 위협과 관련되어 있었다(Lipset, 1960: 130). 월터 리프먼(Walter Lippmann)과 새뮤얼 헌팅턴으로 통하는 미국 정치학 내부의 모든 엘리트 전통에 따라, 대중이 상대적인 물질적 복지를 누리며 정치적 무관심 속에 계속 머무르는 것이 더 바람직한 것으로 생각되었다. 이러한 엘리트주의적 시각에서 지식계급은 "민주주의를 대표하고 자유롭게 만들 책임"(Lipset, 1963: xxxiv)을 가지고 있었다.

4. '좌파의 인물': 립셋과 근대화의 정치적 의미

립셋의 전기는 근대화 이론의 사회적이고 정치적인 활용을 조명할 수 있게 해준다. 이것은 앞에서 분석한 제2차 세계대전 직후에 완성된 '민주적' 계

---

6 라자스펠드는 마리엔탈 연구가 형성된 과정을 다시 추적했다(Lazarsfeld, 1969).

획과 사회과학 간의 관계의 놀라운 사례를 제공한다. 특히 여전히 마르크스주의와 주류 자유주의의 영향을 받고 있던 옛 사회학적 분석에서부터 모든 세대의 실천적 학자들이 '미국적 가치'들을 수용하고 냉전을 정당화하는 데 도구적인 역할을 수행하게 만들기까지 근대화 이론이 어떻게 지적 가교 기능을 했는지 보여준다.

1922년 브롱크스의 유대인 노동계급 거주 지역에서 태어난 립셋은 "어떤 면에서 사회주의자"(Lipset, 1996b)였고 노조원이기도 했던 한 인쇄공의 아들이었다. 이러한 배경이 그의 초창기 사회주의적 성향을 결정하는 데 중요하기는 했지만 ― 립셋의 회고에 따르면, 그의 아버지는 대공황 기간에 여러 차례 실업을 경험했고 사회주의는 대량 실업을 해결할 수 있는 방법으로 간주되었다 ― 그가 속한 학문 세대의 지적인 분위기가 더욱 결정적이었다. 그와 유사한 배경 출신의 교육을 받은 젊은이들이 그러했듯이 립셋은 뉴욕 시립대학에서 수학했는데, 이곳에서 그는 반스탈린 좌파 그룹에 가담했고 훗날 샤흐트만의 새로운 노동당(Workers Party)의 일원이 되었다. 그러나 그는 곧 필립 셀즈닉(Philip Selznick), 어빙 크리스톨과 함께 노동당을 떠나 사회당과 청년사회주의동맹에 가입했다. 이와 같은 사회민주당을 향한 정치적 변화는 마르크스주의에서의 탈피와 동시에 이루어졌다. 이와 비슷한 시기에 립셋은 학사 학위를 취득한(1943년) 후 컬럼비아 대학 사회학과에 입학했는데, 이곳에서 로버트 린드(Robert Lynd)의 지도를 받았고 로버트 머튼(Robert Merton)과 폴 라자스펠드를 알게 되었다.

『정치적 인간』에 실린 몇몇 논문은 '미국의 계획'의 수용으로 이어지는 이러한 지적 변화를 엿볼 수 있게 해준다. 립셋에 따르면 미국에서 사회주의가 실패한 이유는 본질적으로 미국 자체가 평등하고 거의 사회주의 사회에 가까웠기 때문이다. 물질적인 진보, 완전고용, 하층계급이 소비를 통해 중산계급의 주류 생활 방식을 누릴 수 있게 해주는 개방된 사회의 모델로서, 미국은 '사회문제' 해결을 위한 전제들을 구현했다. 이 모든 발전을 가능하게 해주는 합리적인 사회 개혁은 계급에 토대를 둔 이데올로기보다 우월한 것이었다. 사실 립셋은 "한때 프롤레타리아가 필연적으로 자유, 인종 간 평등, 사회 진보를 위한 힘이 될 것이라고 믿었던 민주적 좌파 지식인"(Lipset, 1960: 97)을 비판하기 위해 노동계급의 권위주의라는 주제를 활용했다. 물론 립셋의 명확한 사회주의 거부는 응용사회과학이 제공한 새로운 경험적 도구, 즉 컬럼비아 대학 사회학과에서 가장 매력적으로 활용된 도구들에 입각한 사회 개혁의 가능성에 대한 그의 믿음과 관련이 있었다.

립셋의 성찰의 중심에는 미국 사회의 특수성에 대한 이러한 주장이 담겨 있는 미국 예외주의(American exceptionalism)라는 주제가 놓여 있었다(Lipset, 1996a, 1996b). 예외주의라는 개념은 대부분 반스탈린 좌파 세대가 그들의 주류 자유주의의 재수용을 합리화할 수 있게 해준 가공물인 것처럼 보인다. 립셋의 경우, 훗날 그의 두 제자가 주목한 바와 같이 "점진적인 변화, 국가권력을 제한하는 정치적 조정에 대한 규범적 관심(normative interest)"으로 해석되었다(Diamond and Marks, 1992: 3).

립셋의 정치적·지적 경력의 나머지 부분은 1930년대 구좌파의 한층 강화된 우경화를 증명해준다. 1970년대 초반 립셋은 벤 와텐버그(Ben Wattenberg)와 미지 덱터(Midge Decter)가 주도하고 민주당 내 반공 지식인들로 구성된 비공식 집단인 '민주적 다수를 위한 동맹(Coalition for a Democratic Majority: CDM)'의 설립자 중 하나였다.[7] 그 후 그는 소련과의 군축 협상에 반대하는 지식인 로비 조직인 '현존 위기에 대한 위원회'에서 미래의 신보수주의자들을 추종

---

7   민주적 다수를 위한 동맹에 대해서는 Ehrman(1995) 참조.

했다. 1980년대에 립셋은 우드로 윌슨 센터, 외교협회, 미국민주주의재단, 미국평화연구소(United States Institute for Peace) 같은 기관에서 지위를 유지했고, 이들 기관에서 만들어지고 실행된 새로운 민주주의 촉진 정책과 미국 민주주의를 해외에 수출하려는 과거의 계획 간의 연속성을 보장했다.

이처럼 근대화 이론은 매우 상이한 지적·정치적 전통의 도가니가 되었다. 마르크스주의와 자유주의 혼합의 첫 번째 파생물로서 근대화 이론은 행태주의적인 정치학의 과학 어젠다와 실용적인 사회 통제 방식을 위해 사회구조 분석을 활용했다. 민주적인 질서로서 근대화 이론이 미국 사회질서를 수용한 것은 시민조직에서 정당에 이르기까지 구조화되고 질서 잡힌 정치 참여의 채널로 중산계급을 인도하는 것에 토대를 두고 있었다. 립셋은 이 이론에 자신의 마르크스크주의적 기원과 중첩되는 토크빌(Alexis de Tocqueville)의 영향을 첨가했다. 민주화에 대한 비교 연구는 이러한 형태를 재생산하는 한편, 광범위한 정치 참여가 안고 있는 파괴적인 잠재성에 대한 두려움을 불러일으켰다. 이것은 개발도상국에 대한 그들의 전략적 독트린을 통해 냉전을 관리하려 한 외교정책 입안자들의 관심에 전적으로 부합하는 것이기도 했다. 예를 들어 립셋은 폭동을 억제하기 위한 실천적 권고를 하는 것으로 '이데올로기 종말'에 대한 그의 분석을 끝맺는다. 이데올로기의 종말이 서구에서는 유용했지만, 개발도상국에서는 강력한 정치 논쟁과 이데올로기가 여전히 필요했다. 특히 이 나라들에서는 "광범위한 개혁을 통해 대중의 생활조건을 증진하겠다고 약속하고 가치를 초월한 평등을 지향하는 정당만이 공산주의와 경쟁할 수 있을 것으로 기대된다. 따라서 서구의 동맹자들은 급진적이고 사회(주의)적인 개혁을 인정해야" 했다(Lipset, 1960: 416).

그래서 직업적이고 지적인 정치학의 변화와 외교정책 엘리트의 이익의 수렴은 새로운 연구 어젠다의 제도화와 그것을 옹호하는 사람들의 명성을 보장해주었다. 경제학적·사회학적 변수에 대한 강조는 처음에는 법률적·역사적 지식의 지배를 받는 전공들에 대한 불만에서 시작되어 미국 사회과학에서 중요한 영향력을 확보해가고 있었다. 새롭게 고안된 경험적이고 계량적인 연구 방법의 뒷받침을 받은 민주정치의 사회적 메커니즘(결사체 활동, 여론, 투표)에 대한 이 정치학자들의 관심은 자신들의 활동을 연구 분야로 확장하고 있던 박애주의 재단들의 우호적인 관심을 발견했다. 그것은 범세계적인 반공 전략의 틀 안에서 국내의 사회 개혁 촉진과 해외 엘리트들의 현대화 촉진으로 긍정적인 반향을 불러일으켰다.

'행태주의 과학'(Dahl, 1961: 765~766)이 정당성을 구축하는 데 다른 재단들보다도 더 많이 기여한 포드 재단의 역할은 사회과학과 외교정책 목표의 상호 보완성을 보여준다. 포드 재단의 행태주의 과학 분과(Behavioral Sciences Division)는『정치적 인간』을 통해 재생산된 선거와 계급구조에 대한 립셋의 관심에서부터 윌리엄 콘하우저(William Kornhauser)의『대중사회의 정치학(The Politics of Mass Society)』(1960) 또는 허버트 하이먼(Herbert Hyman)의『정치사회화(Political Socialization)』(1959)에 이르기까지 근대화와 민주주의에 대한 광범위한 연구를 지원했다. 또 포드 재단은 정치발전에 대한 앨먼드, 콜먼, 파이의 저작이 출판되는 데 재정을 지원하기도 했다. 그러나 이 모든 노력은 근대화 패러다임이 1960~1970년대에 점차 공격을 받고, 그것의 전략적 가치가 줄어들면서 수포로 돌아갔다.

5. 근대화 이론의 위기와 라틴아메리카 커넥션

근대화 이론은 외교정책 입안자들의 관심을 반영한 만큼 외교정책 이스태블리시먼트의 이데올로기적 응집성에 의존하고 있었다. 1960년대 후반과 1970년대에 모순이 증가하고 두드러지자, 엘리트 주도적인 근대화와 민주화 패러다임도 마지막 위기에 돌입했다. 베트남 전쟁은 이러한 과학 이데올로기가 그토록 성공적으로 반영했던 합의의 종말을 알렸다. 가브리엘 앨먼드는 정치발전의 과학 이론을 만들려 했던 노력들을 회고하면서 이 연구 프로그램이 학자 간의 내부 분열과 씨름하고 있다고 지적했다. 학자 간 내부 분열은 정치적으로 제3세계에서 현지의 민주화에 기대를 거는 학자들뿐만 아니라 권위주의적 체제를 예견한 회의론자들과 염세론자들을 포함했다. 또 그것은 베트남 전쟁이 미국 학계를 분열시킴에 따라 '매파(hawks)'와 '비둘기파(doves)'를 포함했다(Almond, 1987: 444). 사실 자유주의적 컨센서스가 외교정책 이스태블리시먼트의 지도층 내부에서 도전을 받은 것처럼, 근대화의 패러다임도 일부 옹호자의 공격을 받았다.

발전 노선의 수렴은 민주화에 대한 과학적 담론들을 바꾸는 데 기여했다. 민주주의는 처음에는 종속변수로서 근대화 이론에 포함되었다. 즉, 민주주의는 발전 정책들이 성장시키기를 원했던 구조적 사회 진화의 결과로 간주되었다. 이러한 의미에서 민주주의를 만드는 것은 발전을 촉진하는 것과 동등한 것이었다. 그러나 1960~1970년대에 라틴아메리카 전역에 걸친 권위주의 체제의 구축은 근대화의 과학적 내러티브에 대한 심각한 충격이었다. 근대화는 권위주의적 근대화 행위자들, 즉 관료·기술관료·군부가 수행하는 것으로 밝혀졌다. 이와 동시에 근대화 이론가들의 연구 어젠다는 (예를 들어 헌팅턴이 설명한 바와 같이) 민주주의보다 안보와 안정을 더욱 중시하게 되었다. 전략적인 이유에서 어느 정도까지 경제민족주의를 용인하고 유엔 라틴아메리카경제위원회(Economic Commission for Latin America)의 작업을 긍정적으로 평가했던 미국이 추구한 개혁 전략도 이제 의미 없는 목표가 되었다.

이것은 북아메리카·남아메리카 양측의 학계에서 일련의 급진적인 반응을 불러일으켰는데, 이 반응은 이스태블리시먼트 내부의 분열과 이스태블리시먼트의 지적인 응집력 부족으로 이득을 보았다. 예를 들어 (외교정책 기구들의 또 다른 부분들과 공존해왔던) 포드 재단은 대부분 급진적이었던 대안적 학문 엘리트를 보호하는 역할을 했는데, 이 전략은 때때로 국무부의 목표와 직접 충돌했다. 이와 동시에 포드 재단은 상이한 규칙에 따라 작동하는 미국 주도 학문과 기술의 시장에 대해 이 학자들의 참여를 촉진했다.

역설적으로 새로운 주제들을 중심으로 한 비교정치학의 장의 갱신과 근대화 이론에 대한 성공적인 도전은 1980년대 후반과 1990년대의 '민주적' 외교정책 어젠다를 위한 협력의 장소로서 기능하는 북아메리카와 남아메리카 간 국제 네트워크의 구축에 기여했다. 미국민주주의재단은 민주주의와 인권의 장의 전문화 전략에 똑같은 네트워크를 동원했다. 근대화 이론과 이것의 이데올로기적인 편향을 거부한 학자들은 이 지역에 대해 외교정책 이스태블리시먼트가 추구한 정책의 한 부분이었던 "미국·라틴아메리카 학문 외교"(Gil, 1985: 10)를 해체하기는커녕, 20세기 후반의 민주화 정책에서 핵심적인 역할을 수행한 새로운 초국가적 정책 네트워크의 행위자가 되었다. 여기에서는 종속이론으로 알려진 남아메리카의 근대화 이론 비판과 북아메리카의 라틴아메리카 연구의 장 사이의 수렴에 초점을 맞춘다. '민주화 이행'에 대한 정치학 연구가 출현하고 유리한 정책 환경을 발견하게 된 것은 바로 이러한 맥락에서였다.

1970년대경 근대화 이론은 기능이 정지된 연구 프로그램으로 간주될 수 있었다. 그 어떤 이해할 만한 결과도, 위대한 이론도 없는 방대한 연구의 생산과 출판의 시기가 지나간 후 근대화 이론은 다른 방향으로 선회했다. 정치발전 연구 시리즈의 마지막 두 권인 찰스 틸리(Charles Tilly)의 『서유럽에서의 국민국가 형성(The Formation of National States in Western Europe)』(1975)과 레이먼드 그루(Raymond Grew)의『유럽과 미국의 정치발전 위기(Crises of Political Development in Europe and the United States)』(1978)는 이러한 변화를 보여준다. 처음에 정치발전의 전형적인 결과들을 이론화하려는 계획에 역사적 배경을 제공하려 했던 이 저작들은 오히려 정치발전의 이론화 계획을 위험에 빠뜨렸다. 특히 틸리의 책은 초기 정치발전 이론가들과 역사가들 사이의 분열을 보여주었다. 틸리는 이상적인 정치발전 유형의 결과를 산출하려는 환상에 사로잡힌 시도뿐만 아니라 "이 모델들에 내포된 정책 목표"도 비판했다(Tilly, 1975: 620; Cammack, 1997: 168에서 재인용).[8] 게다가 저자들이 정치발전 어젠다에서 발견한 문제는 무엇보다 정치발전 어젠다가 국내 정치발전에 영향을 미치는 국제적 요인들을 주목하지 않았다는 사실이었다(Tilly, 1975: 620).

근대화 이론의 대표자들에게서 나온 이런 내부 비판은 '종속이론'의 형태를 띤 정치발전 연구에 대한 외부 비판과 연계되었다. 종속이론은 라틴아메리카경제위원회와 협력한 아르헨티나 경제학자 라울 프레비시(Raul Prebisch, 1901~1986)의 작업의 영향을 받았다.[9] 케네디 행정부가 1961년에 발족한 진보를 위한 동맹(Alliance for Progress)[10]과 라틴아메리카경제위원회로 구체화된 발전에 대한 접근은 차이점에도 불구하고 처음에는 상호 보완적이었다. 쿠바 혁명에 대한 자유주의적 반응으로서 진보를 위한 동맹은 빈곤이 불안

---

8   폴 카맥(Paul Cammack)은 적절한 정치발전 이론을 만들어내지 못한 실패가 두 번째 시기에 유럽 국가들과 서구의 발전에 대한 연구를 향한 상대적인 후퇴로 이어져 이론적인 수준에서 개발도상국들에 대한 관심이 줄어들게 되었다고 주장했다.

9   프레비시에 대해서는 Lehmann(1990: 3~8), Sikkink(1991) 참조.

10 1961년 미국과 라틴아메리카의 경제협력을 목적으로 한 케네디 행정부의 계획으로, 이 계획에는 미국의 재계와 군부, 공익재단 등이 참여했다. _옮긴이

정을 가져오는 혁명의 근원이라는 믿음을 바탕으로 했다. 따라서 해외 원조는 전략적인 정책으로 간주되었으나 진보를 위한 동맹은 사회 진보, 특히 토지 개혁을 강조했다. 이 입장은 라틴아메리카의 좌익 경제학자들과 지식인들의 민감한 반응을 자극했다. 라틴아메리카경제위원회가 무역조건의 지속적인 악화 이론과 수입 대체 산업화에 대한 선호를 통해 주류 국제무역 개념에 묵시적으로 이의를 제기했지만(국제연합 산하기관인 이 위원회는 공개적으로 정치적인 처방을 제시할 수 없었다), 이 위원회가 라틴아메리카를 위해 계획한 단계적인 근대화는 미국 학계의 근대화 이론과 완전히 같은 노선에 있었다.

　라틴아메리카경제위원회가 수행한 경제 분석은 발전국가의 건설과 (불평등한 무역조건으로 이익을 누려온 '매판' 계급에 반대되는 것으로서) 민족 부르주아의 성공이 필요한 정치 프로그램을 강조했다. 따라서 1960년대 초반은 라틴아메리카경제위원회와 수많은 라틴아메리카 좌파, 그리고 진보를 위한 동맹 간의 수렴으로 특징지을 수 있다. 그러나 이러한 자유주의적 컨센서스에 대한 "옛 라틴아메리카경제위원회 멤버들의 실망"(Lehmann, 1990: 24)에서 종속이론이 자라났다. 일군의 라틴아메리카 학자들은 프레비시의 불균등 교환 이론과 수입 대체 산업화를 종속자본주의의 구조에 대한 분석으로 급진화했다.[11] 이러한 관점에서 볼 때 남아메리카의 산업화 과정은 불균등한 교환에서 자신들의 자원을 이끌어냄으로써, 한편으로 민족적인 경영계급과 중산계급 분파를 포함하는 근대적인 부문과 다른 한편으로 전통적인 부문 간의 균열을 발생시키는 사회계급의 정치권력을 강화하는 것이었다. 이러한 균열은 균형발전을 가로막았다.

11　잘 알려진 종속이론가로는 세우수 푸르타도(Celso Furtado), 아니발 핀토(Anibal Pinto), 오스발도 순켈(Osvaldo Sunkel) 등을 들 수 있다.

이처럼 자본주의적 근대화의 주류 분석 틀에 대한 남아메리카의 반대는 지지를 얻었으며 영향력이 있었다. 그것의 영향력은 해외 원조와 안보 정책을 학문적으로 합리화하는 것에 대한 북아메리카의 비판과 함께 수렴되면서 배가되었는데, 이 비판은 대부분 라틴아메리카 연구자와 학자에게서 나왔다. 처음부터 이 같은 근대화 이론의 주류 패러다임과 특수한 지역연구 분야의 관계는 모호했다. 근대화 이론과 비교정치학의 방법론적 특성에 대한 강조는 1950년대에 여전히 "협소한 시각에 갇혀 있었고, 자문화 중심주의적이며 몰이론적인"(Dent, 1990: 2) 것으로 간주된 지역연구 분야가 주류 정치학 내부에 수월하게 도입될 수 있게 해주었다. 가브리엘 앨먼드는 당시에 "미국의 라틴아메리카 사회과학 연구는 걸음마 단계에 있었다"라고 회고했다(Almond, 1987: 454). 이 연구들은 방법론적 엄격성과 개념적 정확성, 그리고 행태과학의 예견적인 능력이 결여되어 있었다. 근대화 이론은 특정한 주제나 문제에 대한 즉흥적인 연구였다. 또한 여전히 제2차 세계대전 이전의 학문과 '공법(public law) 단계'(Valenzuela, 1988)에 머물면서 법률 및 역사적 연대기 작성과 밀착된 연구에 과학적인 정당성을 부여한다고 간주되거나 적어도 그러한 외형을 갖추고 있는 개념적 틀을 제공하기도 했다.

1960년대 중반부터 라틴아메리카 연구에서 '근대화와 정치발전'의 방법론을 확장하기 위한 지적·학문적 압력이 시작되었다.[12] 이와 유사하게 '행태주의 혁명'(Smith, 1995: 11)을 라틴아메리카 연구로 확장한 계량적·통계적 연구가 급증했다. 이와 같이 근대화와 정치발전의 헤게모니에 놓인 라틴아메리

---

12 데이비드 덴트(David Dent)는 이 전공의 편협성을 강조하는 비판들이 "방법론적 엄격성과 경험적 계량화를 통해 번창하면서 정치발전과 근대화의 새로운 개념들로 자신들의 분석을 표현하기 위한 (라틴아메리카를 다루는) 정치학자들의 필요성"에 집중되어 있다고 기술했다(Dent, 1990: 4).

카 연구의 규범화는 갈등과 문제를 피할 수 없었다. 현장 연구의 경험은 정치학자들이 자주 활용하는 정치발전의 이론들과 개념의 유용성에 질문을 제기하게 만들었다.13 심지어 이 계획에 동조하는 라틴아메리카 학자들조차 이른바 서구와 비서구 정치 과정이라는 이 연구의 개념적인 축 중 하나가 라틴아메리카를 연구할 때 매우 문제가 된다는 것을 간과하고 지나칠 수는 없었다.14 라틴아메리카연구협회(Latin American Studies Association)의 초대 회장인 칼먼 실버트(Kalman Silvert)는 근대화 개념들을 활용하려고 시도한 후 "미국의 표준 전문성 활용이 라틴아메리카 정치를 설명해줄 수 없다"라는 결론에 도달했다(Silvert, 1975; Valenzuela, 1988: 70에서 재인용). 이 학자들의 시각에서 볼 때, 방대한 비교정치 연구는 이 대륙의 특징들에 대한 진지한 연구를 촉진하지 못했다. 비교정치학에 배어 있는 서구·비서구 이원주의의 결과로서, "라틴아메리카 연구자들은 …… 그들의 관심 지역을 광범위한 구도에 통합하기 위한 이해할 만하고 유용한 방법을 발견하지 못했다"(Martz, 1966: 57).

1960~1970년대에 라틴아메리카 대륙에서 권위주의 정부와 군사 정부의 출현으로 이어진 근대화 계획의 위기는 미국 학문의 장에 이미 존재하던 모순들을 명확하게 드러냈고 이것들을 격화했을 뿐이었다. 처음에는 라틴아메리카 연구를 전문화하고 정당화하는 요소였던 근대화 이론과 정치발전론은 이들 이론에 내재한 정치적 의미에 반대한 학자들과 학생들의 표적이 되었다. 현장 연구를 갈수록 어렵게 만든 '관료주의적(bureaucratic)·권위주의적(authoritarian)' 체제가 구축된 후의 억압적인 분위기에서 정치적인 급진화가

13　덴트에 따르면, "많은 정치학자들은 라틴아메리카에서 현장 연구를 수행하는 데 시간을 보낸 후 비교정치학이나 국제관계에서 그들이 받은 학문적 훈련이 라틴아메리카에서의 발전과 변동을 충분히 이해하기에 부적합했음을 깨닫게 되었다"(Dent, 1990: 3).

14　이 주제에 대해서는 Martz(1966) 참조.

일어났다.[15] 또 이러한 권위주의 체제의 존재는 이익단체, 정당, 선거 같은 제도들이 통제를 받거나 사라짐으로써 이 제도들을 포함하는 비교정치의 고전적 연구 어젠다를 위태롭게 했다. 그 대신에 권위주의 체제의 존재는 민간 이익집단의 국가기구 장악과 종속발전의 정치경제에 대한 새로운 연구의 길을 열어주었다. 연구 어젠다는 곧 이런 내적 위기를 반영했고, 1982년 무렵 라틴아메리카연구협회 회장이던 호르헤 도밍게스(Jorge Dominguez)는 라틴아메리카 연구가 합의보다 분열의 지점이 되고 있다고 주장했다(Dominguez, 1982). 이와 동시에 북아메리카 학자들과 학생들은 종종 권위주의 정부의 표적이 되고 있던 남아메리카 동료들과 정치적인 분위기를 공유하게 되었다. 결국 미국 대학에 자리를 잡은 대규모 학문적 난민들이 이러한 화해를 가능하게 했다.

라틴아메리카에서 미국 재단들이 수행한 역할도 북아메리카의 근대화 비판과 남아메리카의 근대화 비판이 결합되게 만들었다. 군사정권에 비판적이었고 대학에서 어려움을 겪은 수많은 남아메리카 학자들은 미국의 박애주의 재단들이 설립한 각양각색의 싱크탱크와 연구 기관에서 안식처를 발견했다 (Puryear, 1994). 자유주의적인 신념과 대안적 엘리트에 대한 투자 전략에 충실했던 포드 재단은 아르헨티나의 사회연구센터(Centro de Estudios de Estado y Sociedad: CEDES), 브라질분석계획센터(Centro Brasileiro de Análise e Planejamento: CEBRAP) 같은 연구 기관들의 성장에 기여했다. 이 기관들에서 일군의 사회과학 연구자들은 어렵게 자신들의 연구를 지속할 수 있었을 뿐만 아니라 경쟁적인 출판 시장과 보고서 작성, 그리고 '프로젝트 운영' 등을 통해 강화된 특정한 방법론적 표준들을 담고 있던 미국식 연구 방법에 익숙해지기도 했다.

---

15 Almond(1987: 455) 참조. 가브리엘 앨먼드는 연구의 자유에 대한 억압을 강조했다.

1960년대 말, 포드 재단은 매년 라틴아메리카에 평균 2,700만 달러(포드 재단 예산의 23%)를 사용했다(Smith, 1995: 19). 록펠러 재단, 팅커 재단, 멜런 재단도 라틴아메리카에서 활동했으며, 특히 학문 분야에 적극적이었다. 풀브라이트 프로그램(Fulbright Program)과 국방교육법(National Defense Education Act) 제6조도 연구와 여행을 위한 자원을 제공했다(Gil, 1985: 11).

이 같은 라틴아메리카 사회·경제 연구 전통의 초국가화 과정은 광범위한 영향을 미쳤다. 그것은 민주주의에 대한 유사한 전문적 표준과 정치적 관심을 공유하는 북아메리카와 남아메리카 학자들의 초국가적 네트워크 출현을 촉진했다. 예를 들어 라틴아메리카에 대한 정치학 책에서 데이비드 덴트는 "자격을 갖춘 학자들의 극적 증가 …… 수많은 사람들이 미국과 서유럽에서 훈련을 받았고" 포드 재단의 기금을 지원받은 라틴아메리카 연구 기관들을 통해 "중요한 기여를 하고 있다"라고 지적했다(Dent, 1990: 3). 그러나 전문적 문제를 넘어서 라틴아메리카 연구의 변화는 사회과학 연구의 정치를 바꾸는 데 기여하기도 했다. 급진적 민주주의 기획에 동기를 부여한 제국주의적 무역 방식에 대한 비판과 종속적 근대화의 역효과에 대한 초기의 관심은 제한된 형태의 민주주의나 정치적 자유화에 관한 관심을 촉진하고 국제 행위자들이 '민주적' 미덕의 발견을 향해 가는 길을 열어주었다. 과거의 제국주의 비판자들은 권위주의 국가와 이런 국가를 민주화하기 위한 전략에 관한 새로운 정책 지식을 산출함으로써 새로운 제국주의 정책의 생산자가 되었다.

6. 근대화 이론의 불명확한 종말

이러한 북아메리카와 남아메리카의 비판 동맹은 이미 라틴아메리카의 정치 변동으로 신뢰를 잃은 근대화 이론의 종말에 기여하기는 했지만, 그 과정은 명확하지 않았다. 사실 이러한 주류 학문 패러다임과 이것의 정치적 함의에 대한 비판은 주류 학문 패러다임을 뒷받침해온 제도적 맥락과 완전히 무관하지는 않았다. 또 근대화 이론과 비교정치학 발전의 선봉에 섰던 기관들과 완전히 분리되지도 않았다. 앞에서 언급한 바와 같이, 포드 재단은 사실상 라틴아메리카에서 '관료주의적·권위주의적' 대응을 만들어낸 대안 엘리트들(대부분 학자)을 보호하는 정책의 선두 주자였다. 이들은 근대화 계획에 비판적이었다. 미국의 대학들과 연구 기관들도 새롭고 급진적인 접근 방법을 수용할 수 있음을 보여주었지만, 그것은 잘 구축된 방법론적 규율을 따라야 했다. 이는 근대화 이론의 종말이 이데올로기적 계획을 중심으로 학자·지식인·정치인의 초국가적 네트워크를 구축하는 거대한 전략과의 단절을 의미하기보다 새로운 정치 상황에 필요한 전략의 내부적 수정일 뿐이었음을 의미한다. 그것은 근본적으로 구조를 바꾸지 않고서 '미국·라틴아메리카 학문 외교' 인물들을 교체하는 것에 지나지 않았다. 즉, 사회과학 연구와 외교정책의 유착은 종말을 맞이하지 않았고, 새로운 노선을 따라 다시 정의되었다.

이러한 가설은 근대화 비판자들의 직업적·정치적 여정을 세밀하게 관찰해보면 더욱 확실해진다. 그들의 반응은 처음에는 정치적 관심에 의해 유발되고 종종 독재에 대한 개인적 경험과 중첩되기도 하는 운동가적인 것이었다. 이와 같은 연구의 정치화는 기능주의적 정치 연구의 윤리적이고 규범적인 것에 대한 무관심을 거부하는 것이었다. 이러한 무관심은 주류 정치학에서 지배적인 것이었고, 특히 근대화 이론에 전형적인 것이었다. 방법론적인 면에서 이러한 반응은 억압적인 정권들의 체계적 특징과 이들 정권이 내재적으로 근대화 계획과 맺고 있는 유착 관계를 강조하기 위해 종종 구조주의, 마르크스주의, 그리고 계급 동맹 구조에 초점을 맞추었다. 그러나 이러한 비판을 이끈 용어들은 박애주의 재단들이 당시 라틴아메리카에 수출하던 경험적인 정치학 개념들과 맞지 않았다. 예를 들어 가브리엘 앨먼드에 따르면, 종속이론은 "사회 연구에서의 엄격한 증명과 추론의 규칙에서 이탈하는 퇴보"를 대표하는 것이었다. 이러한 방법론적 비판은 정치적 비판과 중첩되었다. 즉, 종속이론은 "계급 지배의 한 부분으로서 국가에 대한 입증 불가능한 개념을 채택한다"라는 것이었다(Almond, 1987: 455). 또한 권위주의적 근대화에 대한 구조적 분석이 정치 활동을 위한 방향을 제시하지 못하기 때문에 점차 포기되어야 한다는 주장도 제기되었다(Lehmann, 1990: 51; Przeworski, 1986).

그러나 여기에서는 종속이론에서 발전한 국가에 대한 구조적 분석이 '민주주의로의 이행'의 분석에 투자되고 민주주의의 촉진을 이론화하기 위해 사용된 정책 지식을 산출하는 데 기여했다고 주장하고자 한다. 데이비드 레만(David Lehmann)이 주장한 바와 같이, 이러한 경향은 "마르크스주의에서 민주적인 경향을 재발견했고 1980년대 후반 사회민주주의의 지지자로서 출현했다"(Lehmann, 1990: 51). 또한 이 경향은 정치적 실천과 행위의 이론들을 강조했으며, 이 정치학자들의 정치 활동은 '민주주의 문제'(O'Donnell, 1979)와 민주주의로의 이행 문제에 대한 관심으로 전환되었다. 1980년대가 끝나갈 무렵, 이러한 학문적 지식은 워싱턴의 신보수주의자들이 전개한 민주주의를 위한 새로운 국제 성전을 지지하는 공식적인 독트린이 된다.

7. 근대화, 종속, 민주주의: 기예르모 오도넬의 지적 여행

30년 이상에 걸친 오도넬의 작업은 근대화 이론의 종말과 그 뒤에 일어난 근대화 비판자들의 지적·정치적 변화, 그리고 그들이 미국의 학문 외교 내부에서 수행한 역사적 역할의 역동성을 이해하기 위한 토대를 제공한다. 또 오도넬의 경력은 라틴아메리카의 대안적 엘리트들에 대한 미국의 지원 전략이 가능하게 만든, 역할과 지위의 전환을 보여주기도 한다. 오도넬은 사실 사회과학자가 되기 전인 1954년에 18세의 나이로 반페론주의 대학생 연맹(anti-Peronist University Students Federation)의 지도자로 등장했다. 그는 1956년에 부에노스아이레스 대학에서 변호사 자격증을 취득한 아르헨티나의 정치 '신동(child prodigy)'이었다(Lehmann, 1990: 52). 오도넬은 정치 경력을 선택했으며, 1963년 아르투로 프론디시(Arturo Frondizi)의 몰락 이후에 들어선 임시정부에서 내무부 차관에 임명됨으로써 아르헨티나 역사에서 가장 젊은 차관이 되었다(Lehmann, 1989, 1990). 오도넬은 후안 옹가냐(Juan Ongania)의 집권을 가져온 쿠데타로 정치 활동이 중단된 후 3년(1968~1971년)을 예일 대학에서 보냈는데, 이곳에서 아르헨티나의 경제·정치발전을 연구했다. 당시 예일 대학 정치학과에는 로버트 달, 앨프리드 스테판(Alfred Stepan), 후안 린츠 같은 정치학을 주도하는 학자들이 있었다. 오도넬 자신이 인정한 바에 따르면, 데이비드 앱터(David Apter)의 영향력도 중요했다(O'Donnell, 1973: ix).

이같이 당시 미국 정치학을 경험한 결과는 미국 대학에서 교육되던 행태주의 사회과학의 전망과 도구로 근대화와 권위주의의 연계를 다루려는 복잡한 시도로 나타났다. 1973년에 출판된 『근대화와 관료적 권위주의(Modernization and Bureaucratic Authoritarianism)』는 이 같은 근대화 연구에 대한 비판을 담고 있었다. 레만은 이 책의 참고문헌이 "1970년대 초반 예일 대학의 모든 '정치학' 참고문헌을 종합한 것"이라고 주장했다(Lehmann, 1990: 51). 방대한 자료와 통계 지표를 채택하고 사회적·경제적 근대화와 민주주의 간의 상관관계에 대한 고전적 근대화 가설들(특히 립셋의 가설들)을 실험하면서, 오도넬은 "근대화가 가장 잘 수행된 곳은 바로 라틴아메리카 국가들이며 …… '관료적 권위주의'라 불리는 새로운 유형의 권위주의 정치 시스템을 정착시키려는 시도들이 성공한 소수의 사례도 이곳에서 발견된다"(O'Donnell, 1973: vii)라는 것을 보여주기 위해 이 도구들을 활용했다.

오도넬은 하층계급(lo popular, 민중 부문)의 배제에 기초한 정치적 주장을 통해 국가의 현대화를 수행한 것은 바로 과두적이고 초국가적인 부르주아와 군부 파벌의 지지를 받는 근대화 엘리트와 기술관료(테크노크라트)였음을 보여줌으로써 근대화와 민주주의의 관계를 뒤집어놓았다. 이 주장은 근대화 이론의 용어들로 표현되었지만 전통적인 정치학보다 종속이론에 더 가까웠다. 그것은 같은 시기에 오도넬이 페르난두 카르도수(Fernando Cardoso), 세우수 푸르타도, 오스발도 순켈, 그 밖의 라틴아메리카경제위원회 멤버들의 저작에서 발견한 비판적 연구들의 영향을 보여준다.

근대화 이론은 근대화와 관료적 권위주의 사이에 자리 잡음으로써 모호하게 활용되었다. 그리고 분명히 주요 가정들에 대한 비판을 수용했다. 그러나 이러한 비판은 '행태과학'의 정당성이 의존하던 절차와 방법론을 그대로 유지하고 있었다. 앨먼드처럼 격렬한 종속이론의 비판자가 오도넬을 칭찬할 수 있었던 것은 ─ 비록 한참 후 오도넬이 학문적 명성을 얻은 뒤였지만 ─ 앨먼드의 시각에서 볼 때 '검증될 수 없는' 가정들에 의존한 대부분의 종속이론의 이론화와 반대로 오도넬의 주장이 "경험적으로 입증이 가능한 전제들로 보였기"(Almond, 1987: 464) 때문이었는데, 이 점은 의미심장하다. 따라서 미국의 영향을 받은 근대화의 헤게모니적 기획에 대한 비판은 신뢰할 수 있고 정당한 것이 되기 위해 근대화 이론과 관련된 용어들로 표현되어야 했다.

이와 같이 반증 가능성(falsifiability)과 경험주의의 표준에 따른 근대화 이론의 선별적 활용은 오래 지속되지 못했다. 1970년대에 오도넬의 저작들은 결국 미국식 비교정치학의 잔재를 떠나 종속이론의 주요 지지자들처럼 강력한 구조주의적 해석에 편승했다. 1971~1975년에 출판된 아르헨티나의 관료적 권위주의에 대한 그의 저작들은 자유주의적 개혁에 대한 불신과 강력한 구조주의의 영향, 그리고 그가 속한 지식인과 학자 세대의 계급 분석을 반영했다. 그것은 "조작적 정의(operational definition)"와 "분류(classification)"라기보다 "부르주아를 지배계급으로 만드는 사회관계의 총체"와 "자본주의적 생산관계"를 보장하는 것으로서 자본주의 국가 이론에서 출발한다(O'Donnell, 1988: 2). 이 용어들은 비교정치학의 전문 용어에서 벗어나 과거의 기술적 엄격성과 날카로운 대조를 이룬다. 특히 오도넬이 관료적 권위주의를 특수한 계급 동맹에 토대를 둔 특수한 자본주의 국가 형태로 분석할 때는 더욱 그러했다.

그러나 역으로 주류 정치학의 규율에서의 이탈과 급진적이고 정치화된 분석 틀의 개발은 라틴아메리카에서의 연구의 국제화와 미국 박애주의 재단의 영향력 증가와 함께 일어났다. 1975년 6월 오도넬은 포드 재단과 스웨덴 개발도상국연구협력단(Swedish Agency for Research Cooperation with Developing Countries: SAREC)의 지원으로 몇몇 동료들과 함께 부에노스아이레스에 사회연구센터(CEDES)를 설립했다. 이 연구 기관의 목표는 임박한 쿠데타의 전망 속에서 지적 자유의 제도적인 공간을 보장하는 것이었다(O'Donnell, 2003: 7). 1979년 아르헨티나를 떠나 브라질로 건너간 오도넬은 4년 동안 리우데자네이루에서 교편을 잡았으며, 4년간 포드 재단이 지원한 또 다른 연구 기관인 브라질분석계획센터에서 카르도수의 뒤를 이어 소장을 지냈다(카르도수가 그 무렵 정치 경력을 시작해 소장 자리를 비워둔 상태였다). 관료적 권위주의 국가의 출현이 일부 좌파에게 이러한 독재에서 탈출하는 유일한 방법은 자본주의적 지배 논리와 혁명적으로 단절하는 것임을 이해하게 한 반면에, 북아메리카 기부자들의 후원으로 다양한 독립 연구 기관이 만들어낸 '관료적 권위주의 국가'에 대한 성찰은 점진적인 자유화와 심지어 가장 계몽된 통치 엘리트 분파와의 협상을 지지하는 중도적 입장으로 나아가는 경향이 있었다. 여러 학자들이 분석한 스페인·포르투갈·그리스의 자유화 경험도 점차 보편적인 모델, 즉 다른 곳에서도 복제될 수 있는 민주주의를 향한 이행의 원본으로 편찬되는 것으로 그 역할을 수행했다.

따라서 근대화 패러다임을 비판한 이 학자들이 미국 재단들에서 받은 기금과 지원은 그다지 역설적이지 않았다. 우선 그것은 1970년대에 강경하고 보수적인 국무부의 시각과 대립한 포드 재단의 자유주의적인 태도와 동일선상에 있었다.[16] 또한 미국 외교정책의 전략적 목표의 총체적 수정에 부합했다. 1950년대 이후 외교정책 입안자들과 이스태블리시먼트 지식인들이 작성한, 계몽된 엘리트가 주도하는 근대화 계획이 워싱턴에서 의혹을 불러일으킨 것[17]은 여러 지역에서 이 계획이 의도했던 바와 달리 안정된 체제를 만들어내는 데 실패했기 때문이다. 베트남에서 이 계획은 '수렁'에 빠졌다. 라틴아메리카에서 그것은 권위주의 정권들과 급진적 저항 세력의 양극화 상황, 즉 근대화의 희망과 배치되고 미국의 국익을 위협할 수도 있는 상황을 빚어냈다. 1970년대 박애주의 정책들에 대한 현실주의적 해석은 사회과학 연구에 대한 재정 지원 방식의 변화가 이 지역을 안정시키기 위한 대안적 전략의

---

16 자유주의적인 경향은 새뮤얼 볼스와 허버트 진티스 같은 신마르크스주의자(neo-marxist)를 후원하고 비폭력 인종차별 반대운동뿐만 아니라 몇몇 흑인운동 단체(Black power's group)에 재정을 지원함으로써 시민권 운동에 개입한 포드 재단의 국내 프로그램들을 고려해보면 더욱 명확해진다(Berman, 1983). 라틴아메리카에서도 좌익 학자들에 대한 포드 재단의 개입은 냉전 정책에 대한 포드 재단의 연루 의혹을 극복하면서 사회과학 연구 재정 지원을 확대하려는 목적에 기여했다. 이 작업은 과거에는 껄끄러웠던 동맹들을 모색해야 했던 라틴아메리카의 좌익 학자들의 어려운 상황과 북아메리카 동료들의 지적이고 실천적인 연대로 수월해졌다(Dezalay and Garth, 2002; Valenzuela, 1988).
17 베트남 전쟁 후 포드 재단의 실무 간부들과 헨리 키신저처럼 이스태블리시먼트의 영향력이 있는 멤버들은 전통적인 발전 정책에 공공연하게 의문을 제기했다(Berman, 1983: 123).

모색이었음을 보여준다. '정치적 성향에서 사회주의적'일 수 있지만 '사회현상을 해석하기 위해 엄격한 계량적 방법론과 갈등 모델을 동시에 결합한' 학자들을 후원하는 것, 이것의 핵심은 라틴아메리카 주재 포드 재단의 옛 간부가 지적한 바와 같이 "정의상으로 권력과 갈등을 인정할 수 없고, 따라서 실패를 설명할 수 없는 자유주의적 세계관에 대해 진단하는 것"이었다(Arnove, 1980: 320~321).

관료적 권위주의 국가와 권위주의적 억압을 초래하는 국제적 요인들, 종속적 발전, 그리고 이것의 정치적 형태에 대한 연구는 현지의 현실에 토대를 두고 있었기 때문에 과거의 통찰보다 더 많은 정보를 담고 있는 새로운 통찰을 산출할 수 있었다. 예일 대학에서 공부했고 아르헨티나 정치에 대해 현지인으로서 지식을 보유한 사회과학자 오도넬은 포드 재단의 목표와 같은 노선을 추구한 대표적인 지식 엘리트였다. 그는 "군부의 '심리(mind)'와 군사제도에 대한 연구들에 대해 보기 드문 통찰력"(Lehmann, 1990: 52) ― 이는 관료적 권위주의 정치에 대한 경험적 연구가 드물었고, 이러한 연구가 귀중하던 시기에 그를 훌륭한 투자 대상으로 만들어준 자질이었다(Valenzuela, 1988) ― 을 보유하고 있었다. 그 연구는 이 점에서 종속이론에 가까웠든지, 마르크스주의에 가까웠든지, 또는 행태주의에 가까웠든지와 관계없이, 전략적 이익이라는 면에서는 큰 차이가 없었다.

그러나 미국의 박애주의 재단들과 학문 기관들의 영향에 놓인 라틴아메리카 사회과학의 변화는 이 연구가 산출한 정책 지식을 바꾸기도 했다. 그 주된 영향은 종속이론과 정치경제학에 전형적이었던 구조주의에서의 정치 변화와 정치 행위에 대한 초점으로의 변화를 자극한 것이었다. 면밀하게 살펴보면, 오도넬의 저작들은 개념적·용어적 모호성에서 이러한 변화를 반영하고 있다. 레만에 의하면 관료적 권위주의론은 구조주의적 강조에도 불구하고

"의도, 인식, 이데올로기와 큰 실수, 즉 정치 행위를 위한 여러 가지 도구(para-phernalia)"(Lehmann, 1989: 187)에 대한 중복된 관심을 반영한다. 주요 정치 행위자들의 인식, 그들의 전략적 관심과 전술적 계산이 국가의 구조에 대한 사회학과 정치적 합리성에 대한 심리적 접근 사이에서 계속 동요하면서 분석의 중심에 놓여 있었다.

「관료주의적·권위주의적 국가 내부의 긴장과 민주주의의 문제(Tensions in the Bureaucratic-Authoritarian State and the Question of Democracy)」(1979)라는 오도넬의 논문은 이 새로운 연구 방향을 보여준다. 이 논문은 특히 자유주의 엘리트와 관계를 맺고 있는 민주주의 운동의 옹호자들을 위해 학문적 바탕을 제공하려는 의도로 데이비드 콜리어(David Collier)가 편집한 책에 수록되었다. 당시 오도넬은 "과거에 충분히 분석하지 못했던" 요인, "즉 엄밀히 말해 정치적 요인들과 민주주의의 문제"에 몰두했다(O'Donnell, 1979: 285, 고딕체는 저자의 강조). 이 분석은 여전히 몇 가지 구조주의적 용어를 사용했지만 근본적으로 정치 행위와 관련된 주장을 전개한다. 오도넬의 관심은 관료적 권위주의 국가를 뒷받침하는 계급 동맹 시스템의 근본적으로 불안정한 성격을 강조하는 것이었다. 그에 따르면, 여전히 좌익 구조주의 용어에 의존하는 관료적 권위주의는 "부르주아 지배의 차선적인 형태"이다(O'Donnell, 1979: 309). 왜냐하면 그것이 자신의 정책을 위한 합의의 토대와 정당성을 저해하고 상위 계급과 군부의 (경제의 초국가화와 국가 활동의 팽창 사이에서 긴장의 형태를 취하는) 깊은 모순을 유발하기 때문이다. 따라서 이러한 유형의 국가는 민중 계급이나 반대 세력이 제기하는 위협이 강력한 시기에만 안정된다. 또는 이러한 유형의 국가[18]는 내부의 긴장에 영향을 받고 불확실한 변화에 개방되

---

18 관료적 권위주의 국가를 말한다. _ 옮긴이

어 있다. 그리고 관료적 권위주의 국가의 정착을 뒷받침하는 초기 동맹의 약화는 이 국가의 정책들을 정당화할 필요성을 증가시킬 뿐이다. 오도넬에 따르면 이러한 상황을 타개하기 위한 유일한 방법은 "바로 관료적 권위주의가 강력하게 부인해온 것, 즉 민주주의이다"(O'Donnell, 1979: 313).

결국 이 분석에 따르면 민주주의는 관료적 권위주의 국가에서 발전한다. 민주주의는 사회발전 정도와 형태에 의해 결정되는 정치 형태가 아니라 정치적으로 관리된 이행 과정의 종착지가 된다. 이러한 생각이 자리 잡은 후, 거시 구조적 접근 또는 다양한 형태의 계급 분석은 상대적으로 무용한 것이 되고 마는데, 왜냐하면 그것들은 행위 과정을 설명하기에는 너무나 결정론적이기 때문이었다(Santiso, 1996: 49). 국민총생산(gross national product: GNP), 경제성장 또는 소비 방식과 정치 자유화의 정도 간에 관계를 설정하는 것은 전적으로 학문적 활동이며, 결국 민주주의 운동가들에게는 필요가 없는 것이었다.

정치학자들이 민주주의로의 이행을 이론화하기 위한 인식론적 토대로 정치 행위자의 입장을 채택함으로써, 정치 행위자의 입장은 민주적 이행에 대한 연구의 출발점이 되었다. 예를 들어 아담 셰보르스키는 심각한 한계에도 불구하고 기대와 위기 평가의 토대에서 정치 행위자들이 취하는 전략적 선택을 중심으로 한 접근이 "순수한 효용성의 토대"(Przeworski, 1986: 50)에 부응한다고 주장했다. 즉, 민주주의에 대한 실천적인 책임이 이론화를 위한 지침으로 받아들여졌다. 그러나 이러한 설명은 역동적인 상황에서 기회와 기대를 강조함으로써 정치 행위자들에 의한 위기, 비용, 그리고 이윤에 대한 인식을 그들이 대표하는 계급 이익보다 더욱 중요한 요인으로 간주한다. 이 접근법은 '순수한 효용성의 토대'를 선호하여 이론적으로 볼 때 구조주의적 분석이나 계급 분석보다 우월한 것으로 간주되었다.

8. 구조주의에서 궁정 전략을 향한 여행

1970년대 후반에 형성된 이러한 분석은 몇 년 전 비판을 받은 "부르주아 민주주의"의 토대를 이룬 "추상적이지만 중요한 평등"(O'Donnell, 1979: 313)을 긍정적으로 재평가하는 것으로 이어졌다.[19] 또한 거시 사회구조와 국가·사회관계의 특성에서 권위주의 국가의 내적 발달, 특히 정치 시스템을 민중의 참여에 개방하는 경향이 있는 국가의 행위자들로 관심을 이동시켰다. 민주주의가 권위주의 국가의 이너서클 내부에서 개진되고 사회적·경제적 발전 수준에 의존하지 않는다는 생각은 다시 한 번 기술관료의 비민주적 통치에 대한 정당화로 사용된 '근대화' 아이디어의 비판으로 이어졌다. 근대화 이론의 비판은 "기술관료의 전문성을 전수받은 '사회기술자'"의 경제 근대화가 민주주의를 촉진할 것이라는 가정에 대한 비판이었다(O'Donnell, 1979: 315). 오도넬의 주장 중 하나는 사실 권위주의의 발흥이 민주정치와 비판을 비합리적인 것으로 간주하고 건전한 경제정책에 대한 장애물로 간주하는 테크노크라트의 발흥이라는 것이었다. 따라서 관료적 권위주의 국가에 대한 도전은 이러한 근대화 테크노크라트 엘리트에 대한 도전을 의미했다.

그러나 이와 동시에 "지배 시스템 내부의 가장 계몽된 행위자들"(O'Donnell, 1979)과의 협상을 통한 내부의 민주화 전망은 수많은 정치학자가 이 행위자들에게 더 많은 관심을 기울이게 만들었다. 결국 거의 모든 정치학 연구는

---

19 레만은 1980년대 초반에 오도넬이 "형식적·제도적 민주주의는 경제적인 기회들을 합리적으로 보장하는 것이 매우 부족하다는 그의 이론적 명제들에 담긴 …… 생각을 너무나 자의적으로 해석하기를 원치 않았을 것"이라고 지적했다(Lehmann, 1989: 196). 또한 구조주의의 포기가 그것의 정치 전략이었던 "1970년대 초반의 노동운동" 지지를 만회할 것이라고 주장하기도 했다(Lehmann, 1989: 196~197).

국내외에서 자신들의 경제정책에 대한 지지를 획득할 필요성을 이해했고, 따라서 정치적 게임을 개방하는 데 기여한 이 테크노크라트의 민주적인 미덕을 재발견했다. '테크노폴(technopols)'[20]의 인물들은 훗날 대부분 미국 대학에서 경제학을 공부한 기술관료적 엘리트가 민주화에 수행한 역할을 긍정적으로 평가하고 소중하게 보호한다(Dominguez, 1998; Williamson, 1994). 라틴아메리카 국가들이 세계은행, 국제통화기금과 차관 및 구조조정 프로그램들을 협상해야 했을 때 테크노폴들은 이 지역의 정부 안에서 그들의 지위를 강화할 수 있었다. 그들은 이 책 제6장에서 살펴볼 것처럼 점차 어느 정도의 정치적 개방과 법의 지배, 그리고 투명성이 필요한 신자유주의 경제의 교조주의를 대표했다. 1990년대 행정부 안에서 그들의 부상은 여러 나라를 휩쓴 민주화의 파도와 관련이 있는 것으로 생각되었다. 많은 경제학자들이 자신들의 이익을 고려해 최근에서야 민주주의자로 개종했음에도, 그들은 워싱턴 컨센서스와 이 컨센서스에 담긴 신자유주의 어젠다의 민주적 덕목을 상징하

---

20 테크노폴은 1990년대 이후 개발도상국의 신자유주의적 경제 개혁과 정치적 민주화를 동시에 수행한 새로운 정책관료들을 지칭하는 용어이다. 기술관료를 지칭하는 테크노크라트와 대비되는 테크노폴의 특징에 대해 대표적 테크노폴인 호르헤 도밍게스는 저서『테크노폴스(Technopols: Freeing Politics and Markets in Latin Americia in the 1990s)』(1997)를 통해 시장경제의 절대적인 믿음, 민간 부문에서 축적된 경력, 국가에서 경력을 시작하기보다 학자·연구원·민간 기업·재단·시민운동 등 민간에서 정치를 익힌 후 국가 부문으로 진입하는 경력, 시민사회와의 친화성, 특히 유창한 영어 실력과 미국 명문 대학에서 수학한 국제적 경력 등을 내세웠다. 이러한 새로운 정책 엘리트 모형은 최근 세계은행과 국제통화기금 등 국제금융기구를 통해 국제적으로 보편화되고 있으며, 특히 각 대학의 리더십과 관련된 강의들은 이러한 새로운 엘리트 모델을 전파하는 중요한 경로가 되고 있다. 테크노폴의 국제적 네트워크와 신자유주의적 경제 및 법률 개혁, 그리고 이들이 시민운동 단체와 맺고 있는 관계들에 대한 사회학적 연구로는 드잘레이와 가스의『궁정전투의 국제화: 국가권력을 둘러싼 엘리트들의 경쟁과 지식 네트워크(The Internationalization of Palace Wars: Lawyers, Economists, and the Contest to Transform Latin American States)』(2002)가 있다. _ 옮긴이

는 사람들로 간주되었다. 이와 동시에 그들은 "신자유주의 경제를 위해 민주주의를 안전한 것으로 만들었다"(Centeno and Silva, 1998: 12; Dezalay and Garth, 2002).

지적인 저항과 테크노폴은 권위주의적 근대화로부터 1980년대의 시장민주주의를 향한 이행에서 두 가지 구분되는 측면을 보여준다. 권위주의적 근대화는 사회주의 또는 사회민주주의적 기획에 동기를 부여받은 약한 자들에 대한 비판이었다. 시장민주주의는 신자유주의 기획에 동기를 부여받은 지배세력 내부의 변화였다. 권위주의적 근대화가 사회과학의 언어로 작성되었다면, 시장민주주의는 경제학의 언어로 작성되었다. 그러나 이 같은 중요한 차이점들이 유사성을 은폐해서는 안 될 것이다. 두 가지 모두 해외에서 획득한 기술과 자산을 동원했고, 특권적 제도와 미국의 인증서 및 커넥션을 활용했으며, 명문 대학에서 효능을 부여받은 다양한 유형의 전문성을 기반으로 거래했고, 똑같은 범세계적 교육과 훈련을 공유했으며, 정치와 특별한 관계를 맺고 있었다(테크노폴들이 "정치적으로 참여한"(Dominguez, 1998: 101) 반면에, 포드 재단의 비호를 받은 많은 사회과학자들은 오도넬이나 카르도수처럼 직접적인 정치 경험이 있었다). 즉, 두 그룹은 1980~1990년대에 라틴아메리카 국가들의 재구성에 자신들의 국제적이고 학문적인 자본을 동원했다.

이것은 민주화가 고안되고 수행되는 지적인 인식 틀을 산출하는 데 정책 지식의 변화와 국제화가 수행한 핵심적인 역할을 확인해주는 것처럼 보인다. 제프리 퍼이어(Jeffrey Puryear)는 칠레 지식인들에 대한 연구를 통해 독재 시기에 '근대화 연구'에 대한 외국인들의 투자와 이 투자가 훗날 산출해낸 고도의 '정치적 이익 배당', 특히 포드 재단이 산출한 배당에 대해 광범위한 조사를 수행했다.[21] 이러한 투자는 연구의 '달러화(dollarization, 워싱턴과 미국 정책 연구 산업에서 설정된 주류 어젠다에 대한 라틴아메리카의 종속)'를 촉진함으로써 라틴아메리카의 사회과학 방법론과 지적 입장에 깊은 영향을 미쳤다. 대부분의 사회과학자가 권위주의 시기에 도피해 있었던 민간 연구 기관들은 기부자의 지지를 획득하기 위해 국제적이고 매우 경쟁적인 시장에서 펀드를 조성해야 했다. 이 기부자들은 "이론이나 이데올로기에 대한 연구보다는 경험적이고 응용적인 연구"(Puryear, 1994: 53)를 선호하는 경향이 있었다. 이런 원천에 대한 사회과학 연구의 의존은 새로운 방법론적 표준의 강화를 효과적인 것으로 만들었다. 호세 브루너(Jose Brunner)가 회고한 바와 같이 연구자들은 "출판하든가 사라지든가, 난센스의 금지, 책임성"(Puryear, 1983: 53에서 재인용)22이라는 세 가지 미국식 학문 규율을 따라야 했다. 정치인으로 변신한 연구자들의 후원과 상호 작용함으로써 ─ 이 과정은 외국의 기부자에게서 탄력을 받기도 했다 ─ 이러한 영향들은 사회과학에 특이한 실용주의의 출현을 촉진했는데, 그중에서 '이행'으로서 민주화에 대한 새로운 이론들이 가장 중요한 사례가 되었다.

'저항의 사상들을 바꾸려는' 이 전략은 1970년대에 형성된 학자와 정치인의 초국적 네트워크를 통해 "중심부와 주변부 간 …… 사상의 운동"(Arnove, 1980)을 촉진했다. 구조적 분석에서의 점진적 탈피는 현지의 상황으로 촉진되기도 했다. 연구자들이 통합적 데이터군과 신뢰할 수 있는 공식 통계에 접근하기가 점차 어려워지자, 그들은 조금씩 다른 연구 대상으로 관심을 전환했다. 근대화 과정의 분석 가능성에 영향을 미친 이런 어려움은 부등가교환, 종속발전, 또는 사회 계층화를 분석하기 위한 능력에도 영향을 미쳤다.23 이

---

21 사회과학 연구에 대한 주요 기부자들은 포드 재단의 목표와 유사한 목표를 추구한다. 스웨덴 개발도상국연구협력단도 활발하게 활동하는 기관이다(OECD, 1992).
22 민간 연구 기관으로의 후퇴는 퍼이어가 포드 재단 간부였던 때의 경험을 회상한 바와 같이 학자들 사이에서 조직, 관리, 모금 같은 경영 기술의 개발을 촉진한다.

상황은 구조주의적 경향에서 '사회 세계의 거시적 맥락에 세심한 주의를 기울이기 시작한' 정치학 연구 세대가 미시 수준 문제로 이동하는 데 기여했다.

이것은 부분적으로는 강경한 권위주의 통치의 비밀주의에 기인한 적절한 통합 데이터 획득의 불가능 때문에 일어났고, 이와 같은 미시적 관계들을 이해하기 위한 정서적·지적 필요성 때문에 발생하기도 했다(O'Donnell, 1999: 51).

두 번째 요인은 좌파에 대한 라틴아메리카 지식인들과 사회과학자들의 자기비판적인 분위기였는데, 이것은 권위주의 쿠데타 직후 그들의 이데올로기적·이론적 입장을 재고하도록 이끌었다. 그들은 정치 변동에 직면해 자신들의 무능력을 이론적 선택의 실패로 간주했고, "공통된 책임감"(Puryear, 1994)을 토로했다. 이것은 인권의 방패로서 민주주의에 대한 긍정적인, 그러나 '형식적인' 재평가로 이어졌다. 이 기관들을 통해서 이행한 사회과학자 세대는 호세 브루너와 알리시아 바리오스(Alicia Barrios)가 지적한 바와 같이 "몇 가지 점에서 마르크스주의로 '통했다'. 그들은 마르크스주의를 통해 일련의 개념들과 비판적 정신을 발견했지만, 이후에는 다른 사회학적 관점들에 대해 상대주의를 채택하고 민주주의와의 만남을 통해 변화한 **포스트 마르크스주의 세대**"였다(Brunner and Barrios, 1987: 195).

1980년대 초반 '미국·라틴아메리카 학문 외교'의 풍경은 급격하게 바뀌었다. 사회과학 연구는 더는 되돌아갈 수 없을 만큼 근대화 이론뿐만 아니라 종속이론, 마르크스주의, 그리고 자본주의적 근대화에 대한 비판에서 벗어

---

23 "수많은 라틴아메리카 국가에서 민중 정권(popular regime)의 몰락은 미국 학자들과 현지의 학자들에게 연구를 더욱더 어렵게 만들었다"(Almond, 1987: 455).

나 민주주의, 정치 개혁, 정치적 수완을 향해 이동했다. 1950~1960년대에 미국 이스태블리시먼트가 추구했던 사회과학에 대한 투자 전략은 "효율적이고, 전문적이며, 온건하고" 경제 질서를 "위협하지 않는 범세계적 엘리트 네트워크"를 만들어내는 통치와 사회변동에 대한 접근을 목표로 했다(Berman, 1983: 15). 비교정치학과 지역연구 분과는 이 전략을 뒷받침하기 위해 만들어졌으며, 근대화 이론의 형태로 학문적 근거를 산출했다. 특히 1970년대 라틴아메리카에서 두드러진 이 패러다임의 위기는 이 목적을 달성하기 위한 대안적 수단을 모색하는 길을 열어주었다. 역설적으로 이 목적들을 달성할 수 있게 한 것은 바로 근대화 패러다임의 포기였다. 결국 전문적이고 온건한 정치 변동의 개념을 더욱 촉진한 정치 '네트워크'와 초국가적 학문 네트워크의 중추를 제공한 것은 바로 학문 기관들과 재단들의 뒷받침을 받은 미국과 라틴아메리카의 급진적인 근대화 이론 비판자들이었다. 구조적인 이론에서 탈피하면서 그들은 가능한 한 세밀하게 정치 활동의 합리성을 재현하려는 개념들과 도구들을 연마했다. 급진적이거나 좌파적인 배경에서 형성된 그들의 민주주의 운동은 학계의 표준 규율을 따르고 정치 엘리트의 필요에 부합하는 정책 지향적인 과학을 생산하는 것으로 귀결되었다. 그들의 정치학은 국가 전문성과 개혁 정치의 장 내부에서 중시되는 일종의 자본이 되었다. 정치 변동은 이렇게 해서 닫힌 문 뒤에서, 그리고 찬란한 장식 아래에서 논의되는 관리 가능한 궁정 혁명의 형태를 취했으며, 사회변동은 라운드 테이블에서의 회담 형태를 취했다.

이러한 변화의 복잡성은 저평가되어서도 안 되고 과거 운동의 타락으로 간주되어서도 안 된다. 이와 반대로 이 학자들의 과거에서 유래한 민주적인 신뢰성은 부인할 수 없는 것이다. 이 신뢰성은 그들의 정치적·지적 변화에 연속성을 제공한다. 구조주의와 주류 정치의 급진성을 포기함으로써 이 정치학자들은 그들의 좌파 정치의 정당성을 커크패트릭의 라틴아메리카 독재를 지지하는 정책에 대한 비판으로 결집할 수 있었다. 그들은 종종 시카고학파의 가르침을 매개로 레이거노믹스를 남아메리카에 확장하려는 시도와 이 정책의 충돌을 비판했다. 그렇지만 그들의 지식이 호황을 누린 국가 개혁의 국제 전문성 시장에서 경제학자들과 동등하게 평가받는 정책 자원으로 전환한 것도 바로 이 경제 전문가들과의 전문적인 경쟁을 통해서였다. 이 모호한 경쟁의 좋은 사례는 「경제학자들이 가장 잘 알고 있는가(Do Economists Know Best?)」(1995)라는 오도넬의 논문에서 발견된다. 오도넬은 정치학이 국가 개혁에 관한 자문 산업에서 '경제학의 뒷좌석에' 놓인 것은 정치학자들이 자신들의 전공에서 '워싱턴 컨센서스'에 견줄 만한 것을 개발하지 못했기 때문이라고 주장한다. 경제학에 필적할 만한 자문 역할을 수행하기 위해 합의적 '민주주의'[24]를 정의하려는 필사적인 노력이 이루어졌다(이 주제에 대해 수많은 저작이 지금도 출판되고 있다). 이러한 노력은 정치적인 이익 배당을 위한 학문 경쟁의 맥락에 비추어 성찰되어야 한다.

그러나 이와 같이 정치적 동기를 가진 경쟁에서 정치학에 신고전파 경제학과 같은 신뢰를 제공해야 하는 합의된 민주주의 개념의 모색은 특히 조지프 슘페터(Joseph Alois Schumpeter)나 로버트 달의 영향을 받은 최소한의 경험적 개념화를 중시하게 되었다. 그리고 그것은 정치학의 엘리트주의적 개념들과 관련을 맺는 경향이 있다. 이렇게 해서 형식적인 합의에 대한 모색은 중요한 효과를 얻는다. 또한 정책 지향적인 지식을 제도적인 국가 개혁에 이바지하게 만들기도 한다. 이 개혁에서 기존의 '워싱턴 컨센서스'는 오로지 경

---

24 데이비드 콜리어와 스티븐 레비츠키(Steven Levitsky)는 민주주의라는 말을 둘러싼 '형용사'들의 확산을 정리하고 개념적 유효성의 영역을 구획하려 했다(Collier and Levitsky, 1997).

제적인 면을 고려할 뿐이었다.[25]

이처럼 복잡한 상황은 1980년대 정치학의 변화와 실천적인 학자들의 여정이 이데올로기적 유턴이 아니라, 복잡한 환경에서 형성된 전략들의 논리적 결과였음을 보여준다. 이 전략들의 기여로 형성된 '민주화 연구'의 세부 전공들의 주요 연구 경향은 과학적 선택의 결과일 뿐만 아니라, 정치적이고 전문적인 학문 외부의 투쟁에 투자되는 자원이기도 하다. 이 투쟁은 경쟁자들 간의 상호 보완성을 촉진함으로써 더욱더 모호해진다.

어떤 경우이든 민주주의 운동과 이 운동의 역사에서 유래한 후광을 입은 민주적 이행에 대한 연구는 학문적인 면에서 성공을 거두었다. 이와 동시에 이 연구 어젠다가 민주주의 촉진이라는 제국주의 정책을 전개하기 위해 인권 개념을 활용한 레이건 행정부의 이데올로그들의 이익과 수렴되었다는 것은 역설적이다.

---

25 미국민주주의재단의 연구이사회 소속의 몇몇 정치학자들은 '정치제도를 정당하게 만드는 것'이 정치적 구조조정의 새로운 주문(mantra)과 경제적 구조조정의 주문, 즉 '가격을 정당하게 만들라'는 주문의 논리적 귀결이었다고 주장했다(Barkan, 1997: 402).

제4장

민주화 연구와 새로운 정설의 구성

1945년 이후 이스태블리시먼트가 라틴아메리카를 비롯한 몇몇 대륙에 강요하려 했던 문화적인 팍스 아메리카나를 분석한 에드워드 버먼은 이들이 추구한 교육 및 박애주의 정책 목표 중 하나가 "카네기(Andrew Carnegie), 포드(Henry Ford), 록펠러(John Davison Rockefeller)처럼 재단을 설립한 사람들의 계급 이익을 위협하지 않고 효율적이고 전문적이며, 온건하고 타협적으로 통치와 변화에 접근하는 범세계적 엘리트 네트워크"를 만드는 것이라고 말했다(Berman, 1983: 15). 이와 똑같이 뿌리 깊은 "믿음, 관심, 편견, 가치"(Latham, 1998: 206)를 반영했기 때문에 근대화론은 이 계획에 통합될 수 있었고, 나아가 이 계획을 위해 이론과 방향을 제시했다. 이 목표의 현실적인 무기인 '진보를 위한 동맹'이나 외국 대학에서의 국제화를 통해 근대화 이론은 이와 같은 사회변동 개념과 관련된 행위자들의 수용을 촉진했다. 앞의 제3장에서 근대화론이 어떻게 점차 의문시되었고 안팎에서 비판을 받았는지 살펴보았다.

그러나 이러한 과학적이고 이데올로기적인 패러다임의 위기는 역설적으로 거기에 담긴 정치적 목적의 성공을 의미하는 것이기도 했다. 이 목적은 근대화 이론의 실패에도 성공을 거둔 것이 아니라, 좀 더 정확하게는 이 이론의 실패 덕분에 성공을 거둘 수 있었다. 근대화론의 종식은 종속적인 발전, 권위주의, 그리고 미국 외교정책의 유착을 비판한 학자들의 공격의 결과였다. 그러나 이 학자들과 정치적이고 지적인 그들의 동맹자들은 결국 과거의 이스태블리시먼트가 계획한 것과 그다지 다르지 않은 국제적인 '엘리트 네트워크'를 만들어냈다. 처음에는 비판적인 입장과 연결되어 있던 민주주의에 대한 그들의 정치적 책임감은 그들의 자유주의 스폰서들뿐만 아니라 미국 행정부와 국제기구들의 관심에 잘 부합하는 실용적이고 온건한 태도를 향해 이동했다. 민주화와 포괄적인 사회변동 개념을 분리한, 민주주의 이행에 관한 연구는 협상되고 질서 정연하며 궁극적으로 관리 가능한 정치 변동의 개념에 의지했으며, 여전히 사회적·경제적 변동과의 구분과 거리를 유지했다. 그들의 학문적 생산은 메틴 헤퍼(Metin Heper)가 지적한 바와 같이 "점진적이고 통제된 체제 변화"(Heper, 1991: 193)를 강조함으로써 오랫동안 이스태블리시먼트가 추구한 목표들을 되풀이했다.

이러한 점진적 변화의 옹호는 현대의 민주화 연구들과 특히 '이행'의 개념에 의지한 접근들이 왜 근대화 이론의 라이벌로 간주되는지 설명해준다. 정치발전 연구의 옹호자들과 비판자들은 모두 근대화론과 민주화 연구의 연속성을 강조한다. 예를 들어 1950년대부터 1980년대까지 정치발전 연구의 변화를 다룬 폴 카맥의 저서가 이러한 관점을 채택하고 있다(Cammack, 1997). 그는 민주화 이행 접근 방법이 이미 형성된 독트린과 아무런 차이가 없으며 그 독트린을 '더욱 촉진한 것'으로 간주했다. 파이는 1989년 미국정치학회 모임에서 회장 연설을 통해 이와 완전히 다른 입장에서 민주화 이행에 대한 연구가 종속이론의 실패를 보여주며 20세기 후반의 민주적인 변화들에서 역할을 수행할 "핵심 요인"을 가려낸 근대화 이론의 "유효성을 입증했다"라고 주장했다(Pye, 1990: 7).

지역연구, 특히 아프리카 연구 분야에서는 수많은 학자들이 법의 지배와 경제발전 사이의 관계 또는 민주적 거버넌스에 대한 현대적인 논의를 근대화 이론의 부활로 인식했다(Barkan, 1994). 일반적으로 1989년의 역사적인 변동 상황에서 정치사회학은 구조적인 사회변동의 측면들에 "행위에 대한 강조(stress on agency)"(Tiryakian, 1991: 172)를 결합하는 새로운 거시적 패러다임이 필요하다고 인정되었다. 에드워드 티랴키안(Edward A. Tiryakian)은 이 패러다임을 '신근대화론(neo-modernization)'으로 부를 것을 제안했다. 구조적으로 결정된 기회 상황에서 정치 엘리트들이 적극적으로 취한 전략적 선택의 결과로 민주화를 분석함으로써, 민주주의 이행에 대한 새로운 접근 방법은 당시 형성 중이던 연구 어젠다에 완전히 부합했다.

그러나 이러한 설명은 부분적으로 잘못된 면이 있다. 그것은 정치학 공동체의 다양한 분파 간의 치열한 투쟁을 무시한다. 특히 근대화 또는 정치발전 이론가들과 민주주의 이행 접근법을 대표할 사람들의 대립을 가져온 갈등을 무시한다. 이 투쟁은 무시할 수 없는 정치적 차원의 대립을 유발했다. 예를 들어 카맥과 같은 연구자가 제시한 설명은 자료 조사가 풍부하고 주장이 견고하지만 이러한 갈등에 대한 성찰이 부족하다. 민주주의 이행론은 근대화 이론과 똑같은 정치적 기능을 수행할 수도 있지만 단순히 근대화 이론이 과도하게 발전한 결과는 아니었다. 앞으로 살펴볼 것처럼, 이 이론은 민주주의 촉진을 중심으로 결합된 새로운 외교정책의 과학 이데올로기로 활용된다. 미국민주주의재단 같은 조직의 존재가 설명해주듯이, 합의를 도출하고 다양한 의미와 어젠다를 조정할 수 있었던 민주주의에 대한 학문 연구의 능력은 이 연구의 성공적인 제도화에 기여했다. 민주주의에 대한 민주적 담론이기도 한 이 학문의 역설은 그것이 주류 패러다임들에 대한 이단적 비판으로 시작되었지만 결국 새로운 정설을 만들어내는 데 기여했다는 것이다.

이러한 '변화 속의 연속성'은 민주화에 대한 정치학 독트린의 변화에서 중요한 측면이다. '이행론자'와 근대화 이론가, 종속이론가와 행태주의자, 그리고 자유주의자와 신보수주의자 간의 이론적 대립과 학문적 토론 및 투쟁은 역설적으로 온건하고 엘리트 중심적인 정치적 목적을 촉진했다. 또한 이 목적은 자본주의적 변화에 대한 과학 이론을 통해 정당화되어야 했다. 여기에서는 1970년대 말 미국·라틴아메리카 관계에 대한 논쟁에 비판적으로 참여해 정치학의 주요 분과가 되는 '민주주의 이행'에 관한 연구 프로그램에 초점을 맞춤으로써 이러한 과정들을 조명한다. 전통적으로 국가권력의 장에 가까웠던 전공에서 제도화된 비판적 접근의 성공 스토리는 다른 한편으로 이 지식의 변화에 대한 스토리이기도 하다. 여기에서는 특히 '국가에 대한 비판적 지식'이라고 부르는 것, 즉 종속이론의 유산을 물려받은 국가에 관한 정치경제학, 또는 권위주의와 민주주의 이행 분석이 기반을 둔 신조합주의(neo-corporatism)의 핵심인(Schmitter, 1974) 비판적 기능주의가 민주화에 대한 주류 정책 전문성으로 전환되는 것에 초점을 맞춘다.

강력한 제도적 자원을 보유하고 1980년대에 민주화 연구를 '발명해낸' 학자들은 민주화 과정이 이웃 나라에서 번성하는 사회주의 체제로 이어지는 것이 아니라, '저명인사'들의 영향력을 간직한 민주주의 체제, 즉 베버가 '경제적 존엄자(economic honoratiores)'라고 부른 사람들의 권력을 유지하는 체제로 이어졌다는 것을 보여줌으로써 신보수주의자들에게 반대하려 했다. 이렇게 해서 그들은 구조주의적인 국가 분석을 외교정책 기관들과 (광범위하게는) 워싱턴 컨센서스에 담겨 있는 정책의 기대에 부합하는 온건한 처방에 다시 투자했다. 이와 똑같은 이론적 유산의 또 다른 역설적 결과는 경제정책(특히 구조조정)의 정치적인 게임을 분석하는 '신국제 정치경제학'의 발전이었다. 결국 신국제 정치경제학은 1990년대 초반에 세계은행에 의해 채택되었다.

1. 학문 기관, 자유주의 네트워크, 그리고 민주주의 이행

기예르모 오도넬, 필리프 슈미터, 로렌스 화이트헤드(Laurence Whitehead)가 1986년에 출판한 민주화에 관한 저작 시리즈(이른바 '이행' 시리즈)는 이러한 변화의 중심에 있었다. 이 작업은 그 뒤를 이은 민주주의 연구의 초석이 되었으며, 이 주제에 대한 학문적 토론에서 필독서가 되었다. 또한 현대의 민주화 과정에 대한 최초의 비교 연구를 제공했다. 이 시리즈는 비교정치학이 부활하는 데 핵심적인 지위를 민주화 연구에 부여함으로써 라틴아메리카 연구가 처해 있던 열등한 지위를 타파했다. 어느 비평가가 주장한 바와 같이, 이 학문적 기획을 자극한 권위주의 체제의 몰락은 "조급한 지역학자들을 비교정치학자들의 반열에 추가"했고(Hagopian, 1993: 464), 그것은 신뢰를 잃어버린 근대화 이론을 대체했다.

근대화 이론의 주요 가정과 결코 친화될 수 없었던 라틴아메리카 연구자들은 라틴아메리카에서의 변화로 그들의 전공이 비교정치학 분야를 혁신할 만한 지위에 올라서자 가까스로 근대화 이론과 단절할 수 있었다. 정치에 대한 구조주의적 접근과 종속이론에 직간접적으로 연결되어 있던 학자들은 더욱 보수적이었던 '옛 수호자(old guard)'를 대신했다. 마찬가지로 자본주의가 강화되는 상황에서 권위주의 체제의 몰락은 이 학자들이 종속이론의 수많은 가정을 수정하도록 이끌었다. 특히 그들은 결정론과 이것의 실천적 결과인 정치적 비관론과 단절하는 것이 필요하다고 생각했다. 거시 구조에 관한 관심은 칠레의 사회학자 마누엘 가레톤(Manuel Garreton)이 "덜 예측 가능하고 더 유동적인 정치, 정치적 창조성, 집단행동의 요소"(Garreton, 1988: 358~359)라고 부른 것에 대한 관심으로 점차 대체되었다. 앞으로 살펴볼 것처럼, 이와 같은 학문 담론의 변화는 ─ '궁정 혁명(palace revolution)'으로 축소된 정치 변동을 위해 사회변동 연구를 포기한 ─ 비교정치학뿐만 아니라 해방의 정치의 성격에도 영향을 미쳤다.

또 『권위주의 통치로부터의 이행(Transitions from Authoritarian Rule)』(1986)은 앞에서 분석한 운동권 학자들의 초국가적 네트워크가 생산한 연구들의 특징을 완벽하게 보여준다. 이 과학적 생산은 이것을 가져온 국제적인 상황과 저자들의 정치적 책임의식에 깊은 영향을 받았다. 특히 이행(transition) 시리즈에 담긴 글들은 이론 수준에서 자유주의 이스태블리시먼트의 비호를 받은 사람들의 정치적·학문적 네트워크를 활성화하는 동시에 급진적인 해석들을 제거함으로써 민주주의를 위한 실천적 방향을 제시했다. 방법론적 관점에서 이것은 종속이론 패러다임에서의 점진적인 이탈과 일반적으로는 체제 변동에 관한 구조주의적 설명에서의 이탈로 해석되었다. 그 대신 때때로 합리적 선택이론이나 게임이론에 가깝고 정치적인 것의 상대적 자율성을 가정한 미시적 엘리트 분석이 민주주의 이행이라는 새로운 접근의 기치가 되었다. 역설적으로 보이는 것은 저명한 기고자 몇몇의 과거 연구와 정치 활동이 종속이론 학파와 관련을 맺은 상태에서 이행 시리즈가 자본주의적 생산관계의 불가피성을 이론화한 것이다. 그뿐 아니라 이 시리즈는 강력한 국제경제의 정설하에 온건한 케인스주의적 개혁을 수행하는 것조차 불가능하다고 생각했고, 이 점을 노골적으로 강조하기까지 했다. 이처럼 그들은 1970년대의 지식운동과 관련된 저항적이고 비판적인 정치학의 경향들을 자본주의적 경제조건하의 비혁명적 변화의 규범이론으로 바꾸어놓았다.[1]

---

[1] 오도넬은 라틴아메리카에 관한 책의 서문에서 이 주장들이 "최소한도로 활성화된 민중 부문과 분별력 있는 복잡한 자본주의 경제를 갖춘 나라들에서 비혁명적 체제 이행의 모든 사례에 적용될 수 있을 것"이라고 말했다(O'Donnell, 1986: 5). 또 그는 비혁명적 이행만을 다루는 연구의 선택이 정치적 민주주의에 대한 규범적 승인에서 유래하는 것이라고 덧붙였다.

이런 변화는 특수한 제도적 맥락 및 (정책 계획자들의 전략에 자원으로 사용된) 정치학의 역할과 분리될 수 없었다. 이행 시리즈에 나타난 공동의 노력은 1979년 우드로 윌슨 센터의 라틴아메리카 프로젝트의 일환으로 시작되었다. 이 프로그램은 1977년에 마련되어 1983년까지 에이브러햄 로웬탈이 지휘했다. 과거에 라틴아메리카 포드 재단의 간부였던 로웬탈은 외교협회의 연구부장으로서 자신의 업무에 '실망'했으며, 미국·라틴아메리카 관계로 관심을 전환했다. 로웬탈은 앨버트 허시먼(Albert Hirschman), 페르난두 카르도수, 그리고 몇몇 포드 재단 간부와 함께 워싱턴의 재단들에 연구 센터의 건립을 제안했다. 이 제안은 우드로 윌슨 센터 임원의 관심을 끌었지만, 이 임원은 이 프로그램을 추진할 예산이 없었다. 그래서 록펠러 재단의 이사장이자 노트르담 대학의 총장이기도 한 시어도어 헤스버그(Theodore Hesburgh)를 통해 록펠러 재단의 지원을 받았고, 옛 동료였던 윌리엄 카마이클(William Carmichael)을 통해 포드 재단의 지원도 보장받았다. 또 록펠러 브러더스 펀드(Rockefeller Brothers Fund)의 추가 기금은 라틴아메리카 프로그램을 시작하기에 충분한 자금을 3년에 걸쳐 제공했다.[2]

이 프로그램이 마련되자 '학문위원회(Academic Council)'라 불리는 이사회가 구성되었고, 허시먼이 이사장직을 수락했다(이사회는 페르난두 카르도수, 기예르모 오도넬, 리카도 프렌치-데이비스(Ricardo Ffrench-Davis), 레슬리 매니고트(Leslie Manigot), 올가 펠레서 드 브로디(Olga Pelecer de Brody), 토머스 스키드모어(Thomas Skidmore), 캐런 스팔딩(Karen Spalding), 필리프 슈미터 등이 참여했다). 이사회 설립은 이사회가 대표하는 학문적 경향의 지적이고 정치적인 우선순위를 제도화하는 계기가 되었고, 라틴아메리카 프로그램에 뚜렷한 프로필을

---

2   로웬탈과의 전화 인터뷰(2001년 5월).

제공했다. 자유주의 좌파와 사회민주주의적 감수성의 동맹을 반영한 이사회는 이 프로그램을 특수한 방향으로 이끌었다. 그것은 어떤 의미에서 라틴아메리카 연구의 귀족 집단을 대표했는데[이사회 멤버가 아니었던 로버트 패케넘이나 하워드 위아르다(Howard Wiarda) 같은 몇몇 유명한 학자는 예외였지만, 라틴아메리카 연구는 전체적으로 미국의 외교정책에 비판적이었다. 이사회 학자 중 다수는 라틴아메리카 정책과 밀착된 관찰자였고, 때로는 직접 참여한 인물이기도 했다. 그들은 "자신들을 위한 연구 기금에 관심을 가졌다기보다는 거기에 담긴 의미에 관심을 가졌기"[3] 때문에 선발되었다.

이와 동시에 이 프로그램은 이를 주관하는 기관에 걸맞은 전문성의 이미지를 개발했다. 1968년 스미스소니언 협회(Smithsonian Institution)[4]의 산하기관으로 설립된 우드로 윌슨 센터는 학계와 정치계의 교차점에 위치한 유명한 기관이었다. 우드로 윌슨 센터의 임무는 '저명한 학자들을 후원하고 이 학자들을 워싱턴 관료들의 관심에 연결함으로써 아이디어 세계를 정책 세계에 통합하는 데' 기여하는 것이었다. 라틴아메리카 프로그램의 목적은 미국·라틴아메리카 관계의 전망에서 '여론 주도자들'에게 영향을 미침으로써 정책에 부합하는 작업을 수행하는 것이었다.

이처럼 특수한 성격은 1980년대 라틴아메리카 프로그램의 역할과 민주화 연구의 중요성을 설명해준다. 레이건의 당선으로 이러한 학문 포럼들은 자유주의 이스태블리시먼트가 보수적인 행정부에 투쟁하는 과정에 과학적 자본을 동원할 수 있게 해주었다. 라틴아메리카 프로그램은 복합적 성격 덕분

---

3   로웬탈과의 전화 인터뷰(2001년 5월).
4   영국 과학자 제임스 스미스슨(James Smithson)의 유언에 따라 1846년에 설립된 교육 및 연구 기관이다. 이 기관은 19개의 박물관과 7개의 연구 센터로 구성되어 있다. _ 옮긴이

에 수많은 신보수주의자의 강경한 '국가 안보' 접근에 비판적인 라틴아메리카 연구들이 대표한 '대안적인 접근'이 정책 결정에서 적절하다는 것을 보여준 장소이기도 했다. 따라서 이 프로그램은 운동과 전문성의 동맹으로서 라틴아메리카 문제에 대해 레이건 행정부의 이데올로기적 접근과 대조되는 관점을 제공했는데, 당시 레이건 행정부는 민주주의를 공산주의에 대항한 미국의 성전에 종속시켰다. 에이브러햄 로웬탈은 이행 시리즈에 실린 그의 서문에서 국무부가 사용한 강력한 정치적 기준과 대조를 이루는 무차별적 민주주의에 대한 접근을 강조하면서 이 프로그램이 "여러 유형의 다양성을 추구하고 …… 신념 때문에 아르헨티나와 쿠바에서 추방된 학자들에게 연구기금을 제공했다"라고 기술했다(Lowenthal, 1986: viii). 이것은 국제사면위원회(Amnesty International)의 중립성 추구와 유사한, 미묘한 중립성의 표현이었다.5

레이건 행정부의 라틴아메리카 정책에 대해 자유주의적 반대를 집약할 조직인 미주협의회의 설립은 라틴아메리카 프로그램과 다소 겹치고 유사하지만 좀 더 정치적인 이니셔티브였다. 미주협의회는 우드로 윌슨 센터의 라틴아메리카 프로그램의 일환으로 시작되었다. 1982년 로웬탈과 카르도수가 발전시킨 최초의 계획은 미국·라틴아메리카 관계의 불만족스러운 상태와 레이건 행정부의 정책에 대한 라틴아메리카인들의 우려를 워싱턴에 전하기 위한 회의를 조직하는 것을 목표로 했다. 이러한 관심은 미국 외교정책의 성격과 방향에 따라 제한되었을 뿐만 아니라 경제문제와 외채 문제를 포함하기도 했다. 전체 계획은 사실 워싱턴의 새로운 정책 추이와 커크패트릭으로 대

5 드잘레이와 가스에 따르면 냉전 시대 자유주의적이고 반공적인 국제 인권운동을 주도했던 국제법률가협회가 미국 안보 기관들에게서 활동 자금을 수령한 것이 폭로된 후, 당시에 발전하던 국제사면위원회는 인권운동에서 무차별성을 강조하면서 공산주의 국가, 개발도상국가, 자유주의 국가의 양심수들을 같은 비율로 변호했다. _ 옮긴이

표되는 비타협적 반공주의에 대항해 자유주의 이스태블리시먼트가 전개한 전투의 무기로 사용되었다. 로웬탈에 따르면 그것은 "당시 진행되던 사건들을 비판하기 위한 일종의 포럼을 제공하는 것"을 의미했다. 솔 리노위츠(Sol Linowitz)는 이 이니셔티브에 정치적 신뢰를 제공하기 위해 회의를 소집했다. 그는 필요한 명성과 인맥이 있었고 라틴아메리카 프로그램이 대표하는 일반적 시각과 미국·라틴아메리카 관계에 대해 똑같은 관심을 공유하고 있었다.[6] 1982년 11월에 개최된 이 모임은 미주기구(Organization of America States)의 전직 사무총장 가브리엘 플라자(Gabriel Plaza)가 소집했다. 리노위츠는 인맥을 활용해 조지 슐츠(George Shultz) 국무장관과 부시 부통령이 참석하게 했는데, 그들은 회의 말미에 도착해 토론의 요약을 청취했다. 이것은 이 모임에 정치적인 명성을 제공했다.

이런 정치 공세는 자유주의 이스태블리시먼트와 구성원들의 명성으로 비판적 외형을 유지할 수 있었기 때문에 어느 정도 영향력이 있었다. 이런 배경에서 유래한 미주협의회의 엘리트주의와 개혁주의 혼합은 그 구성원들의 구성에 뚜렷하게 반영되었다. 즉, 미주협의회는 솔 리노위츠, 피터 벨(Peter Bell), 지미 카터, 사이러스 밴스(Cyrus Vance), 라울 알폰신(Raul Alfonsin), 페르난두 카르도수, 알레한드로 폭슬리(Alejandro Foxley), 오스카르 아리아스(Oscar Arias),

---

6 리노위츠는 존슨 대통령 재임 기간에 미주기구의 대사를 지냈고, 카터 행정부에서는 파나마 운하 조약(Panama Canal Treaties)의 협상단장을 지냈다. 또 중동 평화협상 기간에는 카터의 특사이기도 했다. 리노위츠는 1938년 코넬 대학교 로스쿨을 졸업한 후 뉴욕 로체스터에서 변호사로 근무했는데, 전쟁 기간에 워싱턴에서 근무한 후 다시 이곳으로 돌아갔다. 1948년 변호사로 활발하게 활동한 그는 한 친구가 전자사진술 특허를 통해 옵션권을 사는 것을 도왔는데, 이 과정은 양호하게 진행되어 제록스 복사기 발명으로 이어졌다. 1953년 핼로이드 제록스(Haloid-Xerox) 부사장이었던 리노위츠는 1959년 제록스의 사장이 되었고 후에는 이사회장이 되었다.

비올레타 차모로(Violeta Chamorro), 니콜라스 아르디토 바를레타(Nicolas Ardito Barletta), 하비에르 페레스 데 케야르(Javier Perez de Cuellar), 마리오 바르가스 요사(Mario Vargas Llosa) 등을 포함했다. 이 조직은 학식 있고 전문적인 대응권력의 역할을 수행함으로써 국무부의 보수적인 접근에 대한 차별성을 발전시켰다(Dezalay and Garth, 2002). 구성원들의 명성과 영향은 이 조직이 민주적 요구의 대변자로 기능하고 동시에 워싱턴과 국제기구에서 전문적인 신뢰성을 얻게 해주었다. 또 이 조직은 존경받고 의식 있는 대항 엘리트가 수행한 만큼, 라틴아메리카에서의 민주적 변화에 대한 헤게모니적 지원을 마련하는 데 적지 않게 기여했다. 특히 미주협의회는 금융계에 대한 영향력 확대 정책을 통해 정통한 경제 운영 요구와 공개적인 정치체제에 대한 요구, 그리고 민주주의 운동을 결합했다. 예를 들어 제1차 회의가 끝난 후 외채 문제에 대한 토론의 요약은 세계은행 총재직을 막 떠난 로버트 맥나마라(Robert McNamara)가 미국 국무장관과 부통령에게 전달했다. 또 대안적인 엘리트들은 1990년대에 라틴아메리카의 정부 엘리트가 되었다(4명의 대통령과 12명의 장관이 미주협의회 출신이었다).

다양한 정책 의제를 초월해 맺어진 도전자들의 사회적 친분을 파악하는 것은 수월하다. 이러한 사회적 친분은 미주협의회가 대표한 정책 대안에 신뢰를 제공했다. 야권에 있던 자유주의 정책 이스태블리시먼트와 권력을 장악한 신보수주의 관료 사이의 이데올로기적이고 정치적인 분열에도 불구하고, 이처럼 복잡한 불화가 상대적으로 동질적인 외교정책 엘리트 내부에도 존재하고 있었다. 그리고 이러한 분열은 어떤 점에서는 이 엘리트의 재생산과 발전에 기여하는 것이기도 했다. 로웬탈 같은 자유주의 정책 기획자들은 미국 행정부가 라틴아메리카 관계를 세계적인 반공 작전의 무대에 종속된 정책으로 후퇴시킴으로써 생겨난 공백을 부분적으로 메워주었다. 그들은 막

대한 금융적·사회적 자원들을 끌어모을 수 있었는데, 이 자원들은 그들이 (행정부에게는 더욱 어려운 일인) 지적 의제를 구축하기 위한 학문 공동체를 선발할 수 있게 해주었다.

미주협의회 설립 자체는 특정한 국제 문제에 대한 상위급 토론을 통해 게이트키퍼로서의 전략적 지위를 점유한 안정적 조직을 만들고, 이 자원들을 제도화하려는 목적에 기여했다. 우드로 윌슨 센터에 이미 라틴아메리카 프로그램의 설립을 지원했던 록펠러 재단과 포드 재단이 제2차 회의를 조직하는 데 필요한 자금을 제공했다. 우드로 윌슨 센터는 정책 성명을 발표하지 않았다. 따라서 이 회의의 보고서는 결과로 설립된 미주협의회의 이름으로 출판되었다.

2. 무기여 잘 있거라: 국가에 대한 비판에서 개혁주의의 엘리트 과학으로

이러한 상황에서 우드로 윌슨 센터 정치학자들의 기여는 중요했다. 그것은 한편으로 라틴아메리카 민주주의에 대한 진정한 책임의식에서 비롯되었다. 이행 프로젝트는 무엇보다 효과적인 정책 권고를 산출하려는 목적에서 민주주의를 향한 다양한 경험의 본질을 탐구하려고 했다. 다른 한편으로 새로운 외교정책을 산출함과 동시에 경제학에서의 워싱턴 컨센서스에 전적으로 상응하는 민주화 공식을 산출했다.

처음부터 이 계획은 허시먼이나 시리즈 마지막 권의 한 챕터를 기고한 카르도수처럼 프로그램 학문위원회에 속한 저명인사들의 적극적인 지원을 받았다.[7] 이 계획에 공헌한 사람들로는 진보 사회학의 전통을 대변한 마르셀로 카바로치(Marcelo Cavarozzi)나 마누엘 가레톤 같은 남아메리카 사회과학자들이 포함되었다. 이들의 북아메리카 동료 대부분은 학계의 사회민주주의 좌파로 간주될 수도 있었으며, 그중 몇몇은 오랜 기간에 걸쳐 라틴아메리카의 경험을 가지고 있었다. 이와 동시에 최종 결과물은 다소 온건한 처방을 결론으로 제시했다.

이러한 이중성은 네 권의 저작을 관통하는 언어에서도 식별될 수 있다. 셰보르스키가 회고한 바와 같이, 이 담론은 정치 엘리트들이 추구한 전략들을 강조했음에도 "당시의 주류 어휘", 즉 "계급, 그들의 동맹, 그리고 '지배 협약' 같은 거시적 언어"(Przeworski, 1991: 97)로 표현되었다. 브라질 재계와 민주화에 대한 글에서 카르도수는 "부르주아 헤게모니"(Cardoso, 1986: 137)에 대해 언급했다. 오도넬과 슈미터는 생산수단의 사회화에 관한 전망을 상기시켰는데, 그것은 오히려 사회화를 즉각 중지시키기 위한 것이었다(O'Donnell and Schmitter, 1986). 셰보르스키는 자신의 글에서 좌익 학문의 배낭에 담긴 참고문헌들(카를 마르크스, 안토니오 그람시, 에티엔 발리바르(Étienne Balibar), 니코스 플란차스(Nicos Poulantzas) 등)을 언급했다.

이러한 좌익의 유산이 당시 출현했고 이 책의 여러 논문에 담겨 있기도 한 주요 변동을 흐리게 해서는 안 될 것이었다. 그것은 이 프로젝트가 1970년대 급진주의에 집중한 정치 시대의 종말과 특수하게는 남아메리카의 종속이론과 관련된 정치의 종말을 상징하기도 했기 때문이다. 이러한 변화는 국가의 문제이자 이 문제에 답하기에 적합한 분석 도구의 문제에 관한 것으로 보였다. 국가에 대한 새로운 분석은 더 이상 체계적이지 않았고 정책적인 처방을 제시하는 것도 아니었다. 왜냐하면 경제 구조에 대한 고려가 전반적으로 배

---

7   이 계획의 배경에 대해서는 O'Donnell, Schmitter and Whitehead(1986)에서 로웬탈이 작성한 서문 참조.

제되었기 때문이다. 그 대신 우드로 윌슨 센터는 국가의 상대적 자율성을 가정하고 체제 변화의 근저에 놓인 원리로서 상이한 통치 엘리트 파벌 간 권력 게임에 초점을 맞추는 조야한 지적·정치적 의제를 지지했다.

이와 동시에 국가에 대한 새로운 분석은 1970년대 초반 이후 신뢰를 상실한 개혁주의의 재발견으로 이어졌다. 과거 라틴아메리카의 병에 대한 해결책으로 '유고슬라비아식 자주 관리 사회주의 방식'을 옹호했던 오도넬은 이 계획의 편집자로서 이와 같은 지적이고 정치적인 이동을 완벽하게 보여주었다(Lehmann, 1990: 53). 오도넬은 라틴아메리카에 대한 책의 서문에서 사회적·경제적 불평등을 줄일 수 있는 효과적이고 신속한 기회라는 점에서 정치적 민주화의 정착과 실질적인 공고화가 유발할 수 있는 중요한 거래를 인정한 후에도(O'Donnell, 1986: 10), '정치적 민주화'가 그 자체로서 바람직하다는 저자들의 '규범적 편향'을 분명히 드러냈다. 그는 이런 양보가 "최소한도의 복잡성과 그 뒤를 이은 자본주의적 사회관계의 팽창에 도달한 나라들에서 혁명을 통한(via revolucionaria) 이행이 있지도 않고, 가까운 미래에 있을 법하지도 않다"는 "경험적 일반화"에 의해 강화되었다고 주장했다(O'Donnell, 1986). 이러한 주장은 오도넬만의 특징이 아니라 이 계획 전체에 반복해서 등장한다. 마지막 권은 이 주장들을 모든 저자가 공유했다고 강조하는데, 이 책이 상이한 정치운동에 속한 학자들의 공동 작업이라는 점에서 이것은 놀라운 주장이 아닐 수 없다. 한 논평자가 간략하게 지적한 바와 같이 이 메시지는 "사회주의 좌파에게는 나쁜 소식"(Bermeo, 1990: 364)이었다.

그렇다면 이러한 이론적 선택과 정치적 선택을 어떻게 설명해야 할까? 이행 시리즈는 일관되게 이러한 선택을 라틴아메리카의 현 상황에 대한 실용적인 적응으로 소개한다. 이 주장은 저자들이 보유한 (종종 완벽하기까지 한) 민주적 신뢰성이 그것을 뒷받침하기 때문에 더욱 설득력이 있었다. 로웬탈은 서문에서 이 계획이 "라틴아메리카에서의 정치적 기본권 복원과 민주주의를 위한 솔직한 편향(frank bias)"(Lowenthal, 1986: vii)에 의해 동기를 가졌다고 말했다. 이 시리즈의 마지막 권에서 오도넬과 슈미터는 "그 자체로서 바람직한 목표"(O'Donnell and Schmitter, 1986: 3)인 정치적 민주주의에 대한 그들의 헌신을 강조했다. 한 논평자가 훗날 강조했듯이, 이 접근법은 "옛 이론과 새로운 사실 사이의 갈등을 인정하는 것"으로 시작되었다(Remmer, 1991: 483).

사실 이 시리즈의 여러 장은 최선의 전략적 선택으로서 온건한 정치 과정을 제시할 것으로 보이는 민주적 변화에 대해 진정한 책임의식을 강조한다. 새로운 사고는 다음과 같이 요약될 수 있다. 산업화와 근대화가 1950년대 정치사회학자들이 생각했던 것처럼 반드시 민주주의로 이어지지 않았다면, 반대로 종속적인 발전이 오도넬과 종속이론가들이 1970년대에 주장한 바와 같이 반드시 여러 나라를 권위주의로 이끈 것이 아니었다면, 민주주의는 예란 테르보른(Göran Therborn)의 말처럼 "자본주의 발전 과정에서 특수한 단계의 정치체가 아니라 상황에 따른 결과"가 되어야 한다는 것이다(Remmer, 1991). 그것은 진화적인 변동의 산물이 아니라 특수하고, 이행을 겪으며, 역전 가능한 정치적인 힘의 구현일 뿐이다. 이러한 시각은 민주주의가 사실상 구조적인 요인들에서 상대적으로 독립된 결과이고, 따라서 적절한 정치 행위자 간에 충분한 정치적 의지가 있다면 언제든지 거기에 도달할 수 있음을 의미하는 운동가적 시각이었다.

이러한 기본적인 주장은 몇 가지 실천적·이론적 결과를 산출한다. 이행 시리즈 저자들의 정치적 실천에서 이 기본적인 주장[8]은 민주주의를 위한 투쟁을 역사적으로 '진보적인' 정치 실천에 연결한 유용한 이론이라기보다는

8　민주주의는 진화의 산물이 아니라 상황에 따른 정치적 힘의 구현이라는 주장이다. _ 옮긴이

갑자기 정치 활동의 장애로 간주된 구조주의 유산과의 전쟁에서 승리를 거두는 것임을 의미했다. 셰보르스키는 이 계획에 대한 참여를 회고하면서, 배링턴 무어(Barrington Moore)의 저작이 "1979년 오도넬과 슈미터의 민주화 프로젝트의 첫 미팅 동안 언급조차 되지 않았음"(Przeworski, 1991: 96)을 알고 충격을 받았다고 회상했다. 셰보르스키는 사회학적 접근법을 더 많이 배제하는 정치 연구 변화를 가장 대표하는 인물이었다. 그는 "구조적 조건이라는 측면에서의 설명은 사후적으로는 만족스럽지만 사전적으로는 쓸모가 없다"라고 주장했다(Przeworski, 1991: 97). 따라서 통치 엘리트의 다양한 파벌의 전략적 선택의 문제로서 민주화 분석은 우리가 이미 살펴본 바와 같이 "순전히 효용성"의 토대에서 선택된 것이었다(Przeworski, 1991: 50). 그 이유 중 하나는 "많은 참가자가 …… 민주주의를 위한 투쟁의 지지자였고 대안적인 실천 과정의 결과들을 이해해야 했기 때문"이었다(Przeworski, 1991: 97). 따라서 저자들은 본질적으로 불확실하고 비결정적인 것으로 개념화된 과정에서 정치 행위의 역할을 강조했다.

오도넬과 슈미터가 이 시리즈의 마지막 권에서 설명한 바와 같이, "극단적인 이행의 불확실성을 포착하려고 노력"하는 것이 그들의 역할이었는데, 그 이유에 대해 민주화 과정이 "결과를 인도하고 예측하기 위한 구조적이거나 행태적인 파라미터가 불충분할 때 발생하는 거시적인 이행"의 범주로 전락했기 때문이라고 주장한다(O'Donnell and Schmitter, 1986: 3). 익명적인 역사의 힘, 거시 구조, 또는 발전의 법칙이 아무것도 설명해주지 못하는 상황에서 변화의 원리는 결국 정치 행위자들과 이들의 전략적 선택에 따르게 된다. 대부분의 이행론 저자들이 구조주의 분석 전통의 출신이지만, 그들은 점차 '거시적인 계급 언어'가 제공하는 외피에 ─ 합리적 선택, 게임이론, 또는 방법론적 개인주의의 영향을 받은 ─ 행위이론을 채택했다. 이렇게 해서 저자들은 "기대하지 않은 사건들(fortuna), 불충분한 정보, 급하게 취해진 선택과 대담한 선택, 동기와 이익에 대한 혼동, 적응성, 그리고 정치적 정체성에 대한 정의의 부재 뿐만 아니라 특수한 개인들의 재능(virtù)이 빈번하게 결과들을 결정하는 상황에 깊이 배어 있는 고도의 비결정성(high degree of indeterminancy)"을 강조한다(O'Donnell and Schmitter, 1986: 5).

하비에르 산티소(Javier Santiso)가 주장한 바와 같이(Santiso, 1996: 57) 행위를 강조하는 새로운 주류 패러다임을 향한 옛 구조주의자들의 '개종'으로 이러한 변화를 간주하는 것은 부적절하다. 오히려 국가에 대한 과거의 구조적이고 계급 중심적인 분석(종속이론 운동과 특히 오도넬의 몇몇 저작과 관련된 분석)을 통해 발전된 몇몇 주제와의 연속성이 두드러진다. 레만은 이러한 분석에서는 "명백한 구조적 역동성으로 시작된 것에서 …… 주체가 핵심인 것처럼 보인다"라고 지적했다(Lehmann, 1990: 57). 사실 오도넬의 주요 논문 중 하나는 관료주의적·권위주의적 국가의 상층부를 지휘하는 동맹에 대한 구조적 계급 분석이었다. 초국가적인 상위 부르주아들, 국내적인 부르주아들의 파벌, 기술관료제, 그리고 군부 (각 계급은 차례로 상이한 그룹으로 분열된다) 간의 동맹으로서 관료적 권위주의 국가는 '하위 계층으로부터 오는 공포'에서 응집력을 발견하는데, 이것은 이 사회 그룹들의 다양한 이익 동맹을 보장해준다. 민중 부문에 대한 억압과 민중 조직의 해체, 그리고 '정상화'를 통해 이러한 공포는 점차 가라앉는다. 그러나 공포가 사라진 후 지배계급 분파의 이익이 상충함으로써 지배 동맹 내부에서 갈등이 출현하게 된다. 새로운 정치의 가능성이 열리는 것은 이러한 내부의 투쟁에서이고, 그 결과는 '이 통치 시스템, 즉 관료적 권위주의 국가의 가장 계몽된 행위자들'의 정치적 능력과 작전 수행 능력에 달려 있다.

로버트 코프먼(Robert Kaufman)도 이행 시리즈에 실린 논문에서 유사한 분석을 제시하는데, 이 글에 대한 오도넬의 권위주의 모델의 영향력을 무시하기는 어렵다. 코프먼은 권력을 점유한 '배타적' 동맹9이 해체된 이유를 라틴아메리카 경제의 국제화와 국제적 경제 처방에 대한 압력에서 찾고 있다. 이 관점에 따르면 외국의 민간 투자와 기술, 그리고 수출의 역할 증가는 수입 대체 경제에서 이익을 얻었던 과두적 부문과 새로운 경제 정설의 승리자인 자유주의적 기술관료 간에 갈등을 생산하는 경향이 있다(Kaufman, 1986: 85~89). 오도넬은 이러한 변화의 결과로 "주요 경제정책 수단들을 계속 통제하기 위해 자유주의 기술관료들이 얼마나 많은 이설(heterodoxy)을 허용해야 하는가를 둘러싼 협상이 지속되고 있다"라고 주장했다(O'Donnell, 1988: 193). 과거의 경제 조건에서 이익을 누린, 그리고 처음에는 관료적 권위주의 국가를 뒷받침한 부문들이 소외되는 상황에서 통화주의 정설을 지지하는 압력이 이 부문들의 지지를 '매수'할 수 있는 재분배 정책을 제거한다. 그 결과, 관료적 권위주의 국가는 내적 모순으로 붕괴되어 민주주의를 향한 이행의 길을 열어준다는 것이다. 그러나 이 결과는 관련된 정치 행위자들의 능력에 다시 의존한다.

1970년대 권위주의 통치의 몰락을 설명하기 위해 여전히 마르크스주의적 색채를 간직한 국가이론에 뿌리내린 구조주의가 사용되었지만, 민주주의 이행은 체제의 외부에서 동맹 세력을 발견하려고 한 정치 엘리트 부문의 주관적인 성향과 의지로 최종 결정된다. 이것은 "국가통치기술(statecraft)"과 "정치적 기획력"의 산물이다(P. H. Smith, 1991: 618). 이렇게 해서 민주화는 사회에 대한 통제된 궁정 전투의 확대로 출현했다.

---

9 민중 부문을 배제한 지배자들의 동맹을 말한다. _옮긴이

3. 존경받는 권위

　정치학자들은 권위주의 동맹 내부의 민주적 행위자들에 초점을 맞춤으로써 국가가 변화하는 원리를 국가의 내부에 위치시켰다. 이렇게 해서 통치 엘리트 내부의 과정으로서, 그리고 상대적으로 국가와 사회의 관계 구조 유형에 구속을 받지 않는 과정으로서 정치 변동을 분석하는 것이 가능해진다. 부분적으로 똑같은 저자들이 작성에 관여했던 1970년대의 자본주의 국가이론은 이렇게 해서 상이한 통치 엘리트 분파들과 정치체제의 측면에서 있을 법한 결과 간의 '게임'을 설명하는 쪽으로 그 변화를 완성했다. 정치 변동의 논리는 대부분 대통령궁(presidential palace)으로 한정된 "정치 작전의 정교한 미뉴에트"의 논리가 되었다(P. H. Smith, 1991: 618). 민주화는 사회변동을 반영하기보다 자신들의 지위를 강화하기 위해 사회적 엘리트에 도달하려는 개혁가들과 "통치자와 그의 친위대", "온건파(soft-liners)와 강경파(hard-liners)" 같은 행위자들을 포함하는 전술적인 계산의 문제가 되었다(O'Donnell and Schmitter, 1986: 40).

　이러한 민주화 이론은 궁정 전투의 결과로서 민주화 이후의 정권들에 정치적 결과를 가져왔으며, 많은 연구자들이 이 결과를 직접적인 정치 처방으로 해석했다. 코프먼은 정치적 온건화와 사회적 요구의 봉쇄에 대한 주장을 자세하게 설명했다. 그는 경제적 정설이 통치 동맹의 상이한 파벌 간에 긴장과 갈등을 산출하지만, 파벌 간 긴장과 갈등의 사회적 영향력은 통치자 간의 통일성에 대한 성찰을 촉발하는 데 기여함으로써 약화된 권위주의 동맹을 강화한다고 주장했다. 따라서 민주적인 개혁을 위한 가장 안전한 동맹은 자신의 지지자들을 통제하고 지배계급이 권위주의 환경에서 이끌어내는 이익을 위협하지 않는 온건한 목표들을 향해 동원을 이끄는 것이다. 특히 저자들은 '사회주의적' 대안의 가능성을 배제한다(Kaufman, 1986: 100; O'Donnell and Schmitter, 1986: 12~14).[10] 오도넬과 슈미터가 설명한 바와 같이 부르주아에게 "계급 이익 간의 타협이 자신들의 권리가 예상되는 미래 때문에 위험에 처하지 않을 것이라는 것을 확신시키는 것이 핵심인 것으로 보인다"(O'Donnell and Schmitter, 1986: 46~47). 그러나 자신들의 이익이 위협을 받을 때 권위주의적 해결책을 지지하는 경향이 있는 사회 그룹을 안심시킬 필요성 때문에 저자들은 사회민주주의적 대안의 기회에 대해 의구심을 표명한다. 따라서 코프먼은 사회민주주의 동맹을 위해 필요한 공산당의 지지는 '지배 엘리트'를 소외시킬 위험이 있다고 주장한다(Kaufman, 1986: 104). 셰보르스키는 놀랍게도 다소 단순한 주류 주장을 활용해 케인스 경제계획은 "사유재산, 소득 재분배, 강한 국가"를 조합하고 모두를 만족시키려고 하기 때문에 최선의 대안인 것처럼 보이지만(Przeworski, 1986: 62), 그것은 경제 위기(더 정확하게는 인플레이션을 유발하는 본질에서 기인하는 재정 위기)에 취약하다고 주장하기도 했다.

민주주의로의 이행이 부의 재분배 요구를 포함해야 하기 때문에 민주화 과정에 대해 사회민주주의 세력은 '반대자로서'(Kaufman, 1986: 104), 더 바람직하게는 그들의 지지자들을 관리하는 반대자로서 기여한다. 이것은 민주주의를 향한 성공적 이행에 "조직된 노동자들의 순응성과 인내"가 필요하기 때문이다(Przeworski, 1991: 63). 셰보르스키의 변화는 전체적인 정치적·지적 변화에서 매우 상징적이다. 그는 주류이자 학문적으로 정당한 것으로 간주되

---

10 이 결정은 이 세대에 속한 수많은 라틴아메리카 학자들이 "발전이라는 테마가 혁명이나 근본적인 사회변동을 수반하거나 이것들로 대체되기 시작했으며, 이러한 맥락에서 이행은 자본주의에서 사회주의를 향한 운동을 의미한다"(Garreton, 1988: 358)라고 생각하고 있었다는 점에서 더욱더 놀라운 것이었다. 마르크스주의 내부에서 '이행' 개념과 훗날의 민주화 연구에서 '이행' 개념에 대해서는 Guilhot(2001) 참조.

는 도구인 합리적 선택이론과 '사회주의로의 이행'에 대한 성찰을 결합했다 (Przeworski, 1980). 그 결과는 클라이드 배로(Clyde Barrow)가 주장한 바와 같이, 노동계급에게는 "생산관계에 영향을 미치지 않는 대가로 자본이 제시하는 구체적인 양보들을 협상하는 것이 '더 합리적'"이라는 주장이었다(Barrow, 1993: 61). 마지막 분석에서 이 저자들은 "처음에 관료적 권위주의 통치를 후원했던 사회적·정치적 동맹의 중요한 측면들과 유사한 '중도 우파', '친재계' 동맹"(Kaufman, 1986: 105)을 선호하게 된다. 또한 중요한 자원들(재정 지원, 미디어에 대한 접근, 경제적 영향 등)을 끌어모을 수 있는 지위를 보유한 이 정치 엘리트는 외국의 경제적 이익을 저해할 것으로 보이지 않는다. 간단히 요약하자면 "지속적인 다두제(polyarchies)의 형성은 적어도 그것이 형성되는 시기에는 권위주의 질서가 토대를 두고 있던 여전히 강력한 정치·경제 세력(군부 지도자들뿐만 아니라 초국가적 사업 부문들)과 조정해야 한다"(Kaufman, 1986: 100). 기대를 모았던 수많은 새 민주주의자들은 독재자로 개조되었다.

'소극적이지만 실수 없는' 정치적 온건화를 선호하면서 민주적 이행의 정치학자들은 점진적이고 비혁명적이며 재계에 친화적이고 경제적으로 주류인 사회적·정치적 변화의 개념을 촉진하는 사람들이 되었으며, 이것은 사회적·경제적·정치적 기득권 엘리트를 (강화하지는 않았지만) 그대로 남겨두었다. 이러한 민주화는 "만연한 사회적 불평등을 (구체적으로 설명하지 않으면서) 인정하는 데" 기여하며(O'Donnell and Schmitter, 1986: 70), 좌파와 관련이 더욱 깊은 '규범적인 고려'를 함에도 엘리트의 안정과 궁정의 음모로 한정된 제한적인 민주화 공식을 뒷받침했다. 이와 동시에 이들 저자 중 몇몇이 모국의 민주화 과정에서 수행한 역할과 북아메리카 동료들의 명확한 사회민주주의적 주장은 그들의 처방에 정치적 신뢰를 실어주는 데 적지 않게 기여했다. 이 처방은 그들이 표명한 유보적인 입장 때문에 편향되지 않은 증거로 보일 수밖에 없었다. 낸시 버메오(Nancy Bermeo)가 네 권의 이행 시리즈 검토를 통해 올바르게 지적한 바와 같이, "야심적인 결론(제4권)의 새로운 점은 무엇을 말하고 있는가뿐만 아니라 누가 말한 것을 실행하고 있는가"에 있기도 하다 (Bermeo, 1990: 363). 사실 전체 프로젝트의 역설은 그것이 미국 외교정책 이스태블리시먼트가 제2차 세계대전 종전 이후 추구해온 계획에 좌익 학자들이 온건하고, 자본주의적 이익을 존중하며, 친미적인 민주 엘리트들의 촉진을 위한 이론적 토대를 제공하고 뒷받침하도록 이끌었다는 것이다. 아마도 유일한 차이점은 민주적 정당성의 형식을 민주주의 운동가이기도 했던 정치학자들이 진지하게 다루었으며, 민주적 정당성의 형식에 많은 가치를 부여했다는 점일 것이다.

따라서 민주주의 이행 시리즈에서 분석된 정치적 자유화와 민주화 과정은 언제나 이러한 헤게모니적 계획의 전달자였던 사회 그룹의 이익을 위해 전개되었고, 자유주의 이스태블리시먼트는 이 과정에서 공공 업무에 대해 똑같은 책임의식과 엘리트적 시각을 공유하는 동지들을 인정했다. 오도넬과 슈미터는 이러한 자유화 과정이 대부분 저명인사, 즉 "유산계급, 엘리트 기관, 그리고(또는) 선거구의 대표자이고 그들의 계속되는 집단행동에 영향을 미칠 수 있는 존경받고 저명한 개인"의 권능을 강화할 것으로 보인다고 주장한 점에서 옳았다(O'Donnell and Schmitter, 1986: 40). 지배 유형에 대한 분석에서 베버는 민주적 통치 상황에서 그가 존엄자(honoratiores)라고 부른 저명인사들이 권력으로 상승하는 것에 대해 이미 언급한 바 있다. 그의 논의는 경제적인 분화 때문에 여가를 보유하고 취미 삼아 정치 기관들을 점유할 수 있는 사람들이 행정을 장악함으로써, 직접민주주의가 저명인사들의 통치로 변화하는 방식에 관심을 기울였다. 그러나 존엄자에 대한 베버의 설명은 특정한 일정을 통해 민주주의를 향한 이행에 영향을 미침으로써 민주주의자가 되고 자신들의 전략을 유지한 저명인사들에게도 적용이 된다. 이 저명인사들의 역설은 그들이 "정치에 의해 살지 않으면서 정치를 위해 살 수 있기 때문에"(Weber, 1978: 290) 그들의 경제적 이익이 사욕 없는 정치를 도덕적으로 보장해주는 것으로 전환될 수 있다는 것이다. 이러한 '경제적' 존엄자는 사회의 관리에 참여할 권리를 부여받으며, "그들의 경제적인 지위에서 유래한 명예로운 의무"(Weber, 1978: 950~951)로서 통치를 담당한다. '이행론자들'이 고려하는 정치적 계약은 충성스럽고 위협적이지 않은 정치적 반대를 보장하고 협상의 자원으로 활용된다.

우드로 윌슨 센터에서 작성된 성공적인 민주주의 이행의 공식은 궁극적으로 권력의 사회적 배분에 영향을 미치지 않아 저명인사들의 영향력을 보장했다. 정치적 민주주의는 이 저명인사들 중 몇 명의 지지를 통해 사회민주주의에 대한 대안으로 출현했다. 이것은 주세페 토마시 디 람페두사(Giuseppe Tomasi di Lampedusa)의 소설 『표범(Il gattopardo)』에서 젊은 탄크레디가 활용한 전략을 떠올리게 한다. 그는 옛 특권을 보존하기 위해서는 그것을 보유한 사람들이 혁명에 관여하는 것이 필요하다는 것을 깨닫는다. "우리가 함께 참여하지 않는다면 그들은 결국 공화국을 건설할 것이다. 모든 것이 그대로 남아 있기를 바란다면 모든 것이 바뀌어야 한다." 권위주의 시스템의 가장 계몽된 행위자들이 추구한 보수적이면서 개방적인 이 전략을 드잘레이와 가스는 '저명인사들의 인터내셔널'이라고 불렀다. 이 전략은 미주협의회라는 구체적인 사례를 만들고자 한 미국 자유주의 이스태블리먼트의 세속적인 노력에 들어맞았다. 역설적으로 이러한 저명인사에 의한 통치, 즉 존경받는 권위(imperium honoratiorum)는 비판적인 국가 분석을 개혁가들과 '책임 있는' 민주주의자들을 위한 전략적 전문성으로 바꾼 운동권 학자들에 의해 우드로 윌슨 센터에서 이론화되고 정당화되었다.

4. 과학의 장에서의 전략적 지위

비판적인 정치학 분야가 주류 연구 프로그램으로 — 사실상 정치적인 독트린으로 — 변화한 것을 설명해주는 몇 가지 방법이 있다. 우리는 앞에서 제도적 맥락, 민주화 이행론자들의 운동가로서의 과거, 그들의 지적인 교육, (자유주의 이스태블리시먼트와 신보수주의적 지배자들을 대립시킨 전투에서 상징적 자본으로 활용된) 그들의 학문적 생산물, 정치학에서 (소외되어 있던) 지역연구가 앙갚음을 할 기회와 같은 (정치학) 내부의 요인들, 그리고 특히 당시까지 주류였던 근대화의 비교정치 연구에 대항한 라틴아메리카 연구 등이 이 특수한 변화에 어떻게 영향을 미쳤고 결정했는지 살펴보았다. 정치적 관점에서 오도넬이 권위주의 시스템에서 '가장 계몽된 행위자들'이라고 부른, 이른바 해외에서 훈련되고 경제적인 정설을 실행에 옮기기 위해 정치적 참여의 확대를 시도한 기술관료들에게 거는 기대가 있기도 했다. 이제 이러한 변화의 학문적이고 제도적이며 정책과 관련된 효과에 대해 설명하려 한다.

이행 시리즈에 나타난 정치적 영역으로만 제한된 과정으로서 민주화 개념은 정치적 전략에 기여한 것 외에도 학문적 신뢰의 전략에 기여하기도 했다. 민주화 과정에서 사회적인 권력 배분과 경제를 배제함으로써 우드로 윌슨 센터의 정치학자들은 민주화를 순전히 '절차적인' 측면에서 정의하고 경험적으로 연구하려고 했다. 즉, 그들은 슘페터적 전통과 로버트 달이 유토피아적 해석에 따른 '민주주의' 개념과 구분하여 만들어낸 '다두제(polyarchy)' 개념과 연결되었다. 예를 들어 레만은 1980년대 초반에 권위주의 국가에 대한 이 비판자들이 "홉스와 로크를 읽기 시작했으며 다시 로버트 달과 같은 북아메리카의 자유주의자들에 귀를 기울이기 시작했다"라고 주장했다(Lehmann, 1990: 58~59). 정치학에서 이와 같은 주류 전통으로의 복귀는 결국 권위주의와 민주주의에 대한 분석을 '조작화(operationalization)'와 '반증 가능성(falsifiability)' 의 학문적 규율로 이끌었다. 예를 들어 종속이론의 비과학적인 특징을 비판한 것은 바로 이러한 기준에 입각한 것이었다. 다른 한편으로 정치 엘리트들의 전략적 선택에 대한 연구, 상호 경쟁하는 파벌 간의 결합 게임(combinatory games)에 대한 분석, 불확실성의 상황(또는 경제학자들이 말하는 불완전한 정보의 상황)에서 선호의 형성에 대한 질문, 학문적인 도구로서 '거래비용'과 '인센티브' 같은 개념들의 활용은 탄생 중에 있던 이 정치학의 하위 분과가 경제학의 형식적인 자질뿐만 아니라 전문적 정당성을 모방할 수 있게 해주었다. 견고한 구조주의에서 합리적 선택이론과의 결합으로 이동한 세보르스키 같은 사람들의 계속된 연구들은 이 두 번째 측면의 대표적인 상징이었다. 다른 한편으로 신국제 정치경제학으로 향한 코프먼의 변화는 또 다른 중요한 사례였다.

미국의 주요 대학에서 인정받고 제도화된 주류 커리큘럼을 향한 민주화 연구의 변화는 이러한 방법론적 변화로 가능해지면서 민주화 연구의 창시자들을 둘러싸고 있는 민주적인 운동과 실천의 후광으로부터 이득을 보기도 했다. 다른 말로, 정치학 내부에서 이 장의 발전은 대부분 민주화 연구가들이 차지한 전략적 지위의 결과였는데, 이 지위는 대립하는 자원들, 즉 '진보적인' 운동, 과학적이고 학문적인 정당성, 정치 네트워크들, 운동 네트워크들, 강력한 국제적 차원과 경제적 정설의 옹호자들의 시각에서 본 신뢰성 등이 화해하게 만들었다.

이 점에서 이행 시리즈의 비판적 수용은 그것이 상호 대립된 정치 세계들을 중개하는 이 시리즈 저자들의 전략적 지위를 매우 명확하게 보여주기 때문에 더욱 시사적이다. 저자들은 라틴아메리카 대륙의 민주주의 투쟁에 대한 그들의 개입을 내세울 뿐만 아니라 이러한 정치적 정당성을 경제적인 정설의 '현실적' 수용을 강조하는 데 사용했다.[11] 이 작업을 상호 대립되는 정치적 스펙트럼에 번갈아 위치시키는 이행 시리즈에 대한 비판적 검토보다 이것을 더 잘 보여주는 것은 없다. 보수적인 입장에서 이동한 비판자들에게 우드로 윌슨 프로젝트는 라틴아메리카에서 민주주의를 향한 경향에 의해 거부된 것처럼 보이는 패러다임이 여전히 끈질기게 존재하고 있을 뿐만 아니라, 사회주의적 정치 어젠다를 학문적 작업으로 위장한 종속이론 학파의 직접적인 산물로 의심되었다. 대니얼 레빈(Daniel Levine)은 이행 시리즈에 대한 긴 논평에서 "종속이론과 이행 시리즈는 사실상 정치적 민주주의를 뛰어넘어 (신중함과 타협과 조정을 통해) 그 이상의 것까지 − 몇몇 사회주의 형태의 맥락에 대해 극도로 확대된 민중의 참여를 포함할 수도 있는 − 분석을 이끄는 비판이론의 개념에 의존하고 있다"라고 설명한다(Levine, 1988: 379). 이와 함께 몇몇 저자가 종속이론의 정립에서 그들이 수행한 과거의 역할과 거리를 두고 '형식적인' 민주주의를 재평가한 사실에도, 레빈은 단순한 자유화와 종속이론의 유산을 물려받은 사회관계와 경제를 포괄하는 더 넓은 민주화 개념 간의 구분이 저자들을 "자유민주주의의 호소를 재평가하도록" 이끌었다고 주장한다(Levine, 1988: 378). 따라서 이 시리즈는 위험한 좌익의 색채를 띠고 있는 "사

---

11 셰보르스키는 다음과 같이 주장한다. "이 결론(즉, 정치적 자유화와 경제 안정 간의 거래 필요성)은 매우 보수적이라는 비판을 받았다. 그러한 회고적 평가는 특히 북아메리카 학계의 장벽 안에서 안전하게 떠드는 관찰자들이 지지하기 쉬운 것이었다. 사실 많은 반대자들에게 당시의 중요한 정치문제는 그들의 투쟁이 정치적 변화와 경제적 변화를 동시에 고려할 것인가, 아니면 정치적 문제만을 다룰 것인가였다. 그것은 민주주의와 사회주의를 동시에 추구할 것인지, 아니면 민주주의가 목표 자체로서 추구되어야 할 것인지의 문제였다. 그리고 역사적으로 적절한 것으로 밝혀진 세력의 대부분이 정치적 실천을 통해 제시한 대답은 민주주의가 명백히 독립적인 가치이고, 그것을 실현하는 성공적인 전략들이 만들어낸 경제적·사회적 타협이 필요하다는 것이었다"(Przeworski: 1991, 98).

회생활의 총체성을 포함하는 반권위주의 프로젝트로 발전할" 조짐을 보이고
있었다(Levine, 1988: 386). 이 비판은 (민주주의자들이 그것을 통해 민주주의를 만
들고 신념과 설득의 문제이기도 한) 이데올로기로서 신보수주의적 민주주의 개
념과 (반권위주의 좌파와 협력한 운동권 학자들이 만들어낸) 좀 더 현실적인 민주
주의 개념 간의 간극을 잘 설명했다.

그러나 이러한 차이는 어떠한 관점을 채택했는가에 따른 결과이기도 했
다. 종속이론과 좌익 반권위주의 투쟁의 유산이 보수적인 비판에 의해 강조
되기는 했지만, 반대로 좌파에서 출현한 이행 시리즈의 비판, 특히 종속이론
옹호자들의 비판을 자극한 것은 이 이론이 구조적인 개혁을 향한 모든 에너
지를 포기한 점이었다. 배리 길스(Barry Gills), 조엘 로카모라(Joel Rocamora),
리처드 윌슨(Richard Wilson)은 이러한 주장들을 종합했는데, 이에 따르면 새
롭게 출현하는 민주화 연구의 장은 '저강도(low-intensity)' 민주주의 모델의 작
성에 기여하는 것이었다(Gills, Rocamora and Wilson, 1993). 20세기 후반의 '민
주주의 이행'을 더 광범위한 국제적 맥락에 위치시키면서 이 저자들은 국제
경제의 재구조화 및 미국 외교정책의 변화와 겹치는 이 과정들이 경제 자유
화와 국제화가 가져온 필연적인 결과이며, "권위주의적 과거에서 물려받은
정치적·경제적 구조들을 경화했다"라고 주장한다(Gills, Rocamora and Wilson,
1993: 3). 정치 시스템으로만 한정된 민주화는 『권위주의 통치로부터의 이행』
의 저자들이 이론화한 바와 같이, 경제적인 적응과 나란히 작동한다. 또한 이
과정은 구조 개혁의 범위를 벗어나는 경제 질서를 보장한다. 폴 카맥은 이와
매우 유사한 비판을 발전시켰는데, 그는 민주화의 범위가 정치 시스템으로
만 엄격하게 한정되었다는 사실과 이 시기에 추진력을 얻은 경제적 정설의
온건화, 즉 경제적인 권리 부여에 대한 요구의 온건화라는 처방을 통해 경제
적 정설이 은밀하게 승인되고 있음을 밝혀냈다(Cammack, 1997: 216~221).

버메오는 다음과 같이 사려 깊게 관찰했다. "미국의 권리(American right)를 주장한 학자들이나 커크패트릭이 온건화, 점진주의, 타협을 요구했다면, 그것은 아마 비교정치학 내부의 작은 분파에 의해 거부되었을 것이다. 이 전술적 메시지가 오도넬과 슈미터에게서 온 것은 더욱 놀라운 것이었다"(Bermeo, 1990: 362~363). 버메오가 관찰을 통해 파악한 점은 우드로 윌슨 센터의 라틴아메리카 프로그램과 관련된 정치학자 팀이 사실상 쉽게 결합되기 어려운 과학적·정치적 속성을 결합할 수 있는 지위에 있었다는 것이다. 그들에게 가해진 비판에 대한 전반적인 검토가 보여주는 바와 같이, 그들은 해방적인 투쟁을 위한 운동과 소극적이나마 지배계급과 유산계급 특권의 수용을 동시에 보여줄 수 있었다. 그중 몇몇은 망명자이거나 급진주의자 또는 좌익 인사였지만, 자유주의 이스태블리시먼트의 지원을 받아 작업을 했고 지배적인 국제 경제 질서의 전반적인 틀 안에서의 변화를 위한 공식을 만들어냈다.

이것은 외교정책의 장과 학문적 장을 분할한 기존의 이데올로기적 대립의 모호성에 대해 이 장의 서두에서 제기한 문제로 다시 이어진다. 이 대립은 격렬했기 때문에 매우 빈번하게 상호 중첩되는 합의와 상호 보완적인 정책 목표들이 은폐된다. 우드로 윌슨 센터의 라틴아메리카 프로그램, 미주협의회, 그리고 그들이 후원한 민주주의 이행에 대한 비판적 학문이 라틴아메리카에 대한 커크패트릭의 접근에 대항하는 무기로 사용되었다는 사실은 담론과 기대의 상대적인 보완성을 은폐하는 데 더욱 기여했다. 이 상호 보완성은 무엇보다 사회주의적인 대안에 주목했다. 학문과 정치적 경험을 통해 권위가 보증된 우드로 윌슨 센터의 정치학자들은 신보수주의자들이 도덕적이고 이데올로기적인 악으로 간주하고 배제한 바로 그것을 그릇된 전략으로 간주하고 배제했다. 그럼에도 우드로 윌슨 센터에서 만들어진 이론은 레이건 행정부의 정책에 대한 대안이라기보다 수용 가능한 대체물로 간주되었다. 외교정책 이스태블리시먼트의 전통적인 목표에 꼭 들어맞는 온건하고 전문적이며 위협적이지 않은 민주화 개념을 과학적으로 장려함으로써 이 이론은 자유주의 엘리트를 위해 근본적으로 정부 독트린으로서의 신뢰성을 강조하고 똑같은 효과를 유발하면서 커크패트릭의 독트린에 도전하려는 이중적인 목적에 기여했다.

5. '독재와 이중 기준': 신보수주의 독트린

강경한 반공주의를 채택하고 민주당의 좌익 개혁가들과 불편한 관계에 있던, 트루먼 전통의 민주당원 커크패트릭은 학문적 경력과 정치적 경력을 조합했다. 1927년 오클라호마에서 출생한 그녀는 1950년 컬럼비아 대학에서 석사 학위를 받았고, 이곳에서 프란츠 노이만의 지도를 받았다. 그리고 1968년 같은 대학에서 박사 학위를 받았다. 휴버트 험프리(Hubert Humphrey)의 가까운 친구이자 오랫동안 미국정치학회의 실무이사였던 남편 에브론 커크패트릭(Evron Kirkpatrick)에 의해 민주당에 입당한 그녀는 조지 맥거번에 반대했고 맥거번이 대통령 후보로 지명된 후인 1972년에는 '민주적 다수를 위한 동맹'의 설립에 기여했다.[12] 민주당 내부에서 '새 정치(New Politics)'와 개혁주의

---

12 민주적 다수를 위한 동맹은 "국내 문제에 대해 전통적인 자유주의를 따르지만 외교정책에 서는 강한 보수주의를 취하는" 민주당원들로 이루어졌다(Finger, 1988: 297). 시드니 블루 멘털은 이 조직을 "신보수주의적 정당의 그림자(neoconservative party shadow)"라고 정의 했다(Blumenthal, 1986: 128). 이 동맹의 멤버 중에는 대니얼 벨, 네이선 글레이저, 시모어 마틴 립셋, 노먼 포드호레츠(Norman Podhoretz), 리처드 파이프스(Richard Pipes), 앨 생커 등이 있었다.

자들에 대한 반대는 자연스럽게 외교정책 문제로까지 확대되었는데, 이 주제는 바로 신보수주의자들의 확실한 전문 분야였다. 1970년대 후반 커크패트릭은 트루먼 정권에서 국무부 정책계획부장이었던 폴 니츠(Paul Nitze)가 군비통제협상과 전략무기제한협정[SALT(Strategic Arms Limitation Talks) II]에 반대하기 위해 설립한 '현존 위기에 대한 위원회'에 가담했다. 민주적 다수를 위한 동맹과 멤버가 중복되는 이 위원회는 새롭게 출현하던 신보수주의 운동의 또 다른 집결지였다.

커크패트릭의 경험은 1970년대에 "통치할 능력이 있음을 주장한 보수적 엘리트"의 이데올로기적이고 정치적인 훈련의 토대로서 신보수주의 포럼들이 어떻게 작동했는지 보여준다(J. A. Smith, 1991: 203). 학문적 저작들은 신뢰성을 축적하고 정치적 투쟁을 가장 일반적인 수준의 아이디어, 세계관, 도덕적 선택으로 바꾸어놓으려는 목적에 기여했다. 커크패트릭이 중요한 신보수주의 외교정책 이론가로서 명성을 획득한 논문은 ≪코멘터리≫ 1979년 11월 호에 실렸다. 이 글은 대통령 후보였던 레이건의 관심을 끈 것으로 알려졌는데, 그는 선거운동 중에 커크패트릭을 처음으로 외교정책 자문으로 임명했고 후에는 국제연합 대사에 임명했다(Gerson, 1991: xiv). 그녀의 「독재와 이중기준(Dictatorships and Double Standards)」은 단순하고 심지어 거칠기까지 한 카터 행정부의 국제적 실천에 대한 비판으로 읽히지만, 사실 학문이론으로서, 역사철학으로서, 그리고 개혁적 외교정책으로서 근대화 패러다임 전반에 대한 비판을 포함하고 있다. 이런 의미에서 이 논문은 자유주의 외교정책 이스태블리시먼트의 지적이고 정치적인 신념에 대한 직접적인 공격이었다.

이 논문의 정치적인 주제는 잘 알려져 있다. 카터 행정부는 민주주의 정권을 장려하려고 함으로써 "미국의 국익에 우호적인 온건한 독재자들을 극단적인 교의에 빠져 있고 미국에 덜 우호적인 독재자들로 대체하는 과정에 적극 협력하고 있다"라고 커크패트릭은 주장한다(Kirkpatrick, 1979a: 34). 그녀에 따르면 인권운동은 무차별적으로 수행되고 미국 행정부가 미국의 동맹인 우익 독재를 약화하도록 이끌며, 따라서 '소련의 후원을 받는' 내부의 반대자들을 대담해지도록 만든다. 그 결과는 본질적으로 점차 개방된 통치 형태를 향해 진화할 수 있었던 전통적인 권위주의 정권이 단일하고 반영구적인 전체주의 체제에 의해 몰락하는 것이었다. 따라서 "소련의 후원을 받는 전복의 위험에 처한 비민주적인 정부들을 다루기 위해 도덕적이고 전략적으로 수용 가능하며 정치적으로 현실적인 프로그램"이 필요했다(Kirkpatrick, 1979a).

그러나 커크패트릭의 비판은 정치적인 것으로만 한정되지 않고 자유주의적 세계관의 이론적인 면에까지 확대되었다. 민주당 행정부의 단견은 근대화 패러다임과 이데올로기가 행사한 영향력의 정치적인 징후로서 분석되었다. "카터 행정부의 외교정책은 사회 변화 또는 현재 근대화 독트린이라 불리는 것을 …… 포함하는 역사철학의 유행에 의해 인도되고 있다"(Kirkpatrick, 1979a: 38~39). "현재 권력을 장악한 독재정권들에게 쉽게 민주적인 대안을 주장하고 강요할 수 있다"는 순진한 가정의 뿌리에는 현대적이고 분화되고 다원적인 사회 시스템이 자연적인 역사 발전의 방향을 이루고 이 과정을 지원할 수 있다는 시각이 자리 잡고 있다.

진보를 위한 동맹이나 제9조(Title IX)[13]와 같이 과거에 정당화된 자유주의 외교정책 이스태블리시먼트의 과학적 이데올로기는 베트남 전쟁과 라틴아메리카의 상황에 다소 동요되기는 했지만, 카터 행정부 내부의 '세계주의적

---

13 '민크 교육평등기회법(Mink Equal Opportunity Act)'을 지칭하는 것으로, 보통 '제9조'라고 불린다. 이 법은 모든 미국인은 연방정부가 부여하는 교육 프로그램에서 어떠한 차별도 받아서는 안 된다는 규정을 담고 있다. _ 옮긴이

(globalist)' 경향으로 다소 다른 형태로 재구성되었다. 새롭게 탄생한 근대화
는 아직까지 '세계화(globalization)'라고 불리지는 않았지만, 즈비그뉴 브레진
스키(Zbigniew Brzezinski)가 선언한 "기술관료의 시대(technocratic era)"로 이어
지는 기술적인 변화의 과정으로 간주되었다(Brzezinski, 1970). 그리고 새로운
기술의 영향으로 사회 발전이 수렴되고 상호 의존적인 '세계 공동체'를 향해
나아가는 한, 세계주의, 다자주의, 그리고 이데올로기적 분열을 초월한 광범
위한 세계 질서의 모색은 이 새로운 근대화 이론에서 직접 유래할 것이었
다.14 여러 가지 면에서 삼자주의(trilateralism)15는 세계화의 뼈대에 제도적인
살을 입힌 세계 질서 모색의 직접적인 발현이기도 했으며, 이 세계 질서야말
로 현실주의 패러다임을 뛰어넘어 국제정치에 미국의 정책을 반영하려 했던
정치 세력이 추구한 계획이었다.

따라서 사회변동을 위한 모델로서 근대화 이론의 한계에 대한 커크패트릭
의 논의는 자유주의 이스태블리시먼트에 대항한 정치투쟁을 사회과학 내부
로 확대한 것이었다. 근대화 이론은 세계 공동체를 향한 통합과 수렴적인 근
대화의 하나로, 역사 과정에 대한 진화론적이고 결정론적인 시각을 포함하
고 있었기 때문에 결국 미국의 쇠퇴 원인으로 간주되었다.

근대화 패러다임이 사회과학에 때때로 유용할 뿐만 아니라 영향력 있는 도구
라는 것이 입증되었음에도, 날카로운 비판이 그 핵심 가설들에 잇달아 도전했

---

14 리처드 포크(Richard Falk)는 '신외교정책 이스태블리시먼트' 내부에서 이러한 사고의 노선
을 지지한 주요 인물이었을 것이다.
15 삼자협의회(Trilateral Commission)는 1973년 데이비드 록펠러(David Rockefeller)의 기금으
로 설립된 비정부 협의체로서 미국·유럽·일본(아시아)을 축으로 재계·정계·학계의 엘리
트들이 국제 협력을 모색하기 위해 조직한 일종의 정책 포럼이다. _ 옮긴이

다. 그러나 외교정책에 대한 사고의 틀로서 그것의 부적절성에 대해 언급하자면, 통제될 수 없는 심층적인 역사적 힘이 발현되어 사건이 일어나고, 이미 사건들이 진행되고 있는 곳으로 이 사건들을 옮기도록 돕는 역사의 산파로서 기여하는 것이 정부가 할 수 있는 최선이란 시각이 설득력을 얻는 곳에서는, 분석 도구로서 이 이론의 문제점들이 은폐된다는 것이다(Kirkpatrick, 1979a: 39).

그 결과, 미국 권력에 대한 재확인은 사회과학에서 구조주의의 비판을 포함해야 했는데, 왜냐하면 구조주의 전통은 미국 헤게모니의 쇠퇴를 합리화하고 정당화했기 때문이다. 근대화 이론이 마르크스주의에 대한 진보적이고 미래 지향적 대안을 만들어내려는 신중한 시도로 이해될 수도 있었던 것은 그것이 사실상 마르크스주의의 중요한 양상을 공유하고 있었기 때문이다. 예를 들어 슈무엘 아이젠스타트(Shmuel Eisenstadt)는 다음과 같이 관찰했다.

이러한 모든 발전, 즉 1950년대 근대화의 사회학과 관련된 역사 과정에 대한 시각은 고전적인 진화론과 매우 유사한 면이 있다. …… 무엇보다 이 이론들은 진화론과 마르크스주의 사회학의 중심 개념인 상이한 사회발전 단계 사이의 이행 성격에 대해 몇 가지 중요한 가정을 공유하며, …… 한 단계에서 다른 단계로의 이행은 과거와의 과격한 단절과 모든 영역에서의 변화를 수반한다고 가정한다(Eisenstadt, 1985: 12).

따라서 커크패트릭이 신외교정책 이스태블리시먼트가 추구한 '긴장 완화와 자아비판의 정치'[16]가 근대화 독트린을 거쳐 마르크스주의의 영향까지 직

---

16 카터 행정부의 인권 외교를 말한다. _옮긴이

접 거슬러 올라갈 수 있다고 주장하기는 쉬운 일이었다.

현실적인 인간의 동기와 의도는 마르크스주의적 역사관뿐만 아니라 근대화 패
러다임에도 맞지 않는다. 이러한 이론들에서 볼 때 중요한 것은 사람이 아니라
'힘(force)'이다(Kirkpatrick, 1979a: 40).

계속해서 커크패트릭은 근대화 이론을 포함한 구조결정론적 사회변동 모
델과 미국 정부가 추구한 인권 및 민주화 정책과 정부 내 가장 자유주의적인
분파 중 몇몇이 구체화한 범세계적인 세계 질서의 기획 사이의 관계를 보여
준 후, 권위주의 국가는 민주주의를 향해 점진적으로 진화할 능력이 있기 때
문에 "무장 세력의 도전에 직면한 권위주의 국가에서 민주적 변화를 위한 최
선의 기회는 이들 나라의 정부를 위한 미국의 적극적인 지지에 달려 있다"라
고 주장했다(Ehrman, 1995: 121). 그녀가 마지막으로 채택한 노선은 정치발전
연구에 대한 선별적인 해석이었다. 그녀는 민주주의가 (시모어 마틴 립셋이 나
열한 바와 같이)[17] 경제적일 뿐만 아니라 [가브리엘 앨먼드와 시드니 버바(Sidney
Verba)가 나열한] 문화적인 수많은 예비 조건이 필요한 복잡한 진화 과정의 산
물이라고 주장했다. 그러나 이 논문의 최고 걸작은 늦출 수도 없고 늦추어서
도 안 되는 점진적이고 복잡한 사회 진화의 결과로서 이러한 역사 추동의 요
소들을 재해석한 것이었다. 신학자 라인홀트 니부어(Reinhold Niebuhr)와 전

---

17 커크패트릭은 함축적으로 립셋을 언급하면서 다음과 같이 적었다. "20~30년 전 마르크스주
의가 미국 지식인들 사이에서 최고의 인기를 누릴 때 사회과학자들이 강조한 것은 민주주
의를 위한 경제적 선결 조건이었다. 그들은 민주주의가 발전된 경제, 강력한 중산계급, 그
리고 학식 있는 민중을 보유한 상대적으로 부유한 나라들에서만 작동할 수 있다고 주장했
다"(Kirkpatrick, 1979a: 37).

형적인 신보수주의의 목적론적 사고에서 물려받은 역사적 비관주의를 흡입한 '독재의 이중 기준'은 근대화 담론에 내포된 진보적이고 미래 지향적이며 결정론적인 정치 변동 개념의 독창성과 특히 민주적 다원주의가 근대화 과정의 보편적 '해피엔드'라는 시각을 비판했다. 이 논문은 정치적인 진화의 복잡성과 굴곡 있는 특징을 강조했다. 민주적 정부는 특수한 구조적 예비 조건들이 필요할 뿐만 아니라 무엇보다 "기교 있고 재능 있는"(Kirkpatrick, 1979a: 37) 리더십이 필요하다.

우익 독재정권에 대한 미국의 지지를 빈번하게 정당화한 '독재의 이중 기준'은 구조주의와 근대화의 사회학에 대한 비판으로는 잘 알려져 있지 않다. 이 논문은 행정부의 업적에 대한 고발에서 시작해, 카터 행정부가 대표한 자유주의 정치의 과학적 합리화와 이데올로기적 토대로서 이론적인 내용을 설명하는 정치학을 직접적으로 공격했다. 그러나 커크패트릭은 신외교정책 이스태블리시먼트와 그들의 과학 이데올로기를 공격하면서 우드로 윌슨 센터의 운동권 학자들이 민주화 공식의 모색에서 추구한 것과 똑같은 요소들을 낳는 전략을 추구했는데, 그것은 민주화의 가능성을 최종적으로 결정하는 것으로서 정치적 리더십 형태의 행위를 강조하고 구조적인 사회변동 이론을 정치적 마비에 이르게 한다는 점을 근거로 거부한 것이었다.

물론 이 전략들은 상반되는 목표에 기여했다. 커크패트릭의 목표가 특수한 형태의 결정론에 대한 비판을 통해 미국 헤게모니의 역할을 재강조하는 것이었다면, 『권위주의 통치로부터의 이행』의 저자들이 근대화 패러다임을 비판한 것은 커크패트릭의 해석과 완전히 반대로 라틴아메리카에 대한 권위주의와 이 패러다임이 밀접하게 연결되어 있었기 때문이다. 그러나 이러한 차이점에도, 그들은 근대화와 구조적 분석을 비판함으로써 주류 정치사회학에 대한 매우 유사한 공격을 유발했다. 이와 동시에 커크패트릭의 논문은 사회변동에 대한 미국의 허용 범위를 제국주의적 영역으로 한정했다. 민주화는 그 어떤 좌경화나 친미적 입장에서의 일탈도 포함하지 않는 선에서 용인될 수 있었다. 우드로 윌슨 센터의 학자들은 '저명인사들'의 권력을 보장하고 혁명적인 좌익의 영향력을 봉쇄한 민주화 이론을 생산함으로써 이러한 기준들을 충족하는 공식을 만들어냈다.[18] 버메오가 주장한 바와 같이, 주요 차이점은 사실상 누가 말한 것을 수행하는가에 있었다.

6. 민주주의와 '워싱턴 컨센서스'

정치학과 정책연구는 이렇게 해서 상호 경쟁하는 지적이고 정치적인 의제들을 장악하기 위한 전쟁터가 되었다. 그러나 이와 동시에 경쟁하는 파벌들은 정치 활동의 장애물인 근대화 이론에 대한 공통된 비판을 중심으로 수렴되었다. 학문적인 외관을 통해 전개된 미국 외교정책에서 정치적 투쟁의 무기로 마련된 이 전략들[19]은 몇 가지 결과에서 서로를 강화해준 것으로 밝혀졌다. 신보수주의 정책 전문가들과 민주주의를 위해 투쟁하는 비판적 학자들을 대립시킨 상징적 갈등은 그 격렬함 때문에 경쟁자와 어젠다 간의 유사성이 빈번하게 은폐된 완벽한 '세력 확보 싸움'의 사례였다. 이 정치적 적대

---

18 권위주의 국가에 대한 오도넬의 분석 일부에 대해서도 똑같은 지적을 할 수 있을 것이다. 관료적 권위주의 동맹이 민중 활동의 증가에 대한 두려움으로 견고해진다면, (지배 동맹의 파편화에 달려 있는) 자유화 기회는 민중의 저항 수준에 반비례한다. 따라서 민주주의를 향한 성공적인 전략은 민중 요구의 봉쇄(containment)와 좌파의 온건화에 토대를 두어야 한다. 이러한 전략적 고려는 커크패트릭이 관여했고 레이건 행정부가 추구한 독트린에 쉽게 부합할 수 있었다.

19 상이한 파벌들 간의 지적이고 정치적인 의제들을 장악하기 위한 전략들을 말한다. _ 옮긴이

자들은 다양성과 상반된 입장에도 불구하고 사실상 모두 자유주의 외교정책 이스태블리시먼트에 대해 열등한 지위에 있었다. 베트남 전쟁이 발발하던 당시의 분열에서 이득을 본 그들[20]은 자신들의 지위를 재정의하기 위해 이스태블리시먼트의 권력을 지탱한 주류 자유주의 패러다임의 위기를 앞당기려고 했다. 이것은 명백히 상황에 대한 매우 다른 해석을 토대로, 그리고 매우 다른 목표들로써 수행되었다. 신보수주의자들은 냉전 시기에 대부분 반공주의적 역할을 수행했지만,[21] 카터 행정부에서 실패한 이데올로기를 공격했다. 그들이 보기에 근대화는 소련과의 긴장 완화와 제3세계 해방운동에 대한 관용을 포함하는 '범세계주의'와 동일시되었다. 또한 냉전 이스태블리시먼트의 유일하고도 정당한 상속자로서 그들의 통치 능력을 강조할 기회이기도 했다.

반대로 라틴아메리카의 권위주의에 반대하는 투쟁에 동조한 진보 정치학자들은 카터 행정부 정책 중 몇 가지를 냉전 국제주의의 연속이자 다른 수단을 통한 미국 제국주의로 간주했다.[22] 그 결과, 카터 행정부에 대한 그들의 시각도 신보수주의자들의 시각과 마찬가지로 비판적이었다. 신보수주의자들에게 근대화 이론은 결국 마르크스주의의 한 분파였던 반면에, 진보 정치학자들에게 그것은 '발전주의' 형태로 적용되는 권위주의 실험의 원인이었다. 양측에게 모두 정치사회학의 주류 인식론으로서 구조주의가 제공한 광

---

20 신보수주의적 정책 전문가들과 민주주의를 위해 투쟁하는 비판적 학자들을 가리킨다. _ 옮긴이

21 월트 로스토는 『경제성장의 제 단계(The Stages of Economic Growth)』(1960)에 '비공산주의 선언(A non-Communist Manifesto)'이라는 부제를 달았다.

22 이것은 삼자주의(trilateralism)에 대한 '신좌파적' 해석이었는데(Sklar, 1980 참조), 훗날 이른바 '네오 그람시언(neo-Gramscian)' 학파의 학문적 생산에서 삼자주의를 새로운 형태의 '헤게모니'에서 미국 권력의 재정의로 간주한 분석을 수행하려 했다(Gill, 1990 참조).

범위한 분석 틀은 정치적으로 무익하거나 위험한 것으로 거부되었다. 따라서 모든 경쟁자는 리더십, 정치 개혁, 그리고 (앞으로 살펴볼 것처럼) 건전한 경제 운영에 초점을 맞추는 행위이론을 가지고 기존의 패러다임들을 대체해야 할 과학적 연구 프로그램의 개발에 관심을 가지고 있었다.

그러나 이러한 대립은 정책 전문성 시장에 투자될 수 있는 상징자본의 재정의에 관한 투쟁이기도 했다. 근대화 이론은 사회적 갈등과 이데올로기의 부정에 토대를 둔 이데올로기였고, 이는 정책 전문성을 위한 과학적 신뢰를 제공하려는 이 이론의 성향을 설명해준다. 합리적이고 효율적인 문제 해결을 가능하게 하는 객관적 진리의 기준에 입각한 과학적 지식의 질서와 계산과 주관의 영향을 받는 정치 질서를 구분함으로써 근대화론은 사회 갈등을 기술적으로 해결할 것을 약속했다. 따라서 근대화 이론에 대한 비판은 정당한 전문성의 본질을 둘러싼 투쟁의 맥락에서 이해되어야 한다. 이 비판은 근본적으로 다양한 각도에서 수행된 전문가들의 통치와 기술관료적 정치의 이상에 대한 민주적 비판과 관련되어 있었다.[23]

의식 있는 정치학자들의 관점에서 볼 때 근대화 이론에 대한 믿음은 라틴 아메리카 관료적 권위주의 국가에서 기술관료들의 통치로 직접 발전했으며, 이 통치를 정당화했다. 그것은 군부와 (비합리적 성격의 정치를 경멸한 기술관료인) 경제 전문가 간의 동맹을 통해 반영되었다(Lehmann, 1990: 52). 반면에 신보수주의적 정책 엘리트들에게 이 패러다임의 비판은 역사적으로 큰 정부 및 자유주의적 개혁 — 그들의 시각으로 볼 때 "이성과 평등과 민주주의와 사회공학에 대한 과도한 믿음"(Kirkpatrick, 1979b)에서 유래했고 정부가 민중을 위해 결정하게 이끄는 '전체주의적 시도'를 상징하는 자유주의 개혁 — 과 역사적으로 관련

---

23 기술관료적 전문성과 기술관료제도의 비판에 대해서는 Fischer(1990) 참조.

된 전문성에 대한 비판이기도 했다. 전문성에 대한 비판을 넘어서 그것은 정부를 장악하고 미국 민주주의를 파괴한 학자들과 전문가들로 구성된 '신계급'의 성장을 촉진했다. 이러한 규범적 비판은 공공재를 전달할 수 있는 자유주의적 기술관료 전문성의 능력이 문제시되고 인플레이션 상황에 의해 이 능력이 억제되었을 때 제기됨으로써 더욱 효과적이었다(Aaron, 1978).

근대화의 자유주의적 도그마에 대한 비판은 정책 전문성에서 정치학의 배제에 대한 비판이기도 했다. 주창과 기술적인 합리성 간의 분리를 문제시함으로써 1980년대의 다양한 저항 엘리트들은 국가권력의 장에서 그들이 정당하게 참여하는 것을 가로막았던 주요 장애물을 제거하려고 했다. 기술관료적 전문성 모델에 대항해 그들은 가치와 주창과 갈등성과 운동성을 무시하지 않는 정치적 전문성을 부과하고자 했다. 반대로 이 새로운 형태의 전문성은 무엇보다 정치적인 전략, 계산, 이익 형성, 그리고 변화나 이데올로기적 정향을 정책 결과의 근본적인 결정인자로 간주했다. 정치적인 갈등은 합리적이고 과학적인 정책 결정에 지위를 빼앗겨야 하는 시대착오주의적인 것이라기보다 정책 결정의 자연적인 요소로 간주되었고, 따라서 정책 전문가에게 중요한 관심이 되어야 했다. 이와 같이 출현 중에 있는 전문성의 레짐에서 정치적 갈등에 대해 그들이 직접 체험해 얻은 지식은 갑자기 그들의 지위를 재협상하기 위해 활용할 수 있는 소중한 자원이 되었다.

1950년대 사회과학과 근대화 패러다임은 대체로 사회 갈등을 제한하고 극복하거나 억제하려는 신중한 시도에 기초하고 있었다. 오랫동안 이 전공에서 무의식적으로 억제되어온 정치 갈등은 1980년대에 무대 중심으로 복귀했다. 행태주의적 설명이 지배한 지 30여 년이 지나고 베트남 전쟁의 결과로 강조된 자유주의 이데올로기의 정통성 상실에 이어, 정치학자들은 정당한 연구 목표로서 '본질적인(substantive)' 것에 대한 관심을 복원하려 했다(Ricci,

1984). 또한 정치적인 갈등과 민주주의에 대한 새로운 관심은 새로운 정책 전문성을 위해 팽창하는 국제시장에서 소중한 자원이기도 했다. 1980년대 초반 『권위주의 통치로부터의 이행』 시리즈는 이러한 이동의 완결과 근대화 이론의 비판자들이 추구한 전략의 성공을 완벽하게 보여준다. 사회구조의 진화를 연구 목표로 삼은 과학에서24 민주화 연구는 성공적으로 국가기구 내부의 정치적 갈등에 대한 과학이 되었다. 권력관계와 정치적 갈등을 무시했고 종속관계와 비대칭적인 권력의 재생산으로 귀결된 자유주의적 세계관에 대한 반응으로 탄생한 이 비판적 접근 방법은 대부분의 '이행론자'가 마르크스주의나 종속이론에 입각해 오랫동안 획득한 국가 분석에 의존했다. '민주주의 이행론' 접근의 뚜렷한 특징이 된 통치 블록 내부의 갈등 분석은 잠재적으로 상이한 계급 이익들의 동맹으로서 국가의 구조적인 분석에까지 직접 거슬러 올라갈 수 있다.

국가에 대한 이러한 비판적 지식은 정치적 미덕의 국제시장에서 중요한 자산이 되었다. 정치적 미덕의 국제시장은 이 정치학자들에 의해 형성되고 전문화되었다. 권위주의와 제국주의에 대한 투쟁에서 획득된 이 지식은 새로운 형태의 헤게모니적 국제주의에 기여하는 인정받은 전문성으로 발전했다. 다음의 세 가지 중요한 변화는 국가에 대한 비판적 지식의 주류 전문성으로의 전환을 설명해준다. 첫째, 신국제 정치경제학을 통해 경제구조 개혁에 대한 비판적 분석을 지향하는 지식의 발전, 둘째, 1980년대 '이행론'의 정치적 기능, 셋째, 카르도수 같은 행위자들의 정치 경력을 통한 종속이론의 변화였다. 이 변화들은 차이점에도 불구하고 비판적인 유산을 1980년대 권력

---

24 다시 한 번 '경제발전과 민주주의'에 대한 립셋의 저작(1963)은 이러한 접근의 가장 좋은 사례를 제공한다.

의 회로로 재활용했다는 공통점을 가지고 있었다.

스테판 해거드(Stephan Haggard), 바버라 스털링스(Barbara Stallings), 조앤 넬슨(Joan Nelson), 마일스 칼러(Miles Kahler), 존 윌리엄슨(John Williamson) 같은 구조조정의 정치경제 연구에 관여한 일군의 정치학자들의 연구는 이러한 변화의 부산물 중 하나였다. 로버트 코프먼이나 존 시핸(John Sheahan)같이 '이행론' 계획에 참여한 몇몇 사람들은 민주화 문제를 구조조정 정책에 연계했다. 그들의 옛 동료들, 즉 "경제적인 변수들을 크게 회피했던 이행론자들" (Haggard and Kaufman, 1992: 319)과 어느 정도 거리를 유지하면서 스스로 정치경제학자라 부른 이 사람들은 구조조정 정책이 통치 엘리트 내부의 세력 균형 이동을 일으켰음을 보여주었다.

코프먼은 우드로 윌슨 센터의 이행 프로젝트에 투고한 논문에서 라틴아메리카 경제의 국제화(외국의 민간 자본과 수입된 기술과 수출의 역할에 대한 많은 의존)가 특히 경제 위기 단계에서 경제적 정설에 압력을 행사했다고 주장했다. 이러한 압력은 국제적 행위자들의 지침에 민감한 관료들에 의해 행사되었는데, 이 관료들은 대체로 해외에서 교육받은 경제학자이고, 국제적 행위자들과 종종 유사한 사회적·교육적 배경을 공유하고 있었다. 그 결과, '정통한' 경제 개혁에 대한 필요는 과두적인 부르주아 부문과 기술관료 간의 갈등을 만들어내는 경향이 있다. 그럼으로써 지배 동맹을 분열시킨다. 국가기구 내부에서 어떠한 개혁 프로젝트들이 발생하는지 주목함으로써 이 정치학자들은 경제 개혁으로 전문화되었다. 그들은 고전적인 기술관료적 정책 과정 모델에 대항해, 정치인들의 선호, 다양한 이익 주창 집단을 대립시키는 갈등의 성격, 이 갈등에 그들이 투자할 수 있는 자원의 성격, 특히 이 투쟁 과정에서의 경제정책 변화에 의존하는, 경제정책의 결과들을 개념화했다. 이러한 관점에서 볼 때 워싱턴 컨센서스를 형성한 보편적인 경제정책들은 이것들이 현지에 적용될 때 특수한 맥락에서 사회의 서로 다른 부분들을 연결하는 독특한 사회 계약을 수정하고, 따라서 정치적으로 관리되고 협상되어야 했다. 이 접근 방법은 구조조정 프로그램들의 결과가 만족스럽지 못한 순간에 발전됨으로써 매우 유용한 정책 개혁 도구가 되었다. 이 접근 방법은 세계은행에 즉시 진입했고 이곳에서 '거버넌스' 문제에 대한 관심을 불러일으켰다.[25]

이 정치경제학자들은 구조조정 프로그램들의 성공이나 실패에 대한 정치적인 이유를 밝혀냄으로써 국제금융 제도의 범위 안에 정치 시스템과 체제 변화 문제를 도입하는 데 기여했다. 국가의 정치경제와 정치체제에 대한 이 같은 연구 프로그램은 이렇게 해서 경제학을 글로벌 정책 전문성의 헤게모니적 형태로 완성했다. 1990년대 말경 그들이 발전시킨 경제 개혁의 근본적인 결정 요인으로서 정치제도와 이것의 내적 역동성에 대한 강조는 세계은행 내부의 공식적인 생각이 되었다(Picciotto, 1995; World Bank, 1997 참조). 국가기구 내부의 갈등 분석을 가져온 1970년대 자유주의에 대한 좌파적 비판은 1980년대에는 결국 새로운 정설을 구성하는 데 재투자되었고 '워싱턴 컨센서스'에 통합되었다.

정치학과 정책 전문성의 이러한 변화의 또 다른 주요 파생물인 '이행론'은 국가에 대한 비판적 지식이 주류 패러다임으로 개종되는 데 매우 유사한 역할을 수행했다. 사회적·정치적 변동에 대한 이 새로운 접근 방법은 주요 학술 기관에서 전문화된 커리큘럼이나 연구 센터들의 형태로 제도화되었다. 이는 대립되는 가정들, 즉 해방의 가정과 안정과 질서의 가정을 조합함으로

---

25 세계은행은 해거드와 코프먼의 『경제 조정의 정치(The Politics of Economic Adjustment)』 (1992: xiii), 그리고 해거드와 웹(Steven B. Webb)의 『개혁을 위한 투표(Voting for Reform)』 (1994: xiii)로 이어지는 계획을 지원했다. 세계은행에서 경제 전문가들과 정치학자들의 관계에 대해서는 이 책의 제6장 참조.

써 상이한 정치적 감수성들에 공통의 이데올로기적 우산을 제공하고 정치적 합의를 산출할 수 있을 만큼 충분히 유연하게 접합되었다. 이와 같은 처방적 학문 생산의 근본적인 특징은 사실상 그것이 종속이론 학파에서 직접 유래한 국가에 대한 계급 중심적 분석이나 마르크스주의적 분석의 모든 전통을 "유산계급들과 엘리트 기관"의 권력을 보존한 채 "저명인사들의 민주주의"를 수용하는 이론에 동원했다는 것이었다(O'Donnell and Schmitter, 1986: 40). 현재의 자원 배분은 그대로 유지되었다. 이행론은 계급 중심적 분석과 마르크스주의 전통을 그럴듯한 탈권위주의 세대의 결과로 해석했다. 다시 말해 민주화 이행론은 커크패트릭이 주장한 냉전의 전사들과 반공 이데올로그들의 두려움, 즉 "마르크스를 인용하는 무장된 지식인"(Kirkpatrick, 1979a: 45)에 의해 우익 독재자들이 대체될 것에 대한 두려움을 불식하는 민주화를 약속했다. 우드로 윌슨 센터의 정치학자들이 계획한 '권위주의 통치로부터의 이행'에서 급진주의자들은 봉쇄되어야 했던 반면 우익은 '도움'을 받아야 했다(O'Donnell and Schmitter, 1986: 62). 민주화는 워싱턴에서 더욱 수용 가능한 것이 되었는데, 그것은 독재자에 대한 대안이 커크패트릭과 같이 마르크스를 인용하는 무장된 지식인들이 아니라 점차 로버트 달을 인용하고 흠잡을 데 없는 미국의 신용을 보유한 지식인들이었기 때문이다.

후자(로버트 달을 인용하는 다원주의 경향)를 향한 전자(마르크스를 인용하는 무장된 지식인들)의 변화는 페르난두 카르도수의 경력에서 상징적으로 드러난다. 종속적인 발전의 대표적인 이론가였던 카르도수는 해외 무역의 불리한 조건을 극복하지 못하고, 산업화와 노동 절감형 기술의 조합으로 산출되는 실업과 저고용을 억제하지 못하며, 의미 있는 소득 재분배의 정의에 조금도 도달하지 못하는 종속적 자본주의의 구조적 무능을 가정한 종속이론의 강경한 해석에서 점차 거리를 두었다(이 접근 방법은 예를 들어 루이 마우로 마리니(Ruy Mauro Marini), 안드레 군더 프랑크(André Gunder Frank), 테오토니오 도스 산토스(Theotônio dos Santos)의 접근이기도 했다. 카르도수는 경제성장의 단계를 '협력적인 자본주의(associated capitalism)'가 진정한 발전을 산출하고 정부가 이 과정의 모순들을 치료할 사회정책들을(구조적인 개혁이라기보다) 수행할 기회로 간주했다(dos Santos, 1998).

이러한 이론적 개종은 사회민주주의적 전환과 동시에 이루어졌다. 1987~1988년 브라질 사회민주당의 설립에서 카르도수는 주도적 역할을 했다. 이 역할은 1980년대 말과 1990년대 초에 전 세계적으로 사회민주주의와 실천을 변화시킨 개종 과정의 중심에 그를 위치시켰는데, 이 개종은 무엇보다 시장 자본주의의 긍정적인 평가로 특징지을 수 있다. "최초의 포스트 마르크스주의자"(Lehmann, 1990: 73)이자 상원의원으로 변신한 이 사회학자는 누구보다도 쉽게 온건한 민주화 공식의 작성에 기여할 수 있었는데, 그것은 카르도수가 언제나 바시스모(basismo)[26]라고 의심받았던 브라질 민주운동당(Partido do Movimento Democrático Brasileiro) 출신이었기 때문이다.

민주화 운동의 경력과 브라질분석계획센터, 미주협의회, 국제경제연구소(Institute for International Economics)를 통해 구축된 강력한 국제 네트워크의 결합은 카르도수에게 국제적인 무대에서 신용을 부여했으며, 그가 이타마르 프랑쿠(Itamar Franco) 행정부의 외무부 장관으로, 그리고 안정화 계획이 한창이던 1993년 5월 재무부 장관으로 임명된 동기가 되었다. 이러한 배경은 "세계 주요 금융 센터에서, 특히 지불 연기를 만회하는 데 굴복한 상업은행 사이

---

26 바시스모는 1980년대 라틴아메리카(특히 브라질)에서 영향력이 컸던 운동을 말한다. 진보적 성향의 가톨릭 운동가들과 마르크스주의자들이 활발하게 참여했으며, 사회의 근대화 방향을 모색했다. _옮긴이

에서 그와 브라질의 프로필을 의심할 나위 없이 강화해주었다"(Cunningham, 1999: 78). 재무장관 재임 동안과 대통령 임기 동안 카르도수는 심지어 그에게 동조하는 비평가들도 간과할 수 없었던(예: Cunningham, 1999), 워싱턴 컨센서스와 관련된 정책에 기초한 보수적인 '종속 개혁(dependent reformism)'(dos Santos, 1998: 60)을 실현했다. 1993년에 고정환율제도를 끝내고 자신의 첫 번째 대통령 임기 말에 결국 헤알(Real)을 절하하고 국제통화기금의 조건을 준수한 장본인이 바로 이 종속자본주의 비판자였다는 것은 역설적이다.

이러한 사례는 글로벌 권력의 형성 단계에서 비판적 지식의 입장의 구조적 변화를 증명해준다. 여기에서 헤게모니의 행사는 역사적으로 헤게모니에 대한 저항과 해방적인 투쟁과 민주화에 접속된 패러다임들을 성공적으로 동화시켰다. 이러한 변화는 확실히 외적인 요인들로 촉진되었다. 새로운 민주주의의 정치학이 미국민주주의재단 같은 이니셔티브를 통해 외교정책 활동가들의 민주주의를 위한 '운동'을 구축하려는 노력에 과학적인 정당화를 제공하는 것은 이 운동가들이 학문 공동체의 개입을 적극적으로 요구하기 때문이다. 미국민주주의재단 설립 직후에 초대 회장이었던 앨런 와인스타인(Allen Weinstein)은 로버트 메이너드 허친스 민주제도연구센터(Robert Maynard Hutchins Center for the Study of Democratic Institutions)로 옮겼다.[27] 민주제도연구센터는 와인스타인의 재직 기간에 한 권의 책을 출판했는데(Goldman and Douglas, 1988), 이 책에서는 미국민주주의재단의 설립으로 이어진 민주주의 프로그램(Democracy Program)과 기타 냉전 기관들에 관여했던 정치 컨설턴트들과 행정부에 관여한 경력이 있는 학자들이 학문적 에세이와 실무자들의

---

27 당시 시카고 대학의 총장이었던 로버트 메이너드 허친스가 포드 재단에 기부하여 1959년에 설립된 민주제도연구센터는 서부의 공적 인물들과 학자들을 모으는 싱크탱크였다.

매뉴얼 중간에 해당되는, 곧 유명세를 탈 하나의 장르를 만들어냈다. 이 책은 사회과학의 활용이 어떻게 '민주주의를 위한 범세계적인 운동'을 전개하기 위한 폭넓은 전략의 구성 요소가 되는지 잘 보여준다. 특히 이 책의 논문 중 하나는 이 운동을 위한 무기이자 정당성의 근원으로서 '비판적인' 이론들의 의식적 활용에 대해 조명하고 있다. 보수주의 싱크탱크인 프리덤하우스가 매년 발표하는 '자유국가점수(Freedom Country Scores)' 덕분에 명성을 얻은 정치학자 레이먼드 가스틸(Raymond Gastil)이 쓴 이 논문은 비판적인 지식은 1980년대에 시작된 민주주의 성전에 필요한 부분이라고 주장했다. 1950년대의 '국무부 사회주의' 전통을 다시 시작한 가스틸은 '친밀한 비판(proximate criticism)'의 기능이라 부른 것에 대해 다음과 같이 설명했다.

> 아이디어가 소련 시민의 심리에서 민주적인 변화를 촉진할 것이라는 생각은 그들이 알고 있는 사회주의 세계에 대한 생각에서 유래한 것과 그다지 다르지 않다. …… 이것은 우리의 이데올로기적 공격이 소련에 대한 수많은 역사적이고 현대적인 마르크스주의 비판과 서방의 성공적인 사회주의 측면에 대한 설명을 강조함으로써 시작된다(Gastil, 1988: 42).

정책연구·정치학 또는 사회과학에서 비공산주의 좌파의 촉진은 여전히 미국 중심주의를 수출하는 주요 전략 중 하나이다. 라틴아메리카의 경우 1970년대 반제국주의·반권위주의 투쟁에서 1980년대 후반 자유민주주의의 이론화로 이동한 포스트 마르크스주의자, 옛 종속이론가, 사회민주주의 학자보다 그 역할을 수행하는 데 더 잘 준비된 사람은 없었다.

제5장

국제관계 이론과 인권 네트워크의 해방적 담론

이상적(idéale)이고, 관념적(idéelle)이며, 정신적(spirituelle)인 생각들(idées)의
존재는 오로지 '생각(l'idée)'의 이데올로기와 '이데올로기(l'idéologie)'의 이데올
로기에서 비롯된다. _ 루이 알튀세르[1]

1. 사회과학과 국제관계에서의 새로운 이상주의

20세기 말엽의 민주주의 대성공의 사례는 흔히 관념의 승리로 소개된다.
민주주의의 확산은 근대화 이론의 낡은 패러다임에서 제안하는 것처럼 경제
발전이나 사회적 분화의 증가에 따른 결과라기보다 오히려 믿음·가치·관념
에 의해 널리 유포된 과정이었다. 실체가 없는 '관념의 힘'은 기성 권력들의
물리적 배열을 전복했다. 1980년대 후반의 매우 적절한 시점에 국무부와 국

---

1   Louis Althusser, "Idéologie et appareils idéologiques d'Etat", in *Positions*(Paris: Editions
     Sociales, 1976), p.118.

방부를 위한 조언은 1950년대 사회과학자들의 논쟁을 지배했던 '이데올로기 종말'이라는 낡은 테마를 부활시켰고 다시 한 번 이데올로기적 갈등의 종말을 선언했다. 실제로 '역사의 종말'은 미래의 충돌에 대한 역사적인 본질의 종말일 뿐이었다. 그러나 이제 그 이유는 실체적인 과정과 사회적 변혁이 아니라, 자본주의적 자유민주주의 이데올로기의 대성공에 있었다. 프랜시스 후쿠야마의 1992년 베스트셀러는 민주주의와 이데올로기를 동일시하는 경향이 팽배해 있다는 것을 정확히 포착했다.

사회과학은 사회 변화를 대변하는 이런 전환의 중심에 위치해왔다. 역사와 사회 변화에 대한 유물론적 개념들의 삭제는 분명히 중요한 기능을 수행해왔다. 강경하고 객관론적 존재론에 의존한 사회현상에 대한 설명은 지상의 사회적 실천 영역에서 이념의 하늘로 향해 이동한 과학적 담론에 의해 금지되었는데, 이는 정신분석가들이 승화 과정이라 부르는 것에 비견할 만했다. 이처럼 강력한 트렌드에 바쳐진 정립된 리서치 프로그램이나 방법론적 접근은 그다지 많지 않았던 것처럼 보였다. 역사적인 거시사회학·구조주의·정치경제학·근대화론·종속이론은 포스트 마르크스주의(post-marxism)의 길을 택했는데, 그것은 점차 '포스트(post, 벗어남)'를 강조하고 그다지 마르크스주의적이지 못한 방향으로 나아갔다. 그 대신에 사회과학에서 단순히 언어론적 전환의 탓만으로는 돌릴 수 없는, 의사소통 과정과 상징적·언어적 상호작용론, 문제에 대한 인지적 '틀의 형성(framing)', 정치 변동의 인식론적 토대를 중심으로 접합된 이론들의 부활이 있었다. 여러 전공을 가로질러, 인과관계에 대한 표준 개념은 '관념'에 유리하게 수정되었고, 관념은 사회현상에 대한 최우선적인 구성 요소로서 물질적인 힘을 대신하게 되었다.

사회과학 전공 중에서도 국제관계 이론은 다른 학문적·정책적 담론보다 이런 변화를 더욱 가시적으로 만들었을 것이다. 냉전과 연계해 국제관계 이론을 규정한 전통적 패러다임은 갑자기 위협을 받았다. 젊은 세대의 학자들은 안보와 권력의 물리적인 질서에서 무형의 의사소통 활동과 의미의 교환으로 향해 국제관계학의 구심점을 바꾸려 했다. 냉전적인 갈등이 더 이상 국제 무대를 구조화하는 힘이 아니었던 만큼, 새로운 세계 질서에 내재된 문제들은 무엇보다 국가기관만으로 환원될 수 없는 다양한 행위자들 간의 사회적 통합이나 집단행동의 문제로 해석되었다. 따라서 '초국가적(transnational)'이라는 개념은 범세계적 통합이라는 관점에서 국민국가 시스템을 뛰어넘으려는 시도의 가장 가시적인 표현 중 하나였으며, 범세계적 전통으로의 회귀와 대국가(civitas maxima)에 대한 관심을 보여주는 것이었다.[2]

사회이론을 향한 이러한 이동은 이 새로운 접근에 어느 정도 과학적인 정당성을 부여했고, 때때로 유익한 교환을 가능하게 해주는 외부의 지적인 영향력에 자신을 개방했다. 동시에 국제적인 로비, NGO, 사회운동 또는 제도적인 경계를 가로지르는 광범위한 네트워크 같은 비국가(non-state) 행위자들에 대한 학자들의 관심은 그들에게 정치적인 정당성을 부여했다. 학자들은 역사적으로 국가의 관점을 중심으로 구조화된 전공에 빈번하게 국가에 대립하는 행위자들의 관심을 도입했다. 이처럼 통치자에 반대되는 것으로 피통치자의 편에 서는 것은 이 연구 프로그램들과 인권, 즉 '피통치자의 권리'[3][환경 규범이나 성평등 운동(gender movement)도 학자들의 주목을 받았다]에 대한 사

---

2 이론적 논의를 위한 코스모폴리탄적 전통과 그 현재적 재생에 대해서는 Zolo(1995) 참조. '글로벌 거버넌스'에 관한 모든 학문적 연구는 이러한 전통과 연관될 수 있다. 안토니오 카세스(Antonio Cassese)는 "인권은 모든 정부를 위한 가이드라인의 리스트를 작성함으로써 세계를 통합하려는 팽창의 욕구에 기반을 둔다"라고 관찰함으로써 인권운동을 명확하게 세계적인 전통으로 돌리고 있다(Cassese, 1990: 158).

3 여기에서는 푸코의 문구를 풀어서 설명했다. 푸코는 "모든 가능한 (형태의) 정부와 대립하는 개념"으로서 이와 같은 인권의 개념을 주장했다(Foucault, 1994: 349).

례 연구 간의 선별적인 친화력을 설명해준다.

그러나 국제 시민 네트워크의 국제관계 이론으로의 성공적인 진입은 방법론적 목적에 기여하기도 했다. 물질적인 이익과 자원에 대한 전통적인 강조에 대항하여 이 새로운 접근법들은 정체성과 이익의 형성을 결정하는 중요한 요인으로서 아이디어와 규범과 신념을 강조했다. 물질적인 권력 개념에 기반을 둔 낡은 국가들의 세계에 반대해 새로운 '초국가적' 관계의 세계는 근본적으로 의사소통 과정과 아이디어의 세계이다. 국제관계의 현실주의 모델을 강조한 도구적 합리성에 대해 새로운 접근 방법들은 자유로운 발화 상황(speech situation)이라는 이상을 불러일으키는 의사소통적 합리성을 대립시켰다. 초보적인 언어적 상호 주관성은 그 안에서 정체성이 물질적으로 주어졌다기보다 지속적으로 협상되고 다시 옹호되는 요소이다. 이와 같은 관점에서 '초국가적' 관계들은 본질적으로 '아이디어의 힘(power of ideas)'으로서 권력의 개념을 포함하고 있다(Risse, Ropp and Sikkink, 1999). 그러나 상징권력은 이러한 권력의 양상에 대해 더 적합한 표현이 될 것이다. 부르디외에게서 빌려온 상징권력 개념은 분할과 구분 짓기, 그리고 위계질서를 정당한 것으로 강요하는 권력을 의미한다. 부르디외가 간결하게 기술한 바와 같이 '상징권력'은 "언어로 사물을 만드는 권력"이다(Bourdieu, 1990: 136). 더 정확하게는 지배를 정당한 것으로 보이게 하는 권력이다. 앞으로 살펴볼 것처럼 NGO, 초국가적 이슈 네트워크, 운동가, 도덕 사업가 등 '아이디어 권력'의 국제적 투사들은 대부분 일종의 대항 권력(counter-power)을 대표하는 것이 아니라 헤게모니적 현대 권력관계의 정의에서 핵심적인 요소인 경우가 많다.

새로운 국제관계 또는 초국가적 관계의 이론은 도구적 행위와 의사소통적 행위, 또는 이익과 '도의에 의거한 아이디어(principled ideas)'를 뚜렷하게 구분함으로써(Risse-Kappen, 1995: 8), 과거의 도덕과 정치 간의 미숙한 구분을 국제관계 연구에 다시 도입했다. 또한 이 이론들은 비정부 행위자들을 도덕적인 행위자로, 나아가 국제적인 생활을 도덕적으로 만드는 행위자로 설명하는 경향이 있다. '아이디어의 힘'을 대표하는 국제운동가 네트워크들은 암묵적으로 추상적인 인권의 보편성이든 구체적인 환경의 보편성이든 간에 특수한 보편성을 담지한 행위자의 역할로 개조되었다. 이것은 '아이디어의 힘'이 세계화라는 역사적 과정을 통해 자신을 실현한다는 식의 일종의 제3섹터의 헤겔주의라 할 수 있다. 그 결과는 앞에서 검토한 연구들이 이 초국가적 운동들을 위해 규범적으로 편향되는 것이었다. 인권, 원주민의 권리 또는 여성의 권리에서 환경보호에 이르기까지 범세계적인 처방의 구축에 개입하는 새로운 운동가들은 과학적인 담론의 주체가 되었다. 이 담론에서 세계화는 무엇보다 해방의 과정이고, 민주화는 그것의 가장 뚜렷한 양상 중 하나이다. 민주화는 점차 복잡한 정치·사회·경제 발전의 결과라기보다 아이디어의 '확산'이나 '전염'의 과정으로 해석되었고(Whitehead, 1996), 정치적이고 상징적인 경계들을 가로질러 확대된 의사소통 기회들을 적극적으로 활용하는 '초국가적 주창 네트워크(transnational advocacy network)'에 의해 전파되는 기준이 되었다(Keck and Sikkink, 1998).

　여기에서는 이와 같은 운동에 대한 사회과학적 설명과 특히 국제 인권 네트워크의 구성과 영향을 설명하기 위해 동원된 개념적 범주들에 초점을 맞춘다. 또한 '사회적 구성주의(social constructivism)'[4]라는 그릇된 상표를 달고 모여 있는 이론들의 바탕에 놓인 관념론이 운동 네트워크들의 형성과 작동에 대한 도구인 설명의 생산에 기여한다고 주장할 것이다. 그것은 이 설명이 운동 네트워크들에게 유리하게 작용하고 그들의 이익을 더욱 확대하기

4　이러한 이론과 정의에 대한 전반적인 검토는 Wendt(1999: 94ff) 참조.

때문이다. 최근의 국제관계 이론들은 – '도의적 아이디어'에 대한 자신들의 가담을 통해 새로운 형태의 범세계적 운동의 출현을 설명하면서 – 은밀하게, 그러나 일관되게 이러한 범세계적 주창 네트워크가 도덕적이고 이익에 초연한 행위자이며 그들이 옹호한다고 주장하는 세계 규범의 표준을 보장해주는 것 외에 다른 정체성은 가지고 있지 않다고 주장한다.[5] 이와 마찬가지로 최근의 국제관계 이론은 자신에게 스스로 부여한 상표('구성주의')에도 불구하고 매우 반사회학적인 방법으로 발전했다. 어떠한 사회적 맥락이, 그리고 어떠한 보상과 인센티브가 보편적 가치에 대한 헌신으로 특징지을 수 있는 "무욕 속의 이익(interest in disinterestedness)"(Bourdieu, 1997: 148)을 산출하는지 질문하지 않는 기존 연구에서는 이런 범세계적 운동의 현실적이고 물질적이며 사회적인 계보가 대부분 빠져 있다. 이러한 맹점은 새로운 초국가적 운동가들이 투사적인 규범 생산의 국제 영역을 구조화하는 연고주의적 관계와 상징적 이익을 위해 경쟁하는 메커니즘을 표현하는 은유인, "규범의 사업가(norms entrepreneurs)"(Sikkink, 1999)로 인식되기도 한다는 점에서 더욱 역설적이다.

정치학자들이 활용하는 기본적 연구 방법의 선택에서 벗어난 관점에서 보면, 운동 네트워크들이 대중으로 하여금 자신들(즉, 운동 네트워크)의 무욕의 이미지를 수용하게 하려는 바로 그 전략 속에 이러한 사회과학적 담론이 속해 있는 것은 아닌지 질문해볼 수 있다. 이 질문은 여러 가지 사례에서 인권운동이나 다른 주창 동맹에 대해 연구하는 학자들이 그들이 분석하는 네트

---

5   이러한 국제관계 이론 분야는 '발전주의(developmentalism)'에 대한 캐스린 시킨크(Kathryn Sikkink)의 연구(Sikkink, 1991)나 케인스주의에 대한 피터 홀(Peter A. Hall)의 연구(Hall, 1989)와 같이, 최근의 저작들이 제안하는 것처럼 아이디어의 역사에 밀접하게 이동하기도 했다. 아직까지 해결되지 못한 문제는 이것이 신칸트주의적 아이디어의 역사로 이어지는지, 담론적 실천의 역사로 이어지는지 결정하는 것이다.

워크와 극도로 가깝다는 사실 때문에(Dezalay and Garth, 1998b) 더욱더 정당한 것이 될 수 있다. 그 결과는 네트워크들의 전략적 실천에서 내세우는 대중적 정당화가 이 네트워크들에 참여하는 사람들에 의해 과학적 담론으로 은밀하게 침투하는 것이다. 이와 같이 서술을 정당화로 바꾸는 것은 국제관계 이론들과 이것의 생산자들을 그들이 연구하는 더 광범위한 네트워크들 안에 위치하게 한다. 과학적인 합리화와 (무엇이 작동하고 무엇이 작동하지 않는지에 대한) 규범적 기술에 대한 전문성, 그리고 정당화를 통해서 이 학자들은 새로운 범세계적 운동의 생산과 재생산에 결정적으로 기여한다.

이제 국제 NGO의 형태를 중심으로 공전하고 있는 해방과 민주화의 진보 담론의 학문적 구성을 상세하게 분석하기로 한다. 특히 '아이디어의 힘'을 보여주는 것으로서 미국의 인권외교정책에 대한 '사례 연구'에 관심을 기울일 것이며, 그것을 제2장에서 설명한 발견 중 몇 가지와 비교할 것이다. 이 이론가들은, 초국가적 운동을 열세의 행위자 그룹들과 연결하는 경향이 있지만, 초국가적 운동을 모호한 범주로 해석한다. 이와 같은 범세계적 운동을 설명하기 위해 활용되는 '이슈 네트워크(issue network)' 개념의 계보보다 이러한 모호성을 더 잘 보여주는 것은 없다. 이슈 네트워크 개념은 워싱턴의 정책 결정 과정 분석에서 국제관계 이론에 수입됨으로써 미국 정책의 특수한 모델을 범세계적인 과정으로 확대했다. 또한 헤게모니 권력이 인정하는 모델들과 범례들과 자원들을 범세계적인 정책 결정 과정으로 확대하기도 한다. 이러한 계보가 이 장의 두 번째 주제이다. 그것은 이 새로운 관념론과 국제 운동 네트워크 사이에 존재하는 관계들의 비판으로 이어진다. 학자들은 운동 네트워크를 위한 자원이기도 한 전략적 전문성을 제공하기 때문에, 그러한 네트워크의 전략 안에서 기능적인 역할을 수행한다.

2. 사회적 구성주의의 사회적 구성

국제관계 이론이라는 전공 내부에서 초국가적 운동에 대한 최근의 관심은 전통적인 현실주의 접근 방법과 물질적인 권력·이익·자원, 또는 체계적인 메커니즘에 토대를 둔 현실주의의 객관주의적 인식론에 대한 불만에서 비롯되었다(Goldstein and Keohane, 1993: 4~5). '사회적 구성주의'라는 이름하에 [국가 안보 개념을 중심으로 모여 있고 최근에 '신현실주의(neo-realism)'로 부활한] 고전적인 현실주의 국제관계 이론을 인정하지 않는 학자들은 국제관계 연구에 국제규범과 국제적 합법성의 생산에서 비정부 행위자들이 수행하는 역할에 대한 관심을 도입했다. 재미있게도 그들은 (현실주의를) 공격하면서 데탕트(détente, 긴장 완화) 정책에 수반되었고, '초국가적인' 것의 범주를 생산하는 데 기여한(예: Nye and Keohane, 1971) 1960년대 후반과 1970년대의 학문 논쟁 중 몇 가지를 부활시켰다. 1995년에 출판된 이 새로운 접근을 기획한 책은 '초국가적 관계의 회복(Bringing Transnational Relations Back In)'이라는 의미심장한 제목을 달고 있었다. 이 책은 베트남 전쟁 이후의 외교정책 담론에서 유행한 자유주의적 접근과의 이론적 연관성을 명확하게 인정했다(Risse-Kappen, 1995: xi). 그러나 1970년대 국제관계 이론가들 사이에서 학문적 논쟁이 초국가적인 힘으로서 기술과 경제에 초점을 맞추었다면,[6] 1990년대의 초국가적인 것의 부활은 기술적인 것에서 새로운 주제인 국제 NGO나 초국가적 이슈 네트워크에 집중된 운동의 패러다임으로 이동했고 특히 인권을 강조했다.[7]

---

6   '인식 공동체'에 대한 초기의 논쟁은 초국가적인 것에 대한 관심의 '기술적인' 편향을 잘 보여준다(Haas, Williams and Babai, 1977 참조).

7   리처드 포크는 인권이 삼자주의(trilateralism)의 운영 어젠다에 꼭 들어맞는 것은 아니었음을 관찰했다. "인권 외교는 베트남 전쟁 이후의 조정에 대해 부드럽게 접근한다는 운영상의

(학문적인 권위를 부여받고 정의상으로 진보적이고 해방적인 실천들과 결합한 민주주의와 인권을 위한) 초국가적 운동에 대한 새로운 학문 담론의 핵심 내용들을 이해하기 위해서는 그것의 생산 논리가 어떻게 해서 국제관계라는 학문적인 장의 내부 투쟁 및 경쟁과 만나는지를 이해하는 것이 중요하다. 국제 NGO와 초국가적 관계 연구에 대한 투자는 국가 중심적 국제정치의 표상에 의문을 제기했다. 그럼으로써 냉전의 종식이라는 유리한 상황에서 '안보' 학자들의 옛 방패에 대립하려 했던 국제관계 이론의 '개구쟁이들(young Turks)'[8]의 전략적 필요에 기여했다. 세계 정치에서 비정부 행위자들의 폭주와 특히 운동조직들의 폭주는 무엇보다 주류 학자들에 대한 비판을 정당화하기 위해 활용되었다(Wapner, 1995). 예를 들어 마거릿 켁(Margaret Keck)과 캐스린 시킨크(Kathryn Sikkink)는 다음과 같이 주장했다.

> 20세기 말 세계 정치는 국가뿐만 아니라 (국가 및 국제기구들과 상호 작용하는) 수많은 비정부 행위자들을 포함하며, 학자들은 운동가 네트워크들의 합리성과 중요성을 모두 인정하는 데 뜸을 들여왔다(Keck and Sikkink, 1998b: 89).

이러한 관점에서 인권 NGO에 맞추어진 각별한 관심은 전술적으로 중요한 가치가 있었다. 오디 클로츠(Audie Klotz), 로즈메리 풋(Rosemary Foot), 토마스 리세(Thomas Risse), 캐스린 시킨크 등 '사회적 구성주의'의 주요 옹호자들은 인권 네트워크에 대한 저작을 남기기도 했다. 다른 무엇보다 이 주제를

조건들에 맞지 않았다. 이 접근은 세계 경제의 효율성을 증진하고 이데올로기적 경쟁을 완화하려는 목적이 있었다"(Falk, 1983: 134). 초국가적 관계에 대한 이와 같은 '비이데올로기적' 개념은 신좌파의 도전을 받았다(Sklar, 1980).

8 개구쟁이, 말썽꾸러기라는 의미로, 기성 정치권에 도전하는 젊은 세대를 가리킨다. _ 옮긴이

중시한 '사회적 구성주의자들'은 이처럼 고도로 상징적인 자원들에 접속하고 이 장에서 자신들의 지위를 강화하기 위해 이 자원들을 활용할 수 있었다. 사실 인권운동은 "박해받는 자들의 권능을 강화하고 약한 자들의 목소리를 듣게 만들며, 더 많은 자원과 부러운 경력을 가진 사람들에게 공동의 인간성에 대한 책임을 상기키는 힘"(Foot, 2000: 254)으로 묘사되었다. 따라서 국가 중심적인 국제 시스템에 대항한 이 새로운 국제관계 학자들의 투쟁은 국가에 대항한 인권운동가들의 투쟁과 유사하다. 그들의 장에 보편적인 목표들을 중심으로 한 범세계적인 투쟁의 전선을 도입함으로써 그들은 상징적인 이익과 정치적인 정당성을 보장할 수 있었다. 국제적인 영역에서 NGO와 초국가적 운동가의 역할을 강조하는 것은 결국 이 학자들이 전통적으로 국가 권력에 봉사한 전공에서 "주류 이론들이 언급하지 못한"(Keck and Sikkink, 1998: xi) 소외된 운동가 집단들의 대변인이 되게 해주었다. 이렇게 해서 그들은 대안적이고 진보적인 것으로서 그들의 전문적·과학적 실천을 구축할 수 있었다. 이와 동시에 이 전략의 성공은 이 학문 담론에 '지배적인' 지위를 급속하게 부여했다.

드잘레이와 가스가 주장한 바와 같이(Dezalay and Garth, 2002), NGO와 인권을 중심으로 한 이 새로운 해방의 담론이 헤게모니에 저항하기보다 헤게모니 안에서 작동하고 새로운 교의를 구축할 수 있었던 능력을 강조하는 것이 중요하다. 사실 '초국가적 관계'의 학문적 개척자들은 1970년대에 이미 초국가적 행위자와 국가 행위자 간의 상호 보완성과 이들의 이익의 친화성을 강조했다.[9] '사회적 구성주의' 접근의 발전은 이러한 직관을 뒷받침한다. 국

---

9   Nye and Keohane(1971: 740) 참조. 새뮤얼 헌팅턴도 이와 똑같은 지적을 했는데, 그는 미국 권력의 명백한 '쇠퇴'가 어떻게 협소한 정부의 시각에 기반을 두고 더 광범위하고 유연하게

제관계 이론에서 '사회적 구성주의'는 급성장하는 부문이 되었고 풍부한 연구를 산출했다. 또한 '초국가적 인권 네트워크'들이 국제적인 법률 기준의 확립에서 구성적인 권력을 발휘하고 있으며, 따라서 이러한 운동이 중요한 헤게모니적 자원으로 되어가고 있다는 인식은 현재 주요 국제기구와 개별 국가기관에서 공동의 지혜가 되고 있다.

예를 들어 미국 국무부는 정책과 초국가적 네트워크 간의 상호 보완성을 강조한다. 클린턴 행정부는 고홍주(Harold Hongju Koh)를 민주주의·인권·노동국의 국무보좌관으로 임명하면서 이러저러한 '사회적 구성주의자들'을 등용했다. 고홍주는 사실 법학과 정치학의 교차점에서 발전한 규범과 국제관계에 대한 새로운 연구의 대표자였다(Koh, 1997). 이러한 분위기에서 작성된 『1999년 인권 실천에 대한 국가 보고서(1999 Country Reports on Human Rights Practices)』는 로버트 코헨(Robert O. Keohane)과 조지프 나이(Joseph S. Nye)가 거의 30년 전에 제안한 국내 외교정책과 초국가적 네트워크 간의 상호 보완성의 명백한 사례를 제공한다. 또 이 보고서는 국제관계 이론에서 학문적인 논쟁을 불러일으켰고 사회적 구성주의의 주요 개념들을 채택했다. 이 보고서는 세계화가 "세 가지 보편적 '언어', 즉 돈, 인터넷, 민주주의와 인권"을 포함하고 있다는 관찰을 통해, 초국가적 인권 네트워크에서 그동안 간과되었던 제3의 세계화 요인들을 식별해냈다(US Department of State, 2000: 1). 이 네트워크는 금융시장의 팽창 및 새로운 기술의 확산과 함께 "공유된 이익과 가치를 중심으로 모인 유사한 정신을 가진 사람들의 공동체"에서 발전한다. 그

확산된 헤게모니로 만회되었는지 보여주었다(Huntington, 1973). 이처럼 CIA의 자문(조지프 나이)과 국가안전보장위원회의 자문(새뮤얼 헌팅턴)이 정부의 목적을 위해 초국가적 행위자들의 '유용성'을 강조할 수 있었던 것은 이 범주를 이루는 모호성을 보여주는 매우 중요한 지표이다.

들의 중요성과 공공·민간의 구분을 가로지르는 이 네트워크의 팽창을 완벽하게 이해하는 "미국은 이 네트워크가 국제 시민사회로, 즉 정부와 국제기구와 다국적 기업, 그리고 …… 전 세계에 걸쳐 민주주의를 지지하고 세계인권선언에서 구체화된 기준을 촉진하는 NGO들의 효과적인 파트너십으로 발전하도록 돕는 장기간에 걸친 프로젝트를 담당한다"(US Department of State, 2000). 따라서 이러한 헤게모니 기관들의 관점에서 볼 때 초국가적 이슈 네트워크들은 그들의 권력 행사에 내재한 특수한 방식으로 간주된다.

'대안적'이고 진보적인 패러다임의 초국가적 통치 도구와 특수한 지배 방식(상징권력)으로의 변화는 학문적인 담론이자 처방의 담론으로서 사회적 구성주의의 이중성을 증명해준다. 그러나 이 새로운 교의의 구성은 NGO들이 추구하는 전략에서 관찰되어야 하며, 이것은 왜 비판적·대안적 담론의 준공식적인 독트린으로의 변화가 NGO들에게서 그 어떤 비판도 받지 않는지 설명해줄 수 있다. '열세에 놓인' 정치학자들이 자신들의 입장을 수정하고 결국 '지배적인' 지위들을 획득하기 위해 다른 '열세에 놓인' 그룹들의 대변자가 되게 해주는 이 과정은 인권운동가들과 기타 규범의 기획자들의 전략적 목적에 기여하기도 한다.

NGO들과 초국가적 이슈 네트워크들의 힘은 국제적인 합법성과 도덕성의 생산에서 중요한 역할을 수행하지만 공식화되거나 인정되지 않는다. 안토니오 카세스가 관찰한 바와 같이, NGO들은 인권 또는 환경 문제 같은 장에서 국제적 기준의 마련과 실행을 위해 그들이 수행하는 역할과 그들의 놀라운 발전에도 불구하고 아직 법률적인 의미에서 "완전한 국제적 주체성"(Cassese, 1990: 174)을 인정받지 못한다. 이 네트워크들과 NGO들은 정치학(그리고 특히 '국가의 과학'에서 멀어진 국제관계 이론) 같은 장에서 정당한 분석 단위와 주요 범주가 되었으며, 따라서 특별한 중요성을 획득했다. NGO와 국제운동을 국제관계의 장에 도입하면서, 그리고 통합적인 개념들(특히 네트워크 개념)을 생산하면서, '사회적 구성주의'는 국제적으로 자신들의 전문성을 강조하는 기구들을 위해 주체의 집단적 구성에 참여한다. 이 학자들의 전문적인 전략과 전략적 지위의 모색, 그리고 그들이 연구하는 네트워크들이 추구하는 국제기구의 인정은 이렇게 해서 서로를 강화해준다. 이러한 과학적 기여는 이 네트워크들에 대한 학문적인 서술이 빈번하게 그들을 해방의 행위자로서, 나아가 카세스의 표현을 빌리면 '세계 양심의 대변자(mouthpiece of world conscience)'로 해석하고 있다는 점에서 더욱더 중요하다.

우호적이고 도덕적이며 해방적인 세계화의 얼굴로 새로운 세계 주체의 생산에 기여하고, (다시 한 번 카세스의 표현을 빌리면) 인권을 통해 '세계를 통일하려고' 노력하기 때문에, 정치학을 이 운동 네트워크의 전략에 개방되어 있고 이 전략에 수렴하는 담론으로 간주하는 것이 중요하다. 이는 이 네트워크를 도덕적인 주체로 해석하기 위해 내린 인식론적 선택을 고려할 때 명확하게 나타난다.

3. 범세계적인 도덕 행위자들의 인식론적 생산

인권을 비롯한 범세계적 신념들과 규범적인 목표들을 옹호하는 운동 기관들의 조직 방식은 정치학자들이 이 운동 기관들을 초국가적인 '이슈 네트워크' 또는 '주창 네트워크'로 특징짓게 만든다. 정치학자들은 이렇게 함으로써 제도적인 정체성(institutional identity), 외부에서 주어진 이익, 물질적인 자원 또는 '기회 구조(opportunity structure)'라는 용어로 행동을 설명할 수 있는 다른 유형의 집단 행위자들과 이 운동 기관들을 뚜렷하게 구분하려고 했다. 윤리적인 관심과 책임감이 집단 행위와 집단적 정체성을 설명하기 위한 우선적인 요인으로 간주되는데, 이 개념들은 생략되거나 상대화될 수 있다. 사회적 구성주의의 특이한 경향 중 하나는 사실 책임감을 이끄는 아이디어들이 이것(아이디어)들이 옹호하는 데 기여하는 사회적 정체성과 물질적 인식에 대해 존재론적 우월성을 가지고 있을 뿐만 아니라 설명에서도 우선시되고 있다는 점이다. 그러므로 토마스 리세, 스티븐 롭(Stephen C. Ropp), 캐스린 시킨크는 다음과 같이 주장한다.

사회적 구성주의는 아이디어와 의사소통 과정이 어떠한 물질적 요소들을 적절한 것으로 인식하고 이것들이 어떻게 이익, 선호, 정치적 결정에 영향을 미치는가를 정의한다는 것을 강조한다. …… 즉, 물리적인 요인들과 조건들은 인지적 과정과 의사소통의 과정을 통해 중요한 것이 된다(Risse, Ropp and Sikkink, 1999: 7).

특수한 가치들 또는 일련의 '도의적 아이디어들(principled ideas)'의 옹호가 집단 행위에 대한 설명으로 간주된다. 따라서 이 접근 방법의 주요 옹호자인 마거릿 켁과 캐스린 시킨크에게 주창 네트워크는 "신조와 도의적 아이디어, 그리고 규범을 촉진하기 위해 조직되며, 이 네트워크들은 자신들의 '이익'의 합리적인 이해에 쉽게 연계될 수 없는 정책 변화를 옹호하는 개인들을 포함한다"(Keck and Sikkink, 1998: 8~9). 이 네트워크들의 형성은 "전문 규범의 물질적인 관심에 의해서라기보다 가치들에 의해 동기를 부여받는다"(Keck and Sikkink, 1998: 2).

수전 버거먼(Susan Burgerman)은 다음과 같이 매우 유사한 주장을 전개한다. "집단행동을 위한 동기는 물질적인 이익에 직접 관계되는 것이 아니라 신념에 대한 지적·도덕적 책임과 관련된 것이다"(Burgerman, 1998: 908). 이 주장은 초국가적 이슈 네트워크와 주창 네트워크에 대한 모든 연구에서 되풀이되고 있으며 사회적 사실에 대한 과학적 설명에 매우 중요한 결과를 초래한다. 즉, 정치적이거나 도덕적인 신념(더 넓게는 아이디어)은 이것들이 집단행동의 출현을 설명해줄 수 있기 때문에 원인으로서의 힘(causal force)을 부여받는다.[10] 다른 말로 '아이디어가 중요한 것'은 아이디어가 물리적 대상과 똑같은 종류의 현실을 가지고 있으며, 이 현실은 물리적인 것과 충돌함으로써 다른 것들의 운동을 발생시키기 때문이다.

이 접근 방법의 옹호자들에게는 "물질적인 요인과 관념적인 요인 간의 인과관계"만이 중요하기 때문에 아이디어와 사회현상 간의 접합을 꼼꼼히 살펴봐야 한다(Risse, Ropp and Sikkink, 1999: 6). 사실 이 정치학자들은 이슈 네트워크들의 형성이 아이디어에 의해 '동기를 얻는다'고 주장하면서, 사회과학에서 구분되어왔던 두 가지 종류의 설명을 은밀하게 섞어놓는다. 한편으로는 아이디어나 가치가 주창 네트워크의 형성에 동기를 부여한다고 주장함으로써 그들은 사회현상에 대한 일종의 자연주의적 설명에 의존하고 있는데, 이 설명에 의하면 어떤 행위를 설명하는 것은 그것을 인과 과정의 결과로 자리매김하는 것과 동일하다. 다른 한편으로, 이러한 아이디어의 원인적인 힘을 그것의 "고귀한 가치 내용(high value content)"(Keck and Sikkink, 1998: 2), 아이디어에 내재한 "설득력(persuasiveness)"(Yee, 1996: 89~92), 또는 다른 말로 그것의 사회적 의미에서 유래한 타당성과 관련된 것으로 강조함으로써, 학자들은 주관적인 추론의 재서술인 반자연주의적 설명의 개념으로 넘어가기도

---

10 "도덕적·이데올로기적 인센티브는 집단행동의 문제를 극복할 수 있다"(Burgerman, 1998: 909).

한다.[11]

사회적 구성주의 접근 방법에 대한 검토에서 앨버트 예(Albert Yee)는 이러한 방법론적 모호성을 완벽하게 설명하고 있다. 그는 다음과 같이 기술한다.

아이디어와 정책의 인과적인 연계에 대한 의미지향적 행태주의 설명(meaning-oriented behavioral explanations)은 …… 상관관계들이 발전했음을 관찰할 수 있게 해주는 메커니즘을 보여주는 인과 스토리(causal story)를 동반해야 한다 (Yee, 1996: 85).

따라서 인권운동가들이나 '규범 기획자들'의 네트워크 출현을 인과적으로 설명해주는 것은 네트워크 멤버들의 사회적인 성향과 계산 또는 더 광범위한 구조적 요인들이 아니라 네트워크들이 뒷받침하는 인권이나 기타 가치들의 본질적 타당성(intrinsic cogency)이 된다. 또한 인권운동에 대해 일반적으로 수용되는 '관점'이나 대중적인 의미가 원인으로서 작동하기 위해 그러한 실천에 관여하는 개인들의 동기와 혼합된다. 아이디어는 그것이 가능하게 하는 특수한 투자와 계산에 대한 어떠한 언급도 없이 그 자체로서 동기가 된다. 그 결과, 이러한 집단적 국제 행위자의 사회적 구성을 설명할 수 있다는 지적 자만은 이론상으로는 그들이 옹호하는 아이디어나 가치에 의해 완벽하게 충족된다.

이처럼 "부활하고 있는 관념론(resurgent idealism)"(Wendt, 1999: 92)이 정치

---

11 여기에서는 사회적 행위의 설명에 관한 퀜틴 스키너(Quentin Skinner)의 자연주의와 반자연주의 테제에 대한 논의와 인과적 설명과 비인과적 설명에 대한 그의 구분에 의존한다. 이들 각각은 의도에 대립되는 것인 동기와 관련되어 있다(Skinner, 1988: 79~96). 이 논쟁에 대한 일반적인 검토는 Bohman(1991) 참조.

학에 미친 직접적인 결과는 무엇인가? 첫째, 무엇보다 이러한 부활하는 관념론(사회적 구성주의)은 암묵적으로 사회적 실천에서 독립된 영원한 진리로서 (sub specie aeternitatis) 자율적인 아이디어의 존재를 가정한다. 실천은 심지어 아이디어의 타당성이라는 원인의 결과로 간주되기도 한다. 따라서 정치학 용어에서 아이디어는 '독립변수'로 간주되어야 한다. 아이디어의 사회적 생산에 대한 탐구의 가능성이 언급될 때조차도 이 가능성은 즉시 회피된다. "우리는 이 아이디어의 근원을 설명하려는 것이 아니다. 우리는 그것의 효과에 초점을 맞춘다"(Goldstein and Keohane, 1993: 7). 집단행동에 대해서든 공공 정책에 대해서든 관념적인 것이 사회적인 것을 생산함으로써 사회적인 것을 설명한다.12

둘째, 사회적 구성주의는 한편에 있는 특정 행위자들을 신념에 헌신하는 네트워크에 합체하는 동기와 다른 한편에 있는 그 신념 자체를 혼합함으로써 어떤 행위의 합리성과 이 행위에 대해 공개적으로 언급된 이유나 그것의 정당화 간의 경계를 흐리게 하는 방법론적 결작을 만들어냈다. 사실 이러한 유형의 접근에서는 집단행동에 대한 과학적 설명(그것의 형성은 명확한 아이디어에 의해 동기를 얻는다)과 (신념에 대한 자신들의 헌신을 강조하는) 행위자들이

---

12 이러한 반사회학적 편향은 이 연구 프로그램의 변화를 고려해보면 더욱 명확해진다. '인식 공동체'에 초점을 맞추었던 피터 하스(Peter Haas)의 저작처럼(Haas, 1992) 인지적인 자원들의 정치적 활용을 다루었던 과거의 저작들은 여전히 특수한 지위들을 점유하고, 이러한 제도적인 환경에서 기술적·과학적·윤리적 담론을 구축하는 전문가처럼 사회적으로 자리매김한 행위를 다루고 있다. 잠재적으로 이것은 '아이디어의 힘'이 이데올로기적 행위자의 힘과 분리되지 않는 흥미로운 전문가의 사회학으로 이어질 수 있었다. 그러나 후속의 이론화는 이것을 무시했고 '아이디어'를 (가장 엄격한 의미에서) '독립변수'로 고립시키는 것을 선택했다. 앨버트 예가 주장한 바와 같이, "인식 공동체 접근 방법은 아이디어 자체가 정책에 영향을 미칠 수 있게 해주는 이러한 성격을 소홀하게 다루었다. 그러는 대신에 정책에 대한 아이디어의 인과적인 영향은 전문가의 정치적 영향을 향해 이동했다".

제시한 자기 서술(self-description) 사이에 완벽한 만남이 있다는 것을 강조해야 할 것이다. 이렇게 해서 전략적 행위자들의 자기 서술은 직접적으로, 그리고 성찰 없이 과학적 언어로 번역된다.

4. 인권과 미국 외교정책의 학문적 모험담

이와 같이 분명한 인식론적 면들은, 국제관계에서 초국가적 운동 네트워크에 대한 새로운 접근이 행위자들을 민주화하고 민주적인 규범의 확산에 관한 이론들이었던 만큼, 민주주의와 인권운동이 이해되는 방식에 중요한 결과를 유발했다. 특히 이러한 측면들은 우리가 검토하는 연구들에서 자주 발견되는 미국 내에서 인권과 민주주의 정책들의 성공을 역사적으로 설명하기 위해 중요하다.

정치학자들은 새로운 운동의 논리들을 (이익과 사회적·정치적 전략들에 어떠한 지위도 허용하지 않는) 초국가적 이슈 네트워크의 실천으로 해석하면서, 민주적인 정부의 구성 요소인 규범의 확산과 실행에 대한 관념론적 담론들을 생산했다. 이 담론은 그러한 이론들[13]이 의존하고 있는 가정들 때문에 비정부 행위자들의 폭주를 국제정치의 도덕화와 동일시하기도 한다. 가치와 아이디어에 의해 추동되는 이 행위자들의 실천은 대부분 기본적인 자유와 권리와 자격의 확대에 기여하는 진보적·해방적 정치의 형식으로 인식된다. 이러한 관점은 대개 이러한 연구(인권은 가장 중요한 지위를 차지하고 있다)에서 만나는 사례 연구들뿐만 아니라 이 이론을 인도하는 기본 가정들에서 유

---

13 행위자들을 민주화하고 민주적인 규범의 확산에 관한 이론들을 말한다. _ 옮긴이

래한다. 주창 네트워크들이 그것의 형성에서 '도의적인 아이디어'의 중심성으로 특징지어지며, 이러한 아이디어들이 '그릇된 것과 정당한 것을 구분하고 부정한 것과 정의로운 것을 구분하기 위한 기준, 즉 도덕의 기준을 상술하는 규범적 아이디어'로 정의되는 한, 이 아이디어들이 규범이 되는 과정은, 즉 주어진 집합체의 실천을 형성하는 과정은 사실상 도덕화의 과정이다.

이런 도덕 레퍼토리는 이 연구에서 반복적으로 나타난다. 예를 들어 폴 와프너(Paul Wapner)는 아이디어에 대한 이 작업이 인권·민주주의 운동가들이 "국제적 도덕성"에 중요한 영향을 미칠 수 있게 해준다고 주장한다(Wapner, 1995: 317). 수전 버거먼은 그들이 "도덕 이슈를 중심으로 동원되고" 이익보다는 아이디어에 의해 동기를 부여받기 때문에 "스스로를 강하게 만들려고 하지 않으며 상호성에 토대를 둔 전략에 순종하지 않고, 협력 행위를 위해 그어떤 물질적인 인센티브도 제공하지 않는 도덕 레짐"의 유지를 보장한다고 강조한다(Burgerman, 1998: 906~907). 심지어 그러한 운동가들의 초국가적 네트워크는 "권력의 균형을 …… 소외된 사람들을 위해" 이동시키는 데 기여하기 때문에, 글로벌 수준에서 새로운 형태의 진보 활동을 대표한다고 주장되기도 하며, 이렇게 해서 초국가적 운동 네트워크는 "헤게모니적 세계화에 대항하기 위한 후보"의 자격을 얻는다(Evans, 2000: 231). 도의적인 행위자로서이 네트워크의 설명은 알아차리지 못하는 사이에 그것의 진보주의를 강조하는 정치적 특징을 묘사하고 있다.

이러한 특징의 묘사에서 거의 '당연하게' 그런 네트워크들이 미국의 외교정책을 도덕화하고 정부나 국제기구에 긍정적인 영향을 미친다는 주장이 전개된다. '사회적 구성주의자들'에 따르면 '아이디어'들이 심지어 정책 주창자들, 이슈 네트워크들, 또는 다른 종류의 운동에 관련된 사람들의 초기 영향력을 뛰어넘어 외교정책에 끈질기게 영향을 미칠 수 있는 능력은 아이디어 자체의 원인으로서의 힘으로 설명된다. 제도에 '담기거나(encased)' '깊이 간직됨 (embedded)'으로써 아이디어의 수명은 확장되고, 마찬가지로 제도적 행위자들의 실천은 이 아이디어들에 의해 구속을 받는다.[14] 초국가적 네트워크에 관한 이론들의 인식론적 토대는 고전적인 사례 연구로 보이는 논리에 직접 의존하고 있다. 이 이론이 제공하는 1980년대 인권 및 친민주주의 정책에 대한 역사적 설명은 과거의 것들을 재활용하는 것처럼 보이기 때문이다. 따라서 이러한 과학적 담론의 정확한 사회적 기능을 이해하기 위해서는 이 이야기들을 이 책 앞부분에 소개된 정책들의 재구성과 비교해보는 것이 흥미로울 것이다.

미국의 경우는 인권의 확대에 대한 책임을 짊어진 관용적인 자유주의 네트워크들과 냉소적이고 현실주의적이며 보수적이고 공격적인 행정부의 대립을 쉽게 이끌어낼 수 있게 해주며, 이 네트워크들의 성공을 설명해줄 수 있기 때문에 사례가 될 수 있다. 미국의 사례는 도의에 대한 책임이 없지만, 그럼에도 이러한 '도의적인 아이디어'의 도구적 활용이나 수사적인 채택에 의해 구속을 받는 행위자들에 대한 '아이디어의 힘'을 완벽하게 보여준다. 카터 행정부에서 인권 정책의 법제화와 수행은 인권 아이디어가 얼마간 제도적인 환경과 외교정책 관리에 흘러 들어간 전환점으로 간주된다. 레이건 행정부는 훗날 그것을 뿌리째 뽑아낼 수 없었으며, 점진적으로 채택할 수밖에 없었다. 도의에 대한 수사의 도구적인 채택이 최소한의 일관성을 보여주는 행위를 포함한다는 주장을 뒷받침하기 위해 리세와 동료들은 이것이 레이건 행

---

14 최근의 이론들은 인식 공동체 개념을 빌려오면서, 결국 독립적인 아이디어의 존재와 제도 안에 '담기거나' '천착함'으로써 또는 앞서 살펴본 바와 같이 타당한 아이디어의 추동으로 결합되는 헌신적인 주창을 매개로 아이디어가 스스로를 실현할 수 있다고 가정한다.

정부의 경우에 해당된다고 주장했다.

　민주주의를 위한 도의적인 입장을 레이건 행정부가 처음으로 채택했을 때 대부분은 그것을 소련, 니카라과, 쿠바 같은 좌파 정권에 대항한 공격적인 외교정책을 위한 견인차라고 해석했다(이것은 도의적인 아이디어를 도구적으로 활용한 것이 될 것이다). 그러나 도의적인 아이디어로서 민주주의가 미국에서 정치 엘리트와 일반 대중 간의 합의를 이룩함에 따라 레이건 행정부는 외교정책에서 최소한의 일관성을 보장해야 할 의무가 있음을 깨달았으며, 결국 공화당원들이 충성스러운 동맹국으로 간주한 칠레와 우루과이 같은 권위주의적 정권에 적극적으로 민주주의를 장려했다(Risse, Ropp and Sikkink, 1999: 10).

　같은 시기에 나온 시킨크의 설명도 매우 유사한 내용을 담고 있다.

　레이건이 1981년 대통령직을 맡았을 때 인권운동가들은 미국의 인권 정책이 사라질 것이라고 예견했다. …… (상원이 카터의 인권 정책의 파괴를 용인하지 않겠다고 발표한 후) 레이건 행정부는 인권 정책의 은밀한 해체라고 요약될 수 있는 것들을 시도했다. 행정부는 실천에서 인권의 의미들을 타파하면서 원칙상으로는 이 정책을 수용하고 뒷받침했다. …… 그러나 집권한 지 1년이 채 되지 않아서 레이건 행정부는 인권 정책을 수정했다. 이러한 변화를 요구하는 메모의 사본이 유출되었는데, 이는 그들이 의회, 미국의 일반 대중, 그리고 서구 동맹국 간에 인권에 대한 폭넓은 지지가 있음을 알게 됨으로써 태도를 바꾸었다는 것을 알려준다. 민주주의를 지원하는 새로운 정책은 일단 채택이 되자 최소한의 내적 일관성(inner consistency)이 필요했다. 니카라과에 대한 성전에 인권과 민주주의의 깃발을 활용했던 레이건 행정부의 관리들은 이따금씩 칠레와 우루과이 같은 몇몇 우익 정권이 저지른 인권 남용을 비판함으로써 미국의 편향에 대한 고발에 맞서 자신들을 보호해야 했다(Sikkink, 1993: 154~155).

저자들은 두 사례에서 미국의 인권 정책의 확립이 자신들의 신념을 가까스로 카터 행정부의 공식 정책으로 전환한 자유주의 정책운동가들에 기인한다고 주장한다. 이 정책은 외교정책 이스태블리시먼트와 기관, 그리고 더 광범위한 정치 시스템 전반에 정착되어 있었기 때문에 행정부의 교체를 견뎌낼 수 있었다. 또 이는 인권에 붙어 있는 개념과 실천이 이것들(개념과 실천)을 수행하는 행위자에 따라 근본적으로 좌우되는 것이 아니라는 점에서 일종의 인권 아이디어의 중립성을 의미하기도 한다. 인권 아이디어는 레이건 행정부에 어느 정도 '뿌리를 내렸고' 행정부가 유지하기를 그다지 원치 않았던 정책으로 전환되어야 했다. 앞에서 언급한 두 인용문에서 주장된 바와 같이 도의적인 아이디어를 순전히 도구적으로만 사용하는 경우는 없기 때문에, 인권의 도덕적인 성격이 이 아이디어에서 정당성을 이끌어내려는 실천들을 지배하게 된다.

이러한 에피소드에 대한 해석을 통해, 국제관계학자들은 국제관계 이론의 장을 이상주의와 현실주의로 구분하는 것과 똑같은 대립을 역사적인 현실에 적용했다. 역사적인 설명은 진정한 역사적 내용에 입각한 조사의 결과라기보다 관념적인 사회변동 개념에 기반을 둔 기존의 추상적인 설명 틀의 산물에 가까웠다. 사실 운동과 외교정책에 대한 이런 관념적 이론들은 이 이론과 관련된 도덕적 담론과 법률적 독트린의 역사적인 성격을 포착하지 못하고 있다. '아이디어'를 구체화하면서 운동과 외교정책에 대한 관념적 이론들은 아이디어가 기본적으로 "경쟁에 사로잡힌 개념"(Connolly, 1983), 즉 상호 경쟁하는 행위자 집단 간의 정치적 투쟁의 대상이 되는 의미임을 모르고 있다.

이것은 (규범적인 일관성, 명확성, 또는 적용 가능한 부수적 규범과 같이) 법률 영역들의 다른 모든 속성을 갖추지 못한 인권의 경우에는 더욱 그러하다. 인권과 민주주의는 국제적 법률 조항이 되기 이전에 실증적이고 다각화된 헌법적 현실로서 출현했다. 따라서 인권과 민주주의는 상호 경쟁하는 해석들과 이해들의 상황에 따르는 대상이 된다. 인권과 민주주의의 의미는 인권과 민주주의에 대한 실천과 담론에서 독립적으로 존재할 수 없다. 그 결과, 레이건 행정부가 인권의 '의미를 파괴했다'고 말하는 것은 이치에 맞지 않는다. 앞서 살펴본 바와 같이 레이건 행정부는 미국 외교정책을 위해 이 권리와 이것의 의미에 대한 이해를 심도 깊고 지속적으로 변화시킨 자신만의 인권 독트린을 적극적으로 생산했다.

특히 인권의 고유한 개념들에서 사회적·경제적 권리를 성공적으로 도려낸 것은 레이건 행정부의 책임으로 돌릴 수 있다. 미국민주주의재단 같은 기관들을 통해 적극적으로 수출할 수 있는 이데올로기로서 인권을 개조한 것도 역시 인권 독트린의 의미를 둘러싼 경쟁의 결과였다. 레이건 행정부는 — 다른 이들이 촉진한 정책을 채택할 수밖에 없었기 때문이 아니라 — 현재의 국제관계의 외형과 논리를 변화시키는 진보적인 운동가 네트워크만큼이나 인권과 민주주의를 촉진하는 데 전투적이었다. 무엇보다 '아이디어의 힘'을 이해하고 그것을 성공적으로 실천에 옮긴 것은 사실 레이건 행정부의 정치 지도자 집단이었다.

또한 국제관계 연구에서 발견될 수 있는 1980년대 인권과 민주주의 정책의 탄생에 대한 설명은 사실적 사례에 대한 오류는 아닐지라도 수많은 역사적 사례에 대한 오류를 범하고 있다. 예를 들어 시킨크는 1973년까지(이 해에 인권과 관련된 법안이 대부분 통과되었다) 인권 정책이 부재했던 이유 중 하나가 냉전 전사(cold warriors)의 심리가 만들어낸 장애들 때문이었다고 주장한다(Sikkink, 1993: 145). 중국 인권에 대한 연구에서 로즈메리 풋도 1960년대까지 인권주의를 발전시키는 데 미국이 주저한 이유를 '냉전 전사'의 탓으로 돌린다(Foot, 2000: 32). 미국민주주의재단과 '민주주의 촉진'을 향한 냉전의 민주주의 성전의 변화에 대한 필자의 분석은 레이건 행정부에서 — 매우 특수한 형태의 — 인권 정책의 채택을 촉진한 사람들은 사실상 적지만 영향력 있는 냉전 전사의 네트워크였음을 보여주었다. 특히 인권운동을 본질적으로 진보적인 현상으로 간주하는 경향에서 비롯된 미국 외교정책의 '사회적 구성주의' 설명의 또 다른 오류는 시킨크가 인권·시민권 운동과 카터의 인권 정책을 연결한 관계에서 발견된다. 그녀는 시민권 운동이 "아이디어 이상의 것에 기여했다"라고 주장한다. "한 운동가 세대는 엄격하게 훈련을 받았으며, 그들의 조직 기술을 국제적인 영역에서 동등한 권리를 촉진하는 것으로 전환했다"라고 주장한다(Sikkink, 1993: 163). 카터의 인권 업무 담당 보좌관 퍼트리샤 데리언(Patricia Derian)과 국제연합의 앤드루 영(Andrew Young)의 보좌관 중 몇몇이 인권운동 출신이었지만, 노조가 냉전의 선두에 있었던 시기에 미국노동총연맹산업별조합회의에 가까웠던 수많은 온건파 시민권 운동가들은 훗날 보수주의자가 되었고 레이건의 인권과 민주주의 정책에 기여했다. 칼 거슈먼, 조슈아 무라브칙, 베이야드 러스틴 같은 운동가들뿐만 아니라 저명한 '민주주의 전문가' 다수가 시민권 운동 출신이었으며, 적극적인 레이건 추종자가 되었다.

이처럼 인식론적 토대에 힘입어 사회적 구성주의는 그것이 다루는 초국가적 이슈 네트워크의 명성을 고양하는 규범적 진보(normative progress)에 대한 이야기를 만들어냈다. 이 이야기는 역사적인 복잡성을 희생시키면서 초국가적 이슈 네트워크들의 상징적인 이익을 위해 작용하고 초국가적 이슈 네트워크들의 전략에 맞추어 조정된다. 인권에 대한 이 같은 해방적 이야기는 그것이 전략적인 기능을 수행하기 때문에 당연한 것으로 간주될 수 없다. 특히 이 네트워크들의 전략은 자신들(즉, 네트워크들)을 개별 국가의 정부나 현실 주의 정치의 옹호자들과 대립시키는 투쟁을 강조한다. 이것은 교육적인 배경, 경력, 사회적 지위나 전문 기술의 측면에서 이 네트워크들이 사실상 그러한 '적수'와 공유하는 것 중 많은 부분을 은폐하는 경향이 있다. 서로를 대립 시킴으로써 발전하는 이 그룹들은 더 깊고 구조적인 공모 관계에 있다.

5. 범세계적인 시민 미덕의 승자들

오늘날 진보적이고 범세계적인 운동을 구현하는 규범 기획자들과 이들의 정체성의 구성에서 정치학의 기능적인 역할을 더 잘 이해하기 위해서는 이 새로운 세계 행위자들의 모호성을 강조하는 것이 중요하다. 이들은 도덕 행위자, 절대 권력에 의해 권리를 침해받는 사람들의 대변자, 피통치자와 피지배자의 대변인으로 보이지만, 국제기관이나 국내 정부 같은 범세계적인 권력 기구에 완전히 통합되기도 한다. 오늘날 국무부에서 세계은행에 이르기까지 탈냉전 세계의 헤게모니 기관들은 전부는 아니지만 대다수가 인권과 민주주의라는 새로운 교의를 준수하고 '풀뿌리(grass-roots)', '상향식(bottom-up)', 비정부적인 정치권력 패러다임으로 이동했다. NGO들과 운동 네트워크들은 이 새로운 지배 교의의 구성에 활발하게 참여하고 있다. 이 행위자들을 설명하기 위해 정치학자들이 빈번하게 사용하는 '이슈 네트워크' 개념보다 이러한 본질적인 모호성을 더 잘 보여주는 것은 없다. 그것의 계보는 현재 인권운동 개념이 어떻게 해서 1970년대의 전문적인 '정책 기획자'의 모델을 따르게 되었는지 보여준다. 다른 말로 민주주의와 인권을 위한 실천 운동과 워싱턴 정책자문가 사이에는 그 어떤 실질적인 구분도 존재하지 않는다. 몇몇 사람이 주장하는 바와 같이 이 네트워크들은 헤게모니를 억제하기는커녕 워싱턴의 정책 기획 모델을 국제화하고 이것을 해방의 투쟁을 위한 보편적인 형식으로 만드는 경향이 있다. 이와 마찬가지로 똑같은 경영 기술과 자원들, 특히 정치학자들이 제공한 전략적 전문성에 가치를 부여하는 시장도 국제화된다.

'이슈 네트워크' 개념은 1978년에 미국기업연구소에서 출판된 『새로운 미국 정치 시스템(The New American Political System)』에 실린 정책자문가 휴 헤클로(Hugh Heclo)의 논문에 의해 워싱턴에서 처음 사용된 것으로 보인다(King, 1978). 이 저작은 미국 정치의 변동을 다루었다. 「이슈 네트워크와 실무의 구축(Issue Networks and the Executive Establishment)」이라는 제목의 논문은 정부의 활동에 소극적으로 참여하는 대중이 1970년대에 행정 관료제도의 성장 없이 어떻게 확대되어갔는지 설명하려는 시도였다. 헤클로가 주장하는 대답은 공공정책에 비공식적이고 느슨하게 조직된 그룹들의 참여를 확대하는 것과 정부 외부의 특수한 정책 전문성의 발전, 또는 헤클로가 "고도의 지식을 갖춘 정책 감시자들로 이루어진 전문화된 구조"라고 부른 것이었다(Heclo, 1978: 99). 특수한 정책 분야에 매우 능숙하고 공식적 지위를 점유하지 않으면서 정책 과정에 참여하는 이 새로운 행위자들의 성공은 "원거리 통제를 받는 정부(government by remote control)" 현상을 빚어낸다(Heclo, 1978: 92).

정보를 보유한 이 참가자 그룹의 구조는 헤클로가 기술한 바와 같이 이익단체, 의회 구성원, 행정부 관료 등을 연결하는 전통적이고 뚜렷한 '철의 삼각(iron triangles)' 구조가 아니다. 이 새로운 '영향력의 망(web of influence)'은 대개 똑같은 이슈에 대해 공유된 관심과 이익을 통해 사회화된 전문가나 책임감 있는 개인들인 수많은 참여자를 포함한다. 또 영향력의 망의 멤버들은

'증가하는 기술의 토대'를 보여주기도 한다. 헤클로가 '이슈 네트워크'라고 부르기로 한 것은 바로 워싱턴의 정치를 변화시키는 형성 과정에 있던 이 망들(webs)이었다. 처음부터 이 개념은 이것과 매우 다른 국제 현상들을 서술하기 위해 똑같은 개념을 활용한 후대의 저작들 — 이 개념을 중요하게 변화시키지도 못했고 풍부하게 만들지도 못한 것으로 보이는 저작 — 에서 발견할 수 있는 모든 특징을 보여주었다. 이슈 네트워크는 특수한 전문성으로 명성이 높은 '이슈에 대한 기술을 가진(issue-skilled)' 개인들로 구성되어 있다. 이슈 네트워크의 기본적인 응집 요인은 참여자들이 공유한 지식 토대이다. 이러한 의미에서 이슈 네트워크는 종종 '인식 공동체(epistemic community)'와 중복된다.15 그러나 이 참가자들은 '단순한 기술적인 전문가' 이상의 인물들이다. 그들은 명확한 규범적 입장을 가지고 있으며, '정책운동가'이기도 하다. 똑같은 주제에 대한 현대적 이론화의 표현으로는 이 네트워크가 인과적 지식뿐만 아니라 도의적 지식에도 기반을 둔다고 말할 수 있을 것이다. 물질적 목표보다 상징적 목표에 대한 강조도 이슈 네트워크에 대한 이 첫 번째 정의에서 분명히 드러난다. 헤클로는 사실 "그 어떤 직접적인 물질적 이익도 대개는 지적이거나 정서적인 책임의식보다 덜 중요하다"라고 기술했다(Heclo, 1978: 102). 현대 국제관계 이론들은 중요한 수정 없이 이 정의를 부활시켰을 뿐이다.

이슈 네트워크 개념의 기본적인 특징은 헤클로의 단편적인 저술에 모두 들어 있다. 사실 그의 글은 운동에 관한 현재의 연구들에 자주 인용된다. 그러나 현재 '이슈 네트워크'로 지칭되는 집단적 행위자들과 1970년대 후반 헤클로가 파악한 행위자들 간의 불일치는 놀랄 만하다. 헤클로의 이론화는 인권과 민주주의를 촉진하는 초국가적 그룹들의 폭주에 관한 것이 아니라 워

---

15 '발전주의'를 이루는 아이디어들에 대한 시킨크의 연구(Sikkink, 1991) 참조.

싱턴 정치 세계에서 발생한 구조적 변동에 관한 것이었으며, 이 변동은 이 네트워크를 출현시킨 이슈들의 본질적이거나 규범적인 내용과 다소 독립되어 있었다. 이러한 변화는 무엇보다 증가된 기술적 지식의 타당성에서 비롯된 정책 엘리트의 구성 변화에 주목한다. 전통적인 정책 결정자들의 서클과 이스태블리시먼트는 특수화된 전문성의 등장에 도전을 받았다. 범위를 잘 설정한 경험적 토대에 기반을 둔 헤클로의 설명은 정책 과정에서 인지적 자원들의 중요성을 특수한 사회 그룹들과 관련시킨다. '이슈 네트워크' 개념은 사실상 "학계, 싱크탱크, 그리고 특수한 인증서를 갖춘 사람들"의 증가하는 중요성을 파악하고 있다(Heclo, 1978: 112).

둘째, 이 새로운 정치 행위자들은 전통적인 엘리트들을 대체하지 못했지만 정치적인 복잡성을 추가하는 층위를 형성했다. 이 과정은 정치적인 반대를 만들어냈을 뿐만 아니라 "네트워크의 외피와 정치 의제가 대립함으로써, 그리고 과거부터 견고하게 구축된 특수한 정책과 프로그램의 정치까지 확산됨으로써" 정책 논쟁의 일반적인 외양을 적대적인 형태로 변화시켰다(Heclo, 1978: 105). 즉, 1950년대의 자유주의 기술관료적 믿음이 사라진 후 이슈 네트워크의 발흥은 정책 과학을 전문기술과 과학적 지식이 운동적인 목표에 활용하는 대립의 논리에 따르게 만들었다.

피터 와그너와 비요른 위트록도 사회과학 지식의 정치적 사용에 대한 분석에서 자유주의적 컨센서스의 합의가 해체된 후 사회과학자들은 "그들의 고향이었던 국가에서 벗어나" 대안적인 사회변동 행위자들을 모색했다고 지적한다(Wagner and Wittrock, 1987: 21~22). 사회운동과 시드니 블루멘털이 "보수주의적 대항 이스태블리시먼트(conservative counter-establishment)"(Blumenthal, 1986)라 부른 것이 새로운 고향이 되었다. 이 세력들은 운동성과 전문성의 혼합을 실현하는 진정한 '아이디어 시장'의 출현에 기여했다. 보수주의 목소리들이 오래전부터 경고한 테크노크라트의 정책 과정 인수는 사실상 공공정책의 구조를 형성하기로 결정한 정책운동가들이 주도한 것이었음이 밝혀졌다(Blumenthal, 1986).

"약한 자들의 목소리를 듣게 만드는"(Foot, 2000: 254) 상징적 자원을 활용하는 것은 초국가적 이슈 네트워크의 수사와 전략에 속하는 것이었다. 그러나 앞에서 주장한 바와 같이, 초국가적 이슈 네트워크의 발전은 1970년대에 워싱턴에서 출현한 주류 정책 전문성 모델의 확장이기도 했다. 이 주제에 대한 연구에서 의식적으로 무시되는 초국가적 이슈 네트워크의 헤게모니적 기능은 권리와 자격 부여를 위한 투쟁에 '아이디어 시장'의 논리를 부여했다. 이와 마찬가지로 초국가적 이슈 네트워크는 성공을 거두기 위해 지배적인 유형의 전문성을 동원하고 법률가, 정치학자, 미디어 전문가, 또는 대중관계 전문가의 중개를 통해 전문화되어야 했던 이 투쟁의 관리에 기여했다. 전통적인 운동의 형태는 이렇게 해서 변화했고, 인지적이고 대인관계적인 기술의 전투적 동원에 토대를 두고 있으며 더욱 엘리트적인 새로운 정치 활동의 '레퍼토리'가 출현했다. 이 주제에 대한 학문적 저술의 양은 그 자체로서 이러한 실천의 코드화가 증가했음을 보여준다. 이러한 관점에서 오늘날 범세계적인 운동은 해방적인 전투의 확대가 주류 집단행동 모델의 확대와 헤게모니적 전문성의 수출에 상응함으로써 더욱 분명해졌다.

권리를 위한 운동가들의 투쟁의 자각에서 헤게모니적 지식과 전문성의 국제화에 관한 마지막 항목은 이 새로운 인권과 민주주의 산업의 생산과 확대에서 증가한 학자들의 역할에 주목하게 만든다. 특히 법률가들과 정치학자들은 이슈 네트워크들을 통해 이 초국가적인 투쟁에 갈수록 더 많이 투자하고 있다. 그들은 이 새로운 행위자들에게 도구를 제공할 뿐만 아니라 이 책에서 주장한 바와 같이 정당성을 제공하기도 한다. 상징적인 측면에서 고도로 보상을 받는 투쟁들과의 연계는 반대로 학자들에게 이러한 외부의 자원을 활용함으로써 지엽적인 영역에서 투쟁할 수 있게 해준다. 즉, 현실주의자 또는 신현실주의자와 구성주의자의 대립, 근대화 이론과 '민주화 이행론자(transitologists)'의 대립, 또는 포괄적으로 경제학자들에 대한 정치학자들의 대립은 보편적인 상징들을 대리로 삼아 치러진다.

정치학자들은 이슈 또는 주창 네트워크, 인식 공동체, 정책에 영향을 행사하기 위한 아이디어의 힘에 대해 연구하면서 갈수록 그들이 관여하는 실천을 이론화해왔다. 인권과 민주주의는 1980년대에 그것을 중심으로 정책연구와 주창 활동의 변화가 일어난 쌍둥이 이슈였다. 가치와 이상을 강조하는 이러한 변화는 갈수록 기술적인 문제 해결과 비교되는 것으로 캠퍼스를 벗어나 지적인 기술을 활용하는 정치적 실천에 가치를 부여할 수 있게 해주었다. 1960~1970년대 운동에서 획득된 실천의 윤리는 점차 외교정책 목표들과 이것들의 초국가적인 실행의 새로운 접합에 따라 작동했다. 이와 동시에 학문연구의 수행과 결합한 행정적 기술과 기업가적 기술(Jacoby, 1987)은 가치 지향적이고 도의적인 전문성이라는 넓은 맥락에서 쉽게 재활용될 수 있는 자질이었다. 기술적·과학적 이슈 네트워크 토대의 구축에서 사회학자들과 정치학자들의 역할은 초국가적 운동에 대한 과학적 담론의 발전과 이 발전과 관련된 정책 변화에 대한 관념적 이론들이 짝을 이루어야 하는 구체적인 역사적·사회적 배경에서 수행되었다. 이러한 관점에서 아이디어의 정치적인 중요성에 대한 이론을 특징짓는 개념과 논리들은 새롭게 출현하는 학문적 실천운동의 추상적인 재정의로 이해될 수도 있을 것이다. 그러나 사회적 실천의 논리를 아이디어의 논리로 대체함으로써 이 이론들은 자신들의 진정한 목표를 잘못 소개할 수도 있다. 모두 동의하는 '아이디어의 힘'은 이렇게 해서 사회적으로 결정된 전문 아이디어 브로커들과 의식 있는 학자들의 권력을 대체하게 된다. 아이디어를 '독립변수'로 간주하는 방법론적 선택은 나아가 아이디어가 특수하고 사회적으로 위치한 행위자들에게서 유래한다는 관찰을 어렵게 만듦으로써 이러한 그릇된 설명에 기여하기도 한다.

'이슈 네트워크' 같은 개념이나 '아이디어가 중요하다'는 것과 같은 방법론적 가정은 과거의 전문적 정책 주창의 이데올로기에서 현대의 정치학을 향한 개념의 이동을 가져온다. 또한 '사회적 구성주의'를 특징짓는 관념론적 인식론은 정책 주창을 위한 시장의 출현을 가져오는 이상주의적 과학의 해석이기도 하다. '아이디어'의 힘은 자신들의 기술 주가를 올리느라 분주한 정책 전문가들에게는 중요한 마케팅 수단이다. 그것은 지적인 여론 형성과 정책 권고의 장에서 신보수주의적 부활 및 공격과 밀접하게 연결된 정치 슬로건이기도 하다. 『생각은 결과를 낳는다(Ideas Have Consequences)』는 '사회적 구성주의자'에 의해 방법론적 가정으로 채택되기 훨씬 이전(1948년)에 리처드 위버(Richard Weaver)가 발표한 미국 보수주의의 고전이 된 책이었다. 신보수주의 운동이 1970년대에 '아이디어 전투의 기반'이자 '시장'의 출현에 크게 기여했던 것은 그것이 자유주의적 실용주의와 이 실용주의의 기술관료적 함의에 대한 강력한 대응을 대표했기 때문이다. 이 운동은 아이디어와 도덕적 가치의 역사적 존재를 강조함으로써(J. A. Smith, 1991: 22~23), 철학적 관념론 전통으로의 회귀를 대표했다. 아이디어가 중요하다는 생각은 정부 기관의 외부에서 정치적 영향력을 모색하고 과학적 또는 유사 과학적 영향력을 정치적 유행으로 전환한 이러한 정치운동과 필연적인 상관관계를 맺고 있다.

앞서 지적한 바와 같이 국제관계 이론가들과 정치학자들이 채택한 네트워크 개념은 그것의 의미나 속성에서 그 어떤 중요한 변화도 유발하지 않았다. 이런 의미에서 과학적 담론에서 이 용어들의 무비판적인 사용은 사실상 '과학 이데올로기'를 보여주는 신호이다. 그러나 그것이 적용되는 세계는 변화했다. 처음에는 워싱턴의 정책연구 중개(brokerage)와 전문화된 주창 네트워크의 성장을 설명한 이 개념은 NGO와 초국가적 운동 네트워크가 구현하는 새로운 정책 전문성과 국제 무대를 위한 모델이 되었다. 그것은 헤게모니적 정책 모델의 세계화와 헤게모니적 어젠다에 반대하는 것으로 보이는 사람들에 의한 이 모델의 수용을 보여준다. 이러한 의미에서 '이슈 네트워크'와 관련된 개념들의 지배적인 활용은 이 책 앞부분에서 제시한 분석들을 다시 확인해준다. 다음 장은 이 도덕의 행위자들이 어떻게 민주주의와 신자유주의 경제학을 중심으로 한 규범적인 '거버넌스' 형태의 정의에서 핵심적인 역할을 수행하게 되었는가를 보여줄 것이다.

제6장

'시장민주주의'의 구성을 위한 재정 지원

세계은행과 '굿 거버넌스'의 범세계적 감독

1. 반전으로 이루어진 역사

아이디어의 힘과 초국가적 이슈 네트워크에 대한 과학과 운동의 담론은 세계은행에 대한 정치학 연구에서 중요한 배출구를 발견했다. 세계은행과 NGO의 관계에 관한 것이건(Hodson, 1997; Fox and Brown, 1998), 개발 아이디어(development ideas)의 역할 또는 발전 정책을 바꾸는 환경 그룹들의 역할(Finnemore, 1997) 또는 개발 프로젝트에서 소수민족이나 여성들의 지위에 관한 것이건(Hodge and Magenheim, 1994), 대부분의 초점은 세계은행의 활동에서 해방의 가치와 '보편적인 것'(인권, 환경보호)의 출현에 맞추어졌다. 이런 개혁적 처방들은 세계은행의 언어에 침투했다. 어떤 의미에서는, 무엇보다 물질적 이익(돈과 이자율)에 관심을 기울이는 조직 안에서 '제도화된' 아이디어의 능력보다 더 '도의적인 아이디어'의 힘을 잘 보여줄 수 있는 것은 없었다.

그러나 이 연구는 세계은행을 점차 과거의 비판자들과 똑같은 규범적인 권리, 권능 강화, 참여의 언어를 공유하는 일종의 도덕 기관으로 만드는 데 기여하기도 했다. 이것은 아이디어와 도의에 대한 관심을 보여주려 했던 세계은행의 전략에 완벽하게 들어맞았다. 예를 들어 1999년 세계은행의 보고서는 이 은행을 '지식은행'으로 소개했는가 하면, NGO들과의 협력이 1980년대 이후 체계적으로 강조되었다.[1] 한때 브레턴우즈 체제 안에서 국제적인 안전망과 기반을 제공하는 기술적인 업무에 머물렀던 세계은행은 오늘날 자신의 금융 수단들을 '참여의 방법'에서 '굿 거버넌스'의 촉진, 부패와의 전쟁, 또는 현지 소수자들의 보호에 이르기까지 정치적인 미덕을 위해 쏟아붓고 있다. 예를 들어 세계은행은 '참여적인 발전'을 촉진함으로써 "사람들, 특히 발전의 혜택을 받지 못한 사람들이 그들과 관련된 결정에 영향을 미칠 수 있는 과정을 촉진했다. 혜택을 받지 못한 사람들은 절대 빈곤층뿐만 아니라 부와 교육을 누리지 못하거나 인종이나 성에 의해 곤란을 겪는 사람들이기도 하다"(World Bank, 1992: 27).

은행이 어떻게 민주적 권리 및 해방과 관련된 초국가적 규범들의 생산자로 변모할 수 있는가? 이러한 변신은 권리와 돈이 서로 하나가 되는 수단이므로 서로 유사한 의사소통과 관리의 수단이라는 점을 수용한다면(Luhmann, 1981) 그다지 놀라운 것도 아니다. 그러나 이런 변화는 전혀 명확하지 않았다. 세계은행은 정치적 사안에 대한 개입을 금지할 뿐만 아니라 정치에 대한 고유한 관점이 있기도 했으므로, 처음에는 사회적 요구에 덜 민감하게 반응했다. 그래서 세계은행은 구조조정 계획을 실행하는 데 더 효율적인 것으로 간

---

1   세계은행을 운동가적이고 진보적이며 고객 친화적인 기구로 전환하는 데 고위급의 노력을 과도하게 포장하기는 곤란하다. 제임스 울펀슨(James Wolfensohn)은 물론 다음과 같이 매우 대담한 선언을 하기도 했다. "우리는 노력하고, 빈곤에 대해 눈물 흘리며, 사람들이 즐거운 시간을 보낼 때 같이 웃고, 고객들을 얼싸안으며, 그들의 한 부분임을 느끼고 있다고 할 수 있습니다. 그곳에서 우리는 특별한 일을 하고 있다고 우리 아이들에게 말할 수 있습니다"(*Financial Times*, March 29, 1996, p.4).

주된 권위주의 국가들을 명백히 선호했다. 칠레에서 '시카고 보이스(Chicago Boys)'로 알려진, 아우구스토 피노체트(Augusto Pinochet)의 신자유주의 경제 전문가들은 세계은행이 건전한 경제·정치 운영으로 간주한 가장 분명한 사례가 될 것이다. 그러나 1990년대 무렵 세계은행은 소외된 그룹의 정책 결정에 대한 참여를 촉진하면서 인권과 민주주의의 옹호자가 되었다. 이 은행은 빈곤 완화를 오로지 점진적인 경제·정치 개혁으로만 해결될 수 있는 문제로 만들었다. 세계은행은 NGO들과 손잡고 업무를 수행했으며, NGO들에 대한 재정 지원을 점차 늘려나갔다.

1980년대 신자유적인 경제구조 개혁의 선두에 있던 세계은행은 사회적 참여의 미덕을 회복했다. 국가의 역할과 특히 경제에 개입하는 국가의 능력은 긍정적으로 재평가되었다. 이렇게 해서 거버넌스와 개발에 관한 1992년 보고서는 "고도로 시장 지향적인 사회에서조차 정부만이 두 종류의 공공재, 즉 시장을 효율적으로 작동하게 만드는 규칙과 시장의 실패가 있는 곳에 대한 올바른 개입을 제공할 수 있다"라고 주장했다(World Bank, 1992: 6). 지난 10년간 이런 시장 메커니즘에 대한 강조의 완화와 규범, 제도, 그리고 기타 무형의 공공재에 대한 초점은 1980년대의 시장 이데올로기에 대해 점점 시끄러워진 비판들로 향해 이동하게 되었다. 1998년 당시 세계은행의 수석 경제학자였던 조지프 스티글리츠(Joseph Stiglitz)는 "워싱턴 컨센서스의 종말"을 선언하고, "신자유주의 모델을 넘어설" 필요성을 주장하기까지 했다(Stiglitz, 1998).

이 장은 이러한 역류를 고찰하고 이것을 장기간에 걸친 개발 독트린의 계보에 다시 위치시킨다. 사실 세계은행의 모든 역사는 이러한 역류의 과정으로 점철되어 있다. 세계은행은 오랫동안 전통적인 의미에서 무엇보다 경제 발전과 관련된 기관이었다. 개발도상국들은 성장과 경제 도약을 달성하기 위해 주로 공공 기반 형태의 부양 정책과 막대한 투자를 필요로 하는 것으로 간주되었다. 세계은행의 활동은 개발과 근대화 이론의 주류 패러다임과 짝을 이루었고, 산업화, 수입 대체, 인프라스트럭처(infrastructure)에 초점을 맞추었다. 생산적인 자산 공급에서 전국에 걸친 인프라스트럭처의 건설에 이르기까지 세계은행의 프로젝트들은 일군의 근대화 관료들, 즉 이 은행의 다양한 부서에 자리 잡은 케인스주의적 발전경제학자들과 기술 엔지니어, 농학자, 계획 입안자들이 계획하고 실행에 옮겼다. 개발에 대한 이 같은 '벽돌과 회반죽(brick-and-mortar)' 식 접근 방법은 인도의 댐과 전력공장 같은 거대 프로젝트들을 통해 상징적으로 조명되었는데, 이 프로젝트들은 세계은행 기관들의 자랑인 동시에 외부 비판의 근원이 되었다. 1946년 조심스럽게 차관을 제공하기 시작한 세계은행은 로버트 맥나마라의 두 번에 걸친 재임 기간에 특히 양여를 통해 활동을 몇 배로 증가시키고 경제발전 연구에 몰두하며, 의견과 권고를 확산시키고, 결국 완전한 원조 기관으로 탈바꿈했다. 맥나마라는 마이클 셰치터(Michael Schechter)와의 인터뷰를 통해 "나는 세계은행을 언제나 은행 이상의 것으로, 즉 개발기구로 생각했다"라고 말했다(Schechter, 1988: 363).

그 후로 세계은행은 구조적이고 이데올로기적인 중요한 변화를 겪었다. 가장 분명하고 많이 논의된 변화는 1980년대에 계속된 신자유주의 어젠다의 채택과 구조조정 프로그램들을 중심으로 접합된 정책 기반 차관을 통한 신자유주의의 적극적인 촉진이었다. 세계은행을 개발기구로 간주한 맥나마라의 생각과의 단절은 매우 명확하게 이루어졌다. 1995년 한 기자회견을 통해 당시 세계은행의 대외업무국장이었던 마크 브라운(Mark Malloch Brown)은 이 점을 명확하게 밝혔다. "우리는 은행이지 개발기관이 아니다"(Kapur, Lewis and Webb, 1997: 374). 워싱턴 컨센서스의 성공은 사실상 세계은행의 우선순위와 정향을 바꾸어놓았다(Williamson, 1993). 워싱턴 컨센서스의 공격적인 친시장적 태도, 경제 자유화를 위한 압박, 그리고 국가 독점의 제거는 이 문제들에 대해 중요한 변화를 가져왔는데, 그 변화는 세계은행이 과거 수십 년간 해온 것들을 현재 수행하지 못하고 있는 점에서 분명하게 드러난다.

이러한 패러다임의 이동은 단순한 레이거노믹스의 수출이나 1982년 외채 위기의 발생 같은 외적인 사건들에서 비롯된 세계은행 전략의 실용적인 수정으로만 간주될 수는 없다. 1981년 카터는 공화당 동조자의 후원과 레이건 행정부의 승인을 얻은 올던 클로센(Alden Clausen)을 세계은행의 새로운 총재로 임명했다. 클로센은 세계은행을 확실하게 레이건 행정부에 밀착시키는 데 기여했다. 그러나 이 새로운 추이는 세계은행 내부의 변화와 이 은행의 다양한 부서와 이데올로기적 단위 간의 새로운 권력 관계의 변화, 그리고 직원들의 기술적 토대가 변화한 결과이기도 했다. 새로운 어젠다는 신고전주의의 정설을 지지하는 전문성과 유사한 교육적 배경을 공유하는 신세대 경제 전문가들의 충원을 가져왔다. 1960~1970년대의 세계은행 간부들이 기술적이고 경영적이며 계획 능력을 바탕으로 했던 반면, 1980년대의 세계은행 간부들은 민간 부문의 책임과 금융적 관심, 정치적 비용에 대한 관심을 중시했다. 과거에는 열세에 놓여 있었던 맥나마라 시대의 '은밀한 보수주의자들'은 마침내 자신들의 생각대로 움직일 수 있는 지위에 도달함으로써 복수를 감행했다. 개발도상국에서 이러한 이동의 극적인 효과에 대해서는 광범위한 자료가 존재하고 잘 알려져 있기도 하다. 1988년 『인간의 얼굴을 한 구조조정(Adjustment with a Human Face)』이라는 국제연합 보고서는 사회복지와 빈곤에 대한 구조조정의 역효과를 지적하고 현재까지 진행되고 있는 논쟁을 개시했다.

1980년대의 경제주의적이고 통화주의적인 워싱턴 컨센서스의 뒤를 이어 정치제도들이 재발견되고 권리들이 주장되었으며, 여기에 대한 사회적 요구가 있었다. 공식적인 담론에 따르면, 빈곤 감축 문제는 클로센 총재의 재임 기간에 조용히 침묵하고 있다가 1986년 바버 코너블(Barber Conable) 총재의 지휘로 처음 등장했다(Kapur, Lewis and Webb, 1997: 357~360). 그 후 성, 환경과 관련된 이슈들이 세계은행의 명확한 관심사가 되었고, 그것은 1987년 환경국의 설립으로 절정에 이르렀다. 1990년대로 넘어가 세계은행은 이러한 변화들을 '굿 거버넌스' 개념으로 포장된 일관되고 판매 가능한 유일한 어젠다로 합리화하려 했다. 언제나 처방을 제시하는 기관이었던 세계은행은 정치적 참여, 투명성, 책무성, 또는 법의 지배 촉진에 관여하는 규범적인 기관이 되었다. 세계은행은 심지어 인권의 교의에 입각해, 공개적이지는 않지만 비공개 문건을 통해서나마 거버넌스 개념의 토대를 마련하기도 했다. 초국가적 규범과 해방적 운동의 영역을 향한 이와 같은 대담한 행보는 이 은행이 거시경제적 펀더멘털(fundamentals)을 다룰 뿐만 아니라 모든 정치적·법률적 질서를 다루기도 했음을 의미하는 것이었다. 경제자유화의 촉진은 성공적으로 민주화를 위한 투쟁으로 전환되었다.

수많은 비판자가 보기에 이러한 해방적 전환은 증가하는 비판과 다양한 조직과 특히 환경단체들에 의한 감시 활동의 증가에 대한 반응을 의미하는 또 다른 위장 활동이었다(George and Sabelli, 1994). 그러나 다른 사람들에게, 특히 많은 서구의 NGO나 세계은행의 개혁을 모색하는 '이슈 네트워크'에게는 이러한 전환이 세계은행에 대한 그들의 긍정적인 영향력을 입증하는 것이었다. 위장이든 아니든 간에 이 새로운 발전 담론은 중요한 의미를 담고 있었다. 그것은 세계은행 내부와 외부에서 '이익집단'에 개입했을 뿐만 아니라 심지어 이 집단들을 만들어내기도 했다. 그리고 이러한 변화 속에서 개발 정책을 작성함으로써 자신들의 목표를 다시 정의하기 위한 기회를 발견한 비정부 운동가들이나 학문적 기획자들을 위한 현지 투쟁이 시작되었다.

여기에서 민주정치 시스템을 위한 투쟁이 신자유주의 경제 교의의 강요와 밀접하게 관련을 맺고 있다고 주장하고자 한다. 세계은행은 이처럼 거버넌스라는 새로운 보편 모델의 주요 운영자 중 하나가 되었다. 이 모델은 개발 정책의 새로운 생산자들과 수출자들을 형성하기도 했다. 과거의 은행가들과 경제 전문가들의 뒤를 이은 주류 개발 동맹은 이제 NGO와 운동 네트워크, 정치학자들을 포함하게 되었다. 과거에는 열세에 놓여 있던 이 행위자들은 지배 동맹에 들어가기 위해 전문가들의 상징적이거나 과학적인 자본을 적극적으로 활용했다. 앞서 비판적인 정치학들이 범세계적 전문성의 시장에 재투자될 수 있는 경제 개혁의 정치경제학을 생산하기 위해 종속이론과 관련된 계급 중심의 국가 분석을 어떻게 활용했는지 검토했다. 세계은행 내부에서 가장 개혁적인 구성 인자들을 강화함으로써, 그리고 제도주의 경제학의 정당성에 기여하면서 이 "워싱턴 정치경제학자들"(Dezalay and Garth, 1998a: 5)은 재빨리 자신들의 독트린을 새로운 정설로서 부과했다. '가격을 공정하게 만들기' 이전에 '정치를 정당하게 만드는 것'을 돕도록 요청된 사회과학자들은 학계에서 온갖 경비를 보상받았다. 또한 발전의 처방을 생산할 수 있는 지위를 공고하게 만들어줄 국제 공공기관들로 자유롭게 오간 경제학 출신의 동료들에게 오랫동안 벼르고 있었던 전문적인 복수를 할 수 있었다. '거버넌스' 개념은 '발전'에 대한 다양한 규범적 해석을 조율할 수 있을 만큼 느슨한 개념이었다.

학식 있는 민주주의 옹호자들의 성공은 세계은행의 공식 파트너가 되고(World Bank, 1996, 1997), 참여와 권능 강화의 테마와 인권과 환경보호의 테마를 만든 NGO들의 성공과 만나게 되었다. 초국가적 이슈 네트워크의 '사회적 구성주의' 이론의 생산은 올바른 신념과 피지배 집단을 대변하는 이 사람들에게 더 많은 정당성을 부여하기도 했다. 이와 비슷한 시기에 전통적인 개발

NGO들은 점차 전문화되었고 장기적 발전에 관한 그들의 관심을 단기적인 영향, 가시성, 선전 캠페인에 대한 초점으로 이동시켰다. 그들의 새로운 전략은 정책 지식, 학문적 주장, 그리고 연구의 중개(brokerage)에 더 많이 의존하게 되었다(Hours, 1998: 88~91). 이처럼 서로를 강화해주는 경향들은 개발기관들에서 "전문성의 경계를 감시하는" 데 기여했다(Cooper and Packard, 1997: 5). 한편으로 발전에 대한 포괄적인 법률, 정치, 참여적 접근법은 세계은행 내부에서 비경제적 지식의 가치를 증가시켰다. 예를 들어 1991년 세계은행의 한 토론 자료는 개발 프로젝트들의 계획과 평가에서 사회과학적 접근에 더 많은 중요성을 부여할 것을 권고했다(Cernea, 1991). 다른 한편으로 규범에 대한 이와 같은 새로운 초점은 박탈당한 집단들의 참여와 기본적인 권리의 옹호에 기반을 둔, 개발에 대한 운동가적 접근과 보조를 맞추어 진행되었다. 그러나 앞으로 살펴볼 것처럼 이러한 '해방적 전환'은 전적으로 경제적 구조조정과 신자유주의적 국가 개혁의 논리를 따르고 있었다.

2. 세계은행의 은행가, 관료, 그리고 경제 전문가

세계은행은 (경제이론을 빌려오고, 처리하며, 적용하는) 학계와 (자신의 주요 후원자의 외교정책과 자신의 활동을 분리할 수 없는) 미국 행정부, 그리고 (금융시장에 갈수록 더 많은 자금을 투자하는) 은행들의 교차점에 위치함으로써 상이한 권력의 지위들의 역동성을 반영하는 복잡한 기관이다. 세계은행의 정체성은 크게는 이와 같이 상이한 제도적 환경 간의 상호 작용으로 형성된다. 이들 각각의 영향력과 이것들이 세계은행에 미치는 구속력, 그리고 세계은행 내부에서 이 영향력과 구속력의 반영은 세계은행의 정책을 결정하는 중요한 요인들이다.

우리가 현재 알고 있는 세계은행은 1960~1970년대가 되어서야 뚜렷한 모습을 발전시킬 수 있었다. 과거에 세계은행의 역할은 그것을 설립한 사람들 사이에 불화를 가져왔다. 한편으로 존 케인스(John Maynard Keynes), 덱스터 화이트(Dexter White)와 이들을 둘러싼 뉴딜 정책의 행정가들은 세계은행이 국제무역의 안정을 위해, 나아가 막대한 전시 생산을 평시 경제로 전환하고 부드러운 이행을 보장하기 위해 요구되는 국민경제에 대한 복지국가의 개입을 가능하게 할 것이라고 생각했다. 다른 한편으로 금융가들은 국가 차관을 제공할 자격이 있는 이러한 국가 관료기구가 당시 유럽 자본의 증발로 지탱되던 국제금융 무대에서 월스트리트의 지위를 약하게 만들 것이라고 우려했다. 그 결과는 취약한 타협으로 이어졌다. 세계은행의 회원국들이 자본의 흐름을 통제하는 반면에, 세계은행은 금융계의 대표들에 의해 좌우되고 관리되어야 했다(이 규칙은 맥나마라와 코너블이라는 단 두 번의 예외를 경험했을 뿐이다). 이러한 타협은 브레턴우즈 체제의 안전망이 강조한 전후 자유무역체제 구축의 배후에 놓인 추론이 무엇보다 안보와 안정에 대한 관심을 반영하고 있었다는 점에서 취약할 수밖에 없었다. 윌슨의 자유적 국제주의와 미국의 국익은 '경제 안보' 개념으로 수렴되었다(Pollard, 1985). 냉전은 곧 무역과 차관의 정치적 활용을 결정했으며, 금융적 건전성과 은행을 통한 프로젝트들의 관리에 대한 관심보다 외교정책을 중시했다. 행정가와 은행가 사이의 초창기 타협은 이렇게 해서 전자에게 유리한 쪽으로 붕괴되었으며, 세계은행을 국가기관의 장에 위치시켰다. 드잘레이와 가스가 관찰한 바와 같이, "이러한 정치적 맥락은 (세계은행의) 자율화 전략에 유리하지 않았으며"(Dezalay and Garth, 1998a: 15) 세계은행을 워싱턴에 종속된 기관으로 머무르게 했다.

그러나 이 은행은 1950년대에 자신의 자율성을 증가시키기 시작했다. 세계은행은 여전히 국가의 감독하에 있는 관료기구로 머물렀지만 금융시장에서 자율성을 구축해야만 했다. 세계은행은 채권을 발행하여 기금을 증가시키려고 노력했으므로, 국제 공공 부문 기관으로서의 특징에도 불구하고 "미국 투자가들의 신뢰와 함께 금융적인 신용도 얻어야 했다"(Kapur, Lewis and Webb, 1997: 77). 이 은행의 역대 총재들의 직업적 배경은 그들을 이러한 목적을 위한 수단으로 활용할 수 있을 것이라고 판단한 월스트리트와 관계를 유지할 수 있게 해주었다. 세계은행은 독자적으로 재정을 충당할 수 있는 능력과 계속된 성장, 중요한 이윤, 그리고 줄어든 예산상의 부담 때문에 활동을 다각화하고 인력을 충원하며 자신만의 정체성을 발전시켰다. 세계은행은 이때까지 전직 은행가들과 정부 관료들이 운영해왔는데, 이들은 기술자들과 경제 전문가들이 가장 낮은 서열을 점유하고 월스트리트나 외교정책 이스태블리시먼트를 대표하는 저명인사들에게 복종하는 "배타적이고 능력 중심적이며 신중하고 시민적이며 지적인 클럽"(Kapur, Lewis and Webb, 1997: 1174)을 이루고 있었다.

조지 우즈(George Woods)가 경제 전문가로 채용한 어빙 프리드먼(Irving Friedman)은 매우 소수의 세계은행 직원만이 경제 전문가로 간주될 수 있었으며 세계은행의 경제 전문가는 경력의 종말을 의미하는 것이었음을 발견하고 놀라움을 금치 못했다. 그 후 세계은행의 팽창은 자신의 전문성의 기준들을 수정하고 이 은행 내부에서 경제 전문가들의 상승을 반영하는 뚜렷한 집단의식(esprit de corps)을 형성하는 데 기여했다. 활용 가능한 기금의 증가는 유진 블랙(Eugene Black) 총재가 1956년 포드 재단과 록펠러 재단의 지원을 받아 경제발전연구소(Economic Development Institute)를 설립할 수 있게 해주었다. 경제발전연구소는 "당시까지 1970~1980년대에 매우 흔해질 개발 연구 기관들과 연구 부서들, 그리고 학계의 접합"(Kapur, Lewis and Webb, 1997: 1172)

을 달성하지는 못했지만, 세계은행에서 경제 연구가 수행되는 최초의 토대를 제공했다.

경제 전문가들은 조지 우즈가 총재로 재임한 기간에 두각을 나타내기 시작했는데, 당시 세계은행은 잉여 자금을 투자하기 위해 '은행으로서의 성격'을 강화할 필요성을 느끼고 있었다. 세계은행에서 '경제학의 시대'로 불리는 것은 사실 이 은행이 체이스 내셔널 뱅크(Chase National Bank)나 퍼스트 보스턴 코퍼레이션(First Boston Corporation) 같은 금융적으로 보수적인 후원자를 안심시키면서 활동 범위를 넓히고 새로운 형태의 차관(예를 들어 교육을 위한 차관)을 고려해야 했을 때 시작되었다.[2] 이러한 보장은 건전한 경제 분석의 언어로 표현되어야 했고, 경제 전문가들은 계획되는 새 프로젝트들의 '경제적 이윤율'을 계산함으로써 세계은행의 금융적 팽창을 준비하기 위해 고용되었다. 이 활동은 과거의 국가별 '자원의 수요(resource need)'와 대조를 이루는 것이었는데, 이 용어는 은행가들을 쉽게 이해시키지 못했었다. 이렇게 해서 거시경제학은 개발에 대한 전문적인 접근의 중요한 특징이 되었고 지역 사무국들과 독립된 활동을 수행하기 위해 새로 설립된 중앙 경제국(Economic Department)에서 두드러졌다.

조지 우즈는 1966년에 수많은 경제 전문가를 충원하면서 청년 전문가 프로그램(Young Professionals Program)을 전개했는데, 이 프로그램은 대부분 경제학 교육을 받은 전 세계의 수많은 청년학자 그룹을 이 은행으로 이끌었다 (Schechter, 1988: 355; Kapur, Lewis and Webb, 1997: 1176). 세계은행의 규모와 활

---

2 조지 우즈는 퍼스트 보스턴 코퍼레이션의 총재였으며, 유진 블랙은 체이스 내셔널 뱅크의 부총재였다. 이 두 금융기관은 세계은행의 채권이 '트리플 A(triple A)'로 안전하게 유지되는 데 가장 큰 기여를 했다.

동을 확대하려고 했던 맥나마라는 이런 업무를 계속해나갔다. 그는 1968년 757명이었던 전문 인력을 1981년에는 2,552명으로 증가시켰다(Kapur, Lewis and Webb, 1997: 1181). 경제 전문가들의 지배는 세계은행 내부에서 연구 기능의 발전으로 더욱 두드러졌다. 20년에 걸쳐 팽창하는 동안 경제학 전공은 공통의 전문성 기준을 중심으로 국제적인 인력을 동질화하는 강력한 통합의 요소로 작용했다. 경제 전문가들은 결국 세계은행에서 안식처를 발견했다.[3]

경제 전문가들의 성공은 정책 결정에서 학문적 지식의 역할이 바뀐 것을 반영하기도 했다. 케네디 행정부에서 정책자문 전문가들의 승리는 '인식 공동체'와 연방행정 간의 얽힘의 결과였다. 케네디의 아이비리그 출신 '실천적 지식인들'은 행정부의 모든 층위에서 각각 존재했고, 뚜렷한 대중적 가시성을 누렸다. 경제 전문가들은 1960년대 개혁적 행정부가 케인스적 정책을 채택함으로써 분명히 이득을 보았다. 사실 정책 과정에 대한 케인스 사상의 헤게모니적 확산은 "공공정책 논쟁에서 큰 비중을 차지하는 주류 전문성(거시경제학 훈련)과 분석의 종류(총괄경제 분석)를 결정했다"(J. A. Smith, 1991: 109).[4]

케인스주의는 국내적인 개혁 프로그램과 국제적인 개혁 프로그램 간의 수렴을 보장해주기도 했다. 케인스 경제학은 국가 개입과 계획을 포함하는 발전 전략을 정의했기 때문에 미국 행정부의 국가경제 전문가들과 세계은행의

---

3 세계은행의 관료인 조지 볼드윈(George Baldwin)은 세계은행 내부에서 경제 전문가들이 차지하는 비중을 강조하기 위해 무게로 환산해 보여주었는데, 1982년 세계은행에 있는 경제 전문가들의 총 몸무게가 50~60톤에 달한다고 말했다. 그러면서 그는 "이 경제 전문가들의 영향의 잠재적 가치를 평가할 경우, 그들의 '사회적 비중'은 …… 그들의 명목적 비중을 크게 상회한다. 아마도 그것은 100톤 이상이 될 수도 있다"(Baldwin, 1986: 67)라고 덧붙였다.
4 월터 샐런트(Walter Salant)도 "1960년대 경제 사상과 경제적인 실무는 미국에서 정부에 의한 케인스 독트린의 수용과 민간 부문의 관심에서 정점을 발견할 수 있다"라고 관찰했다(Salant, 1989: 49).

발전경제 전문가들의 자생적인 이데올로기에 꼭 들어맞았다. 케인스 사상의 힘은 하버드 대학을 비롯해 대부분의 정책 엘리트를 생산하는 학문 기관들에서 이 사상의 지배적인 지위를 반영하기도 했다(Hall, 1989). 개발경제학은 직접적으로 케인스주의라는 비옥한 토양에서 성장했다. 케인스주의가 고결한 경제(virtuous economies)와 자원이 불충분하게 활용되는 경제를 뚜렷하게 구분했기 때문에, 발전경제학은 '관념적 세분화(ideational ramification)'를 경험했다(Hirshman, 1989: 358). 세계은행에서 맥나마라의 시대(1968~1981년)는 개발경제학의 성장을 가장 분명하게 보여준다. 이 장에서 세계은행에서 수행된 연구들의 양과 이 연구들을 확산할 수 있었던 능력은 곧 세계은행을 "발전 규범과 의미의 심판자"로 만들었다(Finnemore, 1997: 219).

3. 외채 위기와 워싱턴 컨센서스

어떤 요인들이 1960~1970년대의 '케인스적' 합의를 1980년대의 '워싱턴 컨센서스'로 이끌었는가? 발전경제학의 급속한 쇠퇴와 미국과 영국에서 수행된 통화주의와 탈규제 정책들을 국제화하는 신자유주의 어젠다의 채택은 진정한 '반혁명'(Toye, 1987)으로 간주될 만한 발전 담론과 실무에서의 주요 변화를 결정했다. 그것은 오일쇼크와 대출기관들에 영향을 미친 외채 위기의 경제 환경에서 발생했다(Bromley, 1995). 미국에서는 국제경제에 대한 이 사건들의 영향이 국내의 스태그플레이션과 결합했으며, 그 결과 경제성장과 발전에 대한 케인시언 패러다임을 파괴하게 되었다. 당시까지 정치적 위계 서열과 학문적 위계 서열에서 열세의 지위를 점유하던 신고전주의 경제학자들은 케인스주의에 대항한 정치적 공격에 가담하고 새로운 전문 규범으로 자신들의 방법론을 주장할 기회를 포착했다(Ascher, 1996). 사회보장 서비스와 인프라스트럭처의 관리에서 국가의 탈개입과 시장의 힘에 더 크게 의존하는 신자유주의적 경제정책 개념이 주류 정책 기준으로서 부과되었다. 이 새로운 합의는 세계은행과 국제통화기금 같은 국제 금융기관의 채널을 통해 국제화되었다. 이 기관들은 이 새로운 정치 스탠더드와 경제 스탠더드를 범세계적으로 작동시킬 힘이 있었기 때문에, 이 기관들이 산출하고 수출한 정치 노선과 정책 전문성에 대한 통제는 신자유주의 정책 옹호자와 다른 발전 정책 행위자 간에 치열한 갈등이 벌어지는 영역이 되었다.

'워싱턴 컨센서스'라는 말은 '담론 동맹'이라는 아이디어를 연상시킨다. 즉, 성공할 경우 정책 이슈들과 사회에 대한 표상, 그리고 사회과학적 담론의 재구성을 초래할 수 있는 학자와 정책 결정자 간의 상호 작용과 동맹 체제를 연상시킨다(Wagner and Wittrock, 1987: 44). 워싱턴 컨센서스는 대개 시카고학파에 속한 신세대 경제학자들과 개발원조에 대해 경제적·이데올로기적 공격을 가한 신보수주의적 공화당 행정부, 그리고 과거에 개발 '시장'에서 활동하기 시작한 주요 상업은행들과 관련을 맺고 있었다.

1970년대에 맥나마라의 세계은행은 상대적으로 자율성을 열망하는 고립된 기관으로 머물러 있었다. 포드 자동차 사장과 국방보좌관 출신의 맥나마라는 세계은행에 민간 경영 스타일을 도입했고, 근대화의 정치적·전략적 함의를 잘 이해하고 있었다. 그는 세계은행을 범세계적인 활동 기관으로 변화시킬 수 있었고 이 은행의 활동을 놀라울 만큼 확대했다. 1968년부터 1981년까지 차관 규모는 10억 달러에서 130억 달러로 증가했고, 인력도 4배로 늘어났으며, 운영 예산은 3.5배 증가했다. 같은 기간에 맥나마라와 그의 재정 보좌관인 유진 로트버그(Eugene Rotberg)는 세계은행의 활동을 확대하기 위해 금융시장에서 1,000억 달러를 조성했다. 이러한 팽창은 월스트리트에 대한 세계은행의 의존을 완화해주었고, 맥나마라와 로트버그는 가까스로 유럽과 일본 금융시장에도 접근할 수 있었다.

그러나 세계은행은 신보수주의자들의 백악관 장악으로 위기의 순간에 자신의 감독기관과 어색한 관계에 놓였다. 레이건의 승리, 1981년 맥나마라의 퇴임, 그리고 1982년 외채 위기 발생은 세계은행 내부의 재조직과 임무의 재정의에 유리한 상황을 빚어냈다. 1970년대에 상업 차관을 통한 오일달러의 환류로 심화된 제3세계 부채의 심각성에 대한 인식은 새 행정부가 세계은행의 팽창적인 정책에 대해 의문을 제기하게 만들었다. 세계은행은 점차 시장을 대신하면서 막대한 돈을 지출하는 관료기구로 간주되었다. 이 같은 불만은 세계은행이 유럽과 일본 금융시장에서 채권을 발행하여 세계은행에 대한 영향력 일부를 상실한 월스트리트 금융계에 의해 더욱 확대되었다. 1980년대가 시작되면서 세계은행과 미국 행정부 사이의 불화는 새로운 재무차관보인 베릴 스프린켈(Beryl Sprinkel)이 세계은행이 '사회주의적' 경향이 있는지 없는지를 결정하기 위한 조사 임무를 담당했을 만큼 심각했다(Kapur, Lewis and Webb, 1997: 338).

행정부 외곽에서는 전통적으로 대외 원조에 반대한 우익의 주변 인사들이 세계은행에 대해 이와 매우 유사한 주장을 활용했다. 세계은행 내부에서 '문화혁명'이 일어난 지 6년이 지난 1987년 후반이 되자 ≪뉴욕타임스≫와 ≪월스트리트 저널(The Wall Street Journal)≫을 통해 정기적으로 대외 원조를 비판한 카토 연구소의 분석가 제임스 보바드(James Bovard)는 세계은행이 "오로지 양적인 생산 목표를 달성하는 데만 골몰하는 소련의 공장처럼 운영된다"라고 주장했다(Bovard, 1987). 심지어 그 자신이 신자유주의를 열렬히 찬양했고 레이건에 의해 세계은행 총재로 임명된 클로센과 행정부의 관계조차 클로센의 재임 기간 내내 극도로 경색되었던 것으로 밝혀졌다.

세계은행 정책에 지지의 토대를 제공한, 장기간에 걸친 개혁적인 행정부의 정치적 순환이 끝나면서 세계은행의 개발 프로젝트를 뒷받침한 동맹도 분쇄되었다. 또한 이 은행의 경영 근대화의 이데올로기도 같은 운명을 맞이할 수밖에 없었다. 클로센은 1980년대 초반 지위가 약화되었던 세계은행을 급속하게 정상화했다. 정부의 우선순위와 세계은행 임무의 제휴는 1980년대 내내 이 은행의 활동의 특징이 된 '구조조정 프로그램(structural adjustment programs)'을 만들어냄으로써 보장되었다. 이 새로운 유형의 차관은 프로젝트 차관(project loan)에서 거시경제 정책 프로그램으로 향한 이동을 의미하는 것이었다. 또한 과거의 빈곤 축소에 대한 초점과의 결별을 의미하는 것이기도 했다. 이러한 공급 중시 정책 처방은 대개 예산 균형 및 적자의 축소, 공공지출의 삭감, 무역장벽의 해소, 국가 소유 기업들의 민영화, 그리고 수출 지향 정책 등을 포함했다.

그러나 구조조정 차관(structural adjustment loan)의 채택과 잇따른 성공은 레이건 행정부의 '시장의 마술'이라는 수사에 대한 단순한 립서비스가 아니었다. 또 그것은 개발원조에서 무엇이 더 바람직하게 작용하는가에 대한 학문적 토론의 결과도 아니었다. 이 문제에 대한 세계은행의 책임은 이 정책에서 이해관계를 보유하고 옛 신념의 폐허 위에서 새로운 정책 담론을 구축하는 데 기여한 상이한 행위자들의 동맹의 형성과 관련이 있었다. 이 동맹은 미국 행정부와 함께 미국의 상업은행들과 신자유주의 경제학자들이라는 세계은행과 관련된 또 다른 그룹들을 포함했다.

세계은행의 경영 스타일에 흔적을 남겼음에도, 세계은행에 대한 금융계의 영향력은 1960~1970년대에 우즈와 맥나마라가 세계은행이 자금을 조달한 시장을 북아메리카에서 유럽과 아시아까지 확대함에 따라 쇠퇴했다. 또한 우즈와 맥나마라는 채권 보유자의 공동체를 월스트리트를 훨씬 뛰어넘어 확대함으로써 금융기관들의 영향력을 감소시켰다. 그러나 제1차 오일쇼크 이후에 상업은행들은 개발 차관에서 점차 중요한 역할을 수행했다. 미국 상업은행들은 예치된 막대한 오일달러로, 전통적으로 민간 부문에 투자하기 곤란했던 자금을 흡수할 입장에 있는 잠재적 고객으로서 개발도상국을 주목하기 시작했다. 이러한 전망은 제3세계가 사실상 투자가 필요했으며, 시티은행(Citibank) 총재였던 월터 리스턴(Walter Wriston)이 주장한 유명한 말과 같이, 국가는 절대 파산할 수 없다는 생각 때문에 더욱더 명확해졌다. 미국이나 유럽의 역외은행(offshore bank, 이른바 '유로마켓')에 예치된 오일달러의 활용 가능성은 매우 매력적인 이자율을 가져왔다. 예를 들어 1976~1977년 유럽의 차관(Euroloans)은 심지어 국제부흥개발은행(International Bank for Reconstruction and Development: IBRD) 차관보다 더 낮은 이자율을 제공했다. 게다가 세계은행 차관이 특별하거나 예외적인 프로그램과 관련된 것이었던 반면에, 상업 차관은 어떠한 종류의 조건도 제시하지 않았기 때문에 구속이 훨씬 적었다. 채권자들에게 문제가 되는 것은 원금 상환보다 장기간에 걸쳐 이자를 제공할 능력이었다. 개발도상국들에게는 돈을 빌리는 동기가 재정적인 것일 뿐만 아니라 정치적인 것이기도 했다. 상업 차관들은 국가 발전의 선택 기회들에 대한 주권을 재확인하고 국제 원조 체제의 규율을 피할 수 있는 기회였다(Wood, 1986).

이러한 요인들의 결합은 차관의 광풍으로 이어졌으며, 개발 차관을 은행가들을 위한 시장으로 전환하는 데 기여했다. 미래에 대한 세계은행의 확고한 낙관주의와 치솟는 외채 문제에 대한 경시는 실제로 경고로 이어지지 못했다. 1982년 멕시코가 파산하기 수개월 전에 멕시코에 대한 세계은행의 보고서에서는 심각한 외채 규모를 지적했음에도, 이 나라가 차관을 증가해도 될 만큼 전망이 밝다고 주장했다. 시티은행, 체이스 맨해튼(Chase Manhattan),

매뉴팩처러스 하노버 트러스트(Manufacturers Hanover Trust)는 제3세계 국가에 막대한 차관 제공을 감행한 가장 야심적인 은행기관이었고, 그중 몇몇은 포트폴리오를 개발하기 위해 세계은행의 노하우에 의지했는데, 원래 세계은행의 분석가들이 개발한 국가 위기 분석 기법들을 사용하는 것이었다. 예를 들어 1974년 시티은행은 이 새로운 활동 영역을 개발할 목적으로 세계은행에서 어빙 프리드먼을 영입했다. 이러한 개발 시장의 붐은 외채가 혁신된 신용 방식으로 계속 제공됨에 따라 스스로 유지될 수 있었다. 이 체제가 장기간 지속됨에 따라 차관의 규모도 늘어났으며, 거대 은행들은 세계은행의 뒷받침을 통해 이 수지맞는 사업에 작은 은행들과 결합해 참여하고 있었다. 이러한 상황에서 금융 공동체와 레이건 행정부가 1980년대 초반에 부르짖은 세계은행에 대한 비판의 배후에 놓인 것이 더 잘 이해될 수 있을 것이다. 다자적인 세계은행은 미국의 상업은행들에게는 자신들의 이익을 위해 완벽하게 통제할 수 있는 시장에 대한 정부 간 기구의 성격을 가진 경쟁자라기보다 일종의 관료주의적 기구로 간주되었다.

이와 같은 차관 메커니즘은 멕시코가 외채 상환에 대한 불이행을 선언한 1982년 8월에 붕괴했다. 이 사건은 은행 부문에 매우 중요한 결과들을 가져왔다. 시티은행은 법인의 순자산보다 두 배나 많은 돈을 라틴아메리카에 투자함으로써 고통을 받았는데, 멕시코 하나만으로도 33억 달러의 빚을 짊어졌다(총자산의 2/3에 해당하는 규모)(Caufield, 1996: 132). 다른 은행들도 유사한 상황에 처해 있었으며 아르헨티나와 브라질이 멕시코의 외채 상환 불이행 선언 후 얼마 안 되어 유사한 선언을 하겠다고 위협함으로써 파산 가능성이 현실적인 것이 되었다. 미국의 주요 은행들이 심각한 위기로 내몰리자 미국 정부가 개입했는데, 상업은행들이 장부상의 차관들을 회수하지 못하게 하기 위해 이 은행들이 차관을 계속 제공하도록 독려하는 동시에 소득 저하를 막기 위해 신속하게 몇몇 금융관계 법률과 규제를 완화했다.

다른 한편으로 이 은행들의 계약 발효는 국제통화기금과 세계은행에 의해 보장되었다. 국제통화기금과 세계은행은 외채의 이자 지불을 위해 사용된 새로운 상업 차관에 구속되어 과도한 부채를 짊어진 나라들에 차관을 제공했다. 세계은행은 차관과 신뢰가 위험에 처했을 뿐만 아니라 고객들의 외채 제공을 유지하도록 차관을 증가해야 하는 외적 압박에 지속적으로 놓이게 되었다. 사실 "국제통화기금과 미국 상업은행들에 대한 압박을 완화하도록"(Mosley, Harrigan and Toye, 1991: 302~303) 요구하는 미국 정부의 호소와 외채가 지속될 수 있게 하기 위해 자금을 회수하기보다 오히려 추가적으로 제공해야 했던 내부의 필요성(Mosley, Harrigan and Toye, 1991: 46) ─ 결국 언제나 차관을 제공해야 한다는 신념 ─ 때문에 세계은행은 전략을 채택했다.

이러한 압박이 세계은행 내부에서 반향을 불러일으킨 것은 이 은행의 총재였던 클로센이 특히 이 문제에 민감했기 때문이기도 했다. 1981년 총재로 임명되기 전에, 클로센은 샌프란시스코에 있는 뱅크 오브 아메리카(Bank of America)에서 30년을 보냈다. 이 은행은 미국에서 제일 큰 은행이었고, 클로센은 1970년에 이 은행의 CEO가 되었다. 뱅크 오브 아메리카는 클로센의 지휘로 1970년대에 막대한 해외 차관 증권을 발행했다(Krase, 1996: 214). 이렇게 해서 그는 동료 은행가들의 곤경을 매우 잘 이해했고, 그들을 도울 준비가 되어 있었다. 다른 한편으로 확고한 공화당원인 클로센의 입장이 은행 부문의 편에 선 정부의 관심에 민감하게 반응하도록 만들었다. 이렇게 해서 외채 위기는 세계은행의 역할의 재정의로 이어졌으며, 구조조정 프로그램들의 가장 뚜렷한 특징을 설명해준다. 전통적으로 국제통화기금이 활용한 이러한 유형의 차관 제공 방식의 채택은 개발원조에서 금융 위기의 예방으로의 이동을 분명하게 보여준다. 클로센은 세계은행의 어젠다에서 빈곤 완화를 제외했고, 개발도상국이 민간 채권자들에 대한 지불을 이행할 수 있게 하는 새로운 형태의 차관 제공을 우선시했다.

구조조정에 대한 첫 번째 방안은 전통적인 프로젝트 차관보다 훨씬 더 기본 자금에 집중할 수 있는 활동 방식을 고안해내는 것이었다.[5] 캐서린 코필드(Catherine Caufield)가 인터뷰한 세계은행 간부는 다음과 같이 강조했다. "프로젝트 차관은 수백만 달러가 끊임없이 들어가는 상품이다(million-dollar pipeline). 이제 그것은 충분하지 않다. 우리는 현재 수십억 달러가 계속 투입되는 상품이 필요하다"(Caufield, 1996: 140). '프로그램 차관'은 이러한 기회를 제공하고 세계은행이 단기 및 중기 민간 부채를 자신이 관리하는 장기 부채로 전환할 수 있게 해줄 것이었다. 구체적으로 그것은 단순히 세계은행이 상업은행들에게 외채의 이자를 지불하면서 신용을 증가시켰다는 것을 의미했다. 미국의 주요 은행들에게 몇 번의 파산을 초래할 수도 있었던 위기를 예방하면서(Woods, 1986: 286~287), 세계은행은 과도한 외채를 짊어진 나라들에 대해 지속적인 신용 제공의 조건들을 보장하려고 노력함으로써 더 이상 개발기구가 아니라 금융 투자가들의 위탁자로 활동했다. 구조조정 프로그램들의 핵심 요소들은 급속하게 변화하는 국제 환경에 대처하는 단순한 기술적 혁신과 거리가 멀었고, 세계은행과 국제통화기금에 의한 상업은행들의 이익

---

5   구조조정 차관은 사실 맥나마라가 고안했다. 이런 유형의 첫 번째 차관은 1979~1980년에 터키로 확대되었다. 그러나 이것은 일종의 '예외적인' 차관으로 간주되었다. 세계은행은 대개 구조조정을 위한 차관의 비율을 10% 이내로 제한했다. 외채 위기와 구조조정이 '일반화'된 후에 세계은행에서 프로그램 차관(program lending)은 세계은행 활동의 25~30%를 반영했다. 시하타(Ibrahim F. I. Shihata)에 따르면, 1989년에는 구조조정 차관이 세계은행 차관의 29%를 차지했다(Shihata, 1991). 그러나 이러한 양상은 똑같은 나라에 대한 몇 가지 프로젝트 차관(project loan)의 자의적인 활용을 포함하지 않았는데, 이는 '구조조정'의 범주로 전락하지 않으면서 더 많은 자금을 전달하는 것을 의미했다.

을 뒷받침하는 것이었다. 따라서 공공 지출 삭감과 공공 부문 축소를 겨냥한 처방들은 외채에 대한 이자를 상환하도록 잉여를 사용하는 것을 의미했던 반면에, 대규모 민영화 프로그램들은 수많은 은행이 거래 가능한 정부의 자산들에 대한 소유권과 외채를 교환할 수 있게 해주었다.

4. 개발경제학에서 신고전경제학으로

세계은행, 상업은행, 그리고 레이건 행정부 간의 접근은 구조조정 어젠다 배후에서 강력한 이익 연합의 출현을 자극했다. 그러나 구조조정 어젠다가 포함하는 정책들은 개발 프로젝트의 틀 안에서 정당화되어야 했다. 구조조정은 시티은행만을 이롭게 하는 근거로는 정당화될 수 없었다. 다른 한편으로 구조조정의 핵심 교의들은 폴 로젠스타인-로단(Paul Rosenstein-Rodan)의 저서에서 홀리스 체너리(Hollis Chenery)의 저서에 이르기까지 세계은행의 경제적 사고의 형성과 관리된 근대화에서 역할을 수행했던 발전경제학의 주요 이론들과 맞지 않았다(Adler, 1972). 세계은행에서 구현되고 실현된 경제학은 이러한 정당화를 제공해주지 못했다. 이렇게 해서 외채 위기 상황은 세계은행 내부에 있던 기존 경제 지식의 지위에 직접 영향을 주었으며, 상이하고 서로 경쟁하는 정책 관련 경제학의 정의를 둘러싼 갈등을 불러일으켰다.

이러한 도전들은 발전 담론의 형성에서 경제학의 역할을 약화시키지는 않았다. 그러나 그것은 세계은행의 과학 고객들(scientific clienteles)[6]의 구성 변화와 발전에 대해 새롭게 권위를 보유한 지식으로서 신고전경제학의 성공을

6　경제학자들을 말한다. _옮긴이

알리는 것이었다. 레이건 행정부의 신뢰를 다시 얻고 세계은행을 새로운 우선순위에 따르게 하기 위해 클로센은 체너리를 경질하고 앤 크루거(Anne Krueger)를 부총재급인 경제연구부서장으로 임명했는데, 그녀는 개발 정책 스태프(Development Policy Staff)를 경질했다. 신보수주의자들과 가까운 신고전 경제학과 지대 추구(rent-seeking) 이론의 학문적 지지자인 크루거는 시카고 경제학의 추종자들을 중심으로 자신의 팀을 꾸리는 작업을 담당했다. 그녀의 부서에서 37명의 실무 간부 중 오직 8명만이 옛 지위를 고수할 수 있었다. 이러한 고위층의 변화는 경제학의 변화와 특히 시카고학파와 관련된 방법론적 스탠더드의 일반화를 반영했다. 경제학자들을 다수 고용하는 인력 풀이자 학문 연구의 막강한 소비자이기도 한 세계은행은 이러한 변화들을 경험했다 (de Vries, 1996: 240; Stern and Ferreira, 1997: 547). 반대로 국제금융기관에 자신들의 노선을 관철시키는 것은 신자유주의 경제학자들과 그들의 적수들이 펼치는 투쟁에서 중요한 이해관계였다. 세계은행과 국제통화기금은 사실 새로운 경제 독트린과 이것의 정책 처방을 국제화하고 강요하는 전달자로 활용될 수 있었다. 사실 경제 독트린의 국제적 확산은 경제 독트린을 포함한 헤게모니적 정치 계획과 분리될 수 없으며, 개발원조는 언제나 그러한 계획의 중요한 부분이 되어왔다(Hirschman, 1989: 348, 352, 358).

새로운 경제 정설의 성공을 이해하기 위해서는 사회적 구성을 이해하는 것이 중요하다. 종교에서 중요하게 간주되는 것처럼 사회과학에서도 '정설 (orthodoxy)'은 언제나 참된 지식과 그릇된 지식 사이에 그어진 전선(battle line)을 정의하려는 시도와 만난다. 따라서 '정통' 또는 '이단' 같은 낙인은 인정과 구분을 위한 사회적 투쟁을 지원한다(Delaunay, 1996: 143). 따라서 경제학에서 '정설'의 사회적 구성을 분석할 때 중요한 문제는 그것이 어떤 방법으로 경쟁하는 패러다임들보다 우월한 지식을 대표하는가를 설명하는 것이 아니라 이러한 인식이 어떻게 성공적으로 강요되고 제도적인 이익으로 전환되는지, 어떤 학문 분야에서 전문적 기준과 방법론적 규범을 마련하는 권력은 무엇인지 설명하는 것이다. 이것은 전적으로 "어떤 사회 그룹이 이론의 생산 방식과 구분되는 범주(학파의 문하생)로서 그 이론을 지지하는 사람들의 사회적 재생산에 대한 통제를 보장하는 능력"에 달려 있다(Gerbier, 1996: 198).

이론의 통제와 관련해 경제학 전공 내부에서 주류 세력인 시카고학파의 성공은 경제학의 수학화에 대한 막대한 투자와 직접 관련이 있었다. 오랫동안 학문적으로 열세였고 정치에서도 거의 배제된 상태였던 신고전파 경제학자들은 그들의 선배들이 정치·행정·경제계획에 관여했던 반면에, '순수경제학'과 '순수이론'으로 전환함으로써 주류 케인시언들과 구분하려고 했다. 대조적으로 수학적 공식화의 막대한 활용은 다루어지는 문제들의 성격에 상관없이 그들이 채택한 과학적인 방법의 표준을 보장하는 것으로 간주되었다. 이렇게 해서 순수경제학은 보편적으로 적용될 수 있었다. 예를 들어 게리 베커(Gary Becker)는 이러한 점에서 자신의 작업에 영향을 미친 밀턴 프리드먼(Milton Friedman)에 대해 다음과 같이 언급했다. 베커는 1955년 시카고 대학에서 박사 학위를 받은 후 이 대학에서 강의했다.

그는 경제학에 대한 나의 관심을 다시 불러일으켰고, 경제학으로 사회문제들을 공격할 수 있다는 것을 알려주었다. 나는 적절한 문제들을 다루기 위해 경제학에서 벗어날 필요가 없었다(Becker, 1990: 29, 고딕체는 저자의 강조).

이러한 방법론적 구분은 사회적인 구분 짓기와 관련이 있었다. 처음에 시카고 경제학자들의 수학화는 주로 빈민이거나 이주민인 사회적 배경을 가지고 있고 하버드 대학을 비롯한 명문 대학의 저명한 경제학자들과 비교해 열등한 사회적·학문적 지위를 점유한 경제학자들의 '사회적 자본'의 부족을 만회하는 전략과 관련이 있었다(Dezalay and Garth, 1998a: 4~8). 따라서 대개 신고전경제학과 케인스 경제학의 대립은 열세에 놓인 엘리트와 우위를 점한 엘리트의 경쟁과 일치하는 부분이 있었다. 개발경제학은 이론으로나 옹호자들의 활동의 장으로나 이러한 변화들의 영향을 명백히 받았다. 개발경제학의 옹호자들은 빈번히 전문가로서의 자신들의 능력 때문에 다양한 국제기관에 관여해왔다. 이론으로서 개발경제학은 케인스 경제학의 몰락으로 고통을 겪었다. 허시먼은 다음과 같이 지적했다.

> 케인시언 독트린은 완전고용 경제를 관리하는 경제적 메커니즘과 고용, 자본, 그리고 다른 자원들이 불충분하게 활용되는 경제에 적용되는 메커니즘을 뚜렷하게 구분했다. 이런 학문적 입장은 다른 특수한 경제학을, 여기에서는 '저개발 지역'에 적용되는 경제학을 훌륭하게 구성할 수 있게 해주었다(Hirschman, 1989: 358~359).

개발경제학은 주류 경제이론 또는 고결한 경제이론에 대한 이 같은 인식론적 예외성 때문에 신고전파 방법론의 규범화를 위한 소중한 후보가 되었다(Treillet, 1996: 157). 신고전경제학은 자유시장과 통화주의 정책을 한 축으로 하고, 국가 주도 산업화의 옹호자들 또는 적하이론(滴下, trickle down)에 입각한 투자 전략을 다른 축으로 하는 이데올로기적 대립으로 전환하기에 앞서, 경제학 전체를 위한 방법론적 기준을 마련하고 "개발경제학자들에게 정당하고 유일한 전문적 접근"이 됨으로써 개발경제학에 대한 정통한(orthodox) 특징을 주장했다(Ascher, 1996: 314). 그 결과는 개발이론이 신고전주의에 의해 식민화되거나 학계와 정책 연구 기관에서 개발이론이 전적으로 제거된 것이었다. 이에 대해 폴 크루그먼(Paul Krugman)은 다음과 같이 관찰했다.

유명한 개발이론가들은 경제 분석 담론에서 유일한 언어가 되어가던 매우 전
문화된 모델들로 그들의 아이디어를 표현하는 데 많은 애를 먹었다(Krugman,
1994: 40).

경제사가인 윌리엄 애셔(William Ascher)는 세계은행 연구 공동체의 경우
이미 1970년대에 특히 전통적이고 구조적인 문제들의 처리를 변화시키고 있
던 프로젝트 평가에서 계량적 방법론과 한계효용 방법의 채택이 증가했으며,
그로써 '완화된' 형태의 신고전경제학이 도입되었음을 보여주었다. 세계은행
의 경제활동에서 이러한 경향은 수학적인 정확성에 대한 필요의 증가와 정
확한 숫자에 대한 맥나마라의 전설적인 취향으로 고무되기도 했다.[7] 어찌되
었건 1980년대 강력한 이데올로기적 뉘앙스를 가진 주요 격변이 일어나기
전에, 신고전경제학은 "방법론적 혁신이라는 위장을 통해"(Ascher, 1996: 324)
세계은행에 한창 침투하고 있었다. 게다가 학계에서 시카고학파의 헤게모니
적 제도화는 새로운 정설을 교육받은 졸업생들을 영입한 세계은행의 확대와
동시에 일어남으로써 동질화의 전 과정을 촉진했다.

악셀 레이온후푸드(Axel Leijonhufvud)는 1970년대 초반에 경제학자들의 전
문성에 대한 흥미로운 연구를 통해 경제학 내부의 주요 분할선과 신고전경
제학의 성공을 반영하는 전문화의 위계 서열을 발견했다. 또한 곧 일어날 개

---

7   이 점은 맥나마라의 전기를 쓴 모든 이가 강조하는 것이다. 예를 들어 Kraske(1996: 173) 참
     조. 배리 골드워터(Barry Goldwater) 상원의원은 맥나마라에게 "발이 달린 IBM 기계"라는
     별명을 붙여주었다(Caufield, 1996: 96에서 재인용).

발경제학의 치욕에 대해서도 파악하고 있었던 것으로 보인다.

가령 성직자 계급(수리경제학)은 거시경제와 미시경제보다 더 상위의 '영역(field)'
인 반면, 개발경제학은 확실히 낮은 지위에 있는 것 같다. …… 개발경제학의
낮은 지위는 최근 성직자 계급이 정치학, 사회학, 기타 학문들과 연합하는 것에
반대하는 금기가 강화되지 못했다는 사실에서 비롯된다(Leijonhufvud, 1973).

이러한 파벌은 1980년대에 세계은행에 영입되었고, 크루거에 의해 힘을
얻었다. 예를 들면, 인사 부서는 세계은행에서 일하는 경제학자들을 서로 다
른 학파에 따라 나누고 '충성스러운 사람들(loyalists)'에게 이익을 주는 감시
시스템의 작동에 대해 불평했다(Kapur, Lewis and Webb, 1997: 1194). 세계은행
에 이미 만연한 신고전경제학의 방법론적 우월성은 이렇게 해서 그것의 제
도화와 짝을 이루었다. 세계은행은 매우 선별적인 충원 정책과 한시적인 경
제 연구 계약에 의존함으로써 이 새로운 학문 분과가 실행될 수 있게 해주었
다. 신참자들은 개발경제학자들을 "적절한 기술적 경제 기법이 부족할" 뿐만
아니라 "과거의 '국가주의적' 방식과 결합한" 사람들로 간주했다(Kapur, Lewis
and Webb, 1997: 1193). 개발에 관한 전통적인 이론과 실무가 완전히 정당성을
상실하고 패배함에 따라 세계은행이 저개발을 포함해 경제문제들을 위한 보
편적인 만병통치약으로서 통화주의적인 거시경제 정책과 미시경제 가격을
강조하는 1980년대 초반의 신자유주의 어젠다를 수용하는 것을 막을 것은
아무것도 없었다. 점차 정책 조건들은 구조조정 차관과 결합했으며, 예를 들
어 사회 서비스에 대한 지출의 억제와 공공 자산의 민영화나 공공 부문 규모
의 축소 등을 포함했다. 세계은행 경제학자들은 거시경제 정책의 변화를 뒷
받침하기 위한 차관을 옹호하면서 과학적인 경제이론의 형태를 통해 금융

공동체와 정부의 정책 선호를 지지하기도 했다.

이렇게 해서 "당대의 지혜(wisdom of the day)는 미국 정부와 국제금융기관들을 의미하는 워싱턴의 경제적 구속을 받았다"(Williamson, 1993: 1329). 워싱턴 컨센서스는 개발기구들에 대해 상이한 이익 주창자들(stakeholders)의 금융적·정치적·전문적 이익이 수렴한 결과였다. 세계은행은 워싱턴 컨센서스를 형성하고 국제화하는 데 중요한 역할을 수행함으로써 개발이 모든 상업은행가의 사업이 되었던 1970년대에 상실한 권력을 탈환하고 심지어 강화하기까지 했다. 세계은행은 외채 위기와 민간 차관의 감소로 국제통화기금과 함께 최종 심급의 차관 제공자가 되었다. 채무국과의 '정책 대화'에 점차 개입한 공공 또는 민간 채권자들의 컨소시엄을 주도하면서 세계은행은 차관 정책에서 '조건(conditionality)'이라는 개념을 발전시켰다. 차관의 혜택은 수령국이 실행해야 하는 특수한 정책 처방과 연계되었다. 이 처방들은 워싱턴 컨센서스의 주요 지지자들을 따랐으며, 공공 부문 축소, 민영화, 예산 삭감, 세원(稅源, tax base) 확대, 금융자유화 등과 같은 항목들을 포함했다. 워싱턴 컨센서스의 수출은 세계은행 직원과 채무국의 경제관료 간의 강한 유대 관계로 더욱 촉진되었는데, 그중 다수는 세계은행을 통해 이런저런 지위로 옮겨 다녔으며 자신들의 국내에서의 경력을 촉진하기 위해 국제적인 신임을 활용했다. 워싱턴 컨센서스의 국제적 전파의 성공은 그것을 "전 세계에 걸친 지적 트렌드의 결과"(Williamson, 1993: 1329)인 것처럼 보이게 했다.

5. 정책 정당화 방식의 변화

정책과 연구 간 상호 작용 방식의 변화도 고려되어야 한다. 계획과 사회

공학을 지향하던 초창기의 개발원조는 제2차 세계대전이 발발하던 당시에 출현한 사회과학과 정책 결정 간의 연계와 같은 선에 있었다. 전쟁 기간에 사회과학자들은 정부 기관과 계획 활동에 깊숙이 개입했다. 반대로 이러한 개입은 사회적 업무의 관리에 대한 장기간에 걸친 학문적 투자 모델을 확립 했는데, 그것은 전통적인 정책 결정 과정을 변화시켰고 정치적인 수용과 복지국가 시스템의 확대에 탄력을 받은 사회과학의 전례 없는 성장으로 이어졌다.

이런 상황은 정부가 적절한 자료와 지적인 자문을 제공받는다면 성공적으로 사회문제에 개입할 수 있다는 믿음을 강화했다(Fischer, 1990: 93). 사회적 문제들은 정책 결정이 합리화되고 건전한 기술적 전문성에 토대를 두고 있다면 사회과학자들이 적절한 해결책을 마련할 수 있을 것으로 생각되었다. 1950~1960년대에는 발전과 복지에 대한 사회과학적 기여에 대해 큰 기대를 담은 사회과학 연구들이 양산되었다. 정책학 이론(Lerner and Lasswell, 1951)과 정책 과정의 과학적 합리화에 대한 이 이론의 전망, 근대화 이론과 이 이론에서 파생된 다양한 이론, '이데올로기 종말'의 가정과 가치중립적이고 객관적인 사회과학의 도움을 받는 사회개량주의와 합리적 정책 과정을 통해 계급 갈등을 극복할 수 있다는 가정, 민주적이고 안정적이며 객관적인 진리의 기준과 과학적인 정책에 의해 인도되는 '지식 사회'(Lane, 1966)라는 생각 등, 이 모든 기술관료적 유토피아는 "사회과학적 전문성 위에 구축된 비이데올로기적 컨센서스를 위한 기회"(Wagner and Wollmann, 1986: 28)를 증가시켜줄 것이라 약속했다.

개발경제학은 이런 상황과 밀접한 관련이 있었다. 세계은행에서는 1960년 대가 개발기술관료제의 성공을 경험한 시기였다. 이 경향은 1970년대 중반 세계은행의 가장 큰 부서가 된 농업부 같은 매우 기술적인 부서들의 성장을 통해 나타났다. 세계은행의 자료 수집 능력의 향상과 통계도구, 국가 간 교차비교(cross-country comparisons), 경제 서베이, 수요와 수익률에 대한 복잡한 평가의 활용 증가는 개발에 대해 지식 집약적 연구가 이루어지게 했고, 당시의 정책 처방을 위한 과학적 토대를 마련했다(Adler, 1972: 33~34). 증가하는 자원들과 결합한 이와 같은 기술적 합리성에 대한 신뢰는 개발에 관한 맥나마라의 낙관주의적 시각에서 절정을 이루었다.

우리는 치솟는 실업이 '나쁜 것'이라고 말하고 그것에 대해 무엇인가 해야 한다고 말하는 것으로 만족하지 않는다. 실업의 규모와 원인과 영향을 다루기 위해 정부와 국제기구와 민간 부문이 활용할 수 있는 정책과 선택의 범위를 알고자 한다.

우리는 '녹색혁명'이 이와 견줄 만한 조직상의 혁명과 영세농민의 교육이 필요하다고 느끼는 데 만족하지 않는다. 그것보다 협력의 계획과 분권화된 신용 시스템, 작은 규모의 기술, 그리고 가격과 시장의 보장을 위한 방법으로서 어떠한 경험적 증거나 작동 모델을 활용할 수 있는지 알고자 한다.

우리는 주요 도시에 일어나는 과도하게 빠른 도시화를 개탄하는 것에 머무를 수 없다. 그보다 국내의 이주, 시가지의 형성, 분권화된 도시화와 지역의 균형에 대해 정확하고 조심스러운 연구를 원한다(9월 21일 코펜하겐 이사회에서의 연설; Mason and Ascher, 1973: 476~477에서 재인용).

그러나 1970년대에 이러한 낙관주의는 점차 회의주의로 대체되었으며, 결국 자유적인 개혁과 근대화에 관한 기술관료적 방법론의 환상이 깨졌다. 정책 작성의 '객관성'의 기준을 결정할 수 없다는 생각은 아니더라도 사회현상의 복잡성을 향해 강조점이 이동했다.

특수한 사실들의 배열은 이론의 다양성과 관련이 있을 것이며, …… 분석자들이 그릇된 이론들을 거부할 수 있게 해주는 자료를 획득하는 것이 불가능하거나 과도한 비용이 들어갈 수 있다(Aaron, 1978: 105).

이러한 인식론적 불확실성의 상황은 객관적 지식의 공유라는 생각과 나아가 정책 선택의 과학적 정당화를 심각하게 동요시켰다. 새로운 인식론적 비관주의는 기술관료주의에 대한 비판의 출현 및 새로운 형태의 정책 옹호와 연계되었다. 또 새롭게 설립된 싱크탱크, 재단, 정책 연구 센터의 입장에서 자유주의 이스태블리시먼트에 대해 정치 공세를 전개한 신자유주의 경제 전문가들과 신보수주의 정치인들의 전략과도 완벽하게 들어맞았다(J. A. Smith, 1991; Blumenthal, 1986). 1978년에 한 학자는 이러한 전환을 "몇 년간이나 존재하지도 않는 가치중립의 천국을 모색한 후 처방을 향해 의식적으로 전환한 것"으로 설명했다(Sharpe, 1978: 68).

신자유주의 경제정책과 신고전경제학에 의한 이 정책의 정당화가 상호 접합된 것은 이런 맥락에서였다. 그것들은 국가 정책들을 더 효과적으로 만드는 전략을 목표로 한 것이 아니라, 반대로 이 정책들의 제거를 목표로 했다. 자유주의 이스태블리시먼트에 대한 반응은 경제에 대한 정부의 개입을 강화하기 위해 사회과학을 활용한 것에 대항한 반응이기도 했다. 게다가 신자유주의의 반국가 이데올로기와 신고전경제학의 가정들의 형식상의 단순성은 국가 정책들을 싱크탱크와 정치 재단이 제공한 전문성의 모델에 완벽하게 따르게 하는 결과를 가져왔다. 1960년대 기술관료적 유형의 전문성이 지나간 후 헤리티지 재단(Heritage Foundation)이나 미국기업연구소 같은 이스태블리시먼트에 대항하는 싱크탱크들이 생산한 정책 전문성은 적대적인 형태를 갖추고 메시지 자체의 설득력에 많은 관심을 보이는 특징이 있었다. 특히 다양한 미디어(서적·신문 또는 방송 인터뷰)에 맞추어 각색된 정책 자문의 생산은 구속력이 있고 경쟁적인 규칙을 따르게 되었다.

여러 가지 면에서 '아이디어 시장'은 상업적인 재정 충당과 미디어의 비호, 그리고 대중적이고 정치적인 관심을 위한 경쟁으로 추동되는 현실의 시장이었다. 경제학의 장에서 이러한 트렌드는 이른바 '브루킹스 경제학자'의 성공으로 설명될 수 있다. 이 유명한 싱크탱크에만 관련된 것은 아니지만 이 전문적인 정책 옹호자들은 대개 "한 시간 이내에 매우 정확한 영어로 이슈들을 설명할 수 있고, 또 적극적으로 이러한 활동에 나서는 숙련된 박사들이었다"(Weinstein, 1992: 74). 학문적 연구를 정치인, 여론 형성자, 또는 미디어를 위해 활용 가능하고, 읽을 수 있으며, 이해 가능한 제안으로 바꿀 수 있었던 이 '인스턴트 전문가'의 성공은 능숙한 마케팅 기술과 메시지를 단순화할 수 있었던 그들의 능력으로 가능했다. 시장 이데올로기는 이데올로기 생산시장과 분리될 수 없었다.

개발 연구 분야에서 사회과학적 개혁과 근대화에 대한 이 같은 문제 제기는 '개발경제학'을 제거하고 '국가적'이고 '관료적'인 개발 정책과 단절하려 한 신자유주의의 부활로 나타났다. 1980년대에 세계은행 내부의 신고전주의자들은 근저에 깔린, 그러나 가끔씩은 명확한 정치적 목적들, 특히 효율적인 공공 재화의 공급자로서 시장의 옹호, 법률과 질서의 작동으로만 제한되는 최소국가의 이상, 그리고 실현 가능성이 가장 높은 국가 경제이론으로서 공공선택과 지대 추구의 가정 등을 강화하기 위해 방법론적 우월성을 주장했다. 개발 연구의 실행은 이러한 가정들이나 책임에 전적으로 종속되었으며, 이런 변화는 1980년대 후반과 1990년대 초반에 더욱 분명해졌다. 따라서 세계은행 연구에 대한 브레턴우즈 위원회의 보고서에서 워펜한스(Wapenhans)는 세계은행의 연구 어젠다가 "정책 방향을 향한 정치적 이동을 구현할 필요에 따라 지휘되고 있다"라는 결론을 내렸다(World Bank, 1992).

1987년 독립된 부총재직급이었던 경제학연구부(Economics Research)의 해체는 세계은행을 외부의 연구와 경제학의 장에서 방법론적 표준화로 크게 바뀐 학문적 환경에 더욱 의존하게 만들었다. 주류 경제학 패러다임에 주류 개발 연구가 따라감으로써 수많은 외부 정책 연구 기관이 개발 정책 분석에 관여하게 되었다. 브루킹스 연구소에서는 이것이 전통적 활동이었지만, 헤리티지 재단처럼 새롭게 설립되고 더 보수적인 조직들은 1980년대에 개발 문제에 대한 출판을 시작했고 '워싱턴 컨센서스'의 이데올로기적 구성에 기여했다.

6. 정치체제의 구조조정으로서 '굿 거버넌스'

그러나 미국 행정부와 금융 부문, 신자유주의 경제학자, 그리고 영향력 있는 정책연구 산업이 뒷받침한 이런 헤게모니적 정치 계획은 워싱턴 컨센서스의 형성에 기여했고 국제적 확산을 보장했으며, 워싱턴 컨센서스의 처방을 실행에 옮긴 세계은행에 의해 즉시 불신을 받았다. 워싱턴 컨센서스의 협소한 거시경제 및 금융적인 관심으로부터 규범과 법의 지배, 권리, 그리고 '굿 거버넌스'의 인정을 향해 변화한 것은 사회적·정치적 문제에 더 많은 관심을 가진 세계은행의 새로운 길을 보여주는 것으로 간주되고는 했다. 1980년대의 국가에 대한 이데올로기적 공격이 지난 후 세계은행은 경제적인 결과들과 개발의 결과들의 설명에 정치제도의 중요성을 재발견한 균형 잡힌 접근을 도입한 것처럼 보인다. 브레턴우즈 위원회가 1994년에 조직한 회의의 보고서는 여전히 "세계은행 그룹은 국가에서 시장으로의 이동에 더욱 박차를 가할 수 있으며 …… 그렇게 할 것"(Bretton Woods Commission, 1994: 44)이라고 주장한 반면에, 『변화하는 세계 속의 국가(The State in a Changing World)』라는 제목을 단 1997년 세계은행 개발 보고서는 새로운 접근을 중시하고 "시장과 정부는 상호 보완적"(World Bank, 1997: 4)이라는 가정에 의존했다.

'굿 거버넌스' 어젠다로 마련된 새로운 개발운동은 도덕적이면서도 법률적인 요소들을 담고 있었다. 그것은 공공 부문의 순수성과 정치인들의 책무성을 위한 부패와의 전쟁을 포함했고, '실패한 국가'와 저개발의 문제들에 대한 치료약으로서 '법의 지배'라는 미덕을 강하게 신뢰했다. 또한 정책 결정 과정뿐만 아니라 정치체제의 문제도 새로운 개발 어젠다의 범위에 포함되었다(Hyden, 1992: 6~8, 16ff). 생기 있는 '시민사회', '투명한' 제도와 참여가 통치자들과 정치인들, 그리고 행정가들을 책임 있게 만들기 위해 요구되었다. 그 결과, 세계은행은 자신의 임무 때문에 바람직한 것으로 간주되는 기술적·비정치적 방법을 통해 이 정책들을 수립하는 데 매우 소극적이었지만(Goetz and O'Brien, 1995; Shihata, 1991), 이러한 발전운동은 자유주의 체제의 출현을 촉진한 친민주주의 정책과 쉽게 동일시되었다. 1989년 초에 세계은행은 개발에 "다원적인 제도적 구조, 법의 지배를 준수하기로 한 결정, 그리고 언론의 자유와 인권의 강력한 옹호"가 필요하다고 주장했다(World Bank, 1989: 61).

이러한 변화는 경제적으로 편협하고 정치적으로 위험한 구조조정에 대한 관심과의 단절로 간주되었다. 또한 구조조정 프로그램이 반민주주의적 칼날을 가지고 있음을 명시해야 했다. 1980년대에 몇몇 세계은행 경제학자와 특히 디팩 랄(Deepak Lal)은 구조조정 조치들을 실행하는 데 효율적인 것으로 간주되는 '준권위적'(Lal, 1987) 체제에 대한 선호를 감추지 않았는데, 왜냐하면 이 정부들은 사회적 압력을 거의 받지 않기 때문이었다. 반면에 몇몇 주요 법안 작성자가 세계인권선언에서 '굿 거버넌스' 개념을 이끌어냈다. 이러한 변화는 확실히 1980년대 말에 강경한 비판으로 퇴색된 이미지를 증진하기 위해 세계은행이 전개한 광범위한 대중선전 활동 정책에 완전히 배치되는 것은 아니었다. 세계은행은 이러한 변화를 반복적으로 강조했듯이 자신의 실수에서, 그리고 파트너들에게서 지속적으로 '배워나가는' 자연스러운 조직의 변화로 설명했다. 자신의 실수를 기꺼이 인정하는 겸손한 조직의 이미지는 자아비판을 담은 새로운 문헌의 출판에서 강조되었다.[8]

이 같은 세계은행의 '진보적'이고 해방적이며 민주적인 전환은 NGO들의 새로운 역할의 발전과 직접 관련이 있었다. 코필드에 따르면, 인권 옹호자들과 민주주의의 승리자들은 신념을 회복하기 위해 그들에게 지원을 제공하려한 세계은행의 전망에 이끌렸다(Caufield, 1996: 196). 사실 세계은행의 진보적이고 해방적이며 민주적인 전환을 자신들의 힘의 발현인 것처럼 활용하고 이와 같은 개발 정책의 긍정적인 변화에 미친 자신들의 역할을 주장하는 것보다 NGO들을 위한 더 나은 마케팅을 생각할 수 없을 것이다. 이러한 관점에서 볼 때는 '굿 거버넌스'에 대한 세계은행의 강조가 NGO들의 성공적인 동원의 결과인 것처럼 간단히 소개될 수 있을 것이다. 이 새로운 어젠다는 사실은 NGO들에게서 많은 이익을 이끌어냈는데, 그중 몇몇은 거버넌스와 관련된 정책 처방의 생산에 적극적으로 참여했다(Clayton, 1994).

거버넌스 개념이 옹호하는 수많은 주제는 이러한 비정부 행위자들의 관심을 명확하게 반영했으며, NGO들의 전문 영역으로 간주될 수 있다. 정치제도, 법률 환경, 민중의 참여, 권리, 시민사회의 역할에 맞추어진 강조를 넘어서, 이 개념은 때때로 호소력 있는 해방의 언어를 전달하기도 했다. 구조조정

8　울펀슨은 이러한 자아비판을 세계은행이 "듣고 배우고 참여하도록 준비된" 기관이라는 증거로 아주 잘 바꿔놓았다(Wolfensohn, 1998).

프로그램들에 딸린 정책 조건의 부여는 훨씬 더 상징적인 '녹색 조건', '민중의 조건', '거버넌스 조건' 등으로 대체되어왔다(Dias, 1994). 여러 사례에서 세계은행이 "아프리카 대륙에서 결정적 성공을 만들어내기 위한 구조조정 프로그램들이 실패한" 후에 전략을 수정했다는 것이 발견된다(Lancaster, 1993: 9; Ravenhill, 1993: 22~23). 이러한 시각은 세계은행의 몇몇 간부나 자문가에 의해 공유되는 것으로 보이는데, 그들은 "구조조정 차관에 나타난 부정적 경험"을 언급한다(Frischtak, 1994: 1). 또 세계은행이 최소국가의 촉진과 거리를 두었다는 주장이 있기도 하다(Picciotto, 1995: 1). 1997년 세계은행 개발 보고서는 최소국가의 편협한 주장을 비판하고 개발을 위해 시장 지향적 전략을 적용하는 데 "국가들은 이따금 이 목표를 과도하게 달성하는 경향이 있다"(World Bank, 1997: 24)라고 주장함으로써 이 시각을 뒷받침하는 것으로 보인다. 이것은 10년 전에 제3세계 국가가 구조조정을 충분하게 실행하지 않았다고 비판한 세계은행을 생각해보면 매우 놀라운 주장이었다.

이와 동시에 영향력 있는 개발경제학자들은 시장 개혁의 책임과 국가의 긍정적인 역할을 조합했는데, 이것은 과거의 최소국가론과 대조를 이루는 것이었다. 예를 들어 대표적인 개발경제학자인 폴 스트리튼(Paul Streeten)은 다음과 같이 강한 국가를 옹호했다.

개인들을 보장하는 것으로 한정된 어젠다를 가진 강한 국가가 아니라 확대된 어젠다를 가진 강한 국가는…… 실패를 최소한으로 줄이면서 자신의 목적을 추구할 수 있다(Streeten, 1993: 1281).

결국 이런 시각은 세계은행의 수석 경제학자 스티글리츠가 국제부흥개발은행에 있는 동료와 공동으로 쓴 글에서 뒷받침되었다(Stern and Stiglitz, 1997).

세계은행 활동평가국장 로버트 피시오토(Robert Picciotto)는 거버넌스 어젠다가 "실패한 좌파의 개입주의 독트린과 우파의 '최소국가론' 사이에서 동등한 거리를 두고 있다"(Picciotto, 1995: 1)라고 주장하면서 정치적인 정의를 부여한 시장지상주의의 수정을 공개적으로 천명했다. 나아가 이 정설을 포함하는 동시에 초월하려고 했다(Picciotto, 1995: 17). 이와 같이 수정된 이미지는 거시 경제적 펀더멘털에만 관심을 기울이지 않고, 덜 이데올로기적이며 광범위하게 수용되는 권리와 가치들(이것들이 굿 거버넌스 개념의 바탕을 이루고 있다)에 더 관심을 기울이는 온건한 세계은행의 모습을 보여주었다. 그 결과, 몇몇 관찰자는 '워싱턴 컨센서스의 종말'을 선언하기까지 했다.

그러나 구조조정 프로그램으로 추진된 목표들과의 단절은 그다지 명확하지 않았다. 이 문제에 대한 세계은행의 입장 변화를 자세히 살펴보면, 단절보다 연속성이 드러난다. 세계은행은 구조조정에 대해 몇 차례 실망을 경험했다. 수많은 비판이 이 정책의 부정적 효과들을 강조했고(Chossudovsky, 1997), 뭔가 잘못되고 있다는 생각이 세계은행 내부에서 확산되었다면, 몇몇 보고서는 완곡하게 이 정책들의 실행 능력 자체가 낮다는 점을 강조했다. 구조조정에서 추진된 개혁들은 ─ 대부분 거시경제 정책 ─ 차관의 연장과 결부된 정책 조건들을 활용해서 실행되어야 했다. 세계은행 상급 간부들의 말을 빌리면, 이것은 그들이 "최상층의 정책 결정자들에게 접근할 수 있게 해줌으로써 세계은행 직원들이 개혁을 가속화하고 이 개혁의 성격에 영향을 미치며······ 정책 테이블의 자리를 확보할 수 있게 해주어야 했다"(Berg and Batchelder, 1985: 11, 27).

그러나 1980년대 후반에 이르러 대부분의 경우 이러한 목표들이 달성되지 못했음이 인정되었다. 이러한 실패에 대한 진단은 예상된 것처럼 현지의 국가를 겨냥했다. 당시 세계은행의 주류였던 지대 추구와 공공선택 이론은 다른 경제 행위자들처럼 국가도 이윤 극대화를 추구하는 행위자임을 강조했다. 차관 수혜국들에게 공공 부문의 민영화와 축소, 또는 이러저러한 방식으로 국가기구와 관련을 맺고 있는 공공 및 민간 기업들을 국제 경쟁에 노출할 국내시장의 개방 등을 위임하는 정책에서 모순이 발견되었다. 즉, 정부를 통한 더 적은 통치는 세계은행이 추구한 구조조정 방식에 내재한 문제로 간주되었다. 이러한 사고의 노선은 수혜국들에게 보잘것없는 개혁의 결과에 대한 비난을 돌릴 뿐만 아니라, 역설적으로 구조조정의 실패가 자신의 반국가적 가정에서 비롯되었다는 증거로 전환하기도 했다.

이처럼 세계은행에게 구조조정을 가로막는 것은 바로 정책 결정 과정이었으며, 민간 부문, 국가, 그리고 광범위한 사회 부문 간 관계의 성격이었다. '거버넌스'라는 용어가 의도하는 것은 이러한 공공·민간 상호 작용 방식이었으며, 이 개념은 아프리카의 위기를 '거버넌스'의 위기로 인식한 1989년의 한 보고서에서 처음으로 출현했다(World Bank, 1989: 60). 구조조정의 추구는 모든 정치적 틀의 개혁과 정책이 계획되는 제도적 환경, 그리고 이 정책들이 집행되는 경로에 대한 각별한 관심이 필요했다. 그것은 규제의 기준과 법률 시스템, 그리고 사회 그룹과 정치적 고객 간의 특수한 상호 작용 방식에 대한 관심을 요구했다. '거버넌스' 정의에 대한 잇따른 연구들은 정책 작성과 실행에 적절하다고 간주되는 영역들을 (국가-사회 관계의 모든 시스템이 걸려 있는 지점까지) 지속적으로 확대하는 특징이 있다(World Bank, 1992, 1994). 강조점은 가격 메커니즘과 무역 및 통화 문제로부터 제도, 법률, 이익집단, 책무성, 정치적 자유, 인권을 향해 계속해서 이동했다.

즉, '굿 거버넌스'는 워싱턴 컨센서스의 목표들을 근본적으로 수정한 것이 아니었다. 그것은 경제의 세계화와 자유무역 이데올로기의 주요 신봉자들을 좇아 국가를 새롭게 개조함으로써 구조조정 프로그램의 실행을 수정함을 의미했다. NGO에 대한 개방, 그리고 민주주의에 대한 새로운 강조는 인기 없는 이 정책들을 정당하고 진보적인 것으로 보이게 해주었다. 워싱턴 컨센서스는 수정된 것이 아니라 새로운 구성 인자들과 이익 주창자들을 포함하는 방향으로 확대되었다.

'거버넌스' 개념은 세계은행의 목표를 경제에서 정치와 사회로 이동하게 하면서 경제학에만 초점을 맞추었던 과거의 초점과 대조되는 사회적·경제적 발전 메커니즘에 대한 조사·연구·실험의 영역을 열어주기도 했다. 이 영역을 장악하는 것은 정통 경제학의 틀에서 벗어나고 수학적 공식화와 계량적 변수로의 환원에 몰두하지 않는 지식 생산을 의미했다. 그것은 행정과 이익집단 간의 연계, 비공식적인 사회구조와 코드화된 규범들의 상대적인 비중, 정치적·경제적 행위에 대한 가치 체계의 역할, 법률 시스템과 정책 결과 간의 관계, 정책 과정 공개의 정도를 탐구하는 것을 의미했으며, 반대로 미디어의 지위와 대중 참여의 경로, 나아가 정치적 자유와 권리, 그리고 궁극적으로 정치체계의 성격을 포함했다. 즉, '거버넌스'를 향해 문제를 전환하는 것은 정통 경제학 이외의 다른 전공에 투자한다는 것을 의미했다. '거버넌스' 개념은 불분명하고 모호하며 제대로 정의되지 않았음에도(Moore, 1993a, 1993b; Petiteville, 1998: 122; Williamson and Young, 1994), 그것의 성공은 많은 다른 형태의 전문성이 국가와 그것의 역할을 재정의하기 위해 경쟁할 수 있게 해준다는 사실에서 비롯되었다(Dezalay and Garth, 2002).

과거에는 국제 전문성 시장에서 교환가치가 매우 낮았던 정치학과 정치경제학은 이렇게 해서 경제학과 경쟁할 수 있는 자원이 되었다. 이 책의 제4장에서 추적한 변화들과 1970년대 비정통 경제학자들이 생산한 국가에 대한 비판적 지식은 이 새로운 글로벌 어젠다에 의존했으며, 그 목표에 적응하게 되었다. 이와 유사하게 세계은행의 언어와 조건부 지원을 통해 전파되는 새로운 환경, 참여, 인권 스탠더드는 NGO들이 그들의 경험과 상징자본을 인정받는 전문성으로 전환할 수 있는 기회를 제공했다. 이러한 두 가지 변화는 반대로 비경제 전문가들에게 세계적인 전문성 시장을 열어주는 데 기여하기도 했다. 이 시장에서 그토록 열등한 지위에 머물러왔지만 이제는 성공적으로 경쟁할 수 있게 된 그룹들이 이 전문성을 적극적으로 활용할 수 있는 상황이었다.

7. NGO, 이슈 네트워크, 정책 브로커

1980년대 후반 공식적인 개발 공동체에 대한 NGO들의 성공적인 진입은 역설적인 과정들의 결과였다. 어떤 면에서 그것은 1970년대 후반과 1980년대 초반의 과학적인 신뢰와 호전적인 정책 주창 스타일을 결합한 운동 전략을 채택함으로써 국내 및 국제 기관에서 주도적인 위치를 확보한 신자유주의 경제 전문가들의 성공과 직접 관련이 있다. 이 전략은 마찬가지로 NGO들의 '이슈 네트워크'와 다른 형태의 '규범 기획자'와 동일시되는 주창의 형태를 정당화했다. 이러한 불균형을 넘어서 구조조정 계획들을 통해 실행된 수많은 사회 서비스 영역에서 국가의 후퇴는 NGO들을 위한 기회를 만들어냈는데, NGO들은 구조조정, 개발, 또는 금융의 세계화에서 패배한 사람들을 위한 대변자임을 자처할 수 있었다. 학문 공동체와 NGO의 접근, 그리고 NGO의 증가하는 전문화는 주창, 과학적 신뢰, 전문성을 구분 불가능한 자원으로 만드는 전략을 수립하는 데 기여했다. 이 그룹들의 구조조정 정책에 대한 반대는 과거에 신자유주의자들과 구조조정의 옹호자들이 자신들의 정책을 강요하고 실천을 정당화할 수 있게 해준 바로 그 전략에 기초했을 때에만 성공을 거둘 수 있었다. 이러한 모방은 매우 다른 목표들을 위해 활용되었지만, 그들의 전문적인 실천과 정치적인 정향에 무시할 수 없는 영향을 미쳤다.

국가기구에 의해 일종의 아마추어로 인식되던 NGO들은 구조조정 정책의 희생자들을 대변하면서 오랫동안 열등한 지위에 머물렀고 고립되어 있었다. 1980년대에 긴급 상황에 초점을 맞추는 (어떤 경우에는 비상사태를 '선언'할 수 있고 여론의 동원과 자금의 유인이라는 면에서 더 잘 갖추어진) 인도주의적 NGO들이 출현하면서 장기적인 전망으로 활동하는 개발 NGO들은 중요한 상황에 처해 있음을 깨달았다. 대부분 NGO의 영향력은 감소했는데, 다양한 NGO가 생존하기 위해 그들의 운동을 상당히 전문화할 것을 요구하는 경쟁 논리와 시장의 원리에 적응해야 했다. 또한 대중과의 관계, 모금, 그리고 매니지먼트가 점차 이 분야에서 훈련을 받은 인력들의 일차적 관심사가 되었다. 현재 NGO 내부에서 간부들에게 요구하는 훈련은 매니저가 되기도 하는 이 운동가들의 변화를 보여준다. 법학과 비즈니스 또는 금융 경영의 훈련을 받았으며 정치권이나 재계와 '연계'할 수 있는 탁월한 능력을 가진 그들의 프로필은 일반 기업의 매니저들과 크게 다르지 않다. 이와 같은 전문화는 역설적으로 NGO들이 도전한 다자적 기구나 정부 기관의 인물들과 점차 유사한 인물을 유치하도록 이끌었다. 인권과 같은 몇몇 분야에서 이러한 경향은 수많은 대학 졸업생이 NGO에서의 지위가 곧바로 정부 간 기구들에서의 지위로 이끌어주는 경력의 첫 단계가 되는 것으로 간주하는 정도에까지 이르렀다.

1985~1986년쯤부터 세계은행 내에서 NGO 이슈가 제기되기 시작하고 이후 그들과의 관계와 협력이 강화된 것은 이러한 발전(진화)과 관련이 있다. 그들의 대표성, 회원 규모 등에서 비롯되는 것과 전혀 관계없이 수많은 NGO가 휘두르는 새로운 권력은 개발 정책을 수립했던 바로 그 용어들로 개발 정책에 도전하고, 똑같은 전문 지식을 활용하며, 복잡한 홍보 전략을 추구하는

능력이 커졌다는 것과 관련이 있다. 그러나 이러한 효율성은 반대자들의 자원, 논쟁적인 레퍼토리, 정책 정당화 방식 등을 채택하는 것에 의존한 것이기 때문에, 효율성의 추구는 정치적인 갈등 대신 화해를 이끈다.

1986년부터 1991년까지 세계은행 총재였던 바버 코너블은 세계은행에 대한 NGO의 잠재성을 이해했다고 생각된다. 전임자들과 달리 코너블은 은행가가 아니라 전직 공화당 의원이자 노련한 정치인이었다. 그는 친구인 제임스 베이커(James Baker) 당시 미국 재무장관의 도움으로 국제부흥개발은행 총재로 임명되었다. 이러한 배경은 의회를 상대로 로비하고 세계은행 프로그램에 대해 자신들의 관심을 표명하며 반대를 제기하는 새로운 정치 고객들에 대해 세계은행을 더욱 민감하게 만들었다. NGO 현상은 세계은행이 직면해야 할 가장 긴급한 문제 중 하나로 인식되었다. 대외업무국은 중요한 변화없이 갑자기 성, 환경, 또는 참여적 자원을 포함하는 프로젝트들을 인정했다. 또한 새로운 행정 직위를 마련하고, 친화적인 외부 인사들을 영입했다. '건전한 생태(sound ecology)는 곧 좋은 경제이다'라는 구호는 코너블이 이 문제를 이해하는 방식을 보여준다.

코너블은 1987년에 1982년 이후 유명무실해진 NGO들과의 관계를 담당하는 위원회에 활기를 불어넣었으며, 그다음 해에는 이 위원회의 지휘자로 클라크를 임명했다. 당시까지 클라크는 옥스팜의 정책부장이었다. 1980년대 초반 세계은행의 후원을 받은 인도의 나르마다 댐에 반대하는 투쟁으로 명성을 얻은 클라크는 세계은행-NGO 위원회에 로비를 하기 위해 1년에 두 차례씩 워싱턴을 방문하면서 세계은행 내부의 작업에 대해 알게 되었다. 당시 그는 세계은행 내부에도 '동맹자들'이 있다는 것을 알게 되었다. 동맹자들은 환경과 사회적 이슈에 대해 비슷한 관심을 공유하면서 구식 개발경제와 밀착된 기술적인 전문가들과 신자유주의 경제학자들을 불신하는 사람들 속에 있었을 뿐만 아니라 세계은행의 이사회에도 있었다. 이사회에서는 과거부터 대외 원조를 집행한 국가들을 대표하고 사회적으로 의식 있는 몇몇 이사가 NGO의 주장에 민감하게 반응할 수 있었다.

클라크의 영입은 옥스팜이 추구한 NGO 로비의 신중한 전문화 전략의 승리이기도 했는데, 옥스팜은 NGO들의 전략에 '규율을 부여하고자(discipline)' 노력해왔다. 이와 동시에 코너블은 직간접적으로 NGO들이 관리하는 활동 자금의 규모를 증가시켰고 프로젝트 실행에 NGO들을 참여시켰다. NGO들이 참여한 프로젝트의 비율은 1988년 5%에서 코너블의 임기가 끝난 1991년 37%로 증가했다. 이 비율은 1997년 47%에 도달했다. 이렇게 해서 점점 더 다양한 NGO가 서비스, 자문, 또는 현지의 정보를 제공하면서 세계은행의 하청업자가 되었다. 연간 외부 자문가들에 대한 계약액이 10억 달러 이상으로 확대된 세계은행의 자문시장 팽창(Caufield, 1996: 248)은 NGO나 시민사회의 대표로 쉽게 분류되는 광범위한 조직들과 이런 유형의 상호 작용을 촉진하는 데 기여했다. 이것은 이 조직들의 문화의 수렴을 촉진했다. 반대로 공공 서비스, 환경, 또는 소외된 사람들에 대한 구조조정 계획의 사회적 결과는 NGO들이 개입하여 금전적 이윤과 프로젝트 관리나 정책 결정에 '참여'할 수 있는 자격으로 전환될 수 있는 상징적 투자를 실행할 수많은 영역을 열어주었다.

NGO들이 개발 정책을 자신들의 권한하에 둔 공식적인 이익 주창자로 인정된 것은 그들이 1980년대에 매우 강력하고 효율적인 전문성을 구축했기 때문이기도 하다. 학계에 대한 NGO의 개방은 1980년대에 일어난 비정부운동의 가장 중요한 변화 중 하나로 간주될 수 있다. 수많은 NGO에게 그것은 그들이 부족했던 과학적인 신뢰를 획득하는 문제였다. 그뿐만 아니라 학자들과의 관계를 구축하는 것은 기부자들과 개발은행 또는 다른 NGO들을 지원하기 위한 서비스 제공을 위해 전문성의 자본을 증가시키는 방법이기도 했다. 몇몇 조직은 그 후로 비정부 행위자들과 거버넌스에 대한 학문적 담론의 발전에 중요한 기여를 했다.[9]

　정책 전문성의 서열에서 NGO들과 유사하게 열등한 지위에 있던 개발학자들과 특히 민주주의, 인권, 그리고 경제 개혁과 관련된 정치학자들에 대해 학문 공동체의 개방이 이루어졌다. 경제의 초점이 거시경제 운영에만 맞추어지고, 정통 경제학자들이 거시경제 정책을 독점하는 동안 그들이 보유한 이런 종류의 지식들은 개발 정책에서 인정될 수 없었다. 1980년대 내내 지속되었고 워싱턴 컨센서스를 강조한 지식의 서열은 구조조정 정책을 향한 변화와 세계은행으로 대표되는 이 정책을 수행하는 기관들을 연구한 비경제학자들의 비판적 태도를 설명해준다. 권위와 정당성이 결여된 이 비경제 전문가들에게 NGO는 단순화된 형태로나마 그들의 연구 내용을 광범위하고 다양한 청중에게 전파할 수 있는 효과적인 '브로커'로 보였다. 반대로 많은 NGO들은 쉽게 '시민사회'나 '참여'의 전문가로 대표될 수 있는 학자들을 영입함으로써 그들의 전문적인 프로필을 강화하려고 했다.

　1980년대 말 구조조정 차관에 대한 문제점이 명확하게 인식되고 구조조정 차관의 정당화가 약화되면서 NGO와 비경제 전문가 같은 열세의 개발 행위자들은 자신들의 능력을 활용하고 공식적인 인정을 획득할 기회를 가지게 되었다. 이러한 문제에 대한 분석과 제도적·정치적·문화적·법률적 요소들에 대한 강조는 많은 정치학자들이 순전히 경제적이기만 한 접근의 한계를

9　예를 들어 옥스퍼드에 본부를 두고 있는 국제 NGO 훈련원(International NGO Training Center: INTRAC) 같은 NGO는 다른 NGO들을 위한 전문성 생산으로 전문화되어 있다. 이 기구는 비정부기구 운동가들과 다자적 국제기구들에게 회합 장소를 제공하는 워크숍을 조직하고, 학문 도서의 서가에 들어가기도 하는 책들을 출판하며(Clayton, 1994), 갈수록 확대되는 이 시장에서 상호 경쟁하는 조직들에게 이처럼 유용한 전문성을 '판매'하기도 한다.

보여주고 자신들의 지식의 잠재적인 기여를 강조함으로써 우월성을 과시할 수 있게 해주었다.

1990년대에 세계은행과 가까워진 지적인 고객들이 대부분의 경우 과거에 세계은행을 비판했던 사람들이었던 것은 우연이 아니었다. 앞서 제4장에서 살펴본 바와 같이, 네오마르크스주의 방법론과 연결된 국가에 대한 비판적인 지식은 최종 심급에 효율적인 실행을 포함하는 경제정책의 비판을 생산하는 데 기여했다. 그것은 사실상 자유주의 경제학과 경제학자에 대한 비판이었다. 이 경제학은 세계은행 내부에서 '정치경제학'의 생산과 (완곡하게나마 '경제 개혁'이라는 상표를 붙인) 구조조정 분석에 관여한 정치학자들의 작업을 촉진했다. 정치경제학은 프로젝트들을 '제도 개혁'의 도구로 간주되는 제도주의 경제학의 분석 도구들을 사용했다(Picciotto, 1995). 이렇게 해서 국가에 대한 비판적 지식을 주류 전문성으로 성공적으로 전환한 행위자들은 개혁적인 구조조정 분석가라는 영향력 있는 명성을 획득했다(Haggard and Kaufman, 1992, 1994; Haggard and Webb, 1994; Nelson, 1995).

거버넌스 개념은 이와 유사하게 사하라 남부 아프리카에 관한 1989년 세계은행 보고서에서 처음으로 이 개념의 작성에 관여한 수많은 학문적 전통의 재생과 조합의 결과였다(Williamson and Young, 1994: 91). 이 책 제4장에서 살펴본 것처럼 라틴아메리카 연구자들이 세계은행에서 정치경제학의 부활에 기여한 바와 같이, 아프리카 연구자들은 거버넌스 개념의 구성에 투자했다(Ake, 1996; Hyden and Bratton, 1992; Macgaffey, 1990). 식민의 과거에서 유증된, 약하게 제도화된 국가 구조와 비공식적이지만 효율적인 정치 형태를 갖춘 나라들을 연구하면서, 이 정치학자들은 사회적 통합과 '시민사회'의 정치적 작동의 요소로서 전통과 비공식적인 규범 및 규칙의 역할을 탐구하는 연구를 생산했다. 이 연구 프로그램의 성공은 부분적으로는 그것이 당시에 유행하던 구조주의와 단절했다는 사실에서 비롯되었다(Hyden, 1992: 8). 또한 거버넌스 개념을 정치학과 경제학에서 '유망한' 몇 가지 주제와 연결한 고란 하이든(Goran Hyden)의 사례처럼, 매우 효과적인 학문적 마케팅 결과이기도 했다. 정치조직과 경제의 '비공식적' 자원들에 대한 강조는 성공적으로 '사회 적 자본(social capital)'에 대한 연구들로 해석되었다(Hyden, 1992: 7). 이 작업은 에르난도 데 소토(Hernando de Soto)의 베스트셀러 『또 다른 경로(The Other Path)』(1989)를 중심으로 거버넌스 개념을 촉진한 신자유주의 개발 기획자들 에 의해 매우 성공적으로 발전되었다. 데 소토의 저작은 포퓰리스트적 색채 로 사회의 '창조적' 에너지를 해방하기 위해 행정과 공공 부문의 축소를 옹호 했으며, 세계은행 내부에서 열렬한 환대를 받았다. 이 같은 경제학과의 경쟁 은 하이든이 "사회적 자본을 동원하고 운영하는" 가장 효율적인 방법을 결정 하려 한다는 점에서 "거버넌스 연구는 실천 지향적이다(performance-oriented)" 라고 강조하도록 이끌었다(Hyden, 1992: 22).

이 이론들은 세계은행 내부에서 긍정적인 반향을 일으켰는데, 세계은행에 서 이 이론들은 아프리카 전통을 긍정적으로 재평가하는 데 관여한 아프리 카 지역국 내부의 작은 구성단위들의 전략에 기여했다. 신자유주의 정책 처 방의 이와 같은 '문화적' 재구성은 경제학의 학문적 고려에 의거해서가 아니 라, "정책 기관들의 근저에 놓인 문화적 전제들이 대다수 아프리카인들에게 낯선 것"(Landell-Mills, 1992: 543)이라는 사실에 근거해 과도한 인력을 보유하 고 무능한 정부를 비판하는 것으로 집약되었다. 이렇게 해서 구체화되고 이 상화된 '아프리카 전통'과 '토착 제도'는 완전히 낯선 국가를 비판하게 되었으 며, 경제 개혁을 위해 동원될 수 있는 새로운 형태의 사회자본으로 간주되었 다. "고도의 정치권력의 집중과 식민 유산"(World Bank, 1992: 11)은 저개발을 초래했다. 이처럼 저개발의 원인에 대해 답하면서, 굿 거버넌스는 탈식민 민주주의 계획과 만나게 되었다. 반식민주의적 추론과 문화적 편향을 조합했기 때문에 이 전략은 세계은행에 의한 '토착' 전통의 보호에서 완전히 방관자가 될 수 없었고, 세계은행의 긍정적인 변화의 신호를 발견한 NGO들과 운동가들에 의해 지지받고 채택되기에 적합한 것이기도 했다.

해방적 운동과 초국가적 실천, 그리고 토착문화의 보호와 관련된 상징자본을 축적하기 위해 학문적 자본을 활용한 이 학자들은 국제 전문성 시장에서 성공적으로 경쟁할 수 있었다. 그들이 1990년대에 주요 발전 이데올로그로 구축한 지위들은 헤게모니적 개혁에 대해 비판적이면서 기능적이기도 한 지식 생산에 투자한 결과였다. 이것은 거버넌스 학자들이 처음에 자신들과 구분하려 했던 '워싱턴 정치경제학자들'이 행한 투자와 매우 유사했다. 민주화에 대한 관심은 마이클 브래턴(Michael Bratton)이 거버넌스 이슈를 민주화에 관해 확고하게 구축된 연구들과 연결함으로써(Bratton and van de Walle, 1997) 공통된 관심사가 되었다. 전문성의 생산에 관여하게 된 몇몇 거버넌스 학자들, 즉 펄 로빈슨(Pearl Robinson), 조엘 바칸(Joel Barkan), 리처드 조지프(Richard Joseph), 마이클 브래턴 등이 민주주의 전문가로서 미국민주주의재단의 연구이사회에 참여하는 것은 어느 정도 논리적이라 할 수 있다.

구조조정의 구호가 '가격을 정당하게 만들기'였다면, 거버넌스를 중심으로 한 새로운 개발 어젠다의 공고화는 이 구호를 '정치를 정당하게 만들기'로 대체한 것으로 보였다. 그럼으로써 이 어젠다는 정책 작성에서 경제발전과 민주적인 정치를 모두 겨냥하는 정치학자들의 공식적인 역할을 인정했다. 제도의 '투명성'을 증가시키고 법률적인 틀을 강화하는 것을 의미하는 이 계획들은 더는 경제적인 면이나 비용·이윤 분석을 통해 평가되지 않는다. 이것보다 필요한 것은 '시민사회'의 자율성 정도나 정치제도의 개방도를 측정하기 위한 지표들과 정책 결정 절차에 대한 제도적이고 사회학적인 연구들, 즉 사회과학자들이 경제학자들보다 쉽게 제공할 수 있는 지식들이다. 정통 경제학자들이 1970년대 후반 평가 부서들을 통해 세계은행에 진입했던 것과 똑같은 방식으로 10년이 지난 후 정치학자들은 세계은행에 진입했다. 세계은행 직원들의 전문적 구성을 위한 새로운 어젠다에 내포된 의미도 이제는 파악이 가능하다. 1991년 초반에 발표된 한 기술적인 문건은 이미 비경제학자들이 평가 작업에만 머무를 것이 아니라 프로젝트의 계획과 실행에도 참여해야 한다고 주장했다(Cernea, 1991). 이러한 제안은 반향을 불러일으키지 못했고 이 문제에 대한 세계은행의 공식 입장을 반영할 수는 없다고 간주되었다. 그러나 그것은 세계은행의 공식적인 충원 정책으로 나아가는 길을 열었다. 1996년 『현장에서의 사회개발과 결과(Social Development and Results on the Ground)』라는 공식 보고서는 세계은행 내부의 은어로 '네시(Nessies)'라고 불리는 사람들, 즉 여전히 경제학자들이 지배하는 기관에서 '비경제 전문가'이지만 낙하산 인사의 사례로 간주된 이 신참자들을 대량으로 충원할 것을 주장했다. 처음에는 비판적이었고 열세에 놓여 있던 그들의 전문성은 결국 완성되고 견고하게 구축되었으며, 수출이 가능한 정설이 되었다.

　'거버넌스' 어젠다는 이렇게 해서 개발 공동체 내부의 복잡한 조정의 결과이자, 개발 기관들에서 동원된 인지적 자원들이 다각화된 결과로 보인다. 이어젠다는 인권, 민주적 발전, 빈곤 완화, 환경, 소수자의 권능 강화, 인종적 문화 등을 민영화, 서비스 및 사회관계의 공동 조정, 그리고 글로벌 시장을 향한 개방과 조화롭게 결합한 것으로 보인다. 그리고 이 어젠다에 내포된 갈등이나 모순은 자본주의적 사회관계의 확대를 해방과 권능 강화의 힘으로 각색하려는 전략이 성공했음을 보여준다.

맺음말

1583년 마키아벨리가 옹호했던 시민적이고 공화주의적인 이상에 반대해 이탈리아 예수회의 보테로는 근대국가의 출현과 관련된 새로운 형태의 합리성을 정의했다. 이 지식은 "왕국을 건설하고 보존하며 확대하기 위해 적절한 수단"을 성문화하려고 했다(Botero, 1997: 7). 이 지식의 특수성은 국가와 행정기구의 관점을 채택하고 이 관점을 자신과 동일시했다는 것이었다. 새로운 형태의 합리성은 '국가이성(Ragion di Stato)'이라는 적절한 말로 정의되었다. 근대 정치학은 전적으로 이 패러다임을 중심으로 국가의 과학으로서 구축되었다. 그 후 국가이성은 계속해서 이러한 국가 중심적 합리성과 동일시되었고, 특히 국가를 구성하는 개인들에 대한 국가의 절대적인 우월성을 인정해 왔다.

근대의 모든 민주주의 운동은 이러한 형태의 초월적인 주권과 국가권력의 무제한적인 요구에 대항하기 위해서 시작되었다. 보편적 인권의 이상은 국가이성에 제한을 부여하고 국가이성이 침범할 수 없는 성소를 정의하려 했다. 그러나 현재 이러한 전통적인 영역의 구분은 그 어떤 때보다도 불확실해지고 흐려지는 경향이 있다. 민주주의와 인권은 점차 이것들(민주주의와 인권)

이 제한하려고 한 권력을 확대하기 위해 활용된다. 민주주의와 인권의 촉진
은 범세계적 차원에서 새로운 행정 형태를 정의하고 새로운 정치학을 산출
한다. 우리가 민주주의와 인권의 팽창을 이론화하는 현대 정치학자들에게
귀를 기울일 때, 보테로의 국가이성의 메아리와 똑같은 소리를 들을 수밖에
없다. 민주주의에 대해 이야기하는 어떤 학자가 새로운 연구 영역을 "민주적
제도들의 건설과 보존에 관한 특수한 기술적 지식"(Goldman, 1988: 116)으로
정의할 때, 구구절절 '왕국을 건설하고 보존하며 확대하기 위해 적절한 수단'
이라는 문구를 바꾸어놓은 것임을 인식하기란 그다지 어렵지 않다. 밀라노
의 카를로 보로메오(Carlo Borromeo) 대주교의 비서였던 보테로처럼 훗날 '민
주화의 과학'을 생산하는 학자들은 대항적인 개혁을 이끄는 새로운 세력(프
리덤하우스, 미국민주주의재단, 세계은행, 그리고 정신적 힘과 세속의 이익을 결합
하는 여러 기관들)의 교양 있는 비서이기도 했다. 보테로가 그들에 앞서 그러
했던 것처럼, 이 학자들은 힘 있는 사람들에게 조언을 제공하고 그들의 상속
자들을 교육한다.

필자는 두 가지 차원에서 이러한 변화를 초래하는 다양한 과정을 추적했
다. 새로운 형태의 국가이성의 구성을 추적하는 작업은 한편으로 민주적인
이행을 적극적으로 관리할 수 있게 해주는 특수한 유형의 지식 생산에 기여
한 정치학 내부의 트렌드를 식별해내는 것이었다. 보테로가 근대국가의 출
현을 반영하는 국가의 과학(중상주의)을 위한 토대를 놓았던 것처럼, 어제의
근대화 이론과 오늘의 민주화 연구들은 범세계적 정치체제의 관리를 위해 새
롭게 출현하는 기술들을 학문적으로 대표한 것이었다. 정치학은 민주주의와
인권의 장에서 분리된 단순한 이론이라기보다 민주주의와 인권을 관리하기
위한 기술적 정책 지식의 범위 안으로 민주주의와 인권의 이슈들을 끌어들
인다. 바로 그 때문에 정치학은 민주주의와 인권의 장의 내부에 존재해왔다.

다른 한편으로 이러한 지식을 생산하는 행위자들과 현대 민주주의 촉진의 제도적인 형식을 발명해내는 운동가들의 역사적이고 사회적인 변화를 추적하려고 했다. 이와 관련해 민주주의 운동 네트워크의 국제화에서 냉전의 성전의 유산과 공산주의에 대항한 미국 정책의 역할은 국가권력의 장에 인권의 장을 구조적으로 종속시켰다. 그러나 이와 동시에 1950년대의 민주주의 성전에 대한 분석(문화적 자유를 위한 협회가 그 모델이었다)이나 1980년대의 민주주의 촉진 프로그램들에 대한 분석(미국민주주의재단의 사례)은 역설적인 연속성을 보여준다. 이 계획들은 해방적이고 진보적인 세력들을 제국주의 정책의 구성에 체계적으로 통합했기 때문에 헤게모니적인 것이 되었다. 1950년대에 노동조합에 자신들의 인자들을 보유하고 있었던 트로츠키주의자들과 사회주의 좌파의 다양한 경향은 트루먼 독트린에 전략적인 깊이를 더해주는 도구였다. 1980년대에 자유주의적이고 반제국주의적이며 민주적인 좌파는 인권운동과 함께 제국주의적인 레이건의 민주주의 촉진 정책에 유연한 무기뿐만 아니라 개념적 언어와 이데올로기적 도구를 제공했다. 과거의 노동조합들과 사회주의자들이건, 현재의 NGO들과 인권운동가들이건 간에 이 세력들은 갈수록 새로운 국가이성의 처방에 따라 범세계적인 차원에서 정치조직과 사회와 경제를 재구성하는 권력의 외적 형식을 제공하고 있다.

이러한 변화를 이끄는 개인 행위자들의 수준에서 이 과정은 연고적 충원이나 개종으로 환원될 수 없는 복잡한 형태를 취해왔다. 초국가적 네트워크들을 구축하거나 국가에 대한 비판적 지식을 산출함으로써 그것들은 또 다른 국가이성인, 해방적 언어로 위장한 전문성과 정책 지식의 주류 형식을 이용한다. 이 도구들은 세계적인 지배의 합리성을 재차 강조하기 위해 활용되었고, 또 전복될 수도 있었다. 국가권력에 대한 비판적 실천은 국가의 무기고에 저장되어 전 세계를 상대로 한 무기로 사용된다. 그러나 여기에 접목되어 변화를 겪은 실천은 언제나 은밀하게 진행될 수는 없으며, 몇몇 의식 있는 민주주의 운동가를 씁쓸하게 만든다. 기예르모 오도넬은 다음과 같이 말했다.

권위주의 체제의 종말을 열광적으로 환영하는 많은 사람들 사이에는 큰 불만이 존재한다. 민주 세력은 가끔씩 지치고 그들의 길을 잃어버린 것처럼 보인다. 반권위주의 투쟁의 수많은 친구와 동지는 현재 정부나 정당 지도부에서 높은 지위를 차지하고 있다. …… 어떤 의미에서 권위주의 시절이 현 상황보다 더 수월했다. 당시에는 이러한 지배에 대한 비판에서뿐만 아니라 우리가 하고 있던 민주주의를 쟁취하기 위한 실천을 통해 단결된 연대 속에서 우리는 누구에게 대항해 왜 싸워야 하는지 알고 있었다. 이제 우리는 '민주주의에 대한 민주적 비판이 어떻게 가능한가'라는 질문에 대한 답을 찾아야 한다.

이 마지막 제안을 명심하면서 이 책이 민주주의에 대한 민주적 비판에 기여하기를 바랄 뿐이다.

민주주의 전문가 목록

민주주의 연구를 위한 국제 포럼의 연구이사회
(The Research Council of the International Forum for Democratic Studies)

라후아리 아디(Lahouari Addi)	토머스 팽글(Thomas Pangle)
폴린 베이커(Pauline Baker)	로버트 퍼트넘(Robert Putnam)
피터 L. 버거(Peter L. Berger)	리처드 로즈(Richard Rose)
야누스 부가즈스키(Janusz Bugajski)	필리프 C. 슈미터(Philippe C. Schmitter)
제럴드 커티스(Gerald Curtis)	러처드 L. 스클러(Richard L. Sklar)
데니즈 드레서(Denise Dresser)	블라디미르 티스마네아누(Vladimir Tismaneanu)
찰스 H. 페어뱅크스(Charles H. Fairbanks)	무티아 알라가파(Mutiah Alagappa)
루이스 W. 굿맨(Louis W. Goodman)	샤울 바카시(Shaul Bakhash)
한승주(Sung-joo Han)	낸시 버메오(Nancy Bermeo)
조너선 하틀린(Jonathan Hartlyn)	주윤한(Yun-han Chu)
사아드 에딘 이브라힘(Saad Eddin Ibrahim)	로버트 달(Robert Dahl)
테리 린 칼(Terry Lynn Karl)	존 B. 던룹(John B. Dunlop)
존 램프(John Lampe)	마크 팰코프(Mark Falcoff)
후안 J. 린츠(Juan J. Linz)	E. 기마-보아디(E. Gyimah-Boadi)
카난 마키야(Kanan Makiya)	로버트 L. 하드그레이브(Robert L. Hardgrave)
마이클 맥폴(Michael McFaul)	스티븐 헤이드만(Steven Heydemann)
야스민 무르셰드(Yasmeen Murshed)	리처드 조지프(Richard Joseph)
기예르모 오도넬(Guillermo O'Donnell)	야노스 키스(János Kis)

리앙 헹(Liang Heng)

시모어 마틴 립셋(Seymour Martin Lipset)

빈센트 마파이(Vincent Maphai)

파티마 메르니시(Fatima Mernissi)

앤드루 J. 네이선(Andrew J. Nathan)

마사 브릴 올콧(Martha Brill Olcott)

민신 페이(Minxin Pei)

피터 레더웨이(Peter Reddaway)

차이아난 사무다바니자(Chai'Anan Samudavanija)

스티븐 세스타노비치(Stephen Sestanovich)

알렉산더 스몰라(Aleksander Smolar)

로렌스 화이트헤드(Laurence Whitehead)

압둘라히 안-나임(Abdulahi An-Na'im)

조엘 D. 바칸(Joel D. Barkan)

마이클 브래턴(Michael Bratton)

마이클 코페지(Michael Coppedge)

프랜시스 뎅(Francis Deng)

도널드 에머슨(Donald Emerson)

스티븐 프리드먼(Steven Friedman)

스테판 해거드(Stephan Haggard)

해리 하딩(Harry Harding)

도널드 L. 호로위츠(Donald L. Horowitz)

아드리안 카라트니키(Adrian Karatnycky)

아툴 콜리(Atul Kohli)

R. 윌리엄 리들(R. William Liddle)

에이브러햄 F. 로웬탈(Abraham F. Lowenthal)

호세 마리아 마라발(José Maria Maravall)

레오나르도 모리노(Leonardo Morlino)

조앤 M. 넬슨(Joan M. Nelson)

오엘레예 오예디란(Oyeleye Oyediran)

아담 셰보르스키(Adam Przeworski)

펄 T. 로빈슨(Pearl T. Robinson)

로버트 A. 스칼라피노(Robert A. Scalapino)

릴리아 셰브초바(Lilia Shevtsova)

스티븐 J. 스테드먼(Stephen J. Stedman)

리사 앤더슨(Lisa Anderson)

새뮤얼 H. 반스(Samuel H. Barnes)

대니얼 브룸버그(Daniel Brumberg)

웨인 코닐리어스(Wayne Cornelius)

니키포로스 다아만도로스(Nikiforos Diamandouros)

호아오 카를로스 에스파다(João Carlos Espada)

프랜시스 후쿠야마(Francis Fukuyama)

피터 하킴(Peter Hakim)

일리야 해릭(Iliya Harik)

새뮤얼 P. 헌팅턴(Samuel P. Huntington)

이브라힘 카라완(Ibrahim Karawan)

볼리바르 라무니에르(Bolivar Lamounier)

아렌트 레이프하르트(Arend Lijphart)

스콧 메인워링(Scott Mainwaring)

신시아 매클린톡(Cynthia McClintock)

조슈아 무라브칙(Joshua Muravchik)

기아 노디아(Ghia Nodia)

에르군 외즈부둔(Ergun Özbudun)

베스나 푸지치(Vesna Pusić)

아니발 로메로(Anibal Romero)

안드레이스 셰들러(Andreas Schedler)

마시풀라 시톨(Masipula Sithole)

나탄 타르코브(Nathan Tarcov)

Aaron, Henry J. 1978. *Politics and the Professors: The Great Society in Perspective*. Washington, D.C.: The Brookings Institution.

Adler, J. H. 1972. "The World Bank's Concept of Development: An In-House *Dogmengeschichte*," in Jagdish Bhagwati and Richard S. Eckaus(eds.). *Development and Planning: Essays in Honour of Paul Rosenstein Rodan*. London: Allen & Unwin, pp. 30~50.

Ake, Claude. 1996. *Democracy and Development in Africa*. Washington, D.C.: The Brookings Institution.

Almond, Gabriel. 1960. "Introduction: A Functional Approach to Comparative Politics," in Gabriel A. Almond and James S. Coleman(eds.). *The Politics of the Developing Areas*. Prince: Princeton University Press, pp.3~64.

_____. 1987. "The Development of Political Development," in Samuel P. Huntington and Myron Weiner(eds.). *Understanding Political Development*. Prospect Heights: Waveland Press.

Alston, Philip. 1981. "Prevention versus Cure as a Human Rights Strategy," in *Development, Human Rights, and the Rule of Law: Report of a Conference held in The Hague on 27 April — 1 May 1981*. International Commission of Jurists. Oxford: Pergamon Press.

Arendt, Hannah. 1961. *The Origins of Totalitarianism*. London: Allen and Unwin.

_____. 1963. *On Revolution*. London: Penguin.

Arnove, Robert F. 1980. "Foundations and the Transfer of Knowledge," in Robert F.

Arnove(ed.). *Philanthropy and Cultural Imperialism: The Foundations at Home and Abroad.* Boston: G. K. Hall & Co., pp.305~330.

Ascher, William. 1996. "The Evolution of Postwar Doctrines in Development Economics." in A. W. Coats(ed.). *The Post-1945 Internationalization of Economics.* Annual Supplement to Volume 28, *History of Political Economy.* Durham: Duke University Press.

Baldwin, George B. 1986. "Economics and Economists in the World Bank." in A. W. Coats (ed.). *Economists in International Agencies: An Exploratory Study.* New York: Praeger, pp.67~90.

Barkan, Joel D. 1994. "Resurrecting Modernization Theory and the Emergence of Civil Society in Kenya and Nigeria." in David Apter and Carl Rosberg(eds.). *Political Development and the New Realism in Sub-Saharan Africa.* Charlottesville: University Press of Virginia, pp.87~116.

_____. 1997. "Can Established Democracies Nurture Democracy Abroad? Lessons from Africa." in Axel Hadenius(ed.). *Democracy's Victory and Crisis.* Cambridge: Cambridge University Press, pp.371~403.

Barrow, Clyde W. 1993. *Critical Theories of the State: Marxist, Neo-Marxist, Post-Marxist.* Madison: The University of Wisconsin Press.

Becker, Gary S. 1990. in Richard Swedberg(ed.). *Economics and Sociology.* Princeton: Princeton University Press, pp.27~46.

Becker, Howard S. 1963. *Outsiders: Studies in the Sociology of Deviance.* New York: The Free Press.

Bell, Daniel. 1960. *The End of Ideology.* Glencoe: The Free Press.

_____. 1976. "Creating a Genuine National Society." *Current* (September), pp.18~19.

Berg, Elliot and Allan Batchelder. 1985. *Structural Adjustment Lending: A Critical View.* CPD discussion paper n. 1985-21. The World Bank, Washington, D.C.

Berger, Peter L. 1981. "Human Rights and American Foreign Policy." *Commentary*, Vol.72, No.5, pp.27~29.

Berghahn, Volker R. 2001. *America and the Intellectual Cold Wars in Europe.* Princeton: Princeton University Press.

Berman, Edward H. 1983. *The Ideology of Philanthropy: The Influence of the Carnegie, Ford, and Rockefeller Foundations on American Foreign Policy.* Albany: State University of New York Press.

Bermeo, Nancy. 1990. "Rethinking Regime Change." *Comparative Politics*, pp.359~377.

Bird, Kai. 1998. *The Color of Truth: McGeorge Bundy and William Bundy: Brothers in Arms.* New York: Simon and Schuster.

Bloom, Alexander. 1986. *Prodigal Sons: The New York Intellectuals and their World.* Oxford: Oxford University Press.

Blumenthal, Sidney. 1986. *The Rise of the Counter-Establishment: From Conservative Ideology to Political Power.* New York: Times Books.

Bohman, James. 1991. *New Philosophy of Social Science.* Cambridge: Polity Press.

Boltanski, Luc. 1973. "L'espace positionnel: Multiplicité des positions institutionelles et habitus de classe." *Revue Francaise De Sociologie*, No.XIV, pp.3~26.

Boltanski, Luc and Eve Chiapello. 1999. *Le nouvel esprit du capitalisme.* Paris: Gallimard.

Botero, Giovanni. 1997. *La ragion di stato.* Roma: Donzelli Editore.

Bourdieu, Pierre. 1990. *In Other Words: Essays Towards a Reflexive Sociology.* Cambridge: Polity Press.

_____. 1997. *Méditations pascaliennes.* Paris: Editions du Seuil.

Bourdieu, Pierre and Loic Wacquant. 1992. *An Invitation to Reflexive Sociology.* Chicago: The University of Chicago Press.

Bovard, James. 1987. "The World Bank vs. the World's Poor." *Policy Analysis*, No.92. September 28, 1987. Calo Institute, Washington, D.C.

Bratton, Michael and Nicolas van de Walle. 1997. *Democratic Experiments in Africa: Regime Transitions in Comparatives Perspective.* Cambridge: Cambridge University Press.

Bretton Woods Commission. 1994. *Bretton Woods: Looking to the Future. Conference Proceedings, Washington DC, July 20-22, 1994.* Washington, D.C.: Bretton Woods Committee.

Brick, Howard. 1986. *Daniel Bell and the Decline of Intellectual Radicalism: Social Theory and Political Reconciliation in the 1940s.* Madison: University of Wisconsin Press.

_____. 1998. *Age of Contradiction: American Thought and Culture in the 1960s.* New York: Twayne.

Bromley, Simon. 1995. "Making Sense of Structural Adjustment." *Review of African Political Economy*, No.65, pp.339~348.

Brumberg, Abraham. 1993. "Leo Labedz: An Appreciation of an Early Consultant to the

Journal of Contemporary History." *Journal of Contemporary History*, Vol.28, No.3, pp.553~555.

Brunner, Jose Joaquin and Alicia Barrios. 1987. *Inquisición, Mercado y Filantropia: Ciencias Sociales y Autoritarismo en Argentina, Brasil, Chile, y Uruguay.* Santiago: FLACSO.

Brzezinski, Zbigniew. 1970. *Between Two Ages: America's Role in the Technetronic Era.* New York: Viking.

Burgerman, Susan D. 1998. "Mobilizing Principles: The Role of Transnational Activists in Promoting Human Rights Principles." *Human Rights Quarterly*, Vol.20, No.4, pp.905~923.

Burnham, James. 1941. *The Managerial Revolution: What is Happening in the World.* New York: John Day.

Cammack, Paul. 1997. *Capitalism and Democracy in the Third World: The Doctrine for Political Development.* London and Washington: Leicester University Press.

Cardoso, Fernando Henrique. 1986. "Entrepreneurs and the Transition Process: The Brazilian Case." in Guillermo O'Donnell, Philippe C. Schmitter and Laurence Whitehead (eds.). *Transitions from Authoritarian Rule. Comparative Perspectives*, Vol.4. Baltimore: The Johns Hopkins University Press, pp.137~153.

Carothers, Thomas. 2000. "Democracy Promotion: A Key Focus in a New World Order." *Issue of Democracy*, Vol.5, No.1, pp.23~28.

Cassese, Antonio. 1990. *Human Rights in a Changing World.* Cambridge: Polity Press / Basil Blackwell.

Caufield, Catherine. 1996. *Masters of Illusion: The World Bank and the Poverty of Nations.* New York: Holt.

Cavell, Colin S. 2002. *Exporting 'Made in America' Democracy: The National Endowment for Democracy and U.S. Foreign Policy.* Lanham: University Press of America.

Centeno, Miguel A. and Patricio Silva(eds.). 1998. *The Politics of Expertise in Latin America.* New York: St. Martin's Press.

Cernea, Michael M. 1991. *Using Knowledge from Social Science in Development Projects*, n. 114 World Bank Discussion Papers. The World Bank, Washington, D.C.

Chossudovsky, Michel. 1997. *Impacts of IMF and World Bank Reforms.* Penang: Third World Network.

Ciment, James and Immanuel Ness. 1999. "NED and the Empire's New Clothes." *Covert*

Action Quarterly, No.67, pp.65~69.

Clayton, Andrew(ed.). 1994. *Governance, Democracy and Conditionality: What Role for NGOs?* Oxford: Intrac.

Clough, Michael. 1994. "Grass-Roots Policymaking: Say Goodbye to the 'Wise Men'." *Foreign Affairs*, January~February, pp.2~7.

Coeurdray, Murielle. 2003. *Du dévoilement de la «corruption» à la gestion déontologique des affaires. Contribution à une sociologie des effets de l'internationalisation sur le champ du pouvoir économique.* Ph.D. thesis. Paris: Ecole des Hautes Etudes en Sciences Sociales.

Coleman, Peter. 1989. *The Liberal Conspiracy: The Congress for Cultural Freedom and the Struggle for the Mind in Postwar Europe.* New York: The Free Press.

Collier, David and Steven Levitsky. 1997. "Democracy with Adjectives: Conceptual Innovation in Comparative Research." *World Politics*, Vol.49, No.3, pp.430~452.

Collins, Randall. 1979. *The Credential Society: A Historical Sociology of Education and Stratification.* New York: Academic Press.

Connolly, William E. 1983. *The Terms of Political Discourse*, 2nd ed. Oxford: Martin Robertson.

Conry, Barbara. 1993. *Loose Cannon: The National Endowment for Democracy.* Foreign Policy Briefing No.27. Cato Institute, Washington, DC.

Cooney, Tery A. 1986. *The Rise of the New York Intellectuals: Partisan Review and Its Circle.* Madison: University of Wisconsin Press.

Cooper, Frederick and Randall Packard(eds.). 1997. *International Development and the Social Sciences: Essays on the History and Politics of Knowledge.* Berkeley: University of California Press.

Corn, David. 1993. "Beltway Bandits." *The Nation*, July 12, p.56.

Coser, Lewis. 1984. *Refugee Scholars in America: Their Impact and Their Experiences.* New Haven: Yale University Press.

Cox, Robert W. 1987. *Production, Power, and World Orders: Social Forces in the Making of History.* New York: Columbia University Press.

Craver, Earlene and Axel Leijonhufvud. 1987. "Economics in America: The Continental Influence." *History of Political Economy*, Vol.19, No.2, pp.173~182.

Crawford, Gordon. 1996. *Promoting Democracy, Human Rights, and Good Governance*

Through Development Aid: A Comparative Study of the Policies of Four Northern Donors. Leeds: Center for Democratization Studies, University of Leeds.

Cumings, Bruce. 1998. "Boundary Displacement: Area Studies and International Studies During and After the Cold War." in Christopher Simpson(ed.). *Universities and Empire.* New York: The New Press, pp.159~188.

Cunningham, Susan M. 1999. "Made in Brazil: Cardoso's Critical Path from Dependency via Neoliberal Options and the Third Way in the 1990s." *European Review of Latin American and Caribbean Studies,* No.67, pp.75~86.

Dahl, Robert A. 1961. "The Behavioral Approach in Political Science: Epitaph for a Monument to a Successful Protest." *The American Political Science Review,* Vol.55, No.4, pp.763~772.

Dauvin, Pascal and Johanna Siméant. 2002. *Le travail humanitaire: Les acteurs des ONG, du siège au terrain.* Paris: Presses de Sciences Po.

Delaunay, Jean-Claude. 1996. "Distinction hétérodoxe et champ économique." *Economies Et Sociétés,* No.2, pp.143~155.

Dent, David W. 1990. "Introduction: Political Science Research on Latin America." in David W. Dent(ed.). *Handbook of Political Science Research on Latin America: Trends from the 1960s to the 1990s.* New York: Greenwood Press, pp.1~21.

de Soto, Hernando. 1989. *The Other Path: The Invisible Revolution in the Third World.* London: I. B. Tauris.

de Vries, Barend A. 1996. "The World Bank as an International Player in Economic Analysis." in A. W. Coats(ed.). *The Post-1945 Internationalization of Economics.* Annual Supplement to Volume 28, *History of Political Economy.* Durham: Duke University Press.

Dewey, John. 1939. *Freedom and Culture.* New York: Putnam.

Dezalay, Yves and Bryant Garth. 1998a. "Le 'Washington consensus': contribution à une sociologie de l'hégémonie du néolibéralisme." *Actes De La Recherche En Sciences Sociales,* No.121~122, pp.3~22.

_____. 1998b. "Droits de l'homme et philanthropie hégémonique." *Actes De La Recherche En Sciences Sociales,* No.121~122, pp.23~42.

_____. 2002. *The Internationalization of Palace Wars: Lawyers, Economists and the Contest to Transform Latin American States.* Chicago: University of Chicago Press.

Diamond, Larry. 1996. *Promoting Democracy in the 1990s: Actors and Instruments, Issues and Imperatives.* Washington, D.C.: Carnegie Corporation of New York.

Diamond, Larry and Gary Marks(eds.). 1992. *Reexamining Democracy. Essays in Honor of Seymour Martin Lipset.* Newbury Park: Sage.

Diamond, Larry J., Juan J. Linz and Seymour Martin Lipset(eds.). 1988. *Democracy in Developing Countries.* Boulder: Lynne Rienner.

Dias, Clarence J. 1994. "Governance, Democracy and Conditionality: NGO Positions and Roles." in *Governance, Democracy and Conditionality: What Role for NGOs?* Oxford: INTRAC.

Diggins, John P. 1975. *Up from Communism: Conservative Odysseys in American Intellectual History.* New York: Harper & Row.

Di Lampedusa, Tomasi. 1995. *Il gattopardo*, 66 ed. Milano: Feltrinelli.

Di Palma, Giuseppe. 1990. *To Craft Democracies: An Essay on Democratic Transitions.* Berkeley and Los Angeles: University of California Press.

Dobkin Hall, Peter. 1992. *Inventing the Nonprofit Sector and Other Essays on Philanthropy, Voluntarism, and Nonprofit Organizations.* Baltimore: The Johns Hopkins University Press.

Dominguez, Jorge. 1982. "Consensus and Divergence: The State of the Literature on Inter-American Relations in the 1970s." *Latin American Research Review*, Vol.13, No.2, pp.87~126.

_____(ed.). 1997. *Technopols: Freeing Politics and Markets in Latin America in the 1990s.* University Park: University of Pennsylvania Press.

_____. 1998. *Democratic Politics in Latin America and the Caribbean.* Baltimore: The Johns Hopkins University Press.

dos Santos, Theotônio. 1998. "The Theoretical Foundations of the Cardoso Government: A New Stage of the Dependency-Theory Debate." *Latin American Perspectives*, Vol.25, No.98, pp.53~70.

Drucker, Peter. 1994. *Max Shachtman: A Socialist's Odyssey Through the "American Century".* Amherst: Humanity Books.

Eastman, Max. 1945. "The Notion of Democratic Socialism: Can Planned Economy and Private Enterprise Co-Exist?" *The New Leader*, February 10.

Ehrman, John. 1995. *The Rise of Neo-conservatism: Intellectuals and Foreign Affairs 1945-*

1994. New Haven: Yale University Press.

Eisenstadt, Shmuel N. 1985. "Macro-societal analysis: Background, Development and Indications." in S. N. Eisenstadt and H. J. Helle(eds.). *Macro-Sociological Theory: Perspectives on Sociological Theory*, Volume 1. London: Sage, pp.7~24.

Evans, Peter. 2000. "Fighting Marginalization with Transnational Networks: Counter-Hegemonic Globalization." *Contemporary Sociology*, Vol.29, No.1, pp.230~241.

Evans, Tony. 1996. *U.S. Hegemony and the Project of Universal Human Rights*. Basingstoke: Macmillan.

_____(ed.). 1998. *Human Rights Fifty Years On: A Reappraisal*. Manchester: Manchester University Press.

Fairbanks, Charles H. 1980a. "Designing a New Human Rights Policy for the Reagan Administration." The President-Elect's Transition Office.

_____. 1980b. "Questions and Answers." Unpublished document written for the Reagan campaign.

_____. 1989. "Human Rights." in Charles L. Heatherly and Burton Yale Pines(eds.). *Mandate for Leadership III: Policy Strategies for the 1990s*. Washington, D.C.: Heritage Foundation.

Falk, Richard. 1983. "Lifting the Curse of Bipartisanship." *World Policy Journal*, Vol.1, No.1, pp.127~157.

Finger, Seymour Maxwell. 1988. *American Ambassadors at the UN: People, Politics, and Bureaucracy in Making Foreign Policy*. New York: Holmes and Meier.

Finnemore, Martha. 1997. "Redefining Development at the World Bank." in Frederick Cooper and Randall Packard(eds.). *International Development and the Social Sciences: Essays on the History and Politics of Knowledge*. Berkeley: University of California Press, pp.203~207.

Fischer, Donald. 1993. *Fundamental Development of the Social Sciences: Rockefeller Philanthropy and the United States Social Science Research Council*. Ann Arbor: The University of Michigan Press.

Fischer, Frank. 1990. *Technocracy and the Politics of Expertise*. London: Sage Publications.

Fischer, Frank and John Forester(eds.). 1993. *The Argumentative Turn in Policy Analysis and Planning*. Durham: Duke University Press.

Fischer, Louis. 1947. "How to Prevent World War III." *The New Leader*, June 21.

Foot, Rosemary. 2000. *Rights Beyond Border: The Global Community and the Struggle over Human Rights in China*. Oxford: Oxford University Press.

Foucault, Michel. 1994. *Dits et Ecrits*, Vol.IV, 1980~1988. Paris: Gallimard.

Fox, Jonathan and David L. Brown. 1998. *The Struggle for Accountability: The World Bank, NGOs, and Grassroots movements*. Cambridge: MIT Press.

Franck, Thomas M. 1992. "The Emerging Right to Democratic Governance." *The American Journal of International Law*, Vol.86, No.1, pp.46~91.

Frischtak, Leila L. 1994. *Governance Capacity and Economic Reform in Developing Countries*. World Bank Technical Paper Number 254. The World Bank, Washington, D.C.

Fukuyama, Francis. 1992. *The End of History and the Last Man*. New York: Free Press.

Füredi, Frank. 1994. *The New Ideology of Imperialism*. London: Pluto Press.

Galtung, Johan. 1979. "After Camelot." in Johan Galtung(ed.). *Papers on Methodology*, Vol.II. Copenhagen: Christian Ejlers, pp.161~179.

Garretón, Manuel Antonio. 1988. "Problems of Democracy in Latin America: On the Processes of Transition and Consolidation." *International Journal*, Vol.43, pp.357~377.

Gastil, Raymond D. 1988. "Aspects of a U.S. Campaign for Democracy." in Ralph M. Goldman and William A. Douglas(eds.). *Promoting Democracy: Opportunities and Issues*. New York: Praeger, pp.25~50.

Geiger, Roger L. 1988. "American Foundations and Academic Social Science, 1945-1960." *Minerva*, Vol.26, No.3, pp.315~341.

George, Susan and Fabrizio Sabelli. 1994. *Crédits sans frontières: la religion séculaire de la Banque Mondiale*. Paris: La Découverte.

Gerbier, Bernard. 1996. "Orthodoxie et hétérodoxie économiques: le couple infernal." *Economies Et Sociétés*, No.2, pp.193~201.

Gershman, Carl. 1969a. "Isolation of the New Left." *The Nation*, May 26, pp.666~668.

_____. 1969b. "SDS, or the New Thermidor." *Pittsburgh Point*, June 5, p.5.

_____. 1972a. "Labor's Stand on McGovern." *The New Leader*, September 4, pp.10~12.

_____. 1972b. "Why I'm for Scoop Jackson, Coalition Politics, Social Justice and Peace (and Against Know-Nothingism)." Carl Gershman Papers, [Box 3]. Hoover Institution Archives.

_____. 1973a. "The New YPSL." Carl Gershman Papers, [Box 2]. Hoover Institution Archives.

_____. 1973b. "Revising Orwell & Solzhenitsyn." *Social Democrat*, Fall, pp.3~6.

_____. 1976. "What is a Liberal — Who is a Conservative?" *Commentary*, Vol.62, September.

_____. 1978. "Capitalism, Socialism, and Democracy." *Commentary*, Vol.65, April, pp.43~45.

_____. 1980. "The Rise & Fall of the New Foreign-Policy Establishment." *Commentary*, Vol. 70, July, pp.13~24.

Gerson, Allan. 1991. *The Kirkpatrick Mission: Diplomacy Without Apology: America at the United Nations 1981-1985*. New York: The Free Press.

Gil, Federico. 1985. "Latin American Studies and Political Science: A Historical Sketch." *LASA Forum*, Vol.16, No.2, pp.8~12.

Gil, Stephen. 1990. *American Hegemony and the Trilateral Commission*. Cambridge: Cambridge University Press.

_____(ed.). 1993. *Gramsci, Historical Materialism, and International Relations*. Cambridge: Cambridge University Press.

Gills, B., J. Rocamora and R. Wilson(eds.). 1993. *Low Intensity Democracy: Political Power in the New World Order*. London: Pluto Press.

Gleason, Abbott. 1995. *Totalitarianism: The Inner History of the Cold War*. Oxford: Oxford Univeristy Press.

Goetz, Anne Marie and David O'Brien. 1995. "Governing for the Common Wealth? The World Bank's Approach to Poverty and Governance." *IDS Bulletin*, Vol.26, No.2, pp.17~26.

Goldman, Ralph M. 1988. "Transnational Parties as Multilateral Civic Educators." in R. M. Goldman and W. M. Douglas(eds.). *Promoting Democracy: Opportunities and Issues*. New York: Praeger.

Goldman, Ralph M. and William A. Douglas(eds.). 1988. *Promoting Democracy: Opportunities and Issues*. New York: Praeger.

Goldstein, Judith and Robert O. Keohane(eds.). 1993. *Ideas and Foreign Policy: Beliefs, Institutions and Political Change*. Ithaca: Cornell University Press.

Gottlieb, Robert. 1993. *Forcing the Spring: The Transformation of the American Environmental Movement*. Washington, DC: Island Press.

Gramsci, Antonio. 1991. *Gli intellettuali e l'organizzazione della cultura*. Roma: Editori Riuniti.

Grémion, Pierre. 1995. *Intelligence de l'anticommunisme: Le Congrès pour la liberté de la culture à Paris 1950-1975*. Paris: Fayard.

Grew, Raymond(ed.). 1978. *Crisis of Political Development in Europe and the United States*. Princeton: Princeton University Press.

Guilhot, Nicholas. 2002. "'The Transition to the Human World of Democracy.' Notes for a history of the concept of transition, from early Marxism to 1989." *European Journal of Social Theory*, Vol.5, No.2, pp.219~243.

Gunnell, John G. 1988. "American Political Science, Liberalism, and the Invention of Political Theory." *The American Political Science Review*, Vol.82, No.1, pp.71~87.

Haas, Ernst B., Mary Pat Williams and Don Babai. 1977. *Scientists and World Order: The Uses of Technical Knowledge in International Organizations*. Berkeley and Los Angeles: University of California Press.

Haas, Peter. 1992. "Introduction: Epistemic Communities and International Policy Coordination." *International Organization*, Vol.46, No.1, pp.1~36.

Haas, Peter and Robert R. Kaufman. 1992. "Economic Adjustment and the Prospects for Democracy." in Stephan Haggard and Robert R. Kaufman(eds.). *The Politics of Economic Adjustment: International Constraints, Distributive Conflicts, and the State*. Princeton: Princeton University Press, pp.319~350.

Haggard, Stephan and Robert R. Kaufman(eds.). 1992. *The Politics of Economic Adjustment: International Constraints, Distributive Conflicts, and the State*. Princeton: Princeton University Press.

Haggard, Stephan and Steven B. Webb(eds.). 1994. *Voting for Reform: Democracy, Political Liberalization, and Economic Adjustment*. New York: Oxford University / The World Bank.

Hagopian, Frances. 1993. "After Regime Change: Authoritarian Legacies, Political Representation, and the Democratic Future of South Africa." *World Politics*, Vol.45, No.3, pp.464~500.

Halberstam, David. 1972. *The Best and the Brightest*. London: Barries & Jenkins.

Hall, Peter A.(ed.). 1989. *The Political Power of Economic Ideas: Keynesianism Across Nations*. Princeton: Princeton University Press.

Halpern, Manfred. 1963. *The Politics of Social Change in the Middle East and North Africa*. Princeton: Princeton University Press.

Hardt, Michael and Antonio Negri. 2000. *Empire*. Cambridge: Harvard University Press.
_____. 2004. *Multitude*. New York: Penguin.

Heclo, Hugh. 1978. "Issue Networks and the Executive Establishment." in Anthony King (ed.). *The New American Political System*. Washington, D.C.: American Enterprise Institute for Public Policy Research, pp.87~124.

Held, David and Daniele Archibugi(eds.). 1995. *Cosmopolitan Democracy: An Agenda for a New World Order*. Cambridge, MA: Polity Press.

Heper, Metin. 1991. "Transitions to Democracy Reconsidered: A Historical Perspective." in Dankwart A. Rustow and Kenneth Paul Erickson(eds.). *Comparative Political Dynamics: Global Research Perspectives*. New York: Harper Collins, pp.192~210.

Hirschman, Albert O. 1989. "How the Keynesian Revolution Was Exported from the United States and Other Comments." in Peter A. Hall(ed.). *The Political Power of Economic Ideas: Keynesianism across Nations*. Princeton: Princeton University Press, pp.347~359.

Hodge, Merle and Eloise Magenheim. 1994. "Women, Structural Adjustment and Empowerment." in Kevin Danaher(ed.). *50 years is enough: the case against the World Bank and the International Monetary Fund*. Boston: South End Press.

Hodson, Ronald. 1997. "Elephant Loose in the Jungle: The World Bank and NGOs in Sri Lanka." in David Hulme and Michael Edwards(eds.). *NGOs, States and Donors. Too Close for Comfort?* New York: St. Martin's Press / Save the Children, pp.168~187.

Hook, Sidney. 1947. "The Future of Socialism." *Partisan Review*, January~February.

Hours, Bernard. 1998. *L'idéologie humanitaire ou le spectacle de l'altérité perdue*. Paris: L'Harmattan.

Huntington, Samuel P. 1965. "Political Development and Political Decay." *World Politics*, Vol.7, No.3, pp.386~411.

_____. 1973. "Transnational Organizations in World Politics." *World Politics*, Vol.25, No.3, pp.333~368.

_____. 1981. "Human Rights and American Power." *Commentary*, Vol.72, No.3, pp.37~43.

Huntington, Samuel P. and Joan M. Nelson. 1976. *No Easy Choice: Political Participation in Developing Countries*. Cambridge: Harvard University Press.

Huntington, Samuel P. and Myron Weiner. 1987. *Understanding Political Development*. Prospect Heights: Waveland Press.

Hürni, Bettina S. 1980. *The Lending Policy of the World Bank in the 1970s: Analysis and Evaluation*. Boulder: Westview Press.

Hyden, Goran. 1992. "Governance and the Study of Politics." in David Hulme and Michael Edwards(eds.). *Governance and Politics in Africa*. Boulder: Lynne Rienner, pp.1~26.

Hyden, Goran and Michael Bratton(eds.). 1992. *Governance and Politics in Africa*. Boulder: Lynne Rienner.

Hyman, Herbert Hiram. 1969[1959]. *Political Socialization: A Study In The Psychology of Political Behavior*. New York: Free Press.

Isserman, Maurice. 1993. *If I Had a Hammer: The Death of the Old Left and the Birth of the New Left*. Urbana: University of Illinois Press.

Jacoby, Russell. 1987. *The Last Intellectuals: American Culture in the Age of Academe*. New York: Basic Books.

Kagan, Robert. 1998. "Democracy Promotion as an Objective of Foreign Policy." in *International Relation and Democracy*.

Kaldor, Mary. 2003. *Global Civil Society: An Answer to War*. Cambridge, MA: Polity Press.

Kapur, Devesh, John P. Lewis and Richard Webb(eds.). 1997. *The World Bank: Its First Half Century*. Washington, D.C.: Brookings Institute Press.

Katsiaficas, George. 1987. *The Imagination of New Left: A Global Analysis of 1968*. Boston: South End Press.

Kaufman, Robert R. 1986. "Liberalization and Democratization in South America: Perspectives from the 1970s." in Guillermo O'Donnell, Philippe C. Schmitter and Laurence Whitehead(eds.). *Transitions from Authoritarian Rule: Comparative Perspectives*, Vol. 4. Baltimore: The Johns Hopkins University Press, pp.85~107.

Keane, John. 2003. *Global Civil Society?* Cambridge: Cambridge University Press.

Keck, Margaret E. and Kathryn Sikkink. 1998. *Activists Beyond Borders: Advocacy Networks in International Politics*. Ithaca: Cornell University Press.

_____. 1998b. "Transnational Advocacy Networks in International and Regional Politics." *International Social Science Journal*, Vol.51, No.1, pp.89~101.

Kelsen, Hans. 1960. *Das Problem der Souveraenitaet und die Theorie des Voelkerrechts Beitrag zu einer reinen Rechtslehre*. Aalen: Scientia.

King, Anthony. 1978. *The New American Political System*. Washington, D.C.: American Enterprise Institute Public Policy Research.

Kirkpatrick, Jeane. 1979a. "Dictatorships and Double Standards." *Commentary*, Vol.68, No.5, pp.34~45.

_____. 1979b. "Politics and the New Class." *Society*, January~Febrary.

_____. 1981. "Human Rights and American Foreign Policy." *Commentary*, Vol.72, No.5, pp.42~45.

Koh, Harold Hongju. 1997. "Why Do Nations Obey International Law?" *Yale Law Journal*, Vol.106, No.8, pp.2599~2659.

Korey, William. 1999. *NGOs and the Universal Declaration of Human Rights*. London: Macmillan.

Kornhauser, William. 1960. *The Politics of Mass Society*. London: Routledge and Kegan Paul.

Kraske, Jochen. 1996. *Bankers with a Mission: The Presidents of the World Bank, 1946-91*. Oxford: Oxford University Press.

Kreindler, Charles. 1946. "A Foreign Policy for Organized Labor: Democracy in Asia as in Europe Depends on Labor." *The New Leader*, March 23.

Krohn, Claus-Dieter. 1993. *Intellectuals in Exile: Refugee Scholars and the New School for Social Research*. Amherst: University of Massachusetts Press.

Krugman, Paul. 1994. "The Fall and Rise of Development Economics." in Lloyd Rodwin and Donald A. Schön(eds.). *Rethinking the Development Experience: Essays Provoked by the Work of Albert O. Hirschman*. Washington, D.C.: The Brookings Institution and the Lincoln Institute of Land Policy.

Lal, Deepak. 1987. "The Political Economy of Economic Liberalization." *World Bank Economic Review*, No.2.

Lancaster, Carol. 1993. "Governance and Development: The Views from Washington." *IDS Bulletin*, Vol.24, No.1, pp.9~15.

Landell-Mills, Pierre. 1992. "Governance, Cultural Change, and Empowerment." *The Journal of African Studies*, Vol.30, No.4, pp.543~567.

Lane, Robert E. 1996. "The Decline of Politics and Ideology in a Knowledgeable Society." *American Sociological Review*, Vol.32, No.5, pp.649~662.

Lasch, Christopher. 1969. "The Cultural Cold War: A Short History of the Congress for Cultural Freedom." in Barton J. Bernstein(ed.). *Towards a New Past: Dissenting Essays in American History*. New York: Vintage Books, pp.322~359.

Lasky, Melvin. 1947. "Inside the Soviet Cultural Front." *The New Leader*, October 25.

Latham, Michael E. 1998. "Ideology, Social Science, and Destiny: Modernization and the

Kennedy-Era Alliance for Progress." *Diplomatic History*, Vol.22, No.2, pp.199~229.

Lazarsfeld, Paul. 1969. "An Episode in the History of Social Research: A Memoir." in Donald Fleming and Bernard Bailyn(eds.). *The Intellectual Migration: Europe and America 1930-1960*. Cambridge: Harvard University Press, pp.270~337.

Lehmann, David. 1989. "A Latin America Political Scientist: Guillermo O'Donnell." *Latin American Research Review*, No.24, pp.187~200.

_____. 1990. *Democracy and Development in Latin America: Economics, Politics and Religion in the Postwar Period.* Cambridge: Polity Press.

Leijonhufvud, Axel. 1973. "Life Among the Econ." *Western Economic Journal*, No.9, pp. 327~337.

Lerner, Daniel and Harold D. Lasswell. 1951. *The Policy Sciences*. Stanford: Stanford University Press.

Levine, D. 1988. "Paradigm Lost: Dependence on Democracy." *World Politics*, Vol.40, No.3.

Levitt, Cyrill. 1984. *Children of Privilege: Student Revolt in the Sixties*. Toronto: University of Toronto Press.

Liebowitz, Nathan. 1985. *Daniel Bell and the Agony of Modern Liberalism*. Westport: Greenwood Press.

Linz, Juan J. and Alfred Stepan. 1996. *Problems of Democratic Transition and Consolidation: Southern Europe, South America and Post-Communist Europe*. Baltimore: The Johns Hopkins University Press.

Lipset, Seymour Martin. 1960. *Political Man: The Social Bases of Politics*. London: Heinemann.

_____. 1963. *Political Man: The Social Bases of Politics*, 2nd ed. New York: Anchor Books.

_____. 1995. "Juan Linz: Student, Colleague, Friend." in H. Chehabi and Alfred Stepan (eds.). *Politics, Culture, and Society: Essays in Honor of Juan Linz*. Boulder: Westview Press, pp.1~9.

_____. 1996a. *American Exceptionalism: a Double-Edged Sword*. New York: Norton.

_____. 1996b. "Transcript of Interview by Brian Lamb." *American Exceptionalism: a Double-Edged Sword.* C-SPAN, June 23, 1996.

Lowe, David. 2000. Idea to Reality: The National Endowment for Democracy at 15. Washington, D.C.

Lowenthal, Abraham. 1986. "Foreworld." in Gullermo O'Donnell, Philippe C. Schmitter and Laurence Whitehead(eds.). *Transitions from Authoritarian Rule*. Baltimore: The

Johns Hopkins University Press, pp.vii~x.

Luhmann, Niklas. 1981. "Die Organisationsmittel des Wohlfahrtsstaates und ihre Grenzen." *Zum Thema: Bürger und Bürokratie*, Inneminister des Landes Nordrhein-Westfalen.

MacGaffey, Janet. 1990. "The Endogenous Economy." in *The Long-Term Perspective Study of Sud-Saharan Africa*, World Bank Vol.3. Washington, D.C.: The World Bank.

Markwick, Roger D. 1996. "A Discipline in Transition? From Sovietology to 'Transitology'." *Journal of Communist Studies and Transition Politics*, Vol.12, No.3, pp.255~276.

Martz, John D. 1966. "The Place of Latin America in the Study of Comparative Politics." *The Journal of Politics*, Vol.28, No.1, pp.57~80.

Mason, Edward and Robert Asher. 1973. *The World Bank Since Bretton Woods*. Washington, D.C.: Brookings Institution.

Massing, Michael. 1987. "Trotsky's Orphans: From Bolshevism to Reaganism." *The New Republic*, June 22, pp.18~22.

Mills, Charles Wright. 1959. *The Sociological Imagination*. London: Oxford University Press.

Mirowski, Philip. 2002. *Machine Dreams: Economics Becomes a Cyborg Science*. Cambridge: Cambridge University Press.

Moore, Mick. 1993a. "Declining to Learn from the East? The World Bank on 'Governance and Development'." *IDS Bulletin*, Vol.24. No.1, pp.39~50.

_____. 1993b. "The Emergence of the 'Good Government' Agenda: Some Milestones." *IDS Bulletin*, Vol.24, No.1, pp.1~18.

Morgan, Ted. 1999. *A Covert Life: Jay Lovestone: Communist, Anti-Communist, and Spymaster*. New York: Random House.

Moseley, P., J. Harrigan and J. Toye. 1991. *Aid and Power: The World Bank and Policy-based Lending*. London: Routledge.

Muravchik, Joshua. 1986. *The Uncertain Crusade. Jimmy Carter and the Dilemmas of Human Rights Policy*. Washington, D.C.: American Enterprise Institute for Public Policy Research.

_____. 1992. *Exporting Democracy: Fulfilling America's Destiny*. Washington, D.C.: AEI Press(American Enterprise Institute for Public Policy Research).

_____. 2002. *Heaven on Earth: The Rise and Fall of Socialism*. San Francisco: Encounter Books.

National Endowment for Democracy. 1997. *Promoting Democracy in a Time of Austerity:*

NED's Strategy for 1997 and Beyond. Washington, D.C.: NED.

_____. 1998. *Annual Report 1998*. National Endowment for Democracy. Washington, D.C.: NED.

Neier, Aryeh. 2003. *Taking Liberties: Four Decades in the Struggle for Human Rights*. New York: Public Affairs.

Nelson, Joan M. 1995. *Is the Era of Conditionality Past? The Evolving Role of the World Bank in the 1990s*. Madrid: Instituto Juan March de Estudios e Investigaciones.

Ninkovich, Frank A. 1981. *The Diplomacy of Ideas: U.S. Foreign Policy and Cultural Relations, 1938-1950*. Cambridge: Cambridge University Press.

Nye, Joseph S. and Robert O. Keohane. 1971. "Transnational Relations and World Politics." *International Organization*, Vol.25, No.3, pp.721~748.

O'Donnell, Guillermo. 1973. *Modernization and Bureaucratic-Authoritarianism: Studies in South American Politics*. Berkely: Institute of International Studies, University of California.

_____. 1979. "Tensions in the Bureaucratic-Authoritarian State and the Question of Democracy." in David Collier(ed.). *The New Authoritarianism in Latin America*. Princeton: Princeton University Press, pp.285~318.

_____. 1986. "Introduction to the Latin american Cases." in Guillermo O'Donell, Philippe C. Schmitter and Laurence Whitehead(eds.). *Transitions from Authoritarian Rule: Latin America*, Vol.3. Baltimore: The Johns Hopkins University Press, pp.3~18.

_____. 1988. "Bureaucratic Authoritarianism: Argentina, 1966-1973." in *Comparative Perspective*. Berkeley: University of California Press.

_____. 1995. "Do Economists Know Best?" *Journal of Democracy*, Vol.6, No.1, pp.23~28.

_____. 1999. *Counterpoints: Selected Essays on Authoritarianism and Democratization*. Notre Dame: University of Notre Dame Press.

_____. 2003. "Ciencias sociales en América Latina: Mirando hacia el pasado y atisbando el futuro." Paper given at the Congress of Latin American Studies Association, Dallas, April 2003.

O'Donnell, Guillermo and Philippe C. Schmitter. 1986. *Transitions from Authoritarian Rule: Tentative Conclusions about Uncertain Democracies*, Vol.4. Baltimore: The Johns Hopkins University Press.

O'Donnell, Guillermo, Philippe C. Schmitter and Laurence Whitehead. 1986. *Transitions from Authoritarian Rule.* Baltimore: The Johns Hopkins University Press.

Packenham, Robert A. 1973. *Liberal America and the Third World: Political Development Ideas in Foreign Aid and Social Science.* Princeton: Princeton University Press.

_____. 1992. *The Dependancy Movement: Scholarship and Politics in Development Studies.* Cambridge: Harvard University Press.

Page, Charles H. 1982. *Fifty Years in the Sociological Enterprise.* Amherst: The University of Massachusetts Press.

Paggi, Leonardo. 1989. *Americanismo e riformismo.* Torino: Einaudi.

Parmar, Inderjeet. 1999. "The Carnegie Corporation and the Mobilisation of Opinion in the United States' Rise to Globalism, 1939-1945." *Minerva*, Vol.37, pp.355~378.

_____. 2002. "'To Relate Knowledge and Action': The Impact of the Rockefeller Foundation on Foreign Policy Thinking During America's Rise to Globalism 1939-1945." *Minerva*, Vol.40, pp.235~263.

Paulston, Rolland G. 1976. *Conflicting Theories of Social and Educational Change: A Typological Review.* Pittsburgh: University of Center for International Studies.

Petiteville, Franck. 1998. "Three Mythical Representations of the State in Development Theory." *International Social Science Journal*, No.115, pp.115~124.

Phillips, James and Kim R. Holmes. 1996. *The National Endowment for Democracy: A Prudent Investment in the Future.* Executive Memorandum 9/13/96-461. The Heritage Foundation, Washington, D.C.

Picciotto, Robert. 1995. *Putting Institutional Economics to Work: From Participation to Governance*, n. 304 World Bank Discussion Papers. The World Bank, Washington, D.C.

Pocock, John G. A. 1985. *Virtue, Commerce, and History.* Cambridge: Cambridge University Press.

Pollak, Michael. 1979. "Paul F Lazarsfeld: fondateur d'une multinationale scientifique." *Actes de la recherche en sciences sociales*, No.25, pp.45~59.

Pollard, Robert A. 1985. *Economic Security and the Origins of the Cold War, 1945-1950.* New York: Columbia University Press.

Pouligny, Béatrice. 2003. "UN Peace Operations, INGOs, NGOs, and Promoting the Rule of Law: Exploring the Intersection of International and Local Norms in Different Post-War Contexts." *Journal of Human Rights*, Vol.2, No.3, pp.359~377.

Przeworski, Adam. 1980. "Material Interest, Class Compromise, and the Transition to Socialism." *Politics and Society*, Vol.10, No.2, pp.125~153.

_____. 1986. "Some Problems in the Study of the Transition to Democracy." in Guillermo O'Donnell, Philippe C. Schmitter and Laurence Whitehead(eds.). *Transitions from Authoritarian Rule: Comparative Perspectives*, Vol.4. Baltimore: The Johns Hopkins University Press, pp.47~63.

_____. 1991. *Democracy and the Market*. Cambridge: Cambridge University Press.

Puryear, Jeffrey M. 1983. *Higher Education, Development Assistance, and Repressive Regimes*. Ford Foundation, New York.

_____. 1994. *Thinking Politics: Intellectuals and Democracy in Chile, 1973-1988*. Baltimore: The Johns Hopkins University Press.

Pye, Lucian W. 1966. *Aspects of Political Development*. Boston: Little, Brown & Co.

_____. 1990. "Political Science and the Crisis of Authoritarianism." *The American Political Science Review*, No.84, pp.3~19.

Quigley, Kevin F. 1997. "Political Scientists and Assisting Democracy: Too Tenuous Links." *PS: Political Science & Politics*, Vol.30, No.3, pp.564~567.

Ravenhill, John. 1993. "A Second Decade of Adjustment: Greater Complexity, Greater Uncertainty." in Thomas M. Callaghy and John Ravenhill(eds.). *Hemmed In: Responses to Africa's Economic Decline*. New York: Columbia University Press, pp.18~53.

Reagan, Ronald. 1982. "Address to the British Parliament." University of Texas: Ronald Reagan Presidential Library.

Remmer, Karen L. 1991. "New Wine or Old Bottlenecks? The Study of Latin American Democracy." *Comparative Politics*, Vol.23, No.4, pp.479~495.

Ricci, David. 1984. *The Tragedy of Political Science: Politics, Scholarship and Democracy*. New Heaven: Yale University Press.

Risse-Kapen, Thomas(ed.). 1995. *Bringing Transnational Relations Back In: Non-State Actors, Domestic Structures, and International Institutions*. Cambridge: Cambridge University Press.

Risse, Thomas, Stephen C. Ropp and Kathryn Sikkink. 1999. *The Power of Human Rights: International Norms and Domestic Change*. Cambridge: Cambridge University Press.

Robinson, William I. 1996. *Promoting Polyarchy: Globalization, US Intervention, and Hegemony*. Cambridge: Cambridge University Press.

Rodgers, Daniel T. 1998. *Atlantic Crossings: Social Politics in a Progressive Age*. Cambridge: The Belknap Press.

Roelofs, Joan. 2003. *Foundations and Public Policy: The Mask of Pluralism*. Albany: SUNY Press.

Ross, Dorothy. 1991. *The Origins of American Social Science*. Cambridge: Cambridge University Press.

Rostow, Walt Whitman. 1960. *The Stage of Economic Growth: a Non-Communist Manifesto*. Cambridge: Cambridge University Press.

Salant, Walter S. 1989. "The Spread of Keynesian Doctrines and Practices in the United States." in Peter A. Hall(ed.). *The Political Power of Economic Ideas: Keynesianism Across Nations*. Princeton: Princeton University Press.

Salvadori, Massimo L. 1981. "La critica marxista allo stalinismo." in *Il marxismo nell'età della terza internazionale − Dalla crisi del '29 al XX congresso.*, 83-128. Storia del Marxismo, Vol.3**. Torino: Einaudi.

Salvati, Mariuccia. 2000. *Da Berlino a New York: Crisi della classe media e futuro della democrazia nelle scienze sociali degli anni trenta*. Torino & Milano: Bruno Mondadori.

Santiso, Javier. 1996. De la condition historique des transitologues en Amérique Latine et Europe Centrale et Orientale. *Revue Internationale De Politique Comparée*, Vol.3, No.1.

Saunders, Frances Stornor. 1999. *Who Paid the Piper? The CIA and the Cultural Cold War*. London: Granta.

Schechter, Michael G. 1988. "The Political Role of Recent World Bank Presidents." in Lawrence S. Finkelstein(ed.). *Politics in the United Nations System*. Durham: Duke University Press.

Schlesinger, Arthur M. 1970[1950]. *The Vital Center: The Politics of Freedom*. London: Deutsch.

Schmitter, Philippe C. 1974. "Still the Century of Corporatism?" In F. B. Pike and T. Stritch(eds.). *The New Corporatism: Social-Political Structures in the Iberian World*. Notre Dame: University of Notre Dame Press, pp.85~131.

_____. 1994. "Transitology and Consolidology: Proto-Sciences of Democratization?" Latin American Program Woodrow Wilson International Center. Washington, D.C.

Seybold, Peter J. 1980. "The Ford Foundation and the Triumph of Behavioralism in American

Political Science." in Robert F. Arnove(ed.). *Philanthropy and Cultural Imperialism: The Foundations at Home and Abroad*. Boston: G. K. Hall, pp.269~303.

Shachtman, Max. 1962. "Reflections on a Decade Past [1950]." in *The Bureaucratic Revolution: The Rise of the Stalinist State*. New York: The Donald Press.

Sharpe, L. J. 1978. "Government as Client for Social Science Research." in Martin Bulmer (ed.). *Social Policy Research*. London: Macmillan, pp.67~82.

Shihata, Ibrahim F. I. 1991. *The World Bank in a Changing World: Selected Essays*. Dordrecht: Martinus Nijhoff Publishers.

Shils, Edward. 1955. "The End of Ideology?" *Encounter*, No.5, pp.52~58.

_____. 1994. "Leopold Labedz." *The American Scholar*, Vol.63, No.2, pp.239~257.

Shore, Samuel. 1945. "Totalitarian or Democratic World? Democracy Endangered at Home and Abroad." *The New Leader*, June 8.

Sikkink, Kathryn. 1991. *Ideas and Institutions: Developmentalism in Brazil and Argentina*. Ithaca: Cornell University Press.

_____. 1993. "The Power of Principled Ideas: Human Rights Policies in the United States and Western Europe." in Judith Goldstein and Robert O. Keohane(eds.). *Ideas and Foreign Policy: Beliefs, Institutions, and Political Change*. Ithaca: Cornell University Press, pp.139~172.

_____. 1999. "The Socialization of International Human Rights Norm into Domestic Practices: Introduction." in Thomas Risse, Stephen C. Ropp and Kathryn Sikkink (eds.). *The Power of Human Rights: International Norms and Domestic Change*. Cambridge: Cambridge University Press, pp.1~38.

Silvert, Kalman H. 1975. "Politics and the Study of Latin America." in Harry Eckstein and Lucian W. Pye(eds.). *Political Science and Area Studies: Rivals of Partners?* Bloomington: Indiana University Press.

Simon, Rita J.(ed.). 1967. *As We Saw the Thirties: Essays on the Social and political Movements of a Decade*. Urbana: University of Illinois Press.

Simpson, Christopher(ed.). 1998. *Universities and Empire: Money and Politics in the Social Sciences During the Cold War*. New York: The New Press.

Skinner, Quentin. 1988. "'Social Meaning' and the Explanation of Social Action." in James Tully(ed.). *Meaning and Context: Quentin Skinner and his Critics*. Princeton: Princeton University Press, pp.79~96.

Sklar, Holly(ed.). 1980. *Trilateralism: The Trilateral Commission and Elite Planning for World Management*. Boston: South End Press.

Sklar, Holly and Chip Berlet. 1991~1992. "NED, CIA and Orwellian Democracy Project." *Covert Action Information Bulletin*, No.39, pp.10~13, 59~62.

Smith, James A. 1991. *The Idea Brokers: Think Tanks and the Rise of the New Political Elite*. New York: The Free Press.

Smith, Peter H. 1991. "Crisis and Democracy in Latin America." *World Politics*, Vol.43, pp. 608~634.

_____. 1995. "The Changing Agenda for Social Science Research on Latin America." in Peter H. Smith(ed.). *Latin America in Comparative Perspective: New Approaches to Methods and Analysis*. Boulder: Westview Press, pp.1~29.

_____. 2000. *Talons of the Eagle: Dynamics of U.S.-Latin american Relations*, 2nd ed. Oxford: Oxford University Press.

Smith, Tony. 1994. *America's Mission: The United States and the Worldwide Struggle for Democracy in the Twentieth Century*. Princeton: Princeton University Press. A Twentieth Century Fund Book.

Srubar, Ilja. 1988. *Exil, Wissenschaft, indentität: Die Emigration deutscher Sozialwissenshcaftler 1933-1945*. Frankfurt am Main: Suhrkamp.

Steinfels, Peter. 1979. *The Neoconservatives: Changing America's Politics*. New York: Simon and Schuster.

Stern, Nicholas and Francisco Ferreira. 1997. "The World Bank as an 'Intellectual Actor'." in Devesh Kapur, John P. Lewis and Richard Webb(eds.). *The World Bank: Its First Half Century*. Washington, D.C.: Brookings Institution, pp.523~610.

Stern, Nicholas and Joseph Stiglitz. 1997. "New Role for Government: The Market Revolution has Created Different Obligations for the State." *Financial Times*, July 8.

Stiglitz, Joseph E. 1998. "More Instruments and Broader Goals: Moving Toward the Post-Washington Consensus." Washington, D.C.: The World Bank.

Stone, Diane. 1996. *Capturing the Political Imagination: Think Tanks and the Policy Process*. London: Frank Cass.

Streeten, Paul. 1993. "Markets and the States: Against Minimalism." *World Development*, Vol.21. No.8, pp.1281~1298.

Szelenyi, Istvan and Lawrence Peter King. 2004. *Theories of the New Class: Intellectuals and Power*. Minneapolis: University of Minnesota Press.

Tilly, Charles. 1975. "Western State-Making and Theories of Political Transformation." in Charles Tilly(ed.). *The Formation of National States in Western Europe*. Princeton: Princeton University Press, pp.601~638.

_____. 1995. *Popular Contention in Great Britain, 1758-1834*. Cambridge: Harvard University Press.

Tiryakian, Edward A. 1991. "Modernisation: Exhumetur in Pace (Rethinking Macrosociology in the 1990s)." *International Sociology*, Vol.6, No.2, pp.165~180.

Toye, John. 1987. *Dilemmas of Development*. Oxford: Blackwell.

Traverso, Enzo. 2002. *Il totalitarismo*. Milano: Bruno Mondadori.

Treillet, Stéphanie. 1996. "Des conditions de la reconstitution d'une économie du développement hétérodoxe." *Economies et Sociétés*, No.2, pp.157~164.

U.S. Department of State. 1981. Human Rights Report, Bulletin Reprint. U.S. Department of State, Bureau of Public Affairs, Washington, D.C.

_____. 2000. "The Third Globalization: Transnational Human Rights Networks." *1999 Country Reports on Human Rights Practices*, Department of state, Washington, D.C.

U.S. House of Representatives. 1983. *Report [to accompany H.R. 2915]*, 98th Cong. 1st sess. Report No. 98~130.

U.S. Senate. 1983. Hearings Before the Committee on Foreign Relations. 98th Cong, 1st sess. March 2, 9, and April 27.

_____. 1989. Hearings Before a Subcommittee of the Committee on Appropriations, 101 Cong., 1st. sess. April 11, 1989.

Valenzuela, Arturo. 1988. "Political Science and the Study of Latin America." in Christopher Mitchell(ed.). *Changing Perspectives in Latin American Studies: Insights from Six Disciplines*. Stanford: Stanford University Press, pp.63~86.

Virno, Paolo. "Do You Remember Counterrevolution?" in Nanni Balestrini and Primo Moroni (eds.). *L'orda d'oro, 1968-1977: La grande ondata rivoluzionaria e creativa, politica ed esistenziale*. Milano: Feltrinelli, pp.639~669.

Wade, Robert. 2001. "Showdown at the World Bank." *New Left Review*, Vol.7, No. January~February, pp.124~137.

Wagner, Peter and Björn Wittrock. 1987. *Social Sciences and Developments: The Missing Perspective*. WZB Papers. 1987. Berlin: WZB.

Wagner, Peter and Hellmut Wollmann. 1986. *Patterns of the Engagement of Social Scientists in Policy Research and Policy-Consulting: Some Cross-National Considerations.* WZB Papers, 1986. Berlin: WZB.

Wald, Alan M. 1987. *The New York Intellectuals: The Rise and Decline of the Anti-Stalinist Left from the 1930s to the 1980s.* Chapel Hill: The University of North Carolina Press.

Wallerstein, Immanuel. 1995. *After Liberalism.* New York: The New Press.

Wapner, Paul. 1995. "Politics beyond the State: Environmental Activism and World Civil Politics." *World Politics*, No.47, pp.311~340.

Weaver, Richard M. 1948. *Ideas have Consequences.* Chicago: University of Chicago Press.

Weber, Max. 1978. *Economy and Society.* Guenther Roth and Claus Wittich(eds.). Berkeley: University of California Press.

Weinstein, Michael, 1992. "Economists and Media." *Journal of Economic Perspectives*, Vol.6, No.3, pp.73~77.

Wendt, Alexander. 1999. *Social Theory of International Policies.* Cambridge: Cambridge University Press.

Whitehead, Laurence(ed.). 1996. *The International Dimensions of Democratization: Europe and the Americas.* Oxford: Oxford UP.

Wiarda, Howard J. 1990. *The Democratic Revolution in Latin America.* Holmes and Meier.

Williams, David and Tom Young. 1994. "Governance, the World Bank, and Liberal Theory." *Political Studies*, Vol.42, pp.84~100.

Williamson, John. 1993. "Democracy and the 'Washington Consensus'." *World Development*, Vol.21. No.8, pp.1329~1336.

_____(ed.). 1994. *The Political Economy of Policy Reform.* Washington, D.C.: Institute for International Economics.

Wolfensohn, James D. 1998. Remarks at the World Bank: NGO Conference on Participatory Development, Washington, D.C., November 19.

Wolhforth, Tim. 1994. *The Prophet's Children: On the American Left.* Atlantic Highland: Humanities Press.

Wood, Robert E. 1986. *From Marshall Plan to Debt Crisis: Foreign Aid and Development Choices in the World Economy.* Berkeley: University of California Press.

Wooster, Martin Morse. 1991. "This Is No Way to Promote Democracy." *Wall Street Journal*, July 17, A8.

World Bank. 1989. *Sub-Saharan Africa: From Crisis to Sustainable Growth: A Long-Term Perspective Study*. The World Bank, Washington, D.C.

_____. 1992. *Governance and Development*. Washington, D.C.: The World Bank.

_____. 1994. *Governance: The World Bank's Experience*. Washington, D.C.: The World Bank.

_____. 1996. *The World Bank's Partnership with Nongovernmental Organizations*. Participation and NGO Group, Poverty and Social Policy Department. The World Bank, Washington, D.C.

_____. 1997. *The State in a Changing World*, World Development Report 1997. The World Bank, Washington, D.C.

_____. 1997. *Cooperation between the World Bank and NGOs: FY96 Progress Report*. NGO Group, Social Development Department. The World Bank, Washington, D.C.

Yee, Albert S. 1996. "The Causal Effects of Ideas on Policies." *International Organization*, Vol.50, No.1, pp.69~108.

Zolo, Danilo. 1995. *Cosmopolis: La prospettiva del governo mondiale*. Milano: Feltrinelli.

▮ 지은이

니콜라 기요(Nicolas Guilhot)는 프랑스 국립과학연구원(CNRS)과 유럽사회학연구센터 (CSE)에 소속된 연구원이다. 『조지 소로스는 왜 가난한 사람들을 도울까: 세계 금융을 지배하는 슈퍼리치들의 두 얼굴』의 저자이기도 하다.

▮ 옮긴이

김성현은 한양대학교 정치외교학과를 졸업한 후 파리10대학(낭테르), 파리정치연구소 (IEP)에서 비교정치 및 국제정치학을 전공했다. 그 후 파리사회과학고등연구원(EHESS) 에서 사회학 박사 학위를 받았다. 현재 한양대학교 유럽·아프리카연구소, 제3섹터연구 소의 연구교수로 재직 중이다. 『지식과 국제정치』, *Lawyers and the Rule of Law in an Era of Globalization*(*Law, Development and Globalization*)의 공저자이며, 다수의 논문 을 발표했다.

한울아카데미 1714

민주주의를 만드는 사람들
인권과 국제 질서

지은이 ㅣ 니콜라 기요
옮긴이 ㅣ 김성현
펴낸이 ㅣ 김종수
펴낸곳 ㅣ 도서출판 한울
편 집 ㅣ 이수동

초판 1쇄 인쇄 ㅣ 2014년 8월 25일
초판 1쇄 발행 ㅣ 2014년 9월 5일

주소 ㅣ 413-756 경기도 파주시 광인사길 153 한울시소빌딩 3층
전화 ㅣ 031-955-0655
팩스 ㅣ 031-955-0656
홈페이지 ㅣ www.hanulbooks.co.kr
등록번호 ㅣ 제406-2003-000051호

Printed in Korea.
ISBN 978-89-460-5714-2 93340 (양장)
      978-89-460-4894-2 93340 (학생판)

* 책값은 겉표지에 표시되어 있습니다.
* 이 책은 강의를 위한 학생판 교재를 따로 준비했습니다.
  강의 교재로 사용하실 때에는 본사로 연락해주십시오.